中国认知语言学研究论文集系列

总主编　束定芳

认知语用学研究

吴炳章　徐盛桓　主编

上海外语教育出版社
外教社 SHANGHAI FOREIGN LANGUAGE EDUCATION PRESS

图书在版编目（CIP）数据

认知语用学研究／吴炳章，徐盛恒主编.
—上海：上海外语教育出版社，2011（2012重印）
（中国认知语言学研究论文集系列）
ISBN 978-7-5446-2305-6

Ⅰ.①认… Ⅱ.①吴… ②徐… Ⅲ.①认知科学：语用学—文集
Ⅳ.①H030-53

中国版本图书馆CIP数据核字（2011）第077216号

出版发行：上海外语教育出版社
（上海外国语大学内） 邮编：200083
电　　话：021-65425300（总机）
电子邮箱：bookinfo@sflep.com.cn
网　　址：http://www.sflep.com.cn http://www.sflep.com
责任编辑：许进兴

印　　刷：上海信老印刷厂
开　　本：890×1240 1/32 印张14.625 字数450千字
版　　次：2011年6月第1版 2012年6月第2次印刷
书　　号：ISBN 978-7-5446-2305-6 / H · 1051
定　　价：45.00元

本版图书如有印装质量问题，可向本社调换

中国认知语言学 20 年（代序）

  认知语言学理论的发展始于 20 世纪 70 年代末，是继结构主义语言学和转换生成语言学只重抽象语言系统研究的语境消解（Decontextualization）潮流之后，在世界语言学发展出现语境重置（Recontextualization）趋势的过程中，与将意义融入语法研究的系统功能语法（Halliday，1994）和将词汇融入语法研究的词项语法理论（Word Grammar Theory）（Hudson，1984，1990等）等一起出现的语言学理论。认知语言学在中国的传播始于 20 世纪 80年代末。在过去的 20 年里，从最初的引进、介绍到迅速发展、多方位应用，及至近几年语言学界开始的理论反思，中国认知语言学在各个方面都取得了很大的成绩，在国内语言学界形成了一个引人注目的研究领域，并成为国际认知语言学研究的一个重要组成部分。

  本文在回顾中国认知语言学过去 20 年发展历程的基础上，对取得的成绩、主要特点、存在的问题以及未来发展的趋势等进行简要分析和勾勒，旨在对中国认知语言学的发展进行反思，并总结经验、教训，为今后的发展提出一些建议。

一、中国认知语言学发展的三个主要阶段

  如果把 James H. Y. Tai（戴浩一）1988 年由黄河翻译并发表于《国外语言学》上的《时间顺序和汉语的语序》[①]一文作为认知语言学在中国传播和应用的开端的话，中国认知语言学的发展已经历了整整 20 个年头。为呈现这期间的总体发展轮廓和趋势，我们对 1988 年至 2008 年在国内有重要影响的语言类刊物上发表的认知语言学方向的论文和引进、

---

① 该文章的英文原文 "Temporal Sequence and Word Order in Chinese" 于 1985 年载于 Haiman 主编的 *Iconicity in Syntax*，由 John Benjamins 出版公司出版。

出版的主要著作做了统计(见图1和表1)。

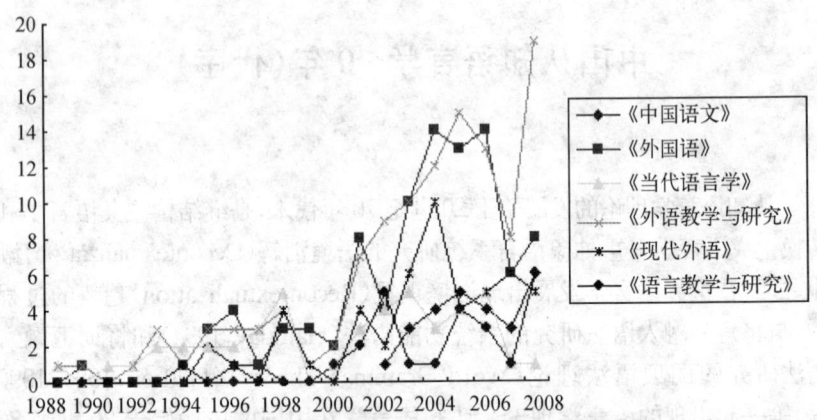

图 1　六种主要语言学刊物认知语言学相关论文的
发表情况统计(1988—2008)

表 1　国内认知语言学专著出版、引进情况(1988—2008)

	时　　间	1988—1998	1999—2003	2004—2008
国内专著	总　　量	2	16	108
	认知语法	0	7	13
	概　　述	0	2	32
	认知语用	0	1	12
	认知语义	0	1	38
	应　　用	2(1998 年)	3	13
引进著作	总　　量	0	9	6
	认知语法	0	3	2
	概　　述	0	1	2
	认知语用	0	0	0
	隐　　喻	0	2	1
	认知语义	0	1	1
	类 型 学	0	1	0
	应　　用	0	1	1

其中论文来源于六种语言学类主要期刊:《中国语文》、《语言教学与研究》、《外国语》、《外语教学与研究》、《现代外语》和《当代语言学》。前五种是我国汉语和外语界引用、转载率较高的刊物,《当代语言学》则是侧重国外语言学成果引进以及与汉语研究结合的代表。

从图1可以看出,20年来我国认知语言学研究论文的数量、范围、水平都在大幅提高,其主要发展趋势在各刊物呈现出高度一致性,即最初约10年的稳步增长和21世纪以来的全方位迅速发展。

对认知语言学相关著作的检索主要通过北京图书馆馆藏书目中含"认知"或"语言"的书目查找,人工缩小范围后,再利用上海外语教育出版社、北京外语教学与研究出版社、北京大学出版社、中国社会科学出版社等出版社网站进行搜索和补充,统计结果见表1。

依据这20年间的论文、专著的数量及其涉及的主题范围和研究方法,我们将中国认知语言学的发展粗略分为三个主要阶段:(1)初步引进与应用阶段(1988—1998),(2)多方位介绍与发展阶段(1999—2003),(3)发展、反思与国际化阶段(2004—2008)。需要说明的是,这几个阶段并非界限分明、相互独立,而是一个彼此交错、渗透的过程。

1.1　初步引进与应用阶段

国外认知语言学诞生的重要标志之一是1975年美国加州大学Berkeley分校举办的语言学暑期班上宣读的四篇论文,分别是Paul Kay有关颜色词的研究,Eleanor Rosch对基本层次范畴的研究,Leonard Talmy对多种语言中空间关系表达方式的讨论和Charles Fillmore关于"框架语义学"(Frame semantics)的论述。

我国语言学界从认知视角对汉语语法的研究,始于20世纪80年代中后期。最早进行尝试的是旅美台湾学者James H. Y. Tai(戴浩一)(陆俭明、郭锐,1998)。他的《以认知为基础的汉语功能语法刍议》(1990,1991)一文,从非客观主义的立场出发,指出语法结构始于对现实的符号化,力图建立以认知为基础的汉语功能语法系统,从而揭示中文独有的潜在概念原则,如时间顺序原则、整体部分关系原则、凸显原则以及信息中心原则等。文章由北京大学中文系教授叶蜚声译介到国内。叶蜚声曾向国内学界译介了很多卓有影响的国外语言学家及其理论,如索绪尔、雷柯夫、菲尔墨、韩礼德等。翻译介绍戴浩一的文章，是他连续两期发表在《国外语言学》上的访谈文章《雷柯夫、菲尔摩教授谈美国语言学问题》(1982)介绍国外最新语言学动态的延续，是他对国际语言学发展动向的敏锐观察和把握，也是他试图通过介绍国外语言学理论为国内语言学研究学者解决汉语言研究问题提供新的理论视角的一个尝试。

戴浩一以汉语为研究对象，从一个完全不同于结构主义和形式主义的角度解释汉语语法现象，这一新动向引起了国内语言学界的极大兴趣，也对认知语言学理论在汉语研究中的传播与发展产生了积极的影响②。从某种意义上，可以说《国外语言学》发表的三篇译介戴浩一研究成果的文章(1988,1990,1991)标志着认知语言学理论在中国的正式传播。自此，国内语言学界开始了对认知语言学理论的持续关注，早期主要体现在以下几个方面。

（1）对国外认知语言学奠基之作的评介和相关理论综述。对重要著作和文章的评介是研究成果和理论推广的重要组成部分，早期的期刊论文中，这类文章占了相当的比重，也为我国认知语言学的发展起了重要的推动作用（见表2）。

表2　早期评介的主要认知语言学著作

年　份	著作、作者及译/评介者	发 表 刊 物
1994(1)	*Foundations of Cognitive Grammar* (Langacker, 1987)，(沈家煊评介)	《国外语言学》
1995(2)	*Women, Fire, and Dangerous Things: What Categories Reveal about the Mind* (Lakoff, 1987)，(石毓智评介)	《国外语言学》
1995(3)	*Metaphor and Iconicity* (Hirag & Radwanska-Willims, 1992)，(林书武评介)	《国外语言学》
1996(1)	*The Metaphorical Basis of Language — A Study of Cross-cultural Linguistics or the Left Handed Hummingbird* (Kelley, 1992)，(王勤学评介)	《国外语言学》

---

② 根据中国社会科学论文引用索引统计，关于《以认知为基础的汉语功能语法刍议》的论文自1998年以来引用率达68次。

年　份	著作、作者及译/评介者	发 表 刊 物
1996(2)	*Patterns in the Mind: language and Human Nature*（Jakendoff，1993），（程琪龙评介）	《国外语言学》
1997(3)	*Languages of the Mind*（Jakendoff，1995），（董燕萍评介）	《国外语言学》

除了书评，综述类文章也为中国认知语言学的发展起到了铺垫和导航作用，如《试论现代隐喻学的研究目标、方法和任务》（束定芳，1996）、《国外隐喻研究综述》（林书武，1997）、《国外认知语言学综观》（文旭，1999）、《"认知语法"的概括性》（沈家煊，2000a）、《认知语言学的理论基础及形成过程》（赵艳芳，2000）等。

由此可见，《国外语言学》、《外国语》及《外语教学与研究》等语言学刊物为认知语言学在中国的起步提供了一个平台。沈家煊、石毓智等一批学者自 20 年前就开始关注认知语言学，为认知语言学在中国的传播和发展起到了积极的推动作用。

（2）汉语语法研究中认知语言学理论的直接应用。认知语言学相关理论对汉语的语序、词类等问题的研究都有所启发，能解释一些结构主义、形式主义不好解释或不能解释的问题。陆俭明（1988）针对类似"'盛碗里两条鱼'成立，'＊盛碗里鱼'不成立"的语言现象，指出"一定的语法范畴（数量范畴就是其中的一个）对一定的句法结构都会起一定的制约作用"。沈家煊（1995）则用"有界"和"无界"的概念解释了数量范畴为什么会对这类双宾结构起制约作用，并引入"有界"和"无界"的概念来划分词类，对名词分为可数名词和不可数名词、动词分为持续动词和非持续动词、形容词分为性质形容词和状态形容词这三者加以概括，说明词类划分背后的认知理据。另外，刘宁生（1994）对汉语空间关系表达的研究，袁毓林（1994）对一价名词的认知研究等都是直接应用认知语言学理论试图解决汉语语法研究中一些有争议的问题。这期间的专著——《认知语言学与汉语名词短语》（张敏，1998）和《语言的认知研究与计算分析》（袁毓林，1998）也主要是引介认知语言学的基本概念并用以解释一些具体的汉语语法现象。

（3）隐喻、原型理论的介绍与应用。原型理论和概念隐喻理论颠覆了传统的亚里士多德范畴观和隐喻观,对于认知语言学核心主张的确立起到了奠基作用。在我国认知语言学发展初期隐喻和范畴观相关研究也占了相对较大的比例,如袁毓林(1995)应用"家族相似性"概念对汉语词类的划分、束定芳(1996,1998)对隐喻的本质、工作机制的探讨等。

另外,对语言、认知和世界三者关系的探讨也是当时语言学界关注的一个重要方面,如桂诗春(1991)对"语言与认知的关系"的探讨,熊学亮(1993)对"认知科学和语言学"关系的讨论等。

1.2 多方位介绍与发展阶段

20 世纪 90 年代末至本世纪初(约 1999 年—2003 年),随着研究成果数量和涉及的主题范围的大幅增长,中国认知语言学研究进入了多方位介绍与发展阶段。论文、专著的数量大幅增长,涉及的主题范围迅速扩大,各类学术会议相继召开。

(1) 论文专著数量大幅增长。

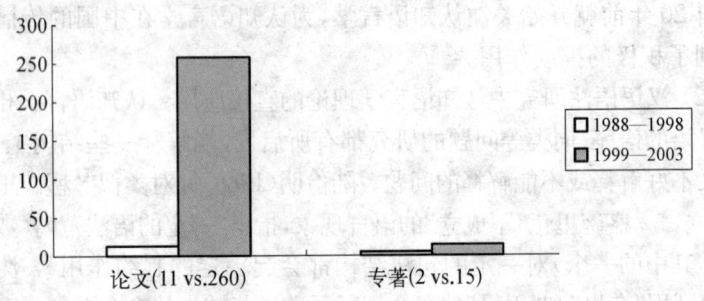

图 2　第二阶段(1999—2003)与第一阶段
论文、专著数量(1988—1998)对比

从图 2 看出,在第二阶段短短五年时间里,论文和专著的数量(论文260,专著15)远远超过了第一阶段 11 年(1988—1998)的总数(论文 11,专著2)。

正是在这期间,沈家煊(1999a)、石毓智(2000,2001)、束定芳(2000)、熊学亮(1999)、张辉(2003)等相继出版了十几本专著,极大推动了认知语言学理论及应用的发展。外语教学与研究出版社和北京大学出版社也通过引进版权出版了一些重要的认知语言学原著,如 Langacker(1987)的

《认知语法基础》(*Foundations of Cognitive Grammar*)、Ungerer 和 Schmid 合著的《认知语言学入门》(*An Introduction to Cognitive Linguistics*)等,为中国研究者和学习者直接研读原著提供了极大方便。

(2)主题范围迅速扩大。相比第一阶段主题集中于隐喻、原型理论及对认知与语言关系的探讨,第二阶段涉及主题的数量大幅增长(见图3)。

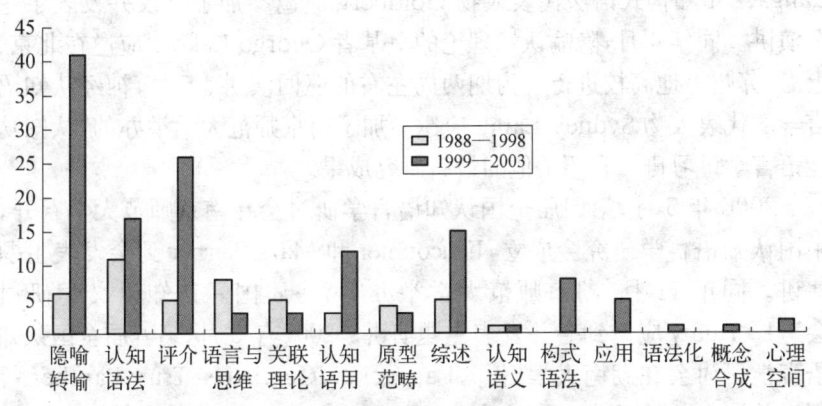

图3 第二阶段与第一阶段主题统计对比

从图3看出,国内认知语言学研究第一阶段的主题较为集中,主要探究了汉语语法认知、语言与认知的关系、隐喻和转喻等方面。相比之下,在第二阶段,一方面在原有的基础上有关隐喻和转喻的探讨激增,评介类文章、认知语用、认知语义方面的研究也显著增加;另一方面,语法化、概念合成、心理空间、认知语言学在翻译、文学、教学、词典学等领域的应用等方面的研究也开始大幅增加。

(3)各类学术会议与学术讲座相继举行

认知语言学在中国的迅速发展也体现在各类全国性学术会议和学术讲座的召开。认知语言学研讨会自2001年开始在全国范围内召开,迄今为止已达五届。

2001年,首届认知语言学研讨会在上海外国语大学召开,与会代表70余人。2003年,第二届认知语言学研讨会在苏州大学召开,与会代表100余人,心理空间理论创始人 Fauconnier 应邀到会发表主题演讲。

1.3 发展、反思与国际化阶段

2004年以后,一方面,中国认知语言学研究保持持续增长的势头,论文、专著的数量稳步上升,涉及范围日益扩展,同时各类研讨会和主题学术会议也频繁召开。2004年,第三届认知语言学研讨会在西南师范大学召开,与会代表200余人,认知语言学创始人、《认知语法基础》作者Langacker和构式语法代表人物Goldberg应邀参加了会议并发表了主题演讲。同年4月,隐喻认知理论的奠基者George Lakoff应邀在北京、上海、苏州等地高校进行了为期两周左右的巡回演讲。5月,神经认知语言学的代表人物Sydney Lamb应邀参加了南京师范大学举办的"认知功能语言学讲习班",介绍了他的最新研究成果。

2006年5月,第四届全国认知语言学研讨会在南京师范大学召开,中国认知语言学研究会成立,Fauconnier和Mark Turner到会发表主题演讲。同年11月,湖南师范大学举办"第一届国际认知语义学研讨会",L. Talmy应邀到会并发表主题演讲。2007年5月,第五届全国认知语言学研讨会在湖南大学召开,Langacker、Geeraerts、Tsur、Panther等到会并发表主题演讲。7月,中国认知语言学研究会被正式接纳为国际认知语言学的成员。2008年7月,首届中德认知语言学研讨会在德国召开。

另一方面,在对国外理论介绍应用的同时,国内一部分学者也对相关理论的问题和缺陷进行了反思(如刘正光,2001)。2004年以后,中国学界客观思考认知语言学的基本假设及对汉语研究适用性的研究明显增长。如石毓智(2004a,2008)、邓云华,石毓智(2007)等指出了认知语言学的"功"与"过"以及构式语法理论的进步与局限,还对语言规律的多样性及其研究方法进行了思考。陆俭明(2004)提出"词语句法、语义的多功能性"来解释构式语法尚未解释清楚的问题:"为什么相同的词类序列、相同的词语、相同的构造层次,而且相同的内部语法结构关系,甚至用传统的眼光来看还是相同的语义结构关系却会造成不同的句式,表示不同的句式意义"。沈家煊(2008)也指出语言学家的任务不是研究语言学理论而是语言,强调基于语言事实而非基于语言流派的研究。

二、中国认知语言学研究的主要特点

2.1　研究涉及的范围广,参与的人数众多

中国认知语言学研究的一个重要特点是研究范围广,参与人数众多。这在专著、期刊论文数量、博士、硕士学位论文中都有体现(见表3)。

表3　中国认知语言学研究分布及主题(1988—2008)

研　究　主　题	期刊论文	博士学位论文	硕士学位论文
认知语法	49	48	560
认知语义	30	50	14
隐喻、转喻	79	20	1 615
认知语用	34	10	153
概　　述	38	3	0
构式语法	23	6	28
语　法　化	5	4	20
心理空间、概念合成	7	0	183
对比研究	16	14	174
语言类型学	5	2	15
书　　评	53	0	0
应　　用	14	14	1 000
总　　计	331	157	1 892

注: 以上期刊论文统计来源于前文提到的六种语言类核心期刊,专著统计中"对比研究"与其他主题的数量重叠,论文集都并入"概述",这里的硕士、博士论文是以中国期刊网为基础的不完全统计。

从表3看出,中国认知语言学研究几乎涉及认知语言学所有相关领域,参与人数众多并逐年增长。究其原因,主要有以下四个方面。首先,中国从事语言学研究的高校教师、博士、硕士研究生总人数大幅增长。以

博士论文为例,2004 年至 2008 年收录于中国期刊网"中国语言文字"和"外国语言文字"方向的博士学位论文呈逐年上升的趋势,相应也带来了认知语言学相关论文的增长(见图 4)。

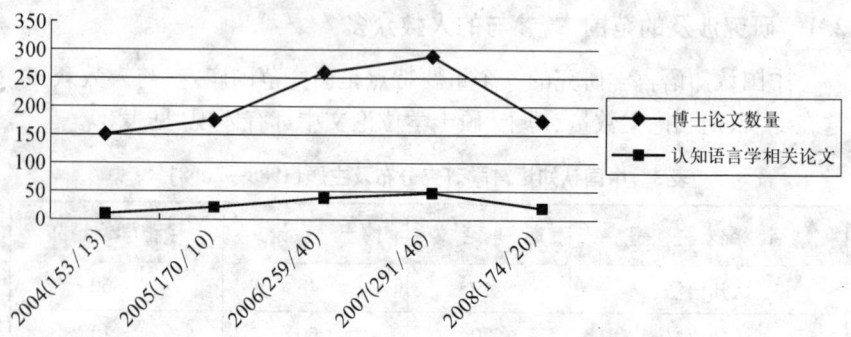

图 4　语言文字方向博士论文及认知语言学相关
博士论文数量与趋势(2002—2008)

　　其次,认知语言学的迅速发展也与汉语界和外语界学者不同的学术背景和研究传统有密切的关系。中国语言学研究可粗略分为外语界的研究和汉语界的研究,语言学在学科分类中被分为"外国语言学与应用语言学"和"语言学与应用语言学"。前者关注语言的普遍理论,特别关心国外新的语言学理论,能够迅速将国外新成果介绍到国内,并力图应用到具体语言材料的分析以及外语教学过程中去。后者主要关注汉语语言事实的描写和解释,更关注如何发掘和解释汉语现象,服务于汉语教学和其他信息时代的其他需求。近年来越来越多的中青年语言学家关注国外语言学新理论,并应用于汉语语法研究,以解决具体的汉语语法问题。总之,前者侧重理论的介绍,关注理论的系统性和准确性,后者更关注的是理论的实用性。这两种背景的语言学家所从事的语言研究的不同侧重点也导致了中国认知语言学的发展出现研究范围广、人数众多的特点。

　　此外,我国学者对隐喻和转喻的特殊兴趣也对国内语言学的发展起到了积极的推动作用。"没有隐喻研究,很难想象当今认知语言学的发展。没有对隐喻的探索,这个语言学分支的发展历程也许要缓慢很多。"(Hamilton,2004:104)这一点在中国认知语言学的发展过程中得到了同样的体现。两个发展阶段的主题统计结果都呈现出一个共同的显著特征，即关于隐喻、转喻的研究数量处于遥遥领先的位置——其比例远远超出其他主题，达总数的 20%。隐喻、转喻不仅成为中国认知语言学研究的核心话题，也一度成为中国认知语言学的驱动力。束定芳的《隐喻学研究》(2000)是最早从认知语言学角度系统、全面地介绍隐喻研究的著作，在对西方隐喻理论进行吸收和整理的基础上，对隐喻的产生原因、工作机制和本质特征以及隐喻的功能等进行全面的讨论和分析。该著作对国内认知语言学研究，特别是隐喻学研究产生了积极的推动作用。

"从认知角度出发对汉语中比喻的研究，也为我们对概念化的文化特异性以及普遍性结构的认识做出了很大的贡献。"(Schmidt,2008)相关研究涉及其运作机制、分类、区分等理论层面，也涉及在翻译、语篇分析、外语习得等方面的应用等。例如，沈家煊(1999b)提出了转喻/转指的认知模型，结合"认知框架"和"显著度"两个重要概念，论证汉语"的"字结构转指中心语的现象本质上是一种"语法转喻"，比以往的论述具有更强的概括力和解释力。陈家旭(2000)指出隐喻转喻是主要的造词方式。刘正光(2000)揭示了名词动用过程中的隐喻思维等等。

最后不能不提的一点是认知语言学理论本身所特有的吸引力。与形式语言学相比，认知语言学关注的语言现象丰富多彩，使语言研究变得饶有趣味；同时认知语言学关注不同语言之间，以及同一语言中相似形式之间的差异，其解释性对于外语教学和对外汉语教学都有很大的借鉴意义(沈家煊,2008)。

2.2 针对汉语研究问题的借鉴与应用而非对乔姆斯基理论的反动

Sampson(1980：130)曾经指出："任何语言学家都要通过与乔姆斯基理论的联系来确立自己的学术地位。"国外认知语言学的发展也正是在对乔姆斯基理论的直接批判和反动的过程中产生并发展起来的。认知语言学的主要假设——语言能力不是自主的认知能力、语法就是概念化形成过程、语言源于语言使用(Croft & Cruse,2004：1)，本身都代表了认知语言学开拓者们对当时主流语言学方法——生成语法和真值条件语义学的反动。正因为认知语言学关注的知识类型与生成语法的不同，更因为其经验主义的本质，人们常把它称为"第二次认知革命"，而把生成语法称作

"第一次认知革命"。(Geeraerts & Cuyckens,2007:7)

中国认知语言学发展完全出自不同的背景和传统。尽管乔姆斯基的《句法结构》早在 1979 年就被译介到中国,但生成语法理论并未被广大的汉语研究者所接受,没有在汉语语法研究中系统应用,也并未如在美国那样成为语言学研究的主流。实际上,认知语言学的基本概念和基本理论最初的引进与借用是部分语言学家为了走出汉语语法研究的结构主义方法困境的一种尝试,有着中国的汉语语法研究特有的学术背景以及亟待解决的问题。

自《马氏文通》(1898)问世到 20 世纪初,我国汉语语法主要是参照印欧语系建立。40 年代出现了 20 世纪前半叶现代汉语语法研究的鼎盛时期,王力、吕叔湘、高名凯等老一辈语言学家以普通语言学理论为指导,以挖掘汉语语法特点为宗旨,发现并解释了不少汉语语法的自身规律。新中国成立后,吕叔湘、朱德熙合著的《语法修辞讲话》大大普及了语法知识,也促进了现代汉语语法的教学和研究工作。同时,随着布龙菲尔德《语言论》(袁家骅、赵世开、甘世福译)和赵元任《北京口语语法》(李荣译)等的翻译出版,美国描写语言学的理论方法开始影响现代汉语语法研究。尤其是在 80 年代,受结构主义和描写主义语言学影响的学者成为中国语法研究的中坚力量,使汉语语法研究有了极大的发展和突破。一方面,层次分析已成为共识,变换分析、语义特征分析、"格"语法分析、配价分析等也被广泛应用;另一方面,学者们具备了立体研究观念,确立了"三个平面"(句法、语义、语用)的研究思路(见陆俭明、沈阳,2003)。其中"语用"平面的引入反映出汉语界试图从形式之外来寻求观察和解释语言现象的方法。

受结构主义理论影响,我国的语言学研究在很长一段时间内以描写为目标。80 年代后期陈平(1987)《描写与解释》一文发表后,对现代汉语语法现象、语法规则的解释开始引起汉语语法学界的普遍关注。学者们陆续发表论著,力图寻求观察、描写和解释的充分性与合理性。沈家煊(2000b:19)指出语法研究所追求的目标,高一点的是要对哪些合乎语法、哪些不合语法作出预测(predication),低一点的是要对合乎和不合语法的现象作出解释(explanation)。陆俭明、郭锐(1998)对于汉语界进行认知研究的目的和作用进行了解释。他们指出,汉语语法认知研究的目的是试图从人的认知角度对种种语法现象作出合理的解释,而且要求自己所作的解释在语法形式上能找到系统的而不是孤立的证据。如从"临摹性"、"典型范畴"、"常规关系"、"隐喻"等角度,对汉语的词序、词的重叠、词类的本质特点、肯定与否定既对称又不对称的特点等现象与问题所作的解释。同时,认知语法学还能挖掘出一些用以往的研究理论和方法所不易发现的语法现象,比如张敏(1998)从认知角度解释偏正结构中"的"字隐现问题时挖掘出来的关于"我儿子"、"我的儿子"等结构的区别与联系。

在某种意义上来说,由于认知语言学理论在本质上是一种解释性的语言理论,较强的解释力是它在国内语言学界迅速传播和应用的重要原因。在从认知角度对于汉语语法现象进行解释方面,沈家煊所作的工作引人注目。他的研究以解释和预测为目的,将国外的语言学理论和汉语语言事实结合,从认知视角很好地解决了汉语语法中的一些有争议的问题。他利用转喻认知模型对"的"字结构的研究就是一个例子。

"的"字结构是汉语中的热点问题之一。朱德熙(1983)指出,"的"字结构有两方面的问题需要解决:一是"的"字结构为什么转指时意义范围广泛;二是"的"字结构转指时的限制条件是什么。对此沈家煊(1999)运用认知语言学的"认知框架"和"显著度"两个重要概念,解释了"NP 的"、"VP 的"、"AP 的"这类结构转指的条件和限制原则,认为"的"字结构转指中心语是语法转喻作用的结果,转喻是人们基于日常体验建立的同一个认知框架中要素之间参照和激活的结果。沈家煊通过对转指的转喻阐释,不仅解释了语言表达合乎语法和不合乎语法的认知理据,还对语法现象作部分的预测,说明它们是受倾向性原则支配的。

2.3 外语学者和汉语学者的互动与互补

科学研究不光涉及概念、模型、方法,同时也涉及到人物、活动及其交流方式(Geeraerts & Cuyckens,2007)。在中国,具有不同学术背景的学者在各自的领域做了积极的探索,从而推动了中国认知语言学的发展。

如 2.1 所述,汉外语界的学者共同推动了中国认知语言学的发展。近些年来,外语背景的学者也开始逐渐将目光投向自己的母语,试图通过语料对比研究或者母语语料驱动的研究来验证、修正国外学者的理论,提出自己的语言理论设想,或者力图寻求认知语言学研究视角与其他语言学视角结合的可能性来描述和解释汉语的语言事实。

徐盛桓将认知与语用研究结合起来,找到了很好的切入点。他从认知视角出发,关注的对象是话语生成和理解的认知基础,即话语生成遵循什么认知规律? 话语如何被理解? 主要围绕基于心理模型的语用推理这个问题展开。徐盛桓(2008)的核心思想是,"语用推理依赖于心理模型,是创建和操作模型的认知过程,心理建模是推理的基本形式,心理模型是人们心智中知识结构的组织形式,心智中的知识是人们对事物间的常规关系的认识,体现为以相邻/相似关系的抽象知识为维度组织起来的类知识。"依据"语用推理同日常话语的理解并没有本质区别这一'认知连续统'"的观点,心理模型能从语用推理推及普遍的语言理解。徐盛桓建立的应用于语用推理的心理模型经历了一个发展过程,从对语用推理的本质、对相邻和相似等常规关系的探讨、话语生成涉及的自主—依存关系等子问题的讨论,到建立话语生成和理解的心理模型,发展为心理模型在解释成语、转喻等语言现象中的应用。

很多其他的研究者也探讨了认知语言学视角与其他视角结合的可能性,如认知语言学与关联理论的互补性(何奕娇,2007;张辉、蔡辉,2005),认知语言学与生态语言学(Eco-linguistics)的结合等。

与外语界学者不同的是,中文背景的学者具有扎实的汉语功底,了解我国汉语研究中存在的问题。近年来,汉语界对国外语言学的兴趣大大提高,与外语界的交流也大大增加。在这方面陆俭明(2004,2007)对构式语法的批判性接受与应用就是一个代表。

存在句式"NP1 + V + 着 + NP2"(如 A. 台上坐着主席团   B. 墙上挂着一幅画)一直都是汉语语法解释的难点。原因有三:1. 主语和宾语的位置难以确定;2. B 类句式的施事者是隐藏的;3. 按说句法成分的语义角色不同,所造成的语法意义有差异。但 A 类句式的宾语角色是施事,而 B 类句式的宾语角色是受事,但是两种句式的语法意义一致,应该怎么解释? 针对这三个问题,生成语法学采用了"句式变异说"、"动词变异说"和"轻动词说"进行解释。其中以第三种理论的解释力最强,然而该理论陷入了由假设所造成的理论循环论证,并没有从实质上解决问题。就此问题,朱德熙(1981)在论述"台上坐着主席团/主席团坐在台上"等存在句时就提出了构式具有独立的语义的看法，但并没有明确提出"构式"的概念。在构式语法理论的启发下，陆俭明（2004）认为，采用该理论可以对存在句式进行合理的解释。首先，这样的句式可以称作"存在构式"，该构式有三个构成要素：存在物、存在处所、存在方式。这三个要素在词汇层面上投射为 NP1、NP2 和 V 着，在认知层面上则投射为一个存在的场景，按照"整体大于部分之和"的原则，该场景的意义并不能由词或词素的结构组合来推知，而是该构式本身就具有这样一种意义，是独立存在的。

陆俭明在应用构式语法理论解决汉语问题的同时也对理论本身进行了思考。对于 Goldberg 等学者没有解释的构式来源问题，陆俭明认为构式生成的过程为：客观存在的事件通过感官感知而形成认知图式→认知图式投射到人类语言层面形成意义框架→意义框架投射到一个具体语言→根据构式意义的需要在词库中物色具体词语来构成具体的句子。

汉语界一批有海外留学背景的学者的研究也非常引人注目。他们在西方接受过语言学训练与熏陶。在研究过程中，他们结合自己的中文背景，中西结合，为我国汉语研究的发展做出了积极贡献。石毓智就是其中的一个代表。一方面，他扎实的汉语功底有利于他对语言学历史发展事实的把握；另一方面，西方语言学理论的积累又帮助他在采用类型学视野的视角将汉语同其他语言进行深入对比，从而使汉语与其他语言的共性和汉语的个性得到凸显。

以石毓智的概念化研究为例。石毓智（2001，2006）从历时角度出发，对古今汉语动词概念化方式的系统差别进行了分析，说明一种语言的概念化的历史变迁是如何影响其句子结构的变化的。他指出，古今汉语动词概念化的差别主要体现在动作和结果的由合到分。在现代汉语中，动作与结果分别是用动词和动补结构来表示的。比如，"看"是一种动作行为，"看见"是该动作行为的结果。然而在古代汉语中，动作和动作结果通常是用两个不同的动词分别对其进行概念化的。例如：1）食：吃—餍：吃饱；2）视：看—见：看见；3）听："听"的行为—闻：听见；4）逐：追赶—及：追赶上；5）寝：睡—寐：睡着、寤：睡醒、觉：睡醒。这种概念化的变化对语法的最直接的影响是，以前是一个单纯动词表示的概念，现在则需要一个动补结构来表示。此外，石毓智对汉英词语概念化方式的差异对句法的影响也进行了分析。他认为，汉英民族概念化的差异可能造成不同语言对应词语的表义范围的不同，从而影响到有关词语的句法行为。以汉英动词概念化特点与双宾结构差别的关系为例。英语的双宾结构只能表示右向，要表达左向的转移则需要选择不同的句式，例如：

I lent him a book.　　　　　　（右向，双宾结构）

I borrowed a book from him.　　（左向，单宾结构）

而汉语的双宾结构是左右向的，可用同一动词来表示方向义相反的同一动作行为。如上述两句英文例句都可对应中文句子"我借了他一本书"。由此可见，英汉动词包含"方向"的概念化差异导致了不同的句法结构的运用。

2.4　研究会、国际会议、学术讲座、学术专著系列出版的推动作用

2006 年 5 月，中国认知语言学研究会（见 http://www.ccla2006.com/index.asp）成立。研究会集中了中国外语界一大批年富力强的中青年语言学者，他们是中国认知语言学研究的生力军。自成立以来，研究会组织了系列学术会议和交流活动，为广大认知语言学研究者提供了一个互动的平台，极大地推动了中国汉、外语界学者以及中外学者之间的交流与合作。目前，中国认知语言学研究会已被接纳为国际认知语言学研究会的成员。

迄今为止，研究会已经成功举办了五届认知语言学年会以及各种主题会议，如"认知语义学国际会议"（2006，长沙；2008，苏州），"认知语言学与修辞学国际会议"（2008，上海）和"认知语言学与外语教学国际会议"（2008，杭州）；"认知语言学与二语习得国际会议"（2008，安徽蚌埠）等。

同时，研究会组织的"认知语言学暑期班"、"认知语言学十讲"等短期培训对推动中国认知语言学的发展作出了一定的贡献。福建师范大学、上海外国语大学举办了三届认知语言学暑期班（2006，2007，2008）；北京航空航天大学举办了多期的认知语言学系列讲座。概念隐喻理论创始人 Lakoff、认知语法理论创始人 Langacker，认知语义理论创始人 Talmy，心理空间理论创始人 Fauconnier 等都曾受邀在这些暑期班和系列讲座中做主题演讲和系列讲座。

三、中国认知语言学研究存在的问题与发展方向

3.1 存在的问题

(1) 低层次的重复介绍多，具体语言现象研究少

在各类期刊发表的论文中，书评与概述占了很大的比例。很多文章只是在理论问题上打转，局限于对基本概念的阐述。一些研究停留于低层次的重复介绍，缺乏结合我国语言实际和语料的系统、创新的研究。

(2) 邀请来讲座的多，参与国际学术交流的少，在国外产生影响的研究少

国际认知语言学界的许多著名学者，如 Langacker，Lakoff，Talmy，Croft，Kemmer 等都来过中国，与中国学者进行过面对面的交流。这对我国认知语言学的发展起到了巨大的推动作用。而国际交流应该是一个双向互动的过程，而我国认知语言学学者走出国门参与国际学术交流的很少。我们的学者只有走出去才能发出自己的声音，才能将自己的研究成果推向国际，为国际语言学的发展做出贡献。目前我国学者的研究在国外产生影响的为数不多，需要进一步加强交流，提高交流的层次，同时通过在国外杂志或会议上发表论文，展示自己的研究成果。

(3) 研究的话题多，方法论研究少

认知语言学基于使用的理论主张(usage-based thesis)与占主导地位的内省法(introspection)之间的矛盾已经引起学界的关注和争议。近年来，心理实验研究、基于语料库的研究等明显增加，研究者也逐渐意识到了研究方法之间的互补性。

我国认知语言学的发展因中国不断深化的改革开放而迅速与国际接轨。但是总体来说，我们的认知语言学研究话题多，但是方法论研究少。多数研究着眼于将国际认知语言学的最新成果应用于汉语研究、外语教学和翻译理论研究，很少有研究从我国语言实际出发进行理论创新。

3.2 中国认知语言学发展展望

(1) 加强基于汉语语料的对比或类型学研究

外语界的研究者能够较快地接受和理解国外语言学成果和理论,对所掌握的外语语言也有一定的直觉。他们了解国外语言学发展的最新动态,致力于寻找人类语言的共性与特性,并使之服务于外语教学与研究。沈家煊(2007)建议外语界的人多做汉语和外语的比较研究,一方面为语言教学服务,另一方面通过比较探求语言的普遍规律,透过语言之间表面上的差异找出人类语言的共性。

认知语言学采取非客观主义的立场,充分考虑文化、语言特性及其使用者的经验、背景,能够为对比研究、类型学研究、跨文化研究提供独特的视角。未来,基于我国语言事实的研究和基于汉外对比的研究都将会持续增长。

(2) 研究方法多元化

研究方法的多元化,一方面是指认知语言学视角与其他语言学研究视角的结合,呈现出视角多元化以及研究跨领域的特点。认知语言学与语用学、系统功能语法的互补研究,以及它在外语教学、文化、翻译等领域的应用都会不断增加。多元化另一方面指认知语言学具体研究方法的多样性。认知语言学研究不再主要地依赖内省法,而是依据不同的研究目的采纳不同的实证方法,如心理实验法、视听语料法、语料库法或调查法等。杨亦鸣、张辉等利用神经语言学和认知语言学研究中新兴的技术手段如 ERP、fMRI 等进行了系列研究(张辉、宋伟,2004;梁丹丹、杨亦鸣等,2006);戴浩一(2006)也采用视听语料法对台湾手语进行了研究。

目前我国已有若干所大学成立了认知实验室或研究中心,如北京大学的"脑科学与认知科学中心",浙江大学的"语言与认知研究中心",华中师范大学的"心灵与认知研究中心",徐州师范大学、湖南大学等的"认知语言学实验室"等。

(3) 进一步加强基于语料库(Corpus-based)的研究

认知语言学的一个基本假设就是其基于用途的语言观,认为语言知识源起于语言的使用(Langacker,1987;Croft and Cruse,2004)。在基于用途的模型中（如 Langacker，1987，1988，1999；Barlow & Kemmer，2000；Tomasello，2000；Croft & Cruse，2004），备受关注的是语言系统的实际使用。该观点的重要影响在于它考虑到了低层图式在与高层图式竞争过程中的优先性、使用背景和具体使用事件对意义建构的作用、标记/类型频率以及实际语言使用语料比如语料库的重要性等。

近年来，作为对传统内省法进行补充或反对的语料库研究法的应用呈上升趋势。在国际学术期刊《认知语言学》（*Cognitive Linguistics*）中搜索到使用语料库方法的论文 26 篇中，有 21 篇是 2004 年以后发表的。此外由 Mouton de Gruyter 出版的论文集 *Corpus-Based Approaches to Metaphor and Metonymy*（2006）就是对隐喻、转喻基于语料库的系列研究，其中 12 篇论文利用语料库的方法来验证、修订甚至推翻了传统内省法提出的假设或理论。其他基于语料库的研究还有基于语料库的构式研究（Gries，Hampe & Schönefeld，2005），基于语料库的象似性研究（Diessel，2008）等。我国基于语料库的研究也呈增长趋势，如蓝纯（1999）对汉语空间隐喻的分析，贺文照（2008）对英译汉中"心"的隐喻重构的调查等等。

(4) 将认知语言学理论应用于更多的相关领域

认知语言学理论对语言本质的看法将为更多相关领域的研究提供有益启示。如认知语言学可为翻译研究提供新的视角（邵志洪，2006；王寅，2008 等），同时也可以为词典编撰等工作提供新思路（赵彦春，2004）。认知语言学理论应该也更可能被广泛应用于外语教学。

(5) 加强与国际认知语言学界的互动

中国认知语言学研究会今后不仅将更多具有国际影响的语言学家请进来，也应该积极地走出去参与国际交流，2008 年 7 月在德国举行的"2008 Manheim Workshop on Chinese Cognitive Linguistics"和 2011 年将在西安举行的国际认知语言学大会就是往这一方向努力的很好的尝试。

四、结 束 语

20 年来，中国认知语言学研究经历了一个迅速发展和壮大的过程。

它始于对国外语言学发展的关注，为汉语研究中结构主义研究方法无法解决的问题提供了描写和解释的新视角。它的魅力在于对语言事实及规律有较强的解释力和一定的预测性，以及它对语言使用者心理现实性和相关文化、语言特性的充分考虑。

　　认知语言学在中国的语言研究有着良好的发展前景。认知语言学强调语义和广义的语境（resemantization & recontextualization），更符合汉语的语言特点。中国语言学家可以也必将对认知语言学发展做出自己应有的贡献。

束定芳、唐树华

参考文献

Croft，William & Alan D. Cruse. 2004. *Cognitive Linguistics*. New York：Cambridge University Press.

Diessel Holger. 2008. Iconicity of sequence：A corpus-based analysis of the positioning of temporal adverbial clauses in English. *Cognitive Linguisitcs*. 19.3，465 - 490.

Geeraerts，Dirk & Hubert Cuyckens（eds.）. 2007. *The Oxford Handbook of Cognitive Linguistics*. Oxford：Oxford University Press.

Gries，Stefan Th.，Beate Hampe & Doris Schönefeld. 2005. Converging evidence：Bringing together experimental and corpus data on the association of verbs and constructions. *Cognitive Linguistics*. 16.4,635 - 676.

Craig A，Hamilton. 2004. Review on *Metaphor in Cognitive Linguistics*. *Cognitive Linguistics*. 15.1，104 - 112.

Geoffrey，Sampson. 1980. *Schools of Linguistics: Competition and Evolution*. Stanford：Stanford UP.

Zhuojing，Schmidt. 2008. Much mouth much tongue：Chinese metonymies and metaphors of verbal behaviour. *Cognitive Linguistics*. 19.12，241 - 282.

Anatol，Stefanowitsch & Gries Stefan Th.（eds.）. 2006. *Corpus-Based Approaches to Metaphor and Metonymy*. Berlin；New York：Mouton de Gruyter.

陈家旭，2007，英汉语"喜悦"情感隐喻认知对比分析，《外语与外语教学》第 7 期。

陈　平，1987，描写与解释：论西方现代语言学研究的目的和方法，《外语教学与研究》第 1 期。

戴浩一著，1988，黄河译，时间顺序和汉语的语序，《国外语言学》第 1 期。

戴浩一著，1990/1991，叶蜚声译，以认知为基础的汉语功能语法刍议（上，下），《国外语言学》第 4/第 1 期。

戴浩一、苏秀芬，2006，台湾手语的呼应方式，《百川汇海：李壬癸先生七秩寿庆论文集》。

邓云华、石毓智，2007，论构式语法理论的进步与局限，《外语教学与研究》第 5 期。

何奕娇，2007，试论认知语言学与关联理论的互补性，《外语学刊》第 5 期。

贺文照，2008，英译汉中"心"的隐喻重构——基于汉英平行语料库的考察，《四川外语学院学报》第 2 期。

桂诗春，1991，认知与语言，《外语教学与研究》第 3 期。

梁丹丹、杨亦鸣、封世文、李建策，2006，汉语名、动、形充当名词修饰语的 fMRI 研究，《语言文字应用》第 4 期。

蓝　纯，1999，从认知角度看汉语的空间隐喻，《外语教学与研究》第 4 期。

林书武，1997，国外隐喻研究综述，《外语教学与研究》第 1 期。

刘宁生，1994，汉语怎样表达物体的空间关系，《中国语文》第 3 期。

刘宇红，2006，认知语言学的理论缺陷，《山东外语教学》第 5 期。

刘正光，2000，名词动用过程中的隐喻思维，《外语教学与研究》第 5 期。

刘正光，2001，莱柯芙隐喻理论中的缺陷，《外语与外语教学》第 1 期。

陆俭明，1988，现代汉语中数量词的作用，《语法研究和探索》第 4 期。

陆俭明，2004，词语句法、语义的多功能性：对"构式语法"理论的解释，《外国语》第 2 期。

陆俭明，2007，构式语法理论的贡献与局限，香港：首届两岸三地现代汉语句法语义小型研讨会发言稿。

陆俭明、郭　锐，1998，汉语语法研究所面临的挑战，《世界汉语教学》第 4 期。

陆俭明、沈　阳，2003，《汉语和汉语研究十五讲》，北京：北京大学出版社。

邵志洪，2006，英汉运动事件框架表达对比与应用，《外国语》第 2 期。

沈家煊，1995，"有界"与"无界"，《中国语文》第 5 期。

沈家煊，1999a，《不对称和标记论》，南昌：江西教育出版社。

沈家煊，1999b，转指和转喻，《当代语言学》第 1 期。

沈家煊，2000a，"认知语法"的概括性，《外语教学与研究》第 1 期。

沈家煊，2000b，说"偷"和"抢"，《语言教学与研究》，第 1 期。

沈家煊，2004，语法研究的目标——预测还是解释？《中国语文》第 6 期。

沈家煊，2008，认知语言学系列丛书序，上海：上海外语教育出版社。

石毓智，2000，《语法的认知语义基础》，南昌：江西教育出版社。

石毓智,2001,《语法的形式和理据》,南昌:江西教育出版社。

石毓智,2004a,认知语言学的"功"与"过",《外国语》第 2 期。

石毓智,2004b,《汉语研究的类型学视野》,南昌:江西教育出版社。

石毓智,2006,《语法化的动因与机制》,北京:北京大学出版社。

石毓智,2008,自然科学方法与语言学理论建设,《四川外语学院学报》第 1 期。

束定芳,1996,试论现代隐喻学的研究目标、方法和任务,《外国语》第 1 期。

束定芳,2000,《隐喻学研究》,上海:上海外语教育出版社。

束定芳,1998,论隐喻的本质及语义特征,《外国语》第 6 期。

王　寅,2008,认知语言学的"体验性概念化"对翻译主客观性的解释力——一项基于古诗《枫桥夜泊》40 篇英语译文的研究,《外语教学与研究》第 3 期。

文　旭,1999,国外认知语言学研究综观,《外国语》第 1 期。

熊学亮,1993,认知科学与语言学,《外语教学与研究》第 3 期。

徐盛桓,2002,常规关系与认知化——再论常规关系,《外国语》第 1 期。

徐盛桓,2003,常规关系与语句解读研究——语用推理形式化的初步探索,《现代外语》第 2 期。

徐盛桓,2006,相邻与补足——成语形成的认知研究之一,《四川外语学院学报》第 2 期。

徐盛桓,2007,基于模型的语用推理,《外国语》第 3 期。

徐盛桓,2008,转喻与分类逻辑,《外语教学与研究》第 2 期。

袁毓林,1994,一价名词的认知研究,《中国语文》第 4 期。

袁毓林,1995,词类范畴的家族相似性,《中国社会科学》第 1 期。

袁毓林,1998,《语言的认知研究和计算分析》,北京:北京大学出版社。

叶蜚声,1982a,雷柯夫、菲尔摩教授谈美国语言学问题,《当代语言学》第 2 期。

叶蜚声,1982b,雷柯夫、菲尔摩教授谈美国语言学问题,《当代语言学》第 3 期。

张　辉,2003,《熟语及其理解的认知语义学研究》,北京:军事谊文出版社。

张　辉、蔡　辉,2005,认知语言学与关联理论的互补性,《外国语》第 3 期。

张　辉、宋　伟,2004,ERP 与语言研究,《外语电化教学》第 6 期。

张　敏,1998,《认知语言学与汉语名词短语》,北京:北京社会科学出版社。

赵彦春,2004,《认知词典学探索》,上海:上海外语教育出版社。

赵艳芳,2000,认知语言学的理论基础及形成过程,《外国语》第 1 期。

朱德熙,1978,"的"字结构和判断句,《中国语文》第 1、2 期。

朱德熙,1981,《语法讲义》,北京:商务印书馆。

朱德熙,1983,自指和转指——汉语名词化标记"的、者、所、之"的语法功能和语义功能,《方言》第 1 期。

目　录

认知语境

语用推导机制

前　言

一、十年研究一番新

2001 年，上海外语教育出版社出版了束定芳主编的《中国语用学研究论文精选》，迄今已有十年。十年研究一番新。这十年间，中国的语用学研究比起前一些年又有了长足的进展，反映了国际上语用学研究的迅猛发展。本论文集试图反映这十年或稍多一点的时间里进展的大致面貌。

在这十年里，科学进展的重大事件之一是认知科学又有了新的进展，进入到运用现代高科技通过大脑进行认知的实证研究，这可以看成是认知科学研究的又一新范式。认知科学在 20 世纪下半叶从第一代研究范式演变为第二代研究范式，并且孕育出了认知语言学和认知语用学。1986 年，法国学者 D. Sperber 和英国学者 D. Wilson 合著的《关联：交际和认知》(*Relevance: Communication and Cognition*)出版，是认知语用学研究的滥觞。

传统的语用学理论旨在克服意义原子主义的局限性，把意义问题从语言表达式的本身转向语言表达式的使用，并最终转向语言表达式使用的语境和使用者。自然语言的意义总是产生于具体语境中交际者之间的互动，语境依赖性使得语言使用的主体的意向性成为意义解释图式中一个不可或缺的环节。然而，这并不是问题的全部。人们发现，语用问题都不同程度涉及缺省知识和缺省推理。这一认知机制便成为语用研究的一个基本问题。这是认知语用学产生的内部条件。从外部看来，认知语用学同认知语言学一样，是由认知科学催生的。认知的语言研究是在人工智能科学的兴起和对乔姆斯基生成语法的革命中产生的，他们不承认语法的自治属性，认为语法就是概念化，来源于人们的语言使用。语言使用是认知语言学和认知语用学的共同兴趣，但是语用学更加侧重于人们如何获得语言使用的知识,以及如何运用这些知识。也就是说,语用学要从知识的组织结构、认知机制方面探讨语言使用的认知问题。

实际上,格赖斯会话含意理论已经孕育了认知语用学的萌芽。格赖斯说,会话含意的一个显著特点是其可取消性(defeasibility)。格赖斯将"可取消性"看做是会话含意的一个特征,但他没有意识到他的这一观察已经触及到使用语言或者信息加工的一个重要问题。这个问题随着认知科学的发展日益进入到人们的视野,这就是缺省推理(default reasoning)。缺省推理就是在某些信息"缺失"的情况下进行信息加工。我们之所以在"缺失"加上引号,是因为这些信息虽然没有以明确的语言形式提供来用于当下推导的前提,但是我们已经默认它们存在于推理的前提中。将格赖斯的会话含意理论同当代认知科学的缺省推理联系起来,就不难看出二者在本质上是一回事。换言之,格赖斯无意中成为认知推理的启蒙者。列文森的新格氏语用推导机制"信息原则"(I-Principle)所提到的"常规关系"(stereotypical relation),更把人们大脑中的默认知识具体化了。

二、十年发展扫描

2.1 关联理论研究

认知语用学可以指用认知科学的理论解释语言使用,这种解释相对宽泛,也可以特定地指用关联理论解释交际言语使用。在这十多年中,我国认知语用学研究涉及这两方面,这里先回顾这十年对关联理论的评论。

沈家煊先生是将关联理论介绍到中国的第一人。在这十年里,我国学者继续对关联理论作为语用学研究的指导性理论进行了评论。这些研究首先肯定了关联理论对经典格赖斯语用学基本原则的革命性贡献,然后对关联理论作为语用学理论的重要性和必要性进行了思考和分析。人们对于合作原则作为语用学理论的充要性的思考主要集中在:(1)支持合作原则及其准则的理据是什么?(2)交际中合作是交际双方的义务吗?(3)说话人如何做到表达真实、充分、相关和清楚明白?(4)合作原则及其各准则是否具有普遍性?(5)合作原则是人类天生就具有的生物学禀性还是后天获得的社会学特性?(6)如果合作原则是后天的,那么合作原则有没有文化特异性？关联理论另辟蹊径，其理论前提是，人类进化的结果是在信息加工中总是秉承"最少努力"(least effort)原则，交际就是通过改变交际者的认知语境而获得认知效果，而交际者的认知机制则是用优化的加工机制获得最大的认知效果。

何自然和冉永平(1998)认为"语言交际是个认知—推理的互明过程，话语理解就是一种认知活动"。在理解话语时，主体需要形成多个语境假设，但是关联理论没有说明这些假设的产生机制、各个假设的优先级的确定机制；话语的关联性和认知效果以及认知加工努力之间的关系，前者是个常量，后二者是变量，但是两个变量如何确定并没有得到清楚的说明；同时，关联理论只是修正了格赖斯语用学的会话含义理论，但是没有注意到影响交际的社会规约和文化规约等，由此也受到许多学者的诟病。

姜望琪(2001)认为，在关联理论中，关联性有两种表述：话语本身的关联性和运用话语产生的关联性。这两种关联性的内涵是矛盾的，但是Sperber和Wilson"从来没有明确说过他们关联原则中的"关联性"到底是什么含义"(原文强调)。同时，他们承认存在不同类型的关联原则，但是他们却没有就什么是"最大关联"、什么是"最佳关联"说清楚，"这对于他们的理论是致命的。关联理论最诱人之处是其单一性，用一条原则解释所有的事实。现在如果承认关联原则是多解的，其诱人的魅力也就不复存在。更不用说把我们指出的两种关联原则考虑进去了"(姜望琪，2001)。姜望琪对关联理论的批评不止于此，他进一步认为，关联理论用一条认知原则取代合作原则及其准则的愿望是不现实的(同上)。

尽管有人批评关联理论缺少交际的社会学关怀，但是冉永平(2002)认为，Sperber和Wilson的关联理论并没有否认交际者的社会性，而且关联理论对祈使句有关的礼貌特征的分析比Brown和Levinson的"面子"理论更令人信服，因此，"互明假设包含了人们对交际双方的社会地位、人际关系等的推测与估计，因此在说话人生成明示话语之前，实际上已经考虑了社会文化因素等"。

2.2 语境研究

关联理论中语境的内涵全然不同于经典语用学。在关联理论看来，语境不是交际前事先给定的，而是在交际过程中被选择的；同时，语境也不是静止的,而是动态的。因此,认知语用学将语境看做是个变量,交际者在说明话语的最佳关联性中,要不断选择语境假设并对语境进行更新;交际就是通过话语影响彼此的认知语境从而使得话语被赋予一定的意义,即最佳关联性。熊学亮(1996)认为认知语境是语用者的语用知识,这些知识可以帮助语用者理解语言超载信息部分的含义;熊学亮的认知语境是社会心理性的,因为他认为关联理论的认知语境过于强调个人因素。熊学亮认为,语用的本质是概率和或然的,不可能用高度形式化的模式来描述,语用理论只有合理的程度之分。他的单向语境推导模式是这方面的尝试。

何兆熊和蒋艳梅(1997)的看法是,语用学研究中语境不是给定的、封闭的和静止的,而是选择的、开放的和动态的。因此,他们认为语用学中应该对语境进行动态的研究。他们的观点是交际者在交际中总有一定的目的,为了实现交际目的,他们不仅要选择语境,还要创造语境。换言之,"交际过程也就是语境的构造过程",而这一过程是在交际者共有知识(shared knowledge)的范围内进行的。同样,黄华新和胡霞(2004)也认为认知语境是个"心理建构体"(psychological construct),和传统的语境概念相比,认知语境的最大特征在于其建构性。他们认为,认知语境的建构基础是交际话语的物理环境、交际者的经验知识和个人的认知能力。认知语境的建构既有主体性特征,又有主体间性的特点,即进行语境建构的主体是从自己的信念、态度、知识等出发建构认知语境的;他们建构认知语境的时候,是从主体之间的关系(即听者与说者之间的关系)出发的。认知语境的建构就是主体在当前的交际物理环境中,能动地运用自己的认知能力形成语境假设,这个过程包括模式识别、图式启动、知识选择和假设形成四个阶段。

2.3 语用推理研究

语用推理机制是语用学的一个研究热点。在关联理论中,话语理解涉及的逻辑推理是非论证性推理。按照 Sperber 和 Wilson 的说法,心智的演绎规则在以下方面是个极其有效的推导机制:减少必须独立存储于记忆中的假设的数量,获取论证的结论,获取新获得的概念信息的隐含意义和增加该信息对于世界的概念表征的影响(Sperber & Wilson,2001:

102)。因此,他们认为引入规则(introduction rules)在信息的自发性加工中不起作用,起作用的只是消除规则(elimination rules)(ibid,96)。这就是关联理论的语用推理机制。但是,关联理论并没有进一步说明其语用推导机制的理据。周建安(1997)对此进行了说明。他认为,交际中起主导作用的是交际人所具有的认知心理状态。这种状态是人的认知能力,包括智力水平、知识水平、社会心理和社会文化积淀等。周建安进一步指出,认知心理状态对语言交际起着决定性作用,语言交际中的双方只有具备相同的认知心理状态,交际才能够得以顺利进行。

如前文所述,语用推导的基本特征是结论可取消,因此,任何关于语用推导机制的研究必须说明心智过程如何体现这一特点。蒋严(2002)认为,语用推理具有溯因推理的特征,或者说语用推理就是溯因推理在语言交际中的具体应用。因此,语用推理并没有什么特征,也不需要专门的自然语言运用的逻辑,只需要将溯因推理和概率论结合,便有希望提出一种分析自然语言使用的逻辑系统。无独有偶,徐盛桓(2007)提出了一种基于心理模型的推理模式。按照徐盛桓的说明,语用推理和日常语言的理解没有本质的区别,理解话语的心智过程的基本动作是心理模型的建模,因此,语用推理就是心理模型的操作。但是这一推理模式的基本特征是强调话语理解的整体性特征,也就是说,语用推理过程是在下向因果关系作用下话语之间的相互影响的结果。

朱永生和蒋勇(2003)的研究表明,心理空间映射理论可以用于说明常规含意的推理过程。他们的解释机制是 Fauconnier 心理空间映射理论的可及性原则。所谓可及性原则,就是阐释交际者用一个心理空间中的概念来指代或者启动另一心理空间中的概念的认知操作。他们的研究表明,可及性来自概念间已有的常规关系,听话人根据常规关系,使一个心理空间的概念与另一心理空间的概念产生映射联系,推导出常规含意。

话语理解涉及的语用推理具有溯因推理的特征,那么文学作品中的语句解读是否也具有这一特征呢? 徐盛桓(2003)认为,文学作品中的语句也和日常交际中的话语一样,必定涉及常规关系的利用。由于利用常规关系是自然语言的普遍特征,因此,便可设定一个基于常规关系的语句解读的语用共设(pragmatic postulate),即在没有明示说明的情况下,设定语句中词语所涉及的事物之间的关系是常规关系。这样,通过解读出作者"织补"在词语中的隐含意义并将其补充到语句的显性表述意义中，读者便可以得到相对完整的语句意义。

2.4　语用知识的特征及表征研究

关联理论认为，语言运用涉及的知识有三类：百科知识、逻辑知识和词汇知识。刘绍忠（1997）、何自然、冉永平（1998）等也坚持这一点。但在宽泛意义的认知语用学中，关于知识表征的认识更接受认知科学的基本理论假设，例如，图式（schema）、框架（frame）、脚本（script）、场景（scenario）、理想模型（idealized cognitive model）、心理模型（mental model）、常规关系等。徐盛桓认为，"以相邻/相似为维度的常规关系"是知识结构的基本特征，徐盛桓（2003）指出，常规关系被认知化后便成为一种认知工具，由此成为理解话语的认知工具。

2.5　语用学的应用研究

2.5.1　语篇连贯的语用分析

苗兴伟（1999）研究了关联理论对语篇连贯的解释力问题。他发现，仅就语篇的理解而言，关联理论除了能解释连贯理论所能解释的现象外，还能解释该理论所不能解释的现象。但是关联理论也有其局限性。他同意 Giora（1997）对关联理论的批评，即关联性既不是语篇连贯的必要条件也不是充分条件。同时，他也同意 Ziv（1988）的观点：关联理论单纯从认知科学的角度来解释语言交际，忽略了人类交际中的社会文化特征。最后，他指出，由于连贯是语段之间的关系，而关联是命题之间的关系，后者只是前者的一个方面，所以关联理论对语篇连贯的解释具有一定的局限性。郭纯洁（2003）的写作实验表明，语篇连贯也有其认知基础，语篇连贯性的实质在于语篇中的信息结构对共享认知模式的依附性（adhesion）上。具体地说，就是随着作者视点的转移，语篇表征的信息也随之进行相应的变化，由此进行相应的信息加工，二者共同构成语篇连贯的认知基础。

2.5.2　回指的语用分析

认知语用理论的另一个应用领域是回指求解问题。经典语用学中，回指既是语篇中的衔接手段，同时也可以通过语篇连贯机制表明回指词和其所指之间照应关系。吕公理(1995)认为,回指求解是个涉及认知和语用因素的动态过程。这一过程中经常存在形式和内容之间的矛盾,这一矛盾在间接前指照应、多个先行成分前指照应及指物变化前指照应的释义中表现最为突出。吕公理的研究表明,虽然前指照应释义中形式与内容之间的矛盾表现为不同形式,但都可以在认知因素与语用因素的互动中得到解决。杨若东(1997)也指出了形式化方法在回指求解中的局限性,认为语篇之间的连贯关系需要世界知识的参与。廖巧云(2008)运用心理模型理论分析了语篇连贯的问题。她首先从整体论的角度设定语篇为良构(well-formed)整体,然后探讨回指的求解机制。她认为,回指求解是在读者/听者证明语篇良构性的过程中完成的,这一过程是心理模型操作的过程。许余龙(2003)提出了回指求解的三个原则,并且通过实验加以验证,最后提出了一个语义和语用兼容的认知语言学模式。而且,这一模式可以解释"民间故事语料中几乎所有的零形代词的回指"。

2.5.3　预设的语用分析

预设是语用学的传统研究话题。但王文博(2004)认为,从认知上看,预设是语言使用者对某个或某些领域里经验的统一和理想化的理解,是由预设触发语(presupposition triggers)的理想认知模型(ICM)激起的概念和知识所构成的一种认知环境,在交际中表现为交际双方互明的共同认知环境(shared cognitive environment)。基于这一认识,他通过对预设触发语的理想化认知,将句子分为陈述部分和预设部分,然后用"图形—背景"理论加以分析,通过考察背景是否能够得到满足,合理解释了潜在预设的实现和消失问题。

2.5.4　小句的语用分析

文旭、刘润清(2006)关于汉语关系小句的分析表明,小句的限定性和非限定性之分与说话人在心理上赋予小句和其中心语的地位有关;小句和其中心语的语义关系非常复杂,涉及多种因素;汉语关系小句具有限定功能和描述功能。关系小句的语法特征有三个方面的内容:关系小句中成分的中心语化遵循"可及性等级",中心语的省略是一个语用语法化的过程,其认知因素就是由于中心语过分凸显,中心语有时还涉及右移位。

彭建武(2001)分析了英语和汉语两种语料中的语言转述现象,认为语言转述背后既有语言原因,又有非语言原因。转述原因的复杂性要求对这一语言现象进行认知语用分析。彭建武的研究结果是,转述现象与语用规约化、转述人语言编码的经济原则等因素有关。

2.5.5 词汇、短语结构的语用分析

徐盛桓(2006)对类似"成都小吃团"的语言表达式的分析表明,话语的含意性是语言表达的基本性质,话语的字面表述并不能满足交际目的所需的信息,而寓于字面表述之中的隐性信息则可以补充、阐释字面表述,由此形成相对完备的表述。

刘正光(2007)以汉语中宾语隐性的表达式(例如"不吃不喝"、"好吃懒做"等)为例,分析了受事论元没有表达出来的语义、语用特征以及各种制约条件。他指出类似表达式中的宾语隐形不仅和动词的语义有关,也和宾语的语义有关。例如,如果宾语没有指称意义或具有高度可预测性,宾语是可以隐形的。他的研究还表明,动词宾语隐形还涉及到语用问题,动词的概念表征结构并不能完全预测出宾语省略的条件与省略的情形。要充分解释宾语省略的全貌,必须考虑到语义与语用的重要作用。

冉永平(2002)分析了在特定语境中词汇意义是如何得以扩充或者收缩的。他认为,在具体语境中,话语理解涉及不同程度的语用加工,即语用充实(pragmatic enrichment),这一过程也同样适用于词汇意义的澄清。对词汇意义的充实包括语用扩充和语用收缩,前者如"我每月可挣2,000块"并不意味着"我每月可挣2,000块整(不多不少)",而是"我每月可挣2,000块左右"的意思;后者如"他喜欢喝酒"通常意味着"他喜欢喝某种酒(例如葡萄酒或者啤酒等)"。这两种情形都是语用加工的结果,但这种加工过程是原型理论所不能解释的。相反,可以在关联理论的框架内得到解释。

董成如(2007)认为,可以用图式范畴化理论解释词汇意义的扩张和收缩问题。他认为,词汇指称意义的收缩是因为词汇在语境中指称的是图式范畴的一部分,导致这种现象的原因是说话人为了投入最少的认知努力传递最多的信息,常用表实体整体的词来表达实体各个维度上的意

义。词义扩张是因为说话人所要表达的概念还没有词汇化，但与语言系统中现有词汇的图式意义部分相似而被纳入词汇的图式意义范畴。

三、问题和今后发展的建议

十年间，我国语用研究有大的进展，存在的主要问题可能有：

（1）理论创新出现了瓶颈。

（2）研究的课题比较窄，触及面不够宽，视野不够开阔。

（3）研究手段比较少，实验研究的信度、效度有待提高。

为此，我们建议：

（1）加强语用研究的哲学基础的研究。

当前，系统科学的研究提醒我们要以"复杂"、"整体"的视角观察世界。这一观点的基本含义是事物是个复杂整体，事物的功能属性不可以，也不能还原为其组成部分的功能属性。在认知和语用研究中，这一观点的意义是要求我们既要将语言看做是个复杂系统，要用生成整体论的观点观察语言、分析语言和语言使用的相关现象，又要考虑到人的认知能力的复杂性。例如，复杂系统的特征之一是系统具有层级性，统一层级的系统内、不同层级的系统之间均相互作用，系统的功能属性就是在这种相互作用中涌现出来的；另一方面，层级结构中的上位系统在功能属性上对下位系统具有制约作用，底层的系统受到的制约力量最强，具有相对稳定性，而上层的系统则相对活跃，具有多变性。例如，语言系统中的语音、文字、语法、书写规则等底层系统最稳定，而表层系统的语用（即语言使用）最活泼，底层系统制约表层的使用，表层的语言使用也对底层诸系统产生影响。这一点并不是新的发现，于根元等（1997a，1997b）关于语言的动态属性的哲学对话中就已经谈论到了。另一方面，语言理解中的认知过程也具有复杂性，这一特征表明语言理解中的概念性操作（无论是图式、框架、脚本、场景，还是 ICM 或者心理模型）在心智的认知加工中都具有概率性特征，不可以用线性因果关系的思维方式解释语言运用。

（2）加强语用的跨学科研究。

这一研究不可避免地涉及其他学科，例如大脑的神经生理学、认知心理学和认知科学、数学、逻辑学、语言学、哲学、人类学等，为解释语言的使用提供理论支持。

（3）注重理论分析的同时，强化实验研究。

语用学的研究需要从实验数据中寻找依据，并以此为基础建构理论体系。例如，和语用学密切相关的缺省知识在语言使用中的地位问题、语言使用中的推理心理属性，都与民众心理学（folk psychology）有关，需要在实验中验证。宏观上语言使用的研究需要得到社会学、人类学的理论支持，目前语料库在认知语言学研究中的作用日益突出，鉴于语用学和认知语言学的密切关系，语料库应该在语用学的研究中发挥重要的作用。

（4）重视提高研究者，特别是年轻的研究者的水平。

四、关于本论文集

本论文集收录的论文都选自我国外语类期刊，分成四个专题，即关联理论、应用研究、认知语境和语用推导机制。其中一些有代表性的观点，我们在第 2 节综述十年研究的进展已有提及，不再重述。

我们将这些论文收录于此文集中，并不意味着他们的观点就是唯一正确的，只是汇集起来，便于读者阅读。

吴炳章、徐盛桓

参考文献：

Giora，R. 1997. Discourse Coherence and Theory of Relevance：Stumbling Blocks in Search of a Unified Theory. *Journal of Pragmatics*. 27.

Sperber，D. & D. Wilson. 2001. *Relevance：Communication and Cognition*. Beijing：Foreign Language Teaching and Research Press.

Ziv，Y. 1988. On the Rationality of 'Relevance' and the Relevance of 'Rationality'. *Journal of Pragmatics*. 12.

董成如，2007，词汇语用学的认知视角——话语中词义缩小和扩大的图式范畴化阐释，《现代外语》第 3 期。

郭纯洁，2003，语篇连贯性的认知基础，《现代外语》第 1 期。

何兆熊、蒋艳梅,1977,语境的动态研究,《外国语》第 6 期。

何自然、冉永平,1998,关联理论——认知语用学基础,《现代外语》第 3 期。

黄华新、胡　霞,2004,认知语境的建构性探讨,《现代外语》第 3 期。

姜望琪,2001,关联理论质疑,《外语研究》第 4 期。

姜望琪,2002,再评关联理论:从"后叙"看 Sperber 和 Wilson 对关联理论的修改,《外语教学与研究》第 5 期。

蒋　严,2002,论语用推理的逻辑属性:形式语用学初探,《外国语》第 3 期。

廖巧云,2008,基于"心理模型"的语篇识解模型,《外语学刊》第 2 期。

刘绍忠,1997,关联理论的交际观,《外国语》第 2 期。

刘正光,2007,宾语隐形时的语义与语用特征,《外语教学与研究》第 1 期。

吕公理,1995,前指的认知语用互动分析,《外国语》第 2 期。

苗兴伟,1997,关联理论对语篇连贯性的解释力,《外语教学与研究》第 3 期。

彭建武,2001,语言转述现象的认知语用分析,《外语教学与研究》第 5 期。

冉永平,2002,论关联理论的社会维度,《外国语》第 3 期。

冉永平,2005,词汇语用学及语用充实,《外语教学与研究》第 5 期。

王文博,2004,预设的认知研究,《外语教学与研究》第 3 期。

文　旭、刘润清,2006,汉语关系小句的认知语用观,《外语教学与研究》第 2 期。

熊学亮,1994,从信息质量看语用认知模型,《外国语》第 3 期。

熊学亮,1996,语用学和认知语境,《外语学刊》第 3 期。

徐盛桓,2003,常规关系与语句解读研究:语用形式化推理的初步探讨,《现代外语》第 2 期。

徐盛桓,2006,"成都小吃团"的认知解读,《外国语》第 2 期。

徐盛桓,2007,基于心理模型的语用推理,《外国语》第 3 期。

许余龙,2003,篇章回指的认知语言学研究与验证,《外国语》第 2 期。

杨若东,1997,认知推理与语篇回指代词指代的确定:兼论形式解决方法之不足,《外国语》第 2 期。

于根元等,1997a,动态:语言的本质——语言哲学对话选载(上),《语文建设》第 8 期。

于根元等,1997b,动态:语言的本质——语言哲学对话选载(下),《语文建设》第 9 期。

周建安,1997,论语用推理机制的认知心理理据,《外国语》第 3 期。

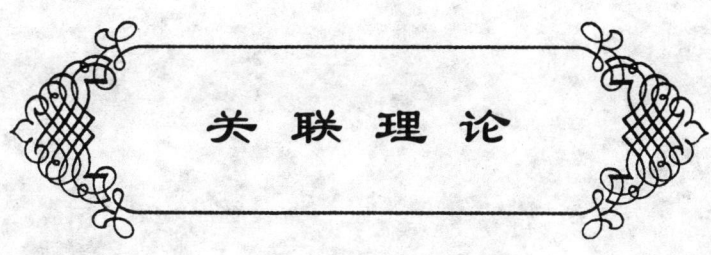

关 联 理 论

关联与交际

Deirdre Wilson*

　　语用学研究话语理解依赖语境的问题,是一门比较新的学科。它在最近30年中取得了迅速的发展。关联理论是语用学研究中出现的一个新的理论,它不仅试图回答有关交际的哲学问题,而且还要对听话人理解过程的心理问题进行解释。从总体上来说,收入本论文集的文章标志着语用学,尤其是关联理论研究的一个重要进步。

　　语用学的目的就是要弄清楚话语理解过程中语言的意义是如何与语境假设相互作用的。为了实现这一目标,我们不但要加深对理论的理解,而且要在各种各样的语言和语境条件下就话语的理解作出详细的探讨。中国的语用学研究正在为这一长远目标作出自己的贡献。在此,我本人并代表我的合作者 Dan Sperber 感谢何自然教授和他的合作者冉永平编出这本介绍关联理论的论文集。何自然教授对中国语用学的发展起着主要作用,我能为他们编的论文集作序感到高兴和荣幸。

一、交际中的代码与推理

　　现代语用学始于哲学家 Paul Grice 的研究。他在1967年哈佛大学所作的系列讲座 *William James Lectures* 中提出了取代传统代码交际模式的主要思想(Grice,1989,第1部分)。

---

* Deirdre Wilson 是伦敦大学学院(University College London)的一位著名语言学教授。她与法国的 Dan Sperber 合作,在1986年出版的专著 *Relevance:Communication and Cognition* 中提出了关联理论(Relevance Theory);1995年又出了第二版,对该理论进行了某些修正。它将语用学研究的重点转向了理解与认知。本文是 Deirdre Wilson 为《关联理论研究论文集》(何自然、冉永平主编)所作的序言,该论文集由外语教学与研究出版社出版。

根据代码模式,交际涉及一系列的符号与信息,以及将二者联系起来的代码。在言语交际中,符号表现为话语,信息就是说话人希望传递的思想,语法(也许要受语用规则的补诠)即代码。为此,话语与其意义之间的联系可能是任意的,话语理解便是一个非智能的、机械的解码过程。

Grice 在 *William James Lectures* 中指出,交际至少是一种涉及推理与想象的智能活动,这一思想取代了代码模式的基本主张。对 Grice 来说,话语不是符号,而是有关说话人意义(speaker's meaning)的依据,当听话人从中推导出该意义时就实现了话语理解。当然,话语是用语言编出的语码,因而理解过程就涉及到解码的问题。但是,语言编码的意义仅仅是理解过程所输入内容的一部分。另一个主要的输入内容是听话人的语境假设,该假设可以以多种方式丰富用语言所编的语码意义。

根据 Grice 的推理模式,交际者传递某一思想的目的就是让接受者明白他传递该思想的意图。一般而言,意图只能靠推理,而不能进行解码。比如,当我看到你从口袋里拿出钥匙,并向一扇门走去时,我就可以得出这样一个合理的结论,即你想开门。又如,当你用手指一下我身边关闭的窗户时,我就可以推断出你想让我开窗户的意图。虽然这样的推理都是合理的,但它们并不是唯一可能的选择。在推理中识别说话人的意图是要冒风险的。Grice 对语用学的主要贡献在于,他提出了可以取代代码交际模式的基本框架。今天人们仍在对这一早期认识的意义进行探讨。

非代码推理交际最明显的例子是非言语交际,它包括指点、模仿以及其他形式的明示或展示。Grice 指出,言语交际的暗含内容也涉及实质性的推理。假设 Peter 要去赶中午 12 点的火车,而且通常要花半小时才能到达火车站,在这种情况下,当 Mary 对他说"It's nearly half past eleven"时,该话语可能刻意暗示 Peter 应该准备动身的意思。Grice 认为,语用学的中心任务就是解释这些刻意的暗示(或隐含,implicatures)是如何推断出来的。

当交际者提供证据表明希望传递某一思想,而接受者又据此推断出该意图时,推理交际就取得了成功。Grice 认为,推理理解受合作原则及其质准则、量准则、关系准则以及方式准则(或真实性、资讯充分性、关联性与明晰性)的管辖。当准则明显地被违反时,听话人就要越过语言编码的意义,继续设想说话人遵守着合作原则及其准则。因此,当 Mary 对 Peter 说"It's nearly half past eleven"时,Peter 就会推断出 Mary 希望他准备动身,否则她说的话就同自己没有关联。在这样的情况下,说话人并没有真正违反准则:违反仅仅是表面的。不过就像 Grice 对隐喻、反语的解释那样,为了传递某种形象隐含意义(figurative implicature),有时某一准则可能会故意地、公然地被违反。因此,违反准则,不管是真正的还是表面的,在 Grice 语用学中起着重要作用。

Grice 对语用学的这种研究方式尽管令人激动,并因而产生了广泛的影响,但却留下了许多悬而未决的问题,其中包括合作原则及其准则的来源与合理性的问题。它们是如何产生的? 它们是否具有普遍性或是否受特定文化的影响? 是否还需要更多的准则? 少用点准则能行吗? 还有一些涉及语用学的范围、合作原则及其准则的应用等问题。根据 Grice 的观点,语用原则主要通过引导人们识别含意而着力于交际的暗含方面。对于明说交际,Grice 主要还是坚持他的代码观。但是,语用原则是否有助于消除歧义、确定指称意义,哪一些原则对明说交际有影响而对暗含交际不起作用呢? 它们是否可以帮助选择恰当的语境假设呢? 这是语用学研究中普遍忽略的关于理解过程的问题。

有的问题涉及理解过程本身的特性。Grice 将理解看作是一种有意识的、没完没了的推理过程:"当说话人说出 P,他就遵守了合作原则及其准则;除非他相信 Q,不然他不可能遵守合作原则及其准则。因此,他相信 Q,并希望听话人也相信它。"在理解日常话语时,很难相信哪怕是成年人(更不要说小孩)会使用这样的有意识的推理方式。最近的心理学研究表明,在一般情况下推理过程是本能的、无意识的和自动的,用 Jerry Fodor(1983)的话说就是模块。Grice 的推理语用学与心理学的模块论并不一致:它没有指出可以自动地、无意识地发现说话人意义的实际过程。

然而,Grice 语用学最急需解决的是如何解释关联性的问题。Grice 没有对关系准则(即"要有关联")作出详尽的阐释,并且坦承说该准则隐藏着很多"过分棘手"的问题(Grice,1989:46)。他的追随者对这些问题一般也避而不谈。Gazdar(1979:45)评论说:"关联性与语言描写有关这一点是显而易见的……同样显而易见的是,这一概念还缺少任何形式化的处理"。他的这个评论反映了人们对这方面可能取得进展普遍存在怀疑。

关联理论一开始曾试图回答 Grice 方法论中提出的一些问题（例如，Wilson & Sperber,1981），但最后看来完全是两码事。在下一部分，我将简要地介绍一下这个理论的一些主要假设。

二、交际中的关联性与推理

关联理论(Sperber & Wilson,1986/1995,1987)以关联性的定义和两条笼统的原则作为基础,这两条原则是:认知原则——人类的认知倾向于同最大程度的关联性相吻合;交际原则——话语会产生对关联的期待。

> 关联的认知原则:人类的认知倾向于同最大程度的关联性相吻合。
>
> 关联的交际原则:关联与交际。
>
> 每一个话语(或推理交际的其他行为)都应设想为话语或行为本身具备最佳的关联性。(Sperber & Wilson,1986/1995:260)

在关联理论中,关联性被看作是输入到认知过程中的话语、思想、记忆、行为、声音、情景、气味等的一种特性。当输入内容值得人们加工处理时,它就具有关联性。那么,至于什么会使输入内容值得人们去加工处理则可以根据认知效果和处理过程付出的努力这两个概念加以解释。

当输入内容(如话语)在可以作出假设的语境中进行加工处理时,它通过修正或重组这些假设就能产生出某种认知效果。

> 认知效果:
>
> (i) 加强现时的语境假设(为其提供更多证据);
>
> (ii) 与现时的语境假设产生矛盾(为其提供有力之反证);
>
> (iii) 与现时的语境假设相结合,产生语境隐含。语境隐含是根据输入内容和语境两方面一起推导出来的结论,而不是单方面只靠输入内容或语境。

在其他条件相同的情况下,处理某一输入内容所取得的认知效果越大,其关联性就越强。然而,该输入内容的加工处理和认知效果的取得,心理上是需要付出一定的努力的。在其他条件相同的情况下,为进行加工处理而付出的努力越少,其关联性就越强:

关联性:

认知效果越大,关联性就越强;

为进行加工处理而付出的努力越少,关联性就越强。

请看以下例证。Peter 早晨醒来以后感觉身体不舒服,于是就去看医生。当医生对他作了检查以后可能会如实说出下列的任何一句话:

(1) You are ill.

(2) You have flu.

(3) You have flu or 29 is the square root of 843.

以上三个话语可能都与 Peter 有关。然而,话语(2)却比话语(1)更关联,因为它能产生较多的认知效果:Peter 可根据(2)引出(1)甚至(1)以外所能推得的全部结果。话语(2)也比(3)更关联,因为它只需付出较少的努力。虽然(2)和(3)两者都可以推导出相同的结论,但它从(2)那里比从(3)那里更容易推导出来,因为(理解)(3)要进行某些逻辑与数学的推理。可见(2)是最具有关联的话语,因为对它的理解只需付出较少的努力就获得最大的效果。

根据关联的认知原则,人们将注意力和需要加工处理的信息都放在那些看上去有关联的信息上面。根据关联的交际原则,说话人要对某人发话时就期待话语具备最佳的关联性。当话语具备足够的关联性而值得听话人去进行加工处理,特别是当话语具有最大关联性、说话人又愿意并且能够把它说出来,那么这个话语就是最佳关联性话语。

最佳关联性:

一个话语具有最佳关联性,当且仅当它起码要具备足够的关联,值得对它进行加工处理;

它与说话人的能力及偏爱相一致,是具有最大关联的话语。

听话人理解话语的主要目的是为符合最佳关联的期待找出解释(有关关联期待的详细分析,参见 Sperber,1994,及 Wilson,文章待出)。

如上所述,推理理解从识别作为语码的句子意义开始,这种句子意义须在语境的作用下以各种方式加以充实,才能获得完整的说话人意义。关联的交际原则与最佳关联性的定义正为此提示了一个实际操作过程。听话人应该先理解作为语码的句子意义,然后以最少的努力在明说的层面上对这个句子意义加以充实,在暗含的层面上对它加以补足,最后使理解符合自己所期待的关联为止。

关联理论指导下的理解过程:

以最少的努力推算出认知效果;

按照处理的先后顺序审视理解时的假设(包括消除歧义、确定指称、语境假设、隐含等);

一旦达到期待的关联程度,理解过程就停止。

这种受制于关联期待的明说内容与隐含之间的相互调节是关联理论语用学的主要特征(Blakemore,1992;Sperber & Wilson,1998)。

关联理论提出的理解过程适用于对任何方面作解释,不仅适用于揭示隐含,而且适用于识别明说的内容和意想中的语境假设。这样,语用学的研究范围增大了,开辟了新的研究领域。例如,根据关联理论,为理解话语所需的语境不再被当成事前固定不变的,而是作为理解过程的组成部分,这个想法是值得仔细探讨的。此外,根据这个理论,明说交际已不再看作是一种纯粹的解码活动,它还包括推理的成分。如果按照关联理论对理解过程的解释,一个甚至是零碎、含糊的语言意义都可以提供关于说话人意图的有力证据,这对分析语言意义本身可能有启发作用(Carston,1998;Sperber & Wilson,1998)。

此外,关联理论提出的理解过程与心理学最近提出的模块论也很吻合。关联理论的近期研究表明,这种过程可能是先天理解"模块"的一部分,有其自身的发展与衰竭形式。这可能使语言习得与交际的研究产生新的启示,开创出新的领域(参见 Sperber 与 Wilson 各自即将发表的论文)。

关联理论语用学对 Grice 关于交际本身特性的一些基本假设产生了疑问,它不赞同交际必须要 Grice 所说的合作:为使交际取得成功,说话人和听话人唯一的共同目标就是要理解对方以及被对方理解。交际不是以准则为基础的：关联的交际原则不是准则，而是有关交际的必然认识；说话人不需要知道它就可以进行交际，而且一旦交际也不会违反它。因此，真正、故意地违反准则在关联理论中毫无作用，我们对 Grice 视为违反准则的例子，特别是隐喻、反语的例子，必须重新作出分析。

本论文集的文章关于关联理论的启示与应用所作的研究要详尽得多，我在这里只提及目前人们正在探讨的一两个问题。

三、关联理论：启示与应用

如前所述，关联理论认为明说交际不是一种纯粹的解码活动，它还包括推理的成分，例如在消除歧义、确定指称等方面。这不仅在句子的层次，而且在词语的层次上都有启示作用。交际中词语表示的概念可能会大大超出它按字面编码表示的意义，它可能是收窄或者放宽了字面原意。在理解话语时，无论收窄或放宽字面原意都是自发的、自动的过程。

下面我们以"bird"（鸟）一词的理解为例来说明收窄这个概念：

（4）At Christmas, the bird was delicious.

（5）The birds circled above the waves, searching for fish.

（6）A bird, high in the sky, invisible, sang its sweet song.

以上各例中，"bird"一词要理解为表达一种比较具体的意义，而不是它的字面原意。在例（4）中，它可能表示鸡或鹅一类家禽；例（5）中可指海鸥，而例（6）中则指云雀。为什么会产生这种收窄字面原意的现象呢？根据关联理论，那是为了寻找关联。当按字面编码表示的意义不能满足听话人所期待的关联时，他就需要收窄这个意义，直到获得他所期待的关联为止。那么，收窄是按照什么样的步骤进行的呢？根据关联理论主张的理解过程，对字面原意可能作出的收窄必须按理解的先后顺序来进行，其中听话人作出的第一次可接受的收窄就是他应当选择的意义。不同的话语决定不同的理解顺序：例（4）将 bird 收窄为圣诞晚餐中享用的家禽美肴，例（5）将其收窄为海鸟，诸如此类。这样，语码意义在语境的作用下得到充实，从而对说话人刻意表达的意义形成一种假设。

理解过程的另一种情况是放宽字面原意，摒弃词语严格的和字面的用法。下面对各例中"flat"一词可能的理解作一说明：

(7) My ironing board is flat.

(8) My garden is flat.

(9) My neighbourhood is flat.

(10) My country is flat.

从字面原意看,"flat"指很平的表面,因此严格说来,它不适用于修饰烫衣板、花园、邻里或家乡。关联理论指出,当按字面编码表示的意义不能满足听话人所期待的关联时,他就有理由放宽这个意义,直到获得他所期待的关联为止。这可能或多或少地要作相应的调节:在例(7)中,"flat"的字面原意只需稍作调节就获得放宽;例(8)、(9)就要作出较大的调节,而例(10)所需的调节则更大。按照关联理论的设想,无论放宽和收窄都是意料中的事。词语的语码意义仅仅是推理理解的始点,它指向说话人刻意表达的意义。

可见,关联理论对词语意义研究有一定的启示。这一基本思想带来许多更深一层的发现。在此,我只提及两点:一是与分析话语联系语和小品词有关;二是与理解形象话语有关。

绝大多数语言都有相当的一部分表达式不属于任何主要句法范畴,它们并不表示物体、事件或特征,其意义也不影响它们所在话语的真实条件,英语中的话语联系语如"but"、"however"和"moreover"等就是例证。因此,下面例(11)和(12)中,话语联系语并不影响断言的内容,那里的说话人只被理解为作出了断言,说 Peter 在欧洲,而 Mary 则在美洲。

(11) Peter is in Europe but Mary is in America.

(12) Peter is in Europe. However, Mary is in America.

如果话语联系语不影响断言的内容,又应如何去分析它们的意义呢?

除了话语联系语,许多语言还有一些已经完全语法化的话语小品词,它们并不影响断言的内容,但传递了有关说话人态度或施为的信息。英语中最接近这类词语的可能是下面例(13)中的疑问小品词"eh?"或(14)中的独立小品词(dissociative particle)"huh!":

(13) John will be back by midnight, eh?

(14) a. Peter:I'm only trying to help you.

　　 b. Mary:You're only trying to help me, huh!

(13) 中的"eh?"表示要求对方确认刚才说过的话,而(14)的"huh!"

表示 Mary 正重复回应 Peter 的话语,并表示自己有不同于 Peter 的独立看法。这类小品词又应如何去分析呢?

关联理论提出了一种分析话语联系语和小品词的新方法。Blakemore (1987)认为,话语联系语不应看作是将概念编码,而应看作是将程序编码。这里的程序用作理解过程的指南,它能指出什么地方可以寻找到关联。因此,上面例(11)中的"but"表示说话人期待话语第二部分的信息与第一部分所得出的结论相互矛盾、排斥,从而取得话语的关联。同样,例(14b)中"huh!"可以看作是 Mary 在重复回应 Peter 的话,并表示自己有不同于 Peter 原先看法的独立看法。此外,也有建议对一系列的形态项(morphological items)作程序分析的,虽然这些形态项会影响到断言的内容,但它们看来并不是将一些完整的概念编码的,像代词"I"、"he",以及时、体标记等就是例证(Wilson & Sperber,1993)。

关联理论对词语意义的分析路子对分析形象话语也有启示。根据关联理论,隐喻、夸张以及其他形象表达并不是像 Grice 声称的那样是故意地、公开地违反真实性准则的,它们只不过像例(7)—(10)中描述的那样,是各种各样的随意言谈(loose talk)。因此,下面例(15)中的"saint"以及例(16)中的"butterfly",如果按严格的、字面上的理解,它们就不能满足听话人所期待的关联,因为圣人不是活人,而且人也不是蝴蝶:

(15) John is a saint.

(16) Susan is a butterfly.

为找到所期待的关联,听话人要求得到足够的启迪,为此,他有理由放宽词语的意义,摒弃必须按严格字面原意理解的条件。在字面原意基础上、在获得足够启迪以满足关联期待的情况下放宽词语意义,可以看作是在构建一个新的、特定(新创)的意义。照这样,例(15)可理解为断言,即 John 并非字面意义上的圣人,而是他具有圣人足以具备的特征,从而使描述取得最佳关联。同样,例(16)也理解为断言,即 Susan 并非字面意义上的蝴蝶,而是她具有蝴蝶足以具备的特征,从而使描述取得最佳关联。

此外,关联理论还对反语作出了新的解释。反语绝非有意违反准则,上面例(14b)就给我们作出了暗示。关联理论认为,在反语中说话人不是在陈述自己的观点,而是在重复回应对方的话语,并巧妙地借用别人的话表达了自己的不同看法（Sperber & Wilson，1981，1998b；Wilson & Sperber，1992）。例(14b)中 Mary 的话其实不是反语，而是因为使用了小品词"huh!"才清楚地表明了自己与对方不同的观点。但假如 Mary 省去小品词"huh!"，而让 Peter 去推断：Mary 重复回应他的话语是为了表明她认为这句话荒谬、愚蠢、可笑或冒犯，因而出现反语。照这样，反语表达的就不是人们所说话语意思的反面——这肯定是一个稀奇古怪、不合常理的做法——而是人们对暗中认定的某种想法所持的态度。

当然，以上观点仅仅是初步的，还需要作更深入的探讨（参见最近出版的 Carston & Uchida（1998）以及 Rouchota & Jucker（1998）的论文集）。现在这本关于关联理论的论文集正朝这个方向迈出重要的一步，我对它表示最诚挚的欢迎。

（冉永平 译，何自然 校）

参考文献：

Blakemore，Diane. 1987. *Semantic Constraints on Relevance*. Oxford：Blackwell.

Blakemore，Diane. 1992. *Understanding Utterances: An Introduction to Pragmatics*. Oxford：Blackwell.

Carston，Robyn. 1998. *Pragmatics and the Explicit-Implicit Distinction*. *University of London PhD Thesis*. To be Published by Blackwell, Oxford.

Carston，Robyn & Seiji Uchida（eds.）. 1998. *Relevance Theory: Applications and Implications*. Amsterdam：John Benjamins.

Fodor，Jerry. 1983. *Modularity of Mind*. Cambridge，MA：MIT Press.

Gazdar，Gerald. 1979. *Pragmatics：Implicature，Presupposition and Logical Form*. New York：Academic Press.

Grice，H. Paul. 1989. *Studies in the Way of Words*. Cambridge，MA：Harvard University Press.

Kasher，Asa（ed.）. 1998. *Pragmatics: Critical Concepts*，vols. *I - VI*. London：Routledge.

Rouchota，Villy and Andreas Jucker（eds.）. 1998. *Current Issues in Relevance Theory*. Amsterdam：John Benjamins.

Sperber, D. 1994. Understanding Verbal Understanding. In J. Khalfa (ed.) *What Is Intelligence?* Cambridge: Cambridge University Press. 179–198.

Sperber, D. (forthcoming) Evolution and Metarepresentation. To appear in Dan Sperber (ed.) *Metarepresentations*. Oxford: Oxford University Press.

Sperber, Dan and D. Wilson. 1981. Irony and the Use-mention Distinction. In Peter Cole (ed.) *Radical Pragmatics*. New York, NY: Academic Press. 295–318.

Sperber, Dan and Deirdre Wilson. 1986/1995. *Relevance: Communication and Cognition*. Oxford: Blackwell.

Sperber, Dan and Deirdre Wilson. 1987. Précis of Relevance: Communication and Cognition. *Behavioral and Brain Sciences*. 10. 697–754. Reprinted in Asa Kasher (ed.), Vol. Ⅴ, 82–115.

Sperber, Dan and Deirdre Wilson. 1998a. Irony and Relevance A Reply to Seto, Hamamoto and Yamanashi. In Robyn Carston and Seiji Uchida (eds.) *Relevance Theory: Applications and Implications*. Amsterdam: John Benjamins. 283–293.

Sperber, Dan and Deirdre Wilson. 1998b. The Mapping between the Mental and the Public Lexicon. In Peter Carruthers and Jill Boucher (eds.) *Language and Thought: Interdisciplinary Themes*. Cambridge: Cambridge University Press. 184–200.

Wilson, Deirdre. (forthcoming) Metarepresentation in Linguistic Communication. To appear in Dan Sperber (ed.) *Metarepresentations*. Oxford: Oxford University Press.

Wilson, Deirdre and Dan Sperber. 1981. On Grice's Theory of Conversation. In Paul Werth (ed.) *Conversation and Discourse*. London: Croom Helm. 155–178.

Wilson, Deirdre and Dan Sperber. 1986. *On Defining Relevance*.

Wilson, Deirdre and Dan Sperber. 1992. On Verbal Irony. *Lingua*. 87. 53–76.

Wilson, Deirdre and Dan Sperber. 1993. Linguistic Form and Relevance. *Lingua*. 90. 1–25.

（原载《现代外语》2000 年第 2 期）

关联原则与优化思维*

—— 关联理论的阐释与献疑

徐盛桓

一、关联：合理性哲学和优化思维

为什么关联理论被称作认知语用学的理论？20 世纪 70 年代发展起来的认知科学是对心智进行全方位研究的学科。认知科学先驱者之一西蒙(H. Simon)认为，人的智能系统是物理符号系统，人的大脑的思维活动可类比为信息加工过程，而认知科学就是要研究这样的智能系统的工作原理(西蒙，1986a：7)。这个意义上的"认知"，就是指可还原为大脑生理过程之物理过程的心智活动。以认知科学的理论作为其总的理论背景的认知语言学认为，语言能力是人的认知能力的一部分。因此，运用语言的思维活动同样也是一个信息加工过程。认知语言学要研究同语言运用有关的认知系统、认知结构、认知过程、语言运用的信息加工过程的程序和特点，以及信息的合成、转换、简约、重建和信息的储存、重现、辨识、提取等各个环节。为了说明和解释这一过程的发生、发展和运作，语言学家提出或借用了多种假设，诸如理想认知模型(ICM)、结构隐喻、范畴理论、典型、完形、象似、关联、凸现、心理空间、复合空间、含意本体论的常规关系，等等；假设各异，都是为了说明语言运用的认知过程和特点。用这样的理论、观点、方法来专门研究语用问题的，就是认知语用学。关联理论将交际过程看作为一个认知过程，在这个过程中，要将语句等的明示信息进行加工，最后达到对含意内容的辨识，即"在所期待的关联的制约下，对

* 本文曾在全国第二届关联理论专题研讨会(2001 年 11 月 9 - 11 日广东外语外贸大学)上交流。

显性内容和含意相互进行调节"(Sperber & Wilson,1998)。这体现了它的认知语用学的性质。蒋严(1998)曾对关联理论所建构的这一信息加工过程作过精要的概括,可供参考(篇幅关系,这里就不转引了)。在这个过程中受话者用以认定对话语最恰当的理解的唯一标准就是关联性。从这里可以看出,关联理论的语言观、交际观是以认知科学为其理论背景的。

关联理论对"关联"有如下定义:某一假设在某语境中是关联的,当且仅当该假设在该语境中具有语境效应(S & W,1986:122);同时,关联理论又认为,"人类的认知是以关联为取向的","所有人都自动地趋向于最有效率的信息加工","人类就是有效率信息的加工装置"(S & W,1986:46,49,46)。这样,关联理论就将信息加工、关联、认知、效率(有效性)联系在一起了。进而,关联理论提出了对"关联"的操作性说明(operational description):语境效应的获得是以付出加工努力为代价的,可以用语境效应的获得同加工努力的彼消此长的关系来认定"关联";在加工过程中,前者大后者小,得到的信息关联度就大,反之就小。

这一思路以优化思维为其思维取向,即 S & W(1986:vii)"前言"所说:"人的认知过程是要以最小的加工努力获取最大程度的认知效果。"研究和发展优化思维(或称有效性思维),也是认知科学的重要特点。一般认为,认知科学主要以分析哲学作为自己的哲学基础,但从认知科学的理论取向、思维取向和方法取向来看,还明显表现出受 20 世纪五六十年代发展起来的现代西方的合理性哲学的影响。合理性哲学放弃了黑格尔的逻各斯中心主义,立足于现实生活的理性实践,强调理性的回归,着重从合理性、有效性的角度来观察、分析、评价人类的活动,以实践的效用价值而不是以真值为标准建立评价系统,并探讨人类活动有效性的可能与限度(Rescher,1988);人类实现合理性、有效性活动的重要思维方式是优化思维。西蒙对优化思维进行过具体的论述:优化思维注意的是从当前处境同可掌握的手段的最佳契合来考察人类活动的可能性,关心以最小的支出获得最大的利益,从而实现人类活动的最大限度的合理性和有效率(西蒙,1998)。也就是说,这种思维的运作不以真假为考虑的出发点和尺度,不考虑证伪证实,不对对象本体的存在作出预言,而是着重在对环境作出测定以作为行动的参照。合理性哲学在考察人类活动时,立足于建构行动与目的之间的合理的逻辑关系,即分析所要完成的行为过程中行为的逻辑结构和优化的方法论取向,"找到一个行动序列,把事物从一种状态最佳地转换为另一种合乎人的目的的状态"(Simon,1977)。关联理论也正是这样:(i)建立起交际过程中实现理解的一系列信息加工过程的合理的逻辑结构(即上引蒋严所叙述的信息加工过程);(ii)为理解的标准"关联"设定一个有效性思维(优化思维)的方法论取向,从而将语句表达式"最佳地转换为"合乎交际意图和说话人意向的含意。

二、比较:合作原则与关联理论

"达到理解是一个过程,是一个根据有效主张的预设基础达到一致的过程"(郭贵春,2001)。合作原则、关联原则本质上都是探究什么是该过程中的"根据有效主张的预设基础",而关联理论的研究在这方面深化了理论的抽象程度,使语用学具有更强的解释性,这就在建构人类交际达至相互理解的普遍条件方面推进了一步。这标志着语用学研究的一大进展。关于这一点,我们可以从奥斯汀-塞尔的言语行为理论和格赖斯的会话含意理论的比较看出。

"合作原则"是语言研究史上试图解开人之所以能传递和理解同语句字面意义、不同的交际意向的秘密的第一次认真的理论尝试。一般认为,正是言语行为理论和会话含意理论这两个理论使语用学从概念发展为语言学的一个分支学科,并成为语用学的理论支柱(《中国大百科全书·语言文字卷》"语用学"条)。事实上,正是格赖斯会话含意理论的出现,在语言学内部局部地出现了研究范式的转换,即从语码模型研究范式转换为语码—推理模型研究范式,从而促成了语言学研究内部局部地出现了一些新趋势:从单纯研究语言客体走向重视主客体结合并使客体趋向于主体的研究,研究的对象从句子走向话语,从句子命题真值条件的逻辑—语义分析研究走向话语有效性条件的研究,从语形研究和语义研究走向语形、语义、语用研究的统一,等等。语用学作为语言学的一个分支学科的确立,还使语言研究出现了语形、语义、语用三足鼎立的态势。能不能说,语形研究、语义研究、语用研究是语言研究的"三原色"?如果是这样的话,正是语用学的出现才将这"三原色"中的第三种"原色"发现出来。试想想,自然界本来虽已呈现丰富多彩的各种各样的颜色,但只是发现了红黄蓝三种颜色是"三原色",才找到了这些丰富多彩的颜色的支持和根据,并据此可以调出各种深浅层次不同的颜色。同样,语言研究中各种各样多姿多彩的研究,有一些正是在语言研究的"三原色"中找到了支持和根据。从以上关于语用学对语言研究的贡献和两个理论对语用学形成、发展的贡献的说明中,我们可以看到两个理论的重大学术价值。如果我们再将视野拓宽,就会发现,现代所发生的所谓"语言学转向"(linguistic turn)或称"转向语言",其实主要是"转向话语",因为冷冰冰的、单调的语句命题,逻辑学早就研究过了,而"话语"同语用学有着千丝万缕的关系。因此,哲学研究的"语言学转向"常被具体地说成是"哲学研究从语义分析走向语用建构的现实转向"(郭贵春,2001)。从这里我们可以进一步看到这两个理论在语用学学科建立上的筚路蓝缕之功。

但是,我们又不能不看到这两个理论表现出的学科草创时期经验性研究的痕迹,理论的概括和抽象还有发展余地。

一般认为,科学研究可以表现为两种水平:日常经验概括水平和理论抽象思维水平。将这两种水平连成一条发展轴,那么作为一个学科、一种理论或一种学术观点的研究成果,可能处于两种水平之间的某一阶段上,表现为其理论形态的深度、广度和抽象概括的程度的不同。言语行为理论和会话含意理论当然已作了相当的理论概括,达到了一定程度以理论来把握对象的抽象水平。它们试图对语言交际过程和为什么人们对话语的意向可以达成理解作出解释;解释不能说没有说服力,但正如我们在上文说过的,也表现出经验概括的痕迹。下面分别说一说。

奥斯汀的言语行为理论宣布语言运用是一种行为,从而着手推翻真值条件是语言理解核心的传统逻辑实证主义观点。开始,奥斯汀区分了陈述性言语行为(constatives)和施为性言语行为(performatives),这明显看出是根据语言运用的表象和经验作出的概括;因为正如一些批评者所指出,陈述本质上也是施为。这说明,研究是可以不断从日常经验概括水平向理论思维的水平提升的。事实上,后来奥斯汀将言语行为作出新的三分,成为日后人们普遍认同的言语行为区分的理论。被认为发展了奥斯汀的理论使之系统化、严密化的塞尔进一步将言外行为(illocutionary act)作了区分,并区分了显性和隐性的施为句、直接和间接的言语行为,使言语行为理论成了一套比较完整的语用学理论。但是,这些概括基本上还停留在分类概括上,我们较多知道的是"是什么",却少被告知"为什么"。言语行为理论几个著名的"条件":合适条件(felicity conditions)、命题内容条件(propositional conditions)、准备条件(preparatory conditions)、真诚条件(sincerity conditions),基本上还是反映性、规范性的理论,对人们话语理解的机制揭示不多。

"合作原则"作为一个假设,要解释说话人的意图是如何传递和领会的,即如何通过语码—推理达到相互理解,其中主要是如何通过推导获得会话含意。我们知道,含意的运用对语言运用者来说是简单而平常的,基本上不会构成什么困难;随着语言的习得,含意运用基本上是"无师自通"的。但作为语言交际中被理解的对象,解释其理解的通道,对语言学家来说却不是一个简单的问题,因为含意通常是"悠然心会,妙处难与君说"(张孝祥:《念奴娇·过洞庭湖》)。会话含意理论的使命是要将这"难与君说"的"心会"诉诸科学解释,而不是做修辞学式的反映性、规范性的说明工作。作为一种解释性的理论模型,格赖斯是在话语的具体层次上展开"合作"概念的:会话的参与者尽管是分别提供自己的话语,但总是在一定程度上意识到其中的某一(些)目的,至少是一个相互都能接受的话语发展方向;这一(些)目的或方向的达成是会话参与者在交际过程中共同合作努力的结果;或者说,他们的努力由"会话交流可接受的目的或方向确定";"会话通常不是由一串毫不相干的话语组成,……谈话是相互合作的行为"(参看 Grice,1975)。这里"合作"的涵义是:维护和坚持这些目的和方向是会话参与者在会话过程中的默契,因此在会话过程中无论话怎样说、具体说了些什么,均被认定是维护和坚持着这一(些)目的和方向的,亦即都认为是"合作";一旦发现了对方某一话语出现"偏离"合作,就只好"谋求"一个"说法"来填补或纠正这一"偏离"。"说法"就成为对说话者意图的阐释,是"偏离"了的话语所寓有的含意;"谋求"就是推理、推导出含意。如果我们对"合作"涵义这样的理解还不至于有太大的偏颇,那么合作原则所构想的假说还是不失为语用学的一个有解释力的、开创性的理论假说。我们在下文第 4 节将会说明,理论假说,特别是研究"黑箱"的假说,需要特别强调创造性的想象。在我们力图认识语言运用这一"黑箱"的探索过程中,我们是否应该对各种"想象"出来的假说持更为开放的态度？

我们也认为，合作原则作为会话含意理论的核心内容，其理论彻底性是不够的，表现在：(i) 将获得相互理解的条件("合作")归结为四个范畴("准则")，缺乏足够的概括性，难怪 S & W(1986：36)问道："就只是格赖斯所提到的这九个准则吗？他自己不是也提到过增加其他准则的可能性？减少一些准则又如何？"这是抽象不足的理论难免遇到的尴尬；(ii) 整个合作原则的格局与其说给人以解决理解问题的"原则"思想，不如说提供了一些知识，即没有将体现在质、量、方式、关系等方面的偶然因素提炼为制约理解问题的普遍前提；(iii) 只停留在话语层次，没有抽象为达成交际理解的普遍有效性基础。不过，我们也得把话说回来，如果暂时抛开理论彻底性不说，英美语用学是从日常语言学派发展起来的。会话含意理论的研究思路，是不是较多地体现了英美语用学研究的经验主义传统？

同以上两个理论相比，关联理论在理论建构、理论抽象和理论的彻底性方面都有良好的进展。表现在：

(一) 在整体把握语形、语义、语用三者相关关系基础上较全面地描绘了语码—推理模型的运作图景，对言语交际行为的过程作了比较完整的理论表述。

如前所述，两个理论对言语交际行为的讨论，或囿于只对言语行为的解释，或只着重解释含意，特别是特殊含意的运用，缺乏对言语交际行为全过程的完整探讨。关联理论在这方面有可喜的进展，为语用学构建言语交际理论打下良好的理论基础。关联理论重视言语交际中语形、语义、语用三者的相关关系，一方面为语形和语义的分析提出了一系列重要的概念，弥补过去某些言语交际理论这方面的不足，如明示、互明、语句逻辑表达式、表述义、显义、概念编码等等，建立了语形、语义分析的程序；另一方面更为重要的是提出了比较充分的语用分析手段，如语用充实、语境假设、语境效果、命题态度、加工努力等。重视三者的相关关系本来是语用学研究的题中之义，因为在交际中语句的命题义只有在特定语境中才能使用，而也正是这特定语境才能确定这命题义的语境义。在语用学中，语义分析和语用分析不是对立的，在语用理论中应该充分发挥二者的互补性。可惜过去一些语用研究对此重视不够。

(二) 在此基础上并在语用的统辖下,建立了分析话语的表述意义同话语理解义关系的全新机制,即关联机制。

关联理论强调关联推理对明说和隐含两个方面的理解都产生影响。这样,关联理论比较全面地描绘了语言运作的逻辑全过程。总结起来,可以归纳为如下的逻辑过程:(i) 将明示作为逻辑起点,对语句(语形)输出的表达式进行语义辨识和语义修整;(ii) 明确显义的逻辑中介作用,因为离开了由显义所体现的明确而完整的句义,关联推理就成了无源之水、无本之木;(iii) 在对显义的逻辑—语义层深入分析的基础上,展开对显义在言语交际行为中的语用有效性分析,因为显义要在特定语境假设中才能显出它的有效性使用,而特定的语境假设才能确定显义可能引发的语境效应;(iv) 作为对交际话语一次分析的逻辑终点,认定明示同最有效的语境假设的关联,从而确定交际主体间性的关联,走向理解。

(三) 对语用交际行为的最一般的先决要求作出抽象和概括,是语用学研究在理论抽象性和理论彻底性方面的可喜收获,或许可成为建构语用普遍性特征的一个基础。

语言学研究已普遍揭示,语用是语境的前提,语境是语义的条件(参看郭贵春,2001),理解离不开语境。关联理论进而提出:语境是动态的,对语境的选择与认定可能因人而异,语境既是推理的根据,又是推理的结果,从而建立起语境假设、语境效果的概念。某一语境以命题形式作为语境假设,它可以作下一步推理的依据;作为语境效果,它又是推理一定阶段达至的理解。因此,可以作出这样的抽象:语境作为推理的先决要求(prerequisite)和可能达至的语境效果,在理解进程中分化为语境$_1$、语境$_2$、……语境$_n$。对语境$_1$、语境$_2$、……语境$_n$进行抽象,最一般、最显著、最普遍的共同特性是同被推理的对象必定关联。这样,"关联"的概念就被抽象出来了,成为该过程中语用推理的最一般先决要求,或者说是达至理解的最一般先决要求。当这里的"关联"同人们的认知活动中的优化思维方式联系起来,就进一步概括为交际关联原则,被认定为对语用交际行为的最一般先决要求的理性重建,构成语用普遍性特征的一个基础。如果我们的语用学研究都能做到对语用中一般的直觉感受和各种具体的语境条件作出诸如这样的理性重建，那么语用学就不会再被认为是废纸篓和"帮闲学科"（epiphenomenon）了。

三、贡献：语用学研究的一种重要方法

批评关联理论最尖锐的观点可能是批评关联理论的非证伪性。"既然关联原则是毫无例外的通则，就不会出现任何反例。因此，没有了这方面的经验实据，也就难于评估关联理论的核心主张，更不要说要对其进行证伪了"（Huang，2001）。该文进而说，如果关联理论不能证伪，也就无法满足波普尔关于科学理论的起码要求；"除非关联理论能被证伪，并且能提出测度加工的机制而不是只靠直觉，否则它的理论性主张很大程度上仍只是空中楼阁"（同上）。

我们知道，"证伪原则"是批判理性主义的基本原则，主张通过证伪来不断推进一门科学的发展。"证实原则"则是逻辑实证主义的主张。前者主张以证伪而后者认为应以证实判定一种理论是不是科学理论。问题是我们应该如何看待具有不同特点学科的理论抽象和理论表达。是不是任何学科的理论都要面临证伪问题？正是在这个问题上关联理论的研究给了我们有益的启示。

一般认为，语言学理论依其理论目标可分为描写性理论、规范性理论、解释性理论；解释性理论依其内容的倾向性，其立论可以是经验归纳、思辨分析、形式论证。解释性的语用学理论以前二者的立论为主，例如，我们看到不少关于"语用预设"的研究都是通过许多例证来解释语用预设对言语交际的影响；而像关联理论、会话含意理论等，则有较浓烈的思辨色彩。当然，从来在研究方法上都不会"独沽一味"。以思辨分析为主的解释性语用学理论的研究，如果研究的是语言运用的机制、机理、原理一类的理论性问题以期对某一（些）语用现象作出解释，这时对理论的评判就不同于对描写性理论及实体性学科的理论，不是证伪证实，而是看理论的有效性，即不是这一理论"对"或"不对"，而是这一理论"好"或"不好"，因为这样的解释性理论不存在一个像"2＋2等于4不等于5"的对与错的客观标准，而是要分辨出这样的解释是否切题、深刻、易懂，从而分出理论

水平的高下。上文在谈认知科学的合理性哲学思想渊源时，我们已接触到这个问题。

这种研究取向常以"假说"作为自己建构理论和进行论证的工具。这是因为，机制、机理、原理一类的东西往往是抽象的存在，并无实体可言，科学家只能通过理性思维进行思辨，即在对一定的表面现象的观察思考同合理的想象相结合的基础上，提出一些猜测和设想来表现或说明这些抽象的存在，以作为对对象仿真性的解释，例如"关联"、"合作"以及上文提到的 ICM、常规关系等都是；再如，现在大家都很熟悉的说明大脑信息加工过程工作原理的数据驱动加工（自下而上加工）和概念驱动加工（自上而下加工）的假说、扩散性激活语义记忆理论模型等都是。只要大脑这一黑箱还未打开，这些对大脑工作原理进行解释的理论总是以假说研究形式存在。自然科学的研究也要倚重"假设"；自然科学研究的发展，很大程度上表现为假说的建立、修正或推翻、再建立的发展过程，所以恩格斯说："只要自然科学在思维着，它的发展形式就是假说"（《马克思恩格斯全集》3：561）。

假说，顾名思义，就是作为"假借"之说而提出来的，对某一研究对象作出的解释往往带有预言性。在研究过程中，假说不是从事实归纳出来的；恰恰相反，是为了对观察到的现象和事实作出解释而发明出来的。这里可能有多种情况，其中：(i) 预言的对象是实体，最终是可以通过观察加以证明对错的，这通常是实体学科，如第 109 号化学元素是否存在；(ii) 研究对象是无法实际观察的，其研究任务是对人类活动的行为逻辑同现实逻辑相统一的可能和途径进行探索并作出假说，一大片人文科学以及许多社会科学学科群的研究都可能有这一特点，对这样的假说不是以证伪或证实来认定，而是以其对研究对象解释的有效性进行评估：对对象的解释越切题、越深刻、越带普遍性、越省力，该理论假说对这一对象学科来说就越有价值。

关联原则就是这样的思辨学科的假说。它所关心的是借助"关联"从原理上对交际理解的过程给出一个"说法"，只要这个说法能"说明一个两个实际问题，那就要受到称赞，就算有了几分成绩"，被它说明的问题越多、越普遍、越深刻，它的功劳就越大。我们并不关心它的证伪或证实，因为其使命是要逻辑地而不是事实地再现交际理解现象的特征、规律和本质。对这样的理论是"以其对对象作出的推论的有效性来评价的"（Harre，1981：98）。目前我国语用学研究仍不尽如人意，这同语用原理研究薄弱有关；而我们语用原理研究的薄弱，又同我们研究方法单一有关。因此，要深入进行语用原理的思辨性研究，亟须引进"假说"的工具，帮助我们更新研究观念、革新和丰富研究方法、扩展研究视野。我们引进关联理论，除理论自身以外，它的研究方法，尤其"假说"的方法，也十分值得我们注意，值得我们进一步研究、学习、借鉴。

但是我们也注意到，关联原则的提出者及研究者对合作原则的批评，也反映出他们对"假说"的认识也不一定十分明晰、运用也不一定很自觉。我们上面说过，合作原则是以"合作"及其下的四个范畴作为一种方便的假说来解释传输和理解说话者的言外之意的机制；它不作为一种如实的描写性归纳，也不作为运用性的规则性规定。它作为一件工具，我们不对它作本体性的追问，正如我们不必追问"关联"是从哪里来的一样，追问诸如"这个合作原则是从哪里来的"、"人类天生就具有的吗"、"难道合作是交际所必需的吗"、"说话人所说的都要表达真实吗……"之类本体性的问题，对于一个"发明"出来的假说是不切题的。关联理论成功地运用假说方法建构起自己的理论，却遭到一些误解；而关联理论的作者们也对合作原则产生同样的误解。这一现象令人深思。

是不是思辨性理论、解释性理论的假说不能批评，也不必评估呢？不是。上文一再说，"有效性"是批评的主要标准，主要指解释力的深度、广度、切近研究对象的相关程度和省力程度；当然，假说表述得好不好、准确不准确也很重要。在同一个学科里，可能会有若干假说存在；直观地说，到目前为止最可能的解释就可认定为最好的解释。各种假说在学科发展进程中通过互补逐渐实现优胜劣汰，后来居上，各种理论最具有效性的部分共同造就本学科理论的辉煌。

语用学包含本体论、认识论、方法论，但三者地位不同，本质上是方法论，尤其是阐释语用原理的部分。它不再告诉我们一句话的具体意义应作何理解，它关注的是为什么要作这样的理解或为什么会有不同的理解、理解的过程受制于哪些因素、有什么规律性的表现，这才进入到语用学，这是对理解过程的理解；语用学给出的不是知识，而是方法，但不是理解一个具体句子的具体方法，而是认识、分析、概括这些具体方法的方法，是对具体方法进行反思后形成的方法体系,这就是方法论。一部语用学史其实是这方面方法论的更替史。在这一更替史中作出最铁面无私的裁决的是解释力的"有效性"。

四、献疑:关联性期待的不对称性

上面涉及的基本上是人与物(语言)之间的技术关系。下面从人与人之间的社会关系的维度简单作一考察,提出一些问题。

"交际"预设了交际必有双方。交际关联原则说"每一个明示交际行为都设定自身具有最佳关联性",这里蕴涵了是交际双方均作如此认定。在关联理论中,对交际双方状态的设定看来是理想化了的,即双方是充分理性的、利益无冲突的。当然,在这样的情况下,双方对交际明示行为的最佳关联性的认定是对称的;这时交际关联原则是管用的,其规律性是完全不成问题的。

不过交际双方不一定都常常处于这样的理想化状态,至少可考虑两种情况。

(一)在社会互动中,人不是总是处于充分的理性状态。

社会学研究有一种理论模型叫"理性选择理论"。社会学家对这种理论的议论与扬弃可供我们参考。《社会学研究》最近发表了该刊编辑部撰写的回顾 2000 年我国社会学研究的一篇三万字的长文,并被《新华文摘》2001 年 7 月号转载,文中谈到这一理论。该文说:这一理论认为"人依照理性而行动,是自身最大利益的追逐者;行动者在特定的情节中有不同的行为策略可供选择;行动者在理智上相信不同的选择会导致不同的结果;行动者在主观上对不同的选择结果有不同的偏好排序,简言之,理性行动者趋向于采取最优策略,以最小的代价取得最大利益。然而,最大化假设是以人的完全理性为条件的。但是,如果认为人是完全由理性控制则是十分危险的。理性选择理论过分强调人的自我控制和意识,忽略了人的另一方面——冲动、无意识和失控。研究者发现,"重要的决策常常是在冲动的情形下作出的"。文章接着转引了美国社会学家詹姆斯·博曼(James Bohman)的观点说,"这一理论只能在特定条件下解释社会现象,其论域是狭窄的"(《社会学研究》编辑部,2001)。

关联理论对人在交际过程中的理性状态是怎样设定的？只要将关联原则同上文转引的关于理性选择理论的说明简单对照,我们就会发现,关联理论基本上也是趋向于"理性选择"的;我们将"行动者"改为"说话人",有关的说明不也就是关联理论对说话人取向的说明？这一取向建筑在"人依照理性而行动"这一设定的基础上。那么,社会学家指出人的社会行为并不总是在充分理性的情况下做出的这一发现,语言运用时存不存在？社会学家对社会学中的理性选择理论的小心谨慎的保留态度,对我们有没有启发？

(二) 人是利益的主体,自我满足是人的第一尺度,交际双方的利益和自我满足的尺度不会都是对称的。

首先,人"是自身最大利益的追逐者"(同上)。在最好的情况下,在追逐自己最大利益时不影响互动者的利益,有时甚至给予一点照顾,但也会不予注意,甚至还会故意侵犯。这是交际双方在利益问题上的复杂情况。其次,还有更微妙的情况：人追求的有类利益、特殊利益和临时利益。具有相同、相似、相近社会背景的人的利益指向会有一定的趋同,使他们所追求的利益有类特性,成为大体可归属为一类的利益,但每个人还会有自己特殊的要求,形成自己特殊追求的利益。此外,在某一具体场合,无论什么背景、什么特殊身份、性格的人,都可能产生充分享用这一特殊场合的好处或尽量避免这一场合的坏处的临时的利害要求,这就产生了他们临时追求的利益。这两方面的情况合在一起来看交际双方,他们在交际时的利益就不一定是对称的,而且对这不对称性不一定意识到。

对以上两点我们要有清醒的认识。

蒋严(1998)曾指出："关联理论并不是有理性的交际双方必须有意识、有目的地贯彻执行的规范性原则",而"理性的听者可以假定自己付出最少的处理心力(加工努力)而得到的第一个关联义便是尽量(最佳)的关联意义"。这一说明是符合关联理论的精神的。之所以不必有意识、有目的地遵守执行,是因为优化思维规律是理性的人"无意识地遵守且无法逃避的潜在规律";这时,"有理性的交际双方"都以理性思维去认定某一语境效果是否处于最佳关联,对关联性的认定是对称的。但当一方处于非充分理性状态:"冲动、无意识、失控",而另一方(如"理性的听者")未发现,还"理性"地回应着,这时还能指望他得到的第一个关联义就是最佳的关联意义么? 也就是说,这时双方对这一具体的关联性的认定还会对称么?

同样,利益问题也会对关联性的认定产生干扰。如果说,交际双方对对方的类利益趋向甚至特殊利益可能有所了解,因而也会纳入到语境假说的因素里,那么对方的临时利益却可能是个"黑洞",不容易察觉,掉进去了还懵然不知。如果加上某一方还处于非充分理性状态,就会雪上加霜。一个有趣的例子是 *New Concept English* 第二册里的"A private conversation"一文。想看戏的人在剧院里的临时利益是尽情欣赏舞台的演出,包括对白,这容易理解,但一对情侣却将自己能在这地方尽情说情话作为自己的临时利益。双方都没有为对方的临时利益着想,因为他们的临时利益处于不对称,而且彼此并没有认识到这一点。当看戏的人认为情侣的情话干扰了他看戏的利益,为了维护自己的利益而说"I can't hear a word",他当然认为这同当时的语境是至为关联的。情侣从自己说情话的利益出发,将对方的"明示"同有利于自己的语境假设关联起来,不客气地说"It's none of your business",因而出现了关联的断层。

为了解决"理性选择理论"的偏颇,社会学家曾提出过一个"宏观结构假设"的设想,认为"宏观结构假设并非简单地基于群聚机制",而"宏观结构机制解释了行动的相互依赖和偏好形成的机制"(同上)。希望社会学界朋友的考虑能对我们解决对关联性认定不对称问题有所启发。

五、结束语:议论有者易,创造无者难

上面我们对关联理论进行了一些学理上的阐释,也简单地议论了一些问题。议论别人已提出来的理论,无论说好说坏,相对来说较易;要自己从无到有地建构理论,相对来说就难多了,而要这些观点和理论有创新和建树那就更难了。因此,我们发表这些议论并不表示我们有多高明,我们只是希望在学习中前进。

参考文献：

Grice，P. 1975. Logic and Conversation. In P. Cole & J. Morgan（eds.）*Syntax and Semantics* 3：*Speech Acts*. NY：Academic Press. 41－58.

Harre，R. 1981. *The Philosophies of Science*. Cambridge：Oxford University Press.

Huang，Y. 2001. Reflections on Theoretical Pragmatics.《外国语》第 1 期.

Jackendoff，R.，P. Bloom & K. Wynn. 1999. *Language，Logic and Concepts*. Cambridge，Mass：MIT Press.

Rescher，N. 1988. *Rationality: A Philosophical Inquiry into the Nature and the Rationale of Reason*. Oxford：Clarelondon Press.

Simon，H. 1977. *The Model of Discovery*. Dordrecht：Reidel.

Smith，N. & D. Wilson. 1979. *Modern Linguistics: The Result of Chomsky's Revolution*. Harmondsworth：Penguin.

Sperber，D. & D. Wilson. 1986. *Relevance: Communication and Cognition*. Oxford：Blackwell.

Sperber，D. & D. Wilson. 1998. The Mapping between the Mental and the Public Lexicon. In P. Carruthers and J. Bowcher（eds.）*Language and Thought*. Cambridge：Cambridge University Press. 184－200.

郭贵春,2001,哈贝马斯的规范语用学,《哲学研究》第 5 期。

蒋　严,1998,语用推理与"都"的句法/语义特征,《现代外语》第 1 期。

《社会学研究》编辑部,2001,2000 年社会学在中国,《社会学研究》第 2 期。

西　蒙,1986a,《人工科学》(中译本),北京：商务印书馆。

西　蒙,1986b,《人类知识》,荆其诚译,北京：科学出版社。

西　蒙,1998,《管理行为》(中译本),北京：北京经济学院出版社。

（原载《外国语》2002 年第 3 期）

论关联理论的社会维度[*]

冉永平

一、争 鸣

交际是一种典型的社交互动,任何一种交际理论必然会涉及最普通的社会现象。关联理论是一种有关交际与认知的理论,它将人视为一种具有推导明示行为的关联性这样内在能力的信息处理者。围绕这一思想,Sperber 和 Wilson(1986/1995)建立了一个有关交际的明示—推理模式,并声称该模式是研究人类交际的一个新视角,这一点得到了人们的一致认同。十多年来,很多学者对它进行了评述,其中一点是认为该理论从心理特征出发去认识交际,忽略了交际的社会性,这成为部分学者攻击关联理论的一个主要焦点。

关联理论对交际行为所持的观点是一种意向论。说话人希望传递信息,而听话人则需要识别说话人传递该信息的意图,或者识别说话人的交际意图。这就需要听话人对说话人的交际行为和实施该行为的意图之间的联系进行推导,也即听话人需要从交际目的的角度对说话人的行为进行解释。Talbot(1998)认为,对社交行为理论来说,目的论是不够的,因为在现实中人是一种社会产物,离不开现有的社交规约。这一观点也应该是无可非议的。关联理论将交际主体之间的差异仅仅视为个人认知环境的差异,这些差异又源于人们物理环境和认知能力的不同。不过,以 Talbot 和 Mey(Talbot,Mey & Asher,1998;Mey,1993;Mey & Talbot,1988)为代表的学者认为,Sperber 和 Wilson(1986/1995)在对个人认知环境的阐释中显然忽略了与交际密切联系的社会与文化问题,因而关联理论的一个重要缺陷就是,缺乏社会维度。

* 基金项目:普通高校人文社科重点研究基地基金

Sperber 和 Wilson(1986/1995,1997)坚持,所有的交际主体(即个人)具有对客观世界的相同的认识论结构(epistemological organization),当然这并不是说他们就认为,构成人们认知环境的各种假设一定是客观事实。不过,Sperber 和 Wilson 一直强调,他们所主张的是一种认知论,而非认识论,因而他们不关注认知环境中假设的伪证问题。对此 Talbot(1998)则认为,认知论必须依靠认识论,如果抛弃了认识论,后果是严重的,因为在对交际行为的目的进行分析时,我们需要对人们的知识结构进行一定的假设,因而根据关联理论,在话语理解时听话人需要对说话人的知识结构进行必要的设想,Sperber 和 Wilson 也认为,听话人能够在了解说话人认知环境的基础上去推导说话人所构建的假设,但 Talbot 认为他们没有注意听话人是如何知道或猜测说话人的认知环境的,排除社会文化因素以后,每一个交际主体的知识构建不可能存在差异,那么人们自然会处于一个没有区别的共同世界之中,在此基础上提出的理论体系显然不足以解释交际与认知所需要的社会语境;此外,在关联理论中思维过程就是信息处理过程,大脑被视为一种'演绎机制'(deductive mechanism),Sperber 和 Wilson 常常把人们的大脑比喻成电脑,所以 Talbot 等学者也误以为他们的研究仅限于探索大脑如何像电脑一样进行信息处理的。为此,关联理论的交际观、语言使用者以及认知环境等都被误解为一种缺乏社会维度的纯认知心理观。

还有学者认为该理论抛弃了同交际密切联系的社会语言学特征,同时它既不包容社会文化等社交因素,也不能对这些问题进行解释。然而,在言语交际中话语的使用可能出现以下几种情况:

(a) 使用语言以建立、维护交际双方的社会或社交关系。比如,当我们见到熟人散步时会说一声"在散步啊?",或者见面时问一句"吃了没有?"等;又如当 A 碰见 B 买菜时,可能会说一声"买菜?",在表面上它们是与对方有关的话题,但从人际关系的角度看,根据 Brown 和 Levinson(1987)的观点,说话人实际上照顾了对方的正面面子。此时交际的目的在于寒暄,以确立、维护双方的社交或社会关系。

(b) 使用语言以加强交际双方的社会或社交关系。比如恋人之间常常为了向对方表达好感而使用"我爱你!"之类的话语,它和(a)中的话语一样,其实都是些'废话',但现实生活却不能没有这类废话,它们往往可以加强双方之间的情感。

　　（c）使用语言以展示权势关系。比如祈使句"Take the box out of the room!"，在说话人的地位高于或等同于听话人的情况下，他一般不会使用"Would you please take the box out of the room?"，否则可能降低说话人的权势与地位。

　　（d）使用语言以宣泄某种情感。比如当人们激动的时候，往往会通过一定的话语去表达这种情感，如"噢，天啦!"、"哎呀，怎么搞的?"等，在交际中它们传递的信息就不是字面上的语义，但却可以实现一定的语用功能。

　　以上是与社会语言学密切联系的几个问题。O'Neill(1988－1989)等曾经指出，关联理论不能对它们进行合理的解释，这显然是一种社会语言学的认识论和批评论。到目前为止，的确很多涉及关联理论的研究在很大程度上没有公开讨论与交际有关的社会语言学问题，比如角色扮演、阶级、性别、种族、权势等；相反，人们把焦点放到了一些心理学问题上，比如注意力、记忆、意图与推理等方面。对此，Sperber 和 Wilson 则认为，在对关联理论的初期研究阶段，首先从这些问题出发是合理的，而非有意回避交际的社会特征。不过也有学者，比如 Jucker(1988)、Tanaka(1994)、Žegarac(1998)、Žegarac & Clark(1999)等认为，将认知与社会问题结合起来，突出交际的社会文化特征，可以从本质上重新界定认知科学和社会科学之间的交叉关系。

二、关联理论的社会维度

2.1　关联理论的交际观

　　关联理论不同于编码—解码的交际模式，后者将交际视为说话人和听话人之间的一个意义复制过程。从语码模式的角度来说，交际是一个互动的社交过程，但它却坚持以符号为取向，因而编码者只需要生成一定的符号，而解码者需要注意的也是符号。这样的观点就如同将人和蜜蜂等同起来一样，蜜蜂是具有一定交际能力的动物，它们依靠的是符号，但不同的是，蜜蜂缺少主观能动性，更不用说两个主观意识之间的相互沟通了。如果人类交际是一种语码模式，交际行为就不需要交际主体的自我意识和他人意识；反之，如果人类交际以推理为基础，它就离不开自我意识和他人意识。以推理为基础的交际在本质上具有社会属性，不仅因为交际是一种互动形式，还因为交际利用和扩大了社会认知的基本形式（Sperber & Wilson，1997）。

既然交际不是一个编码—解码这样简单的意义复制过程，在交际过程中存在信息的传递、信息的流失以及误解等基本现象，这些是交际过程中可能出现的正常现象。就言语交际而言，话语传递的信息往往超过语言编码信息，因此话语理解时我们不仅仅需要对语言意义进行扩充，以及获取语言结构的隐含意义，而且还要善于利用明示和非明示交际行为所表示的信息与态度，去获知与交际双方的社会关系相联系的信息。社会语言学家特别关注言语行为在这些方面所体现的功能，Sperber 和 Wilson(1997)坦承关联理论忽略了这一点，但他们并不否认交际行为在体现社会关系方面所起的重要作用，而且还认为关联理论是对人类交际的一种最基本的认识，获取信息就是寻找话语的关联性的过程，不涉及人类交际中更为复杂的方面。正因为如此，很多学者认为他们忽略了交际的社会维度，这也是关联理论遭到非议的一个重要原因。

也有学者，比如 Mey 和 Talbot(1988)认为，关联理论过分强调交际主体的主观能动性，忽略了社会规约等常规性特征。常规性特征对话语的理解肯定会起一定作用，对于从心理学角度出发的任何语言交际理论来说，如何将它们融合在一起是具有一定难度的任务，即主观能动性和常规性在话语理解中是如何相互作用的。当然，关联理论的确没有重视规约性对话语理解的作用，过分强调交际主体的创造性与主观能动性。不过，常规性与创造性、主观能动性等在话语理解过程中是如何相互作用的，对任何语言交际理论来说都是一个颇具挑战性的问题。人是一种社会存在物，这是关联理论对人的潜在理解。因而从本质上说，关联理论并没有放弃交际的社会特征，而且任何从社会环境出发对交际行为的解释，也离不开人的信息处理能力或以心理学为基础的认知能力，只不过关联理论试图对这种能力进行公开的、明晰的阐释而已。

2.2　社会性特征

在对关联理论的评论中,有的异议却是因为误解或不解导致的。由于 Sperber 和 Wilson 以人类认知为出发点,强调认知语境的作用,并指出关联假设是明示—推理交际的基本特征,关联原则是不可能违背的;而 Grice 的会话理论则强调交际的规约性或常规性。因此,很容易让人产生这样的错觉,认为 Sperber 和 Wilson 忽略了交际的社会规约性和常规性,以及忽略了社会文化语境对寻找关联的制约作用,因为长期以来人们一直认为,礼貌等语用问题一直是社交问题而不是认知问题。还有,关联理论自始至终未涉及类似的社交语用问题,因为 Sperber 和 Wilson 主要集中在明示—推理的讨论上,所以不少学者对此已有微词(如 Goatly,1994)。Talbot(1998))指出,在现实社会中人是社会的人,具有一定的社会规约性,也就是说具有一定的社会文化属性。此外,还有学者(比如 Mey & Talbot(1988);O'Neill(1988-1989);Talbot(1998))指出,在 Sperber 和 Wilson 的理论分析中交际者之间的差异仅仅被视为个人认知环境的不同,这些差异又起源于人们之间物理环境与认知能力的不一样,为此,他们在分析认知环境时明显忽略了文化与社会因素。对这一误解,Sperber(May 20/2000)在"关联理论网上通讯"(Relevance-List)中进行了回击,同时指出关联理论必须首先是一种认识论,他和 Wilson 并没有否认关联理论的认识论基础,比如构成认知环境的三种信息之一的百科信息,就不可能不包括交际所需要的社会文化因素。此外,Borsley(May 21/2000)也指出,持以上误解的读者感兴趣的往往是包括社会文化等在内的社交因素,而不是实现交际的认知过程。Jary(1998a,1998b)也曾对以上误解进行了驳斥并指出,关联理论完全可以兼容社会因素,也就是说可以解释社会语言学涉及的诸多问题。

Sperber 和 Wilson(1986/1995,1997)关注的是人们如何成功地实现交际,重点是言语交际中的话语理解与推理,他们始终坚持认为,人是具有主观能动性的信息处理者,但并没有否定人的社会属性和交际的社会维度。关联理论对祈使句等结构的礼貌特征的分析比 Brown 和 Levinson(1987)从社会文化角度的解释更令人信服。无独有偶,Escandell-Vidal(1996,1998)等也认为,从认知出发可以分析社会文化特征以及差异,并成功地尝试了对礼貌现象的语用认知分析，并指出关联理论可以为礼貌的一般理论提供一个恰当的框架。它需要解释的是，礼貌何时与理解取得关联，即礼貌何时可以构成一种信息，礼貌效果或非礼貌效果是何时产生的、如何产生的。这方面的研究还有待我们努力去开拓、完善。从认知的角度出发，Sperber 和 Wilson 认为不存在固有的礼貌形式，礼貌或非礼貌效果是语言形式和认知语境相互作用的结果，而认知语境是一种内在表征，它由前序话语、非语言语境以及包括社会文化信息在内的百科知识等构成，话语理解时需要进行选择；然而，从社会文化特征的角度出发去分析交际的观点，语境是外在的、已知因素。因此，以上思想其实为我们从认知的角度出发探讨交际提供了新的视角。

交际是为了改变双方的相互认知环境，是通过明示行为实现的。交际中人们只会注意那些对他们来说具有关联性的话语或信息。通过实施一定的明示交际行为，说话人希望听话人能够推导他的意图，即注意他的心理状态，通过改变他自己和对方的相互认知环境，目的是让对方推知他的意图。为此，听话人会利用互明假设（mutually manifest assumptions），并将它作为前提，去推导说话人的意图。然而，互明假设包含了人们对交际双方的社会地位、人际关系等的推测与估计，因此在说话人生成明示话语之前，实际上已经考虑了社会文化因素等。在话语生成与理解过程中，语言现象与社会文化信息只能为推理提供某种信息方向，产生一定的交际效果或认知效果。因此，明示行为，尤其是言语行为，是人们展示社会关系的主要手段和信息源。在话语生成时，说话人对互明假设的考虑本身就包括在横向和纵向上对交际双方社会距离的估计与推测。实际上，从社会文化因素的角度去分析交际行为，也离不开交际主体的信息处理能力。

关于交际中的社会维度，Jary（1998b）结合关联理论，把它归结为以下主要内容：

（a）在一定程度上，认知所起的作用就是跟踪或记录人们所处的社会环境。这意味着，对那些有助于表现社会环境的明示刺激的处理或理解将不需要付出过多的认知努力，因此一般而言这些刺激对个人来说都具有关联性。

（b）对语言刺激（比如话语）的理解取决于互明假设，它涉及交际双方之间的关系,是演绎推理的前提。已知以上条件(a),在说话人展示他和听话人之间的相互社会环境时,语言刺激就因此成为与听话人有关的信息源。此外,在他们对该环境进行表征时所存在的不协调现象,对听话人而言也可能是关联的。

(c) 在话语生成时,说话人会考虑以上条件(b)。这表明关联理论的话语理解观离不开社会维度,尤其是人际关系。

可见,交际涉及说话人和听话人对世界的相互表征与再现,成功与否取决于人们在复杂的社会环境下的表征能力。认知环境的不同是因为物理环境和认知能力的差异引起的,其实认知环境也是以社会维度为先导的。总之,在本质上关联理论并不是一种'脱离社会'的理论模式。

三、关联理论对礼貌性社交行为的解释

一切人类行为都会传递信息,为推理提供依据,而且所有的信息处理都以'关联'为取向,这是关联理论的基本假设。语言交际是一种明示—推理形式,其中说话人形成一定的明示刺激(比如话语),以引导听话人在推理过程中去获知说话人所希望传递的信息,说话人不仅希望传递某一特殊信息,而且还希望听话人能够识别该意图。该明示行为涉及两种意图:信息意图和交际意图。作为说话人,我们希望听话人能够发现向他传递某一信息的意图或目的;而作为听话人,我们又会努力去获取说话人向我们传递某一信息的意图或目的。交际的成功与否不在于听话人是否能知道话语的语言意义,而在于能否根据语言意义推导出说话人的交际意图。

除以上两种意图以外,交际离不开认知和包括社会文化因素在内的社交因素。根据关联理论,交际的目的就是改变人们的认知环境或信念系统(belief system),这说明交际与认知之间的关系;同时,交际是一种明示—推理行为,其中明示本身就是一种在一定社会环境下的社交现象,该行为就是一种社交行为。通过该行为,说话人的目的就是希望对方识别他的意图,从而影响双方的认知环境。可见,关联理论的出发点是认知的,因为它以人们的心理特征为基础;同时也是社交的,因为它明确地指出了交际行为的明示性和协同性。因此,我们应该根据明示行为及其它对人们的信念系统或认知环境所产生的影响,去认识包括寒暄语在内的、

受一定社会规约影响的语用现象。

　　我们知道,Brown 和 Levinson(1987)的礼貌模式以言语行为理论为基础,根据该模式,礼貌是一种'信息'(message),是通过语言形式准确地传递的,且与 Grice 提出的会话准则有关。但这一观点却引起了关联理论学者的质疑:当人们在表示礼貌的时候,准确传递的究竟是什么? 礼貌的传递如何影响交际双方的相互认知环境? 既然礼貌是一种信息,那么该信息的内容是什么? 此外,礼貌是否总可以通过 Brown 和 Levinson 所提出的各种策略进行传递? 礼貌是否只有在一定的特殊条件下才能被传递? 如果是这样的话,那么如何区分这些条件? 等等,还需深入探讨。在 Brown 和 Levinson 看来,选择语言形式或策略首先需要考虑它是否具有威胁对方面子的潜在可能性,为此需要衡量三个可变量:(a) 权势关系;(b) 社会距离;(c) 言语行为的驱使程度。它们决定某一言语行为威胁对方面子的力度。因此,对 Brown 和 Levinson 来说,传递礼貌信息是实施一定言语行为的目的,但也必须使用礼貌形式和策略才能传递该信息。那么是否还存在使用这些礼貌形式和策略的其他原因? Sperber 和 Wilson 认为,如果该语言形式和策略在威胁面子方面所取得的效果与交际双方的互明假设不一致,它们只会传递额外的其他信息。Brown 和 Levinson 的基本出发点是,存在实施特殊言语行为的语言形式,比如祈使句的功能就是指使;而 Sperber 和 Wilson 则假设,说话人会根据他的能力与偏爱选择最关联的话语,而且值得听话人对它进行处理并付出一定的认知努力。所以,不同的是,关联理论认为礼貌不是通过语言形式传递的,而是理解的结果,它更多的是一种期待。为此 Jary(1998a,1998b)指出,有必要重新审视礼貌的理论基础,找出另外一种可以取代 Brown 和 Levinson 礼貌模式的理论;他将关联理论作为一种新的标准,去取代以准则为基础的 Grice 言语交际理论,认为它对礼貌理论具有重要启示。

　　获取话语的正确理解需要得出一定的演绎结论。比如:

　　(1) Open the door.

　　(2) Can you open the door?

　　从信息传递的角度来说,以上两个话语都可以表示这样的信息,即说话人希望听话人把门关上,这是它们传递的命题意义,对听话人来说这是一种明示信息。对以上话语的理解,听话人可能从说话人的角度出发,产生如下的相关理解：

(3) It is desirable and possible that I open the door.

与(1)相比,(2)还明确表示了这样的额外假设：说话人的愿望有可能得不到满足,而且这种可能性与说话人有关。因此从礼貌的角度来说,说话人会选择疑问句(2)而不是祈使句(1)。但祈使句也表示这样的明示假设：说话人希望对方实施某一行为,而且对方没有拒绝的余地。再如：

(4) Could you please be quiet?

该话语中,如果说话人故意突出 please,那就是为了向对方表明,自己是根据一定制约交际行为的准则在行事,而且隐含了这样的信息：对方(听话人)也应该遵守一定的交际行为规则。为此,明示交际行为的目的就是为了改变对方的认知环境。

此外,也有学者(比如 Žegarac (1998,1999)等)借助关联理论框架对寒暄语(phatic utterances)之类的社交行为及其理解问题进行过成功分析,将社交现象与认知结合起来很有启发意义,值得我们参考与借鉴。其实很多与交际意图有关的隐含信息同社会关系之间存在密切联系。如果说话人明确地表示了希望同某人进行交流的意图,这实际上等于排除了某些社交情景,比如不可能表示说话人对听话人的厌恶从而拒绝同他进行交流等。寒暄语本身就隐含了说话人和听话人之间的某种社会关系,或希望建立与维护某种社交关系,从而取得关联性,这类行为的目的就是通过建立、维护交际双方的认知环境,从而实现一系列的社交目的,不将礼貌、面子、留面子等社会文化因素视为一般认知语用学的研究主题是不恰当的。可见,交际是一种典型的社交互动,任何一种交际理论模式必然会涉及最普通的社会现象,关联理论也不例外。它对语用学所产生的影响至今无可否认,当然它是否最终可以在认知科学领域中打下一个具有普遍意义的认知理论基础,实现 Sperber 和 Wilson 的初衷与期待,还需要历史的验证。

四、结 束 语

总之,礼貌是社会语言学、社交语用学、人类交际学、会话分析等研究所涉及的部分内容,它和认知语用学之间似乎不存在密切联系。为此很容易让人误认为,关联理论这一认知语用学理论缺乏交际所必需的社会性特征。客观地讲,Sperber 和 Wilson 的确很少明确地阐述交际的社会制约性(何自然、冉永平,2001),比如交际双方之间社会关系的维护与加强、权势的展现等。不过,近年来以 Jary(1998a,1998b)等为代表的学者,成功地借助关联理论这一认知语用学理论去分析了交际的社会纬度。它可以为解释礼貌等社会现象提供一个恰当的理论框架(Escandell-Vidal,1996,1998);Blakemore(1992)也指出,Leech 的社交语用学和以认知心理为基础的关联理论之间不存在分歧,因为它们希望解决的问题的出发点是不同的。由于受传统观点的影响,很多人坚持礼貌性言语行为的目的就是传递礼貌信息,为此将礼貌、面子、留面子等现象放在语用学的一般论题之下讨论就容易让人产生这样的误解,认为关联理论不能兼容社会文化等交际因素。不过,Sperber 和 Wilson 认为,礼貌是一种期待,是理解的结果,而不是话语的编码信息。这可视为对礼貌等社交现象的新认识,值得中国学者的注意。正如徐盛桓教授(2002)所言:"我们引进关联理论,除理论自身以外,它的研究方法,尤其是'假说'的方法,也十分值得我们注意,值得我们进一步研究、学习、借鉴。"

参考文献:

Blakemore, Diane. 1992. *Understanding Utterances*. Oxford: Blackwell.

Brown, P. & S. Levinson. 1987. *Politeness: Some Universals in Language Usage*. Cambridge: Cambridge University Press.

Escandell-Vidal, Victoria. 1996. Towards a Cognitive Approach to Politeness. *Language Sciences*, Vol. 18, Nos 3 - 4. 629 - 650.

Escandell-Vidal, Victoria. 1998. Politeness: A Relevant Issue for Relevance Theory? *Revista Alicantina de Estudios Ingleses*. 11. 45 - 57.

Goatly, Andrew. 1994. Register and the Redemption of Relevance Theory: The Case of Metaphor. *Pragmatics*. 4. 139 - 181.

Jary, Mark. 1998a. Relevance Theory and the Communication of Politeness. *Journal of Pragmatics*. 30. 1 - 19.

Jary, Mark. 1998b. Is Relevance Theory Asocial? *Revista Alicantina de Estudios Ingleses*. 18. 157 - 169.

Jucker, A. 1988. The Relevance of Politeness. *Multilingua*. 7. 375 - 384.

Mey, J. 1993. *Pragmatics: An Introduction*. Oxford: Blackwell.

Mey, J. & M. Talbot. 1988. Computation and the Soul. *Journal of Pragmatics*. 12. 743 - 789.

O'Neill, John. 1988 - 1989. Relevance and Pragmatic Inference. *Theoretical Linguistics*. 15. 241 - 261.

Sperber, Dan & Deirdre Wilson. 1986/1995. *Relevance: Communication and Cognition*. Oxford: Blackwell Publishers.

Sperber, Dan & Deirdre Wilson. 1997. Remarks on Relevance Theory and the Social Sciences. *Multilingua*. 16. 145 - 151.

Talbot, M. M. 1998. Relevance. In J. L. Mey & R. E. Asher (eds.) *Concise Encyclopedia of Pragmatics*. Elsevier: 775 - 778.

Tanaka, Keiko. 1994. *Advertising Language*. London: Routledge.

Žegarac, Vlad. 1998. What is Phatic Communication? In Villy Rouchota & Andreas H. Jucker (eds.) *Current Issues in Relevance Theory*. Amsterdam: John Benjamins.

Žegarac, Vlad & Billy Clark. 1999. Phatic Interpretations and Phatic Communication. *Journal of Linguistics*. 35. 321 - 346.

何自然、冉永平,《关联性：交际与认知》导读,北京：外语教学与研究出版社,2001。

徐盛桓,关联原则与优化思维——关于关联理论的阐释与献疑,《外国语》2002 年第 3 期。

（原载《外国语》2002 年第 3 期）

关 联 理 论

——认知语用学基础

何自然 冉永平

一、背 景

从 20 世纪 80 年代起认知科学一直处于为世人瞩目的学科前沿，越来越受到学界的重视。认知科学进入语言学领域产生了认知语言学，而在认知语言学的研究中，语言功能的认知研究，特别是语言在交际中的认知研究是当前认知语言学的重要内容，于是也出现了认知语用学。其基本理论基础便是 Sperber 和 Wilson(1986/1995)在《关联性：交际与认知》的专著中提出的与交际、认知有关的关联理论(relevance theory)，它是近年来给西方语用学界带来较大影响的认知语用学理论。他们所提出的关联理论将语用学的重点移到了认知理论上。所以，它是十多年来语用学方面最具影响的一本专著，给语用学带来了新的研究热点。

语用学研究的两大主题就是话语的生成与话语的理解。Grice (1975；1981) 会话含意理论模式以说话人为出发点，提出意向(intentional)交际的观点，设想说话时遵守合作原则，并设想在违反合作原则下听话人要推导出话语的含意。后来，在 Leech（1983）、Levinson (1983)、Kasher(1994)、Horn(1988)、Sperber(1983，1986，1993，1995)、Wilson(1983，1986，1993，1995，1996)等人的研究中，有关含意推导的话语认知理论得到了进一步的充实、修正和发展。在这些理论模式当中，最令人瞩目的是 Sperber 和 Wilson 所提出的可以取代合作原则的关联理论。从该理论提出至今，一些介绍、应用该理论的论文、专著不断面世。国外的一些语言学刊物如 *Lingua* 就曾出过两期专刊报道认知语用的研究成果，诸如"关联理论中的关联"、"关联与会话"、"关联与指称"、"逻辑联系语的关联性解释"、"关联的语法制约"等。此外,在荷兰出版的《语用学杂志》(*Journal of Pragmatics*)和比利时国际语用学会(IPrA)主编的杂志《语用学》(*Pragmatics*)上也有许多文章开始从认知的角度展开语用学理论与实践研究。英国伦敦大学学院(UCL)还专设了"关联网页"(Relevance List),就认知语用学的一些重大问题展开讨论与交流。在欧洲,语用学界还经常举办关联理论讨论班(Workshop)或研讨会(Seminar)。目前,关联理论、认知与话语理解等都是国际互联网上语用学界集中讨论的主要内容。最近在"关联网页"上,一些学者又对关联理论与乔姆斯基语法(Chomskyan Grammar)之间的联系展开了讨论。这些在很大程度上反映了当今语用学的发展趋势。

在认知科学,尤其是认知语言学的影响下,我国从事语用学研究的学者除了注意"说话人意义"(speaker meaning)之外,也开始注意或已转向"话语理解"(utterance interpretation)方面的研究。从 80 年代末开始,国内外语界的一些学术刊物上开始出现了介绍、引述关联理论的论文,也有部分文章涉及该理论的应用研究,如"关联理论述评"(张亚飞,1992)、"关联理论的交际观"(刘绍忠,1997)、"话语相关与认知语境"(刘家荣,1997)、"论语用推理机制的认知心理理据"(周建安,1997)、"关联原则及其话语解释作用"(张亚飞,1992)、"提问的相关性解释"(何刚,1996)等。但是,总的来说,我国学者似乎对认知语用问题还注意不够,还缺乏这方面系统、深入的且具开创性的探讨,甚至有的学者对作为认知语用学基础的关联理论不了解或误解。因此,在我国介绍和开展认知语用学研究,尤其是结合汉语研究十分必要。

二、关 联 理 论

《关联性:交际与认知》(1986/1995)这一专著出版的最初目的就是"给认知科学打下统一的理论基础"(封底的文字说明)。作者希望通过书中所提出的理论和方法,"找出我们所需要的所有有关语言交际的理论"。为此,该书在西方语言学界引起了人们的极大兴趣。S. C. Levinson(1989:25)评论说,这是一本"大胆的、很有争议的书,作者试图将语用学理论的重点转移到认知的一般理论上来"。它主要不是讨论如何通过语用学理论去解决什么实际问题,而是概述出了一条总的认知原则——关联原则,在第二版中作者又将原来的一条原则修改为认知原则和交际原则两条。

自 Grice 提出会话含意学说以来,引发了有关语用推理和自然语言理解的研究。而关联理论关注的核心问题是交际与认知。它不以规则为基础(rule-based),也不以准则为标准(maxim-based),而是基于下面的观点(Sperber & Wilson,1986/1995):

> 话语的内容、语境和各种暗含,使听话人对话语产生不同的理解;但听话人不一定在任何场合下对话语所表达的全部意义都得到理解;他只用一个单一的、普通的标准去理解话语;这个标准足以使听话人认定一种唯一可行的理解;这个标准就是关联性。因此,每一种明示的交际行为都应设想为这个交际行为本身具备最佳的关联性。

关联理论究竟是怎么一回事呢? 它是针对 Grice 的会话含意学说的。Sperber 与 Wilson 认为,有两种交际模式:一是代码模式(code model),二是推理模式(inferential model)。语言交际会同时涉及这两种模式,但在交际过程中,认知—推理过程是基本的,编码—解码则附属于认知—推理过程。

关联理论试图找出以下问题的答案:为什么交际双方各自的谈话意图会被对方识别? 为什么交际双方配合得如此自然,既能产生话语,又能识别对方的话语? 两位作者提供的答案是:第一,交际双方说话就是为了让对方明白,所以要求"互明"(mutual manifestness)。第二,交际是一个认知过程;交际双方之所以能够配合默契,明白对方话语的暗含内容,主要由于有一个最佳的认知模式——关联性。这就是说,要找到对方话语同语境假设的最佳关联,通过推理推断出语境暗含,最终取得语境效果,达到交际成功。试举一个例子:

(1) A:Do you want some coffee?

     B:Coffee would keep me awake.

例中的 B 到底是想喝咖啡,还是不想? A 需要明白 B 的用意。而要推断出 B 的用意,A 就要根据话语的字面意思,同时结合语境,提出一系列的语境假设:

a. B does not want to stay awake.（B 不想睡不着）

b. B does not want any coffee.（B 不想喝咖啡）

c. B wants to stay awake.（B 想熬夜）　　OR：

B wants anything that will keep her awake.（B 想设法保持清醒）

d. B wants some coffee.（B 想喝咖啡）

要从这些假设中确定 B 的暗含意义，A 就要寻找话语和语境之间的最佳关联。关联性强的假设，推理时所付出的努力就小；如关联不足，推理所付出的努力就大。

语境假设就是认知假设。在话语明说（explicature）（见后面 4.2"明说与隐含"）的基础上，听话人凭借认知语境中的三种信息——逻辑信息（logical information）、百科信息（encyclopaedic information）和词语信息（lexical information）——作出语境假设。由于人们的认知结构不同，上述三种信息组成的认知环境也就因人而异，对话语的推理自然会得出不同的暗含结果。

语境假设的过程要进行推理，而推理是一种思辨过程。大脑中的演绎系统就是大脑的中心加工系统本身，它根据不同的输入手段提供的信息进行加工，也就是综合获得的新、旧信息以及关联信息（即把新旧信息联系在一起的信息），作出推理；在言语交际中，说话人通过明示（ostensive）[①]行为向听话人展示自己的信息意图和交际意图，为推理提供必要的理据；听话人根据对方的明示行为进行推理，而推理就是寻找关联。

Sperber 和 Wilson（1986：158）提出的关联原则是："每一个明示的交际行为都应设想为这个交际行为本身具备最佳的关联性。"最佳的关联性来自最好的语境效果。因此，人们对话语和语境的假设、思辨、推理越成功，话语内在的关联就越清楚，就可以无须付出太多的努力而取得较好的语境效果，从而正确地理解话语，获得交际的成功。

很明显，两位作者是想用这条原则来揭示语言交际的规律，通过

[①] 所谓"明示"（ostensive），指明白示意。交际时，说话人用明白无误的"明示"手段表达自己的意图，听话人就能据此明示进行推理，即将信息按"明示—推理"的模式进行理解，从而做到双方"互明"对方意图，达到交际的目的。

推理获知话语的暗含意义,从而取代 Grice 通过遵守与违反合作原则来理解话语的含意。因此,Sperber 和 Wilson 在《关联性:交际与认知》(1986/1995)中提出了与交际和话语理解目的有关的一些基本结论。

(a) 交际改变说话者与听话者相互之间的认知环境。互明(mutual manifestness)的认知意义可能不大,但却具有重要的社会意义(Sperber & Wilson,1995:61)。

(b) 交际的目的不是为了"再现思想",而是为了"扩大相互之间的认知环境"(Sperber & Wilson,1995:193)。

(c) 互知(mutual knowledge)是理解的结果,而非理解的先决条件(Garman,1990:366)。

(d) 关联的交际原则一般不允许单个的明示刺激(ostensive stimulus)导致多种理解(Sperber & Wilson,1995:167)。

(e) 关联的交际原则是理解话语的总概括(Sperber & Wilson,1995)。

如何根据以上论述去分析交际的成功与失败?以上论述以及对交际的关联性解释产生了一个重要问题,即"理解能力"(uptake)是否决定交际的成功与失误。Sperber 和 Wilson 对此没有进行深入的论述。目前,伦敦大学的 Gary Holden 正在其博士论文《论交际失误》中对这个问题及其相关问题进行研究(Higashimori & Wilson,1996)。

不过,Sperber 和 Wilson 的关联理论至今仍是一个很新的理论框架,其最终的评价尚不确定。这种理论一问世就有人欢呼,认为它可以解决语言学的许多问题,但同时也有人攻击它,说它太笼统、太模糊。但是,综观近十年在国外学术刊物发表的有关关联理论的大量著述,这种理论在语用学领域似乎表现出其强大的生命力。一些利用关联理论框架写成的专著和论文在不断增加;利用关联理论框架来理解话语的语用学教科书②早已出版。更令人注目的是,Sperber 和 Wilson 的专著《关联性:交际与认知》已于 1995 年出了第二版。

---

② 如 Blakemore,D. 1992. *Understanding Utterances — An Introduction to Pragmatics*. Oxford:Blackwell.

三、关联理论的几个新修正

下面的许多问题涉及《关联性：交际与认知》(Sperber & Wilson，1995)第二版的一些变化与修改。第二版保留了旧版的基本内容，即第1章"交际"(communication)；第2章"推理"(inference)；第3章"关联性"(relevance)；第4章"言语交际的若干问题"(aspects of verbal communication)；补充了一些原文的注解并多了十几页的参考书目。最重要的是作者增加了一个总揽近年来该理论发展概貌的后记，包括一些内容或术语的变化与修正。其中的改动主要涉及以下几个方面。

3.1 关联原则

在《关联性：交际与认知》第一版中，Sperber和Wilson（1986：158；1995：260）只提出了一条关联原则。而在第二版中，该原则就被改为第二关联原则，即关联的交际原则，另外还增加了一条原则——第一原则，即关联的认知原则（1995：260-266）：

> 关联的第一（或认知）原则：人类认知常常与最大关联性相吻合。
> 关联的第二（或交际）原则：每一个明示的交际行为都应设想为它本身具有最佳关联性。

其中，前者与认知有关，后者与交际有关。关联的第二原则以第一原则为基础，而第一原则却可预测人们的认知行为，足以对交际产生导向作用。那么，为什么要提出两条关联原则，而不是原来的一条呢？或者说，"最大关联性"(most relevant)与"最佳关联性"(optimal relevance)之间有何区别呢？在"Questions on Relevance"（1996）一文中，Wilson指出，将关联原则由原来的一条改为两条纯粹是一个术语问题，其目的是为了使大家注意最大关联性与最佳关联性之间的差异，而在早期的理论框架中，她和Sperber未能突出这一点。无论旧版或新版，书中所提到的关联原则主要指第二原则，即关联的交际原则。新版对关联原则的改动本身并无新意，不过它对关联原则作出阐释，从而有助于明确关联理论与认知的关系。

在《关联性：交际与认知》第一版中，他们区分了最大关联性和最佳关联性。最大关联性就是话语理解时付出尽可能小的努力而获得最大的语境效果（the greatest possible effects for the smallest possible effort）；而最佳关联性就是话语理解时付出有效的努力之后所获得的足够的语境效果（adequate effects for no unjustifiable effort）。人类认知往往与最大关联性相吻合，因而，交际只期待产生一个最佳关联性。他们归纳出了以上两条原则，但当时只突出了第二条，并称之为一条关联原则。这引起了人们的一些误解（Higashimori & Wilson，1996）。人们往往忽略了最大关联性与最佳关联性之间的差异，并以为他们只主张最大关联性这条单一的原则，管束交际和认知两个方面。因此，在新版中，Sperber 和 Wilson 就希望通过区分两条关联原则之间的差异，来消除这样的误解。

3.2 关联假设的修改

第一版指出了区分最大关联性和最佳关联性的原因（1986：118 - 171），在第二版的后记中作者又增加了另外一些原因（1995，后记：3.1 - 3.2 节）。就认知而言，他们沿用了进化论的观点，认为人类的认知往往与最大关联性相吻合；可就交际而言，Sperber 和 Wilson 关注的是，如果已知关联的认知原则，那么听话人应期待什么样的关联才算合理。因此，在第二版后记中，他们对原来的最佳关联性进行了修改，旨在解决第一版未涉及的问题。

不管听话人会产生什么样的需求，我们不可能总是希望说话人生成最大关联性的话语，他/她也许不愿意或不能够提供最关联的信息，也许不愿意或不能够以最恰当的方式呈现该信息，这一点是很清楚的。最佳关联这一概念的提出是为了研究，根据话语理解时所付出的努力和语境效果，受话者应该产生什么样的期待。根据关联的交际原则，每个明示的交际行为都应设想为它本身具有最佳关联性。在第一版中，Sperber 和 Wilson 指出，寻找关联主要指最低限度的关联（即满足说话人的期待），只要找到关联就不再找了。但在新版中，他们认识到，一个话语的关联性可以比期待的关联要大。为了取得完满的语境效果，在寻找关联的过程中，要进一步追求较高层次的关联。于是，Sperber 和 Wilson 提出了修改以后的最佳关联假设（Sperber & Wilson，1995：270）：

(a) 明示刺激(ostensive stimulus)具有足够的关联性,值得听话人付出努力进行加工处理。

(b) 明示刺激与说话人的能力和偏爱(preferences)相一致,因而最具关联性。

这是新版后记中所提出的最具实质性的修改(Jucker,1997)。修改之前的最佳关联假设为(Sperber & Wilson,1986:158):

(a) 说话人希望向听话人明确表明的一组假设{I}具有足够的关联性,值得听话人付出努力对该明示假设进行加工处理。

(b) 明示刺激是说话人能够传递该假设{I}的最具关联性的刺激。

相比之下,修改以后的关联假设在某些方面比旧假设更具解释力。例如,在解释"等级暗含"(scalar implicatures)时,修改以后的关联假设解释得更清楚:

(2) Some of our neighbors have pets.

(3) Not all of our neighbors have pets.

(4) The speaker doesn't know whether all her neighbors have pets.

在绝大多数情况下,(2)暗含(3)、(4),因为 some 既可以表示 not all,也可以表示说话人这一方对事件不太了解。但以上暗含是可以取消的,如加上 and maybe all,(4)的暗含意义就能被取消。人们很容易使用 Grice 的合作原则及其准则或者使用原来未修改的关联假设对这样的语用现象加以解释。可是,Grice 的解释未能明确在当时的情况下要求多少信息,也不能说明在何种情况下(2)暗含(3),而不指(4)。此外,未修订的最佳关联假设还无法解释"some"与"some, but not all"不同暗含的关联程度,后者是最强的。下面是 Sperber 和 Wilson(1995:277)曾引用过的例子:

(5) a. Henry: If you or some of your neighbors have pets, you shouldn't use this pesticide in your garden.

b. Mary: Thanks. We don't have pets, but some of our neighbors certainly do.

(6) a. Henry: Do all, or at least some, of your neighbors have pets?

b. Mary: Some of them do.

以上例(5b)中的 some 没有 not all 或 the speaker does not know 这样的暗含意义。Mary 的某些邻居有宠物这个事实本身已具备足够的关联,就像旧版中的关联假设定义(但不是 Grice 的解释)能预见到的那样。再看(6b),那里的 some 已具备足够的关联,因此,根据旧的关联假设定义,即使 Mary 在这个例子里已明确地暗示了 not all,Henry 都不会再进一步寻找关联了。可见,修订以后的关联假设比未修订的优越,因为它能说明大量的事实,而且比较简单、明确。

3.3 概念意义和程序意义

这两个概念在《关联性:交际与认知》旧版中是模糊的,而在新版中 Sperber 和 Wilson 则强调了区分概念编码(conceptual encoding)与程序编码(procedural encoding)的重要性。一个话语可以对两种基本意义进行编码(Wilson & Sperber,1993;Sperber & Wilson,1995):概念意义和程序意义。它们相当于 D. Blakemore(1992)所区分的"表达意义"(representational meaning)与"程序意义"。前者对话语表达的明示信息和暗含意义都起一定作用,并通过增加话语的关联假设提高明示交际行为的关联性;后者却对理解明示信息和推理暗含意义在程序上进行制约或指引,使听话人付出较小的努力去获取更大的语境效果。为保证交际活动自身具备最佳关联,即保证明示交际活动中所有语言或非语言成分都有助于取得交际效果(即理解整个话语),或者有助于减少理解话语过程所付出的努力(即使话语容易理解),说话人必须让听话人获得足够的关联。为了给听话人在寻找关联、理解话语的过程中提供指引,Blakemore(1987)曾提出所谓理解程序的语义限制(semantic constraints on relevance),即通过分析某些情态指示语(mood indicators)、话语小品词(discourse particles)或话语联系语(discourse connectives)揭示的施为用意(illcutionary force),对听话人在寻找关联、理解话语时所作的种种假设,在数量上加以限制,从而收窄范围,以便容易理解③。这种给听话人提供的理解程序指引可以增加明示交际活动的关联性,从而减少为

---

③ 见第二版注释21:297。此外,最近有学者提出,话语的理解过程还要考虑语法结构和其他固定的语法标记的限制,如 Randy J. La Polla(1996)。

理解而付出的努力。

3.4　话语的真假与关联性

在关联理论的框架下,客观的真假并不会影响语境假设的思辨过程,也不会影响在特定语境下得出的结论,所以"不理会(话语)的真实性并无大碍"(Sperber & Wilson,1995:263)。然而,作者始终觉得,假信息不值得占有,它会减弱认知效果,话语的真实性与准确地寻找关联有关。于是,作者对关联性的定义进行了一些革新(Sperber & Wilson,1985:114-115;1995:265-266):

> 个人关联(类别)定义:
> 当且仅当个人假设与他所处的某种或多种语境取得某些正面的认知效果(旧版中斜体部分为:是关联的),该假设才具有关联性。
> 个人关联(比较)定义:
> 扩充条件1:个人假设具备的关联性可以是:当认知处于最佳过程时,正面的认知(旧版中斜体部分为:语境)效果往往较大。
> 扩充条件2:个人假设具备的关联性可以是:获得较大正面认知(旧版中斜体部分为:语境)效果所付出的努力往往较小。

不过我们同意Jucker(1997:112-119)的观点,这个改动似乎没有必要。既然是假设,就不一定强求在客观真实条件下的假设。真话的关联性固然大于假话的关联性,但真话之所以有较强的关联,并非因为话语的确是真,而是听话人认为这些话语是真。如果听话人的理解正好符合说话人的意图,而且这意图又比较符合实际情况,话语的关联性就会加强。

3.5　正面认知效果

在修改后的"个人关联"(relevance to an individual)(Sperber & Wilson,1995:265-266)这一定义中,作者介绍了"正面认知效果"(positive cognitive effect)这一概念,那么,它与"个人真实性认知效果"和"客观真实性认知效果"(Wilson,1996a)之间的差异有什么联系呢?与他们曾提出的论断(Sperber & Wilson,1995:264)"关联信息是值得保留的信息,而错误信息一般是不值得保留的信息,因为它会减损认知效率

（cognitive efficiency）"之间又有什么联系呢？

Sperber 和 Wilson（Higashimori & Wilson，1996）的最初目的是想获知关联性与认知效率（cognitive efficiency）之间的一种直觉联系（intuitive connection）。为此，在《关联性：交际与认知》第一版中，他们指出，关联性取决于语境（认知）效果和努力程度：语境效果越大，获取这些语境效果所付出的努力越小，关联性就越强。（无论正确的或错误的）关联信息是那些能够成功地进行处理的信息，它们可以产生或正确或错误的结论（语境效果）。

后记（3.3.1 节）中，他们还提出了以下问题。假设人们有一个错误信念（belief），且这个错误信念所提供的信息可以成功地进行加工，从而产生更多的错误信念，那么，这是否会影响认知效率，从而影响关联性呢？或者说，这样的信息是不是只与听话人有关呢？

仅仅导致错误信念的信息不应该被看作是处理该信息的受话者的关联信息。为获取以上直觉联系，就必须区分两种认知效果：（1）正面认知效果，比如正确的信念，有利于提高认知效率，这显然是关联性在起作用；（2）其他的认知效果，比如错误信念，它们是不值得保留的，因而毫无关联性。《关联性：交际与认知》第二版在给"个人关联"下定义时，根据的就是正面认知效果和话语理解时所付出的努力程度：正面认知效果越大，获取这些认知效果所付出的努力越小，关联性就越强。因而，认知效率和努力之间成反比关系。

但须注意的是，只要错误信息产生正面认知效果，它仍可能具有关联性。故事、玩笑、假设等都可能对认知效率起作用。输入信息的真实性既不是关联性的必要条件，也不是其充分条件；起作用的是输出信息的真实性。

3.6　语境效果与假设的削弱

在第一版中，Sperber 和 Wilson（1986：108－117）根据以下三种语境效果来给关联性下定义：（1）语境暗含（contextual implication）；（2）现时语境假设的加强（strengthening of existing assumptions）；（3）现时语境假设的相互矛盾与否定（contradiction and elimination of existing assumptions）。在第二版（Sperber & Wilson，1995：294，注释 d）中，他们

提出了"第四种语境效果,即现时语境假设的削弱(weakening of existing assumptions)",那么,为什么要增加第四种语境效果呢?

Sperber 和 Wilson(Brown,et al.,1994:37 - 57;Higashimori & Wilson,1996)指出,如果现时语境假设得到加强或者受到削弱,都可能获取关联性。问题在于,根据关联理论框架,现时语境假设是在什么地方被削弱的呢?

这里存在两个不同的问题:(1)是否削弱现时语境假设有助于获取话语的关联性。Sperber 和 Wilson 对此持肯定态度,而且始终认为,现时语境假设的任何加强或削弱都对获取关联性起一定的作用。在对产生语境效果的语境化(contextualisation)条件进行解释的同时,他们已对此作过阐述(Sperber & Wilson,1995:286,Note 26)。(2)是否应将现时语境假设的削弱与语境暗含、现时语境假设的加强以及现时假设的相互矛盾与否定一样视为一种不同的语境效果。Sperber 和 Wilson 都认为,现时语境假设不可能直接减损,只能将其当作另一语境效果的一种副产品(by-product),比如,现时语境假设的相互矛盾与否定,就会削弱所有依赖于该假设的语境暗含。因此,不应把现时语境假设的削弱当作一种独立的语境效果,它只对关联性起间接作用。

3.7 语用学与模块

原来 Sperber 和 Wilson(1986)将语用学视为涉及大脑中枢思维(central thought)、非特殊化(non-specialised)思维过程的一种推导系统。但在第二版中,他们对此又进行了修改,并指出:"在过去的十年中,越来越多的证据表明,应根据模块理论来分析所谓的大脑中枢系统"(1995:293)。后来,Wilson(1996b)又重申了这一观点。那么,意义何在呢?在《心智模块》(Modularity of Mind)中,Fodor(1983)区分了模块与大脑中枢系统,并提出了"认知科学第一虚有法则"(First Law of the Nonexistence of Cognitive Science);该法则指出,思维过程其实太复杂,不可能弄清楚。Fodor 认为,语用问题就是一个涉及大脑中枢系统的问题,不属于认知科学范畴。可是,在《关联性:交际与认知》(1986/1995)中,Sperber 和 Wilson 试图证明,即使语用问题涉及大脑中枢系统,我们也可以生成一些饶有兴趣的语用理论。

近年来,越来越多的学者反对将大脑中枢系统和模块系统明确分隔开来,并提出了有实际意义的心智模块理论(Hirschfeld & Gelman,1994;Sperber,1996)。Sperber(1996)直接提出了这一观点,并主张对模块进行有选择的、充分的描述;建议继续讨论模块语用学(modular pragmatics)概括性的恰当层次,例如,模块语用学应该讨论一般的明示交际(ostensive communication),或仅仅以言语交际为目标呢? 不管人们的意见如何,Sperber 和 Wilson 都认为模块语用学应该是一个推导系统(inferential system),而不是一个解码系统(decoding system)。他们一直反对将语用学视为语言模块的延伸。

四、关联理论对 Grice 理论的修正与补充

4.1 Grice 理论面临的挑战

Grice 所提出的会话含意理论给新法语用学(new approaches to pragmatics)打下了理论基础,并成为当今语用学理论研究的一个新开端,这一点无人怀疑。但该理论仍存在许多明显的不足,留下一系列问题,它不能从根本上解释语言交际中话语的理解问题,比如支持合作原则及其准则的理据是什么这一点没有涉及,特别是关于合作原则及各准则的性质和来源模糊不清。交际中说话双方必须合作吗? 说话人一定要做到表达真实、充分、相关和清楚明白吗? 等等。人们还要问:合作原则及其各准则是否具有普遍性? 如果是,那它们是人类天生就具有的吗? 这些东西有没有文化特征? 如果有文化特征,这些原则和准则是否会有这样或那样不同的地方呢? 所有这些问题 Grice 都没有作答。可见,Grice会话含意理论缺乏足够的理论根据,整个理论框架显得较松散,缺乏严密性(Ziv,1988)。

根据 Grice 的观点,交际双方都应该知道交际的基本准则,即合作原则中的质、量、相关与方式准则及其次则,而且听话人要能够识别说话人是否明显违反了某一或某些准则与次则,而产生了含意。但 Sperber 与Wilson 却认为,关联原则是对明示—推理交际的总概括,交际双方无须知道管束交际的关联原则,更不必有意去遵守它,即使人们想违反关联原

则也不可能违反,因为每一种明示交际行为都应设想它本身具有关联性。听话人在话语理解的推理过程中,就需要使用这一假设。因此,在 Grice 的会话理论中,如果话语传递的是非字面意义,那么听话人就需要对该话语进行多级处理,即首先获取字面意义,再根据字面意义去推导含意,理解说话人意义或交际意图。而关联理论认为,听话人应该直接获取非字面意义,无须按照常规来付出努力对话语的字面意义进行加工处理,原因是字面意义不是说话人意欲传递的信息,它不具备关联性,即不可能扩大听话人与关联原则一致的语境假设。

"相关准则"(maxim of relation)是合作原则中的一个十分重要的准则。尽管 Grice 本人对此进行过讨论,但该准则在会话含意理论中没能同其他准则一样受到重视,什么叫相关,以及相关的特点、性质和它对交际过程的解释力等,在合作原则的四个准则中,Grice 未能交代清楚,显得最模糊不清。正因为 Grice 的理论有这么多没有解答的问题,Sperber 和 Wilson 在 *Relevance: Communication and Cognition*(1986/1995)一书以及一系列文章中,从另一个角度表明了他们的见解,对 Grice 的话语含意理论和合作原则及其各准则进行了修正和补充。比如,Sperber 和 Wilson 认为,人们交际时并不总是按"交谈所要求的目的和导向进行合作"的。他们不相信"说话必须真实"这条准则,而且根本不相信存在说话人必须遵守的准则。又如,按 Grice 的说法,隐喻和反语等是违反了某准则才产生"含意"(implicature)的,但按 Sperber 和 Wilson 的说法,它们的含意属于语体学上的形象表达,并没有违反任何的交际准则。此外,Grice 关心的是交际中的暗含,而关联理论既关心交际中的暗含,也关心交际中的明说。

Sperber 和 Wilson 还认为,Grice 没有注意交际中的语境或语境假设(contextual assumptions)问题。交际过程中语境或语境假设是一个变项,不是事先确定的,是由说话人与听话人双方在交际时确定的。同时,语境也是推理过程的一个组成部分,因此,语境结构同样受语用总原则——关联原则——的统辖,这个原则影响到对话语中明说和隐含两方面内容的理解。总之,作为认知语用学基础的关联理论与 Grice 语用学说相去甚远(详见何自然,1995)。Grice 的语用学理论受到多方面的挑战。

4.2 明说与隐含

Grice(1975)所区分的"明说"(saying)与"含意"(implicature)同 Sperber 和 Wilson 所提出的"明说"(explicature)与"隐含"(implicature)是不完全一样的。根据 Grice,明说就是话语直截了当地表达出一定的命题。为了弄清楚话语明说了什么,即明确地表达了何种命题,听话人必须对话语进行解码,以获取语义;而含意则与违反合作原则各项准则有关,需通过语用推理才能理解,Grice 的会话含意理论所关心的主要是暗含交际。而 Sperber 和 Wilson 的关联理论却对明说与隐含交际予以同样的重视。他们认为,从明说得出隐含意义,必须经过两个步骤:先得出隐含前提,然后再推导出隐含结论。Grice 的会话含意理论对明说与含意的解释不够完善,它不能说明以下例(8)所表达的言语行为类型和命题态度的信息,而例(7)这一话语则可传递该信息:

(7) Mary(sadly):Susan has gone away.

(8) a. Mary is saying that Susan has gone away.

    b. Mary believes that Susan has gone away.

    c. Mary is sad that Susan has gone away.

同样,说出这一概念是仅仅表达一种命题,还是传递一种交际命题,即承认该命题的真实性,Grice 对此没有交代清楚(Wilson,1995)。Sperber 和 Wilson 提出的"明说"不只表示交际命题。它不但可以表示话语的命题,而且还能够指出言语行为类型和命题态度的信息,如上例(7)。因此,它比 Grice 的"明说"这一概念更全面。Sperber 和 Wilson (1986/1995)认为,隐含是一些语境演绎(contextual deductions)。有时,可能要加上一些假想的前提,求得话语的关联性,获得合理的演绎。例如:

(9) A:Do you drink whisky?

    B:I don't drink alcohol.

(9)的暗含前提(implicated premise)应该是 Whisky is an alcohol,而暗含结论(implicated conclusion)则是:B doesn't drink whisky。Grice 会话含意理论中的"含意"很像这里的暗含前提,但是暗含前提具有不确定性。比如,这时,B 的明说话语的暗含前提除了 Whisky is an alcohol

之外还可以是：Gin is an alcohol，sherry is an alcohol，grappa is an alcohol，vodka is an alcohol；也可以是 There is no alcohol in B's blood。但 A 听了 B 的话之后，关联原则却使他推断出这样的暗含结论：B doesn't drink whisky。

虽然在有些情况下，Sperber 和 Wilson 都认为最好将 Grice 的含意视为一种明说意义，但关联理论中的"隐含"（implicature）这一概念几乎还是模仿 Grice 的概念提出来的（Carston，1988）。此外，对 Grice 而言，蕴涵（entailments）和暗含之间是相互排斥的。然而，Sperber 与 Wilson 则认为，蕴涵和隐含可以是一致的，如：

(10) a. Peter：Would you like to listen to my Rolling Stones record?
　　　b. Mary：No. I'd rather hear some music.

此处，Mary 的话语暗示：Peter 的滚石乐唱片（Rolling Stones record）不是音乐，这就是 Grice 所指的会话含意。可是，该含意也是一种蕴涵，即 Mary 想听别的音乐而不想听 Peter 的滚石乐。这一声明蕴涵了 Peter 的滚石乐不是音乐。因此，隐含也可是一种蕴涵。

五、争　鸣

5.1　Giora 的评说

很多学者曾经从不同的角度对"关联"作出过解释：(1) 关联就是一系列命题与话语主题（discourse-topic）之间的一种关系，它对话语的意义连贯（discourse coherence）与交际的成功起着重要作用，这一定义隐含在 Grice 合作原则的"相关准则"中，但 Strawson（1964）、Reinhart（1980，1981）、Brown 和 Yule（1983）以及 Giora（1985）等人已在自己的论著中进行过明确阐释。(2) Berg（1991）等人从交际效率的角度将关联定义为与会话目的有关的有益性（usefulness）。(3) Sperber 和 Wilson 在 80 年代中期根据话语的注意焦点对关联进行了新的解释，认为关联信息就是那些值得听话人注意的信息，人类认知是以关联为基础的，每一个明示的交际行为一开始就要求对方加以注意，而听话人只会关注那些与自己有关联的信息，即那些不需要付出太多努力就会丰富自己语境假设的信息。

自从《关联性：交际与认知》一书面世以后，不少学者便将关联理论视为管束人类语言交际的唯一理论，但 Rachel Giora(1997,1998)却对此持不同观点，她认为关联原则可以解释人类语言交际，但它并不是有关人类交际的唯一原则。在语言交际中，说话人与听话人不仅仅限于寻求话语的关联性，也需考虑话语的意义连贯问题。因此，关联理论不能完全取代有关话语或语篇连贯的其他理论，如 Grice 的会话含意理论。此外，Sperber 和 Wilson 提出的关联也不可能离开 Grice 合作原则中的"相关准则"以及 Giora 所讲的"信息需求"(informativeness requirement)等。

根据 Sperber 和 Wilson 的观点，话语连贯取决于关联，即只要话语具备了关联，它在意义上就是连贯的。然而，Giora 认为，事实并非如此。当话语激活了听话人的一系列语境假设时，它就与听话人有关联，可是该话语不一定具有连贯性；同样，听话人可能会觉得某一话语前后所表达的意义很连贯，但对他来说却毫无关联性可言。所以，关联性并不等于连贯性。关联理论不能对话语的连贯问题作出令人信服的解释，Sperber 和 Wilson 也未对此作详细的论述。

话语连贯是一个独立概念，不是关联的一个衍生概念(derivational notion)，关联并不总是与话语的连贯一致。在有的情况下，话语既关联又连贯，但也存在有关联而不连贯的话语。因此，在理论上应该将二者区分开来，不能仅仅根据关联原则去解释语言交际。寻求话语的关联，以尽量小的努力获取更大的语境效果，这并不是语境选择的唯一决定因素。听话人在选择语境假设时往往还会考虑话语中前后语段的意义连贯问题。Sperber 和 Wilson (1986/1995) 认为，话语中词语间的衔接(cohesion)与意义上的连贯(coherence)都是为了取得话语的关联，主题关联(topic-relevant)的话语仅仅是关联性话语的一个次类，也就是说，主题关联是由话语的关联引起的，一旦某一话语具有关联性，它就是连贯的。但 Giora 对此提出了异议。连贯不是一个由关联性衍生出来的概念，它是一个独立概念。她曾引用 Sperber 和 Wilson 的例句去驳斥他们的观点，如下例(11)、(12)：

(11) Bill, who has thalassemia, is getting married to Susan, and 1967 was a great year for French wines.

(12) Bill, who has thalassemia, is getting married to Susan. Both

he and Susan told me that 1967 was a great year for French
wines.

在很多情况下,例(11)与(12)都是前后语段不连贯的、不可接受的话语。
Giora 认为,关联理论无法对这种话语的不可接受性作出解释,需要连贯
理论(coherence theory)的补充。

5.2　Wilson 的回应

人们在构建话语或语篇连贯理论时旨在:(1) 提供一个话语理解理
论框架,对话语理解进行解释。这与关联理论的目的是一致的;(2) 提供
一个话语评估的理论模式,以衡量话语的结构、可接受性或恰当性。关联
理论没有这方面的明确目的。Sperber 和 Wilson 提出关联理论的主要目
的与任务在于对话语理解进行解释。

对上述 Giora 对关联理论的主要异议,Wilson(1998)作出了反响。她
指出,Giora 感兴趣的是话语连贯理论第二方面的目的,即话语连贯与连贯
程度,包括话语的规范性(well-formedness)、恰当性(appropriateness)、
可接受性(acceptability)或合意性(desirability)等。所以,他们与 Giora
在解释话语的根本出发点上存在分歧。

Giora 认为,关联理论的主要问题是它不能对话语的连贯性作出解
释:(1) 对听话人来说,话语可能具有(最大)关联性,但他/她会认为该话
语在意义是不连贯的;(2) 话语可能不具有(最大)关联性,但听话人认为
它却是连贯的。因此,不应该根据(最大)关联性去解释话语的连贯性,而
且它也不足以对此进行解释。据此,Wilson 认为,Giora 将最佳关联的交
际原则与最大关联的认知原则混为一谈。她和 Sperber 在很多地方,尤
其在《关联性:交际与认知》的第一版中提到的关联原则其实指的是最佳
关联的交际原则,而 Giora 所言的关联原则却是最大关联的认知原则。
这一点曾引起很多读者的误解,没能注意这两条关联原则之间的区别(参
见前面 3.1 或第二版后记),Giora 也不例外。Wilson 本人也认为,以上
例(11)、(12)在某种程度上来说是不可接受的,因为前后语段之间缺乏连
贯,但 Giora 在对此进行解释时误用了"最大关联",而 Wilson 认为应该
根据他们所提出的"最佳关联"以及关联的交际原则去判断此类问题。
Wilson 还坚持,衡量话语可接受性、意义连贯的标准应看它是否与关联

原则一致。类似以上例(11)、(12)的不可接受性主要与所耗费的处理努力有关,而不是前后语段之间的分离。此外,通过关联理论的运作机制可直接感知话语中句段之间的联系。因此,虽然上例表面不连贯,但在一定的语境条件下是可接受的,与关联原则一致的,仍具有关联性。又如:

(13) a. Peter：What did Susan say?

b. Mary：You've dropped your wallet.

(13b)带有歧义,可有两种理解:(1)作连贯性解释,即 Mary 直接回答了 Peter 的提问;(2)作非连贯性解释,即前后没有连贯性,答非所问。Giora 认为例(13)是不合乎规范的 (ill-formed)、不连贯的,因为它违反了"关联需求"(Relevance Requirement),问与答在结构上是不相关的(此处的关联不同于 Sperber 和 Wilson 所指的关联——笔者注)。可是,Giora 认为,以下例(14)是规范的、前后意义连贯的话语,因为问与答之间加上了明显的语言标记 by the way：

(14) a. Peter：What did Susan say?

b. Mary：By the way，you've dropped your wallet.

Wilson 则认为,虽然(14b)带有语言标记,但它与(13b)一样具有歧义,都可当作是一种直接回答。那么,(13)不符合规范、前后意义不连贯,而(14)是可接受的、具有连贯性的话语,那么,Giora 的理论根据是什么呢?Wilson 主张,应该根据最佳关联性以及关联原则去判断话语是否具有可接受性、连贯性。

5.3　笔者对关联理论认识的几点补充

　　Sperber 和 Wilson 根据人类认知的特点,指出人类认知往往力求以最小的心理投入,获取最大的认知效果,因此理解话语时,听话人只会关注、处理那些具有足够关联性的话语,而且倾向于在与这些话语最大限度的关联的语境中对其进行处理,并构建与这些话语有足够关联的心理表征。我们认为,这一解释更接近于人类这一认知主体的本质,即符合人类的认知心理,也更符合人类认知的基本事实。他们在探讨认知模式而提出关联理论时,摆脱了 Grice 构建会话理论时所进行的抽象的哲学思考。在 Grice 的推理模式中,语境是交际双方共知的、预先设定的,然而,Sperber 和 Wilson 在批判的基础上继承和发展了 Grice 理论,指出传统的编码—解码过程附属于认知的推理过程。他们还强调了交际中语境的动态特征,将语境视为一个变项,包含一系列变化中的命题,关联性则是一个常项、一种必然。除了批判地继承了历时语言哲学的研究成果以外(这方面已有较多评说,此处恕不赘述),关联理论还吸收了当代认知科学、心理学以及行为科学的某些研究成果,如借鉴了 J. A. Fodor 等认知学家的研究成果,侧重探寻推理的心理机制;提出应该根据模块理论去分析大脑中枢系统,认为主体认知系统包括逻辑知识、百科知识与词汇知识,它们构成了人们的认知环境。该理论还包含了人类交际行为的"经济原则"(principle of economy),即交际中人们总希望以最少的努力,去获取最佳的交际效果。此外,关联理论还提倡说话人改变听话人的认知语境,这也符合人们的交际需要。可见,关联理论具有多源化的理论背景,比以往的语言交际理论获得了更多的理论支撑,其解释更具说服力。此外,关联理论的语境观不同于人们对语境的传统认识,语境被视为一个心理结构体,由一系列假设构成,话语理解时所进行的推理就是在语境假设与新信息之间进行的,语境假设的选择受关联原则的支配。

关联理论还具有以下几个方面的重要意义:(1)从语言哲学、认知心理学、交际学等多学科的角度对语言交际作出解释,这无疑是一种有益的尝试。它为我们从事学科研究提供了方法上的指导;同时,将认知与语用研究结合起来,这是探讨自然语言交际的一种必然、一种归属,因此,Sperber 与 Wilson 的研究又为我们提供了方向性的引导。语用学何处去?关联理论为我们提供了重要的启示。(2)Sperber 和 Wilson 将语用研究的重点从话语生成转移到话语理解,并指出语言交际是一个认知—推理的互明过程,话语理解就是一种认知活动。总之,从认知科学的角度探究语言交际无疑是一种开创性的尝试,关联理论不仅是对 Grice 理论的修正和补充,它更重大的意义在于丰富了语用学理论,为语用学的发展作出了令人瞩目的贡献。(3)把"关联"这一概念从语言符号学转移到认知心理范畴,为关联理论的研究开辟了更广阔的领域和提出了更合理的方法论。关联理论主要对交际中的自然语言进行认知心理的研究,因此,它向符号学提出了挑战,将语言解码与推理融为一体,去揭示语言交际,尤其是自然语言理解的一般规律。

然而,关联理论也有其自身的不足与不成熟的地方。根据关联理论,关联信息是从话语本身、听话人的认知语境、推理过程中提取的,然而,Sperber 和 Wilson 却没能涉及以下问题,如听话人是如何扩充自己的假设图式(assumption schemas),即对话语作出某种可能解释的机制是什么?对任何一个新信息,人们都可能产生不同的语境假设,因为在处理新信息时,人们的大脑并非空空如也,总会带着某些已知初始假设,说话人的话语就会使听话人的这些假设朝着不同的方向扩充,并需要从构成这些认知语境的一系列假设中去进行恰当的筛选。然而,各种假设是如何产生的?它们出现的顺序是如何确定的?或者说,为什么听话人对话语会首先产生某种理解而不是别的解释,而这种理解往往就是最具关联性的、自然的?关联理论未对这些问题进行深入的透视。然而,这些并非是关联理论特有的弱点,恐怕整个认知心理学都未能对这类问题作出圆满的解释。因此,关联理论也必然带有认知心理学的某些弱点与不足。

Sperber 和 Wilson 将话语的关联性看作一种必然,话语理解的结果由认知主体在具体交际过程中根据语境变项选择、确定的。然而,关联理论并没有对这一结果的必然性与或然性问题作出清楚的解释,给人们的进一步研究留下了悬念。关联理论中的"关联"是一个相对的、有程度之分的概念,它取决于话语所获得的语境效果的大小与处理该话语所付出的努力程度,在同等条件下,语境效果越大,关联性就越强;处理时所付出的努力越小,关联性也越强。因此,语境效果与处理努力是制约关联性的两个正反因素。可是,关联理论似乎又告诉我们,听话人要获取话语所产生的语境效果决定他需付出多大程度的努力,而语境效果反过来又由努力的程度决定。这样,决定话语关联性的语境效果与处理努力就陷入了难以自救的矛盾循环之中,二者究竟哪一个决定哪一个显得有些模糊。此外,在 Sperber 与 Wilson 的解释中,"关联"这一概念如果不与某一特定意义的话语目的或目标联系起来,就显得很抽象,难以让读者实实在在地把握。

Sperber 和 Wilson 在对交际进行概括、论述时,旨在从宏观上建立话语理解的认知理论框架,为认知科学提供基础。由于出发点不同,关联理论就难免在有的方面论述不够深刻,比较笼统、模糊。它不像 Grice (1975,1981)、Horn(1988)、Atlas & Levinson(1981)以及 Levinson (1991)等所提出的语用解释理论那样从微观上对语言交际进行探寻,包括具体的原则、规则,甚至提出按部就班的推理程序或步骤;而认为话语处理时人们只需根据关联的交际原则与认知原则,以关联为取向,同时可以发挥认知主体的能动性。

此外,由于 Sperber 与 Wilson 以人类认知为出发点,强调认知语境的作用,并指出关联假设是明示—推理交际的基本特征,关联原则是不可能违背的;而 Grice 的会话理论强调交际的规约性或常规性(social norms or conventions),交际中的合作原则及其准则是可能违背的。可是,在 Sperber 与 Wilson 试图替代 Grice 会话含意理论的同时,他们却忽略了交际的社会规约性或常规性,忽略了社会文化语境的作用,比如,礼貌问题就不能根据关联原则对此进行解释。在本质上,礼貌是一个社交问题而不是认知问题。语言运用的目的除了传递各种信息之外,说话人还需通过使用语言来维持或改变一定的社交关系、权力关系等,正因为这样,Leech(1983)提出了礼貌原则(Politeness Principle)。但关联理论自始至终未涉及类似的社交语用问题。不少学者为此已有微词(如Goatly,1994)。

六、结 束 语

任何一种新东西的出现,总会有人欢呼,有人反对,Sperber 和Wilson 提出的关联理论也不例外。但我们认为,任何一种理论的学术价值不在于它是否具有完备性或人人都去遵循它、利用它,而在于它是否引发了令人深思的问题并激发人们从新的视角对这些问题进行探讨。为此,作为认知语用学的一种理论基础,关联理论的目的达到了。

根据笔者所获取的最新语用学资料以及国际互联网上的有关研究显示,目前人们对关联理论的争论与评说仍在继续。正如 Wilson 和 Smith 在语言学杂志 Lingua(1993)的第二本关联理论专集的前言中所写道,"关联理论仍处在发展的初始阶段",但关于这方面的大量论文,"说明了该理论的广度,它所具有的潜在的解释力,以及它未来的大好前景"。它至今仍是一个相当新的理论框架。

关联理论被证实是十分强有力的,它能解释大量有关语言理解和语言认知的问题,是认知语用学的理论基础。此外,它对认知科学、语言学、语言哲学等领域的影响都在不断增强。但是,它也像其他的科学理论一样,有其自身的弱点,但这些弱点只能看作是需要改进的起点,或者最终成为新的理论的基础。十多年前,关联理论取代了 Grice 的合作原则,这是因为关联理论除了能够解释 Grice 理论能够解释的现象之外,还能解释该理论不能解释的现象。不过,语用学在不断发展,也许终有一天关联理论会被其他更具解释力的理论所取代。尽管如此,关联理论从认知科学的角度对语言交际进行的研究无疑是一种有益的尝试,由此而引发的一系列问题值得人们进行深入探讨。

参考文献:

Atlas, J. D. & S. Levinson. 1981. It-clefts, Informativeness and Logical Form: Radical Pragmatics. In P. Cole (ed.) *Radical Pragmatics*. New York: Academic Press.

Berg, Jonathan. 1991. The Relevant Relevance. *Journal of Pragmatics*. 16. 411 – 425.

Blakemore, D. 1987. *Semantic Constraints on Relevance*. Oxford: Blackwell.

Blakemore, D. 1988. The Organization of Discourse. In F. J. Newmeyer (ed.) *Linguistics: The Cambridge Survey*, Vol. IV. Cambridge: CUP. 229 – 250.

Blakemore, D. 1992. *Understanding Utterances: An Introduction to Pragmatics*. Oxford: Blackwell.

Blakemore, D. 1994. Echo Question: A Pragmatic Account. *Lingua*. 94. 197 – 211.

Blass, R. 1986. Cohesion, Coherence and Relevance. *Notes on Linguistics*. 34. 41 – 64.

Blass, R. 1990. *Relevance Relations in Discourse: A Study with Special Reference to Sissala*. Cambridge: CUP.

Brown, G., et al. (eds.). 1994. "Relevance and Understanding", *Language and Understanding*. Oxford: Oxford University Press. 37 – 57.

Brown, G. & G. Yule. 1983. *Discourse Analysis*. Cambridge: Cambridge University Press.

Carston, R. 1988. Implicature, Explicature and Truth-theoretic Semantics. In R. Kempson. (ed.) *Mental Representations*. Cambridge: CUP. 155 – 181.

Davis, S. 1991. *Pragmatics: A Reader*. Oxford: Oxford University Press.

Garman, M. 1990. *Psycholinguistics*. Cambridge: CUP.

Giora, Rachel. 1997. Discourse Coherence and Theory of Relevance: Stumbling Blocks in Search of a Unified Theory. *Journal of Pragmatics*. 27. 17 – 34.

Giora, Rachel. 1998. Discourse Coherence Is an Independent Notion: A Reply to Deirdre Wilson. *Journal of Pragmatics*. 29. 75 – 86.

Goatly, Andrew. 1997. *The Language of Metaphors*. London: Routledge.

Grice, H. P. 1975. Logic and Conversation. In S. Davis. 305 – 315.

Grice, H. P. 1981. Presupposition and Conversational Implicature. In P. Cole & J. Morgan (eds.) *Syntax and Semantics 3: Speech Acts*. 183 – 198.

Grundy, P. 1995. *Doing Pragmatics*. London: Edward Arnold.

Higashimori, I & D. Wilson. 1996. Questions on Relevance. *UCL Working Papers in Linguistics*. 8.

Horn, L. 1988. Pragmatic Theory. In F. Newmeyer. (ed.) *Linguistics: The Cambridge Survey*, Vol. I. Cambridge: Cambridge University Press.

Ifantidou, E. 1993. Sentential Adverbs and Relevance. *Lingua*. 90. 65 – 90.

Jucker, A. 1997. Review of 'Relevance: Communication and Cognition' (2nd edition). *Journal of Pragmatics*. 27. 112 – 119.

Kasher, A. 1994. Modular Speech-Act Theory: Programme and Results. In *Foundations of Speech Act Theory: Philosophical and Linguistic Perspectives*. London: Routledge.

LaPolla, Randy J. 1996. Grammaticalization as the Fossilization of Constraints on Interpretation. *UCL Working Papers*. 8.

Leech, G. N. 1983. *Principles of Pragmatics*. London: Longman Group Limited.

Levinson, S. C. 1981. Pragmatic Reduction of the Binding Conditions. *Journal of Linguistics*. 27. 107 – 161.

Levinson, S. C. 1983. *Pragmatics*. Cambridge: CUP.

Levinson, S. C. 1989. A Review of Relevance. *Journal of Linguistics*. 2. Vol. 25. 455 – 472.

Papafragou, A. 1995. Metonymy and Relevance. *UCL Working Papers in Linguistics*. 7. 141 – 175.

Rouchota, V. 1994. On Indefinite Descriptions. *Journal of Linguistics*. 30. 441 – 475.

Sperber, D. & D. Wilson. 1986. *Relevance: Communication and Cognition*.

Oxford: Blackwell.

Sperber, D. & D. Wilson. 1995. *Relevance: Communication and Cognition*. Oxford: Blackwell.

Wilson, D. 1998. Discourse, Coherence and Relevance. *Journal of Pragmatics*. 29. 57 – 74.

Wilson, D. & D. Sperber. 1991. Pragmatics and Modularity. In S. Davis. 583 – 595.

Wilson, D. & D. Sperber. 1993. Linguistic Form and Relevance. *Lingua*. 90. 1 – 25.

Wilson, D. & N. Smith. 1993. Introductory Remarks. *Lingua*. 90. x.

Wilson, D. 1995. Is There a Maxim of Truthfulness? *UCL Working Papers in Linguistics*. 7. 197 – 212.

Wilson, D. 1996a. Truth and Relevance In Communication and Cognition. Paper Delivered at Keio International Conference on the Interface Between Grammar and Cognition.

Wilson, D. 1996b. Grammar, Pragmatics and Knowledge. Paper Delivered at Keio International Conference on the Interface Between Grammar and Cognition.

Ziv, Yael. 1988. On the Rationality of 'Relevance' and the Relevance of 'Rationality'. *Journal of Pragmatics*. 12. 535 – 545.

何自然,1995,Grice 语用学说与关联理论,《外语教学与研究》第 4 期。

何自然,1997,推理和关联,《外语教学》第 4 期。

刘绍忠,1997,关联理论的交际观,《现代外语》第 2 期。

曲卫国,1993,也评"关联理论",《外语教学与研究》第 2 期。

舒晓谷、冉永平,1997,话语理解中的关联与语用解释,《外语教学与研究论文集》,重庆:重庆大学出版社,93 – 104。

(原载《现代外语》1998 年第 3 期)

关联理论述评

张亚非

　　关联理论(Relevance Theory)是近期日渐引人关注的一种语用学理论。它主要研究信息交际的推理过程,尤其注重探索语言交际的话语解释原则。如这一理论的创建者 D. Sperber 和 D. Wilson 所说,它的目标是"确认植根于人类心理中的、能够解释人们彼此如何交际的一种内在机制"。作为一门阐释交际的语用学,关联理论得益于会话理论的先导者 Grice 对意义和会话的分析(1957;1975)。在 Grice 会话原则的基础上,关联理论又有创新,部分地修正了 Grice 的理论,渐成一家之言。本文是对关联理论基本原则和特点的述评。

一、关联理论的主要观点

1.1　推理:语言交际的核心

　　自索绪尔开创符号科学以来,符号理论不仅被用于解释语言交际,同时也被视为是研究所有交际形式的根本方法。符号学的观点认为,交际是通过一套编制和解译符号代码的规则所构成的符号系统来进行的。这就是长期在交际理论中占统治地位的信码说。在语用学领域里,信码说一度为话语解释所采用。的确,理解话语离不开一定的解码程序。例如句子的语音和语义的结合,即需依靠语法规则来解释。然而,如例(1.1)所示,理解话语并不是仅凭"解译"句子的语音和语义关系就能奏效的。

　　(1.1)　(1) She cannot bear children.

　　　　　　　(她不能生育/容忍孩子。)

　　　　　(2) A: Can Mary type?

　　　　　　　(玛莉会打字吗?)

B：She used to be an office secretary.

（她做过办公室秘书。）

（3）Time is money.

（时间即金钱。）

很显然,上例中的话语不能仅靠字面意义来理解。语用学的任务之一便是对类似话语中语义表达和实际要传递的思想之间的分离现象[如(1)中的歧义,(2)和(3)中的会话含义]作出解释。

在信码模式中,这种分离现象是靠解码过程来弥合的。从理论上讲,听者在接收到例(1.1)时,即运用相应的语法规则来解释歧义,复原会话含义,或区别直义和喻义。但遗憾的是,在语言的实际使用中,除十分有限的语句外,大多数语用现象是解码规则无法解释的。

信码模式不能说明例(1.1)的根本原因在于,话语的解释对语境有着很强的依赖性。语境的任何变化都可能对它产生影响。仅举例(1.1)中的(3)为例,这个隐喻句可能产生若干种会话含义：时间贵如金钱/时间易如金钱般流失/时间须分秒必争必惜/时间应运用得当而不致浪费/等等。但是要确定实际传递的是其中哪个喻义,则须在语义解释的基础上,另外求助于具体的语境信息。话语解释不确定性的存在,揭示了信码交际模式的固有缺陷。实际上,任何一套确定不变的解释规则,都无法在类似例(1.1)的话语和灵活多变的语境之间建立起正确联系。

与信码模式相反,关联理论师承Grice,主张建立交际的推理模式,即认为交际中语言表达和言者意图之间的分离不是靠符号规则,而是靠认知过程来弥合的。交际得以实现,正是交际者提供了有关自己意图的行为依据(如话语),以及接收者能根据这种行为推导出交际意图。

语言交际的特征证明,推理说较之信码说是更为切合实际的语用理论。

首先,推理模式的输入信息不再只是单一的语言表达,而分为两大类,即语言信息和非语言信息。前者经由语法处理。但语法只能将语音表达和与之相应的语义表达相结合。换言之,语法能提供话语解释的诸种可能性,却不能提供充分的条件,来保证对这些可能性的具体选择。例(1.1)中的句(1)含有歧义,它至少有下面(a)或(b)两种可能的解释：

（1.2）（a）She is unable to give birth to children.

（她不能生育孩子。）

　　(b) She cannot tolerate children.

　　（她不能容忍孩子。）

但是，似乎没有哪条语法规则能帮助听者确定言者实际意欲传递的是其中哪一种解释。此时，如果听者具备必要的语境知识，则有助于他在这两种意义之间作一选择。假设言者知道句(1)有歧义，但同时知道听者与自己共具与句(1)相关的某种语境知识（例如双方共知此句出现在讨论妇女不孕症的上下文中），根据语用原则，言者无须用语句作进一步说明，解歧的任务留待听者去完成。在听者一方，同一语用原则和共同语境知识将帮助他正确地选择(1.2a)而不是(1.2b)作为句(1)的解释。

　　其次，推理是按一定思维规律集语言和非语言知识于一体的过程。在长期的语言和思维实践中，这个过程已基本形成抽象的思维定势。关联理论认为，正是这一思维定势使复杂多变的语用现象有可能得到统一的解释。推理过程大致分为两步，即根据语言和非语言信息先建立必要的前提，尔后根据前提的逻辑关系推导出有关话语意图的结论。从例(1.1)中的句(2)B，我们可对这种推理的操作过程略见一斑。当此句与(1.3)所示的语境知识产生适当关联时，听者即可由此作出(1.4)中的逻辑推断。

　　(1.3) 办公室秘书的条件之一是会打字。

　　(1.4) 大前提：办公室秘书会打字

　　　　　小前提：玛莉做过办公室秘书

　　　　　结论：玛莉会打字

　　(1.4)中的结论即为推理得到的句(2B)潜在的会话含义。值得一提的是，仅凭语言表达(2B)或语境知识(1.3)都不能使(1.4)中的推理得以进行。话语理解中的推理必须是语言和非语言信息相互作用的结果。

　　再次，上述推理的结论具有一定的非确定性，因此有出现误解并被排斥的可能。关联理论称其为"解释中的风险成分"(Wilson & Sperber，1986b：25；Carston，1988：63)。话语本身和与之关联的语境知识最多能为推理提供线索和指南，但却不能像数理公式精确的推导一样，保证推理结果绝对正确无误。任何已推出的结论都有可能因某种变化而被排除，或为另一解释所取代。假设继(1.1)中的(2)B之后，言者又增加了话语

信息(1.5):

(1.5) But she got the job only for being able to take shorthand.

（但是她只是因为会速记才得到那份工作）

由于推理的输入信息产生了变化,听者的结论也会相应变化。这时,对句(2)B 的理解应为(1.6):

(1.6) (a) 办公室秘书会打字。

(b) 玛莉做过秘书,所以她会打字。

(c) 可是 A 又说玛莉只会速记。

(d) 所以玛莉做过秘书,但不会打字。

1.2　最佳关联原则

人类认知的基本事实之一,是人类只对那些具有足够关联性的现象给以关注、表达和处理。就语言交际而论,言者通过话语行为表示,他所提供的信息与听者有某种关联,即话语信息会与听者现有的关于世界的假设发生某种相互作用。

"关联"一词在关联理论中被定义为命题 P 和一个语境假设 $C_1 \cdots C_n$ 集合之间的关系。关联概念对话语理解过程的描述至关重要。在语言交际中,听者建立并处理与话语相关的某些假设,形成一个随时间变化的认知背景,并从中获得新的信息。话语理解牵涉两类信息的结合与运算,即由话语信号建立的新的假设和在此之前已被处理的假设。新旧信息结合的必要条件是它们应互相关联:新的话语必须以某种方式与听者已有的知识背景发生联系。言者说话时必须遵守关联原则,尽可能使话语与语境相关。听者则可以利用关联原则指导推理,从新旧信息提供的前提得出有关话语意图的结论。

话语是否具有关联性,可由它经推理获得的语境效果来判断。Wilson 和 Sperber(1986b：27 - 29)指出,新的信息和现有假设构成的语境之间有三种关联方式:(1) 使新的信息与语境相结合;(2) 用新的信息加强现有假设;(3) 使新的信息与现有假设互为矛盾或排斥。

关联性是一个相对的概念,其程度的强弱取决于两个因素之间的关系,即所获得的语境效果(contextual effect)和处理话语时所付出的努力(processing effort)。只有在两者间达到合理的平衡时,话语所提供的信息才被认为具有关联性。关联性的定义如下（Wilson & Sperber,1986b：30）：

（1）在同等条件下,语境效果越大,关联性越强。

（2）在同等条件下,处理努力越小,关联性越强。

尽管语境效果和处理努力从正负两个方向制约关联性,但使话语引起听者关注和处理的并不是最大关联性（即以最小的处理努力得到最大的认知效果）。为澄清这一可能的误解,关联理论提出了最佳关联性（即以最小的处理努力得到足够的认知效果）的概念（Carston,1988：60）。如果话语既能产生足够的语境效果,又只需为此付出最小的处理努力,那它就具有最佳关联性。由此一来,任何话语解释都必须符合下面这条关联原则：

任一推理交际行为必须保证其最佳关联性。

关联原则对推理交际过程中诸多的解释可能性具有选择功能。如前所述,对某一话语而言,不仅语法可为其提供若干解释（如对歧义句）,我们现有的关于世界的假设也可能引起与其有关的各种会话含义（如对隐喻句）。然而,面对错综复杂的话语解释现象,听者似乎并不感到为难,反而常常能迅速准确地对它们进行压缩和选择。听者正确理解话语的依据何在？关联理论认为,关联原则为这个问题提供了一个合理的答案。

1.3 关联原则与话语理解

关联理论的这条原则据称具有普遍意义,能适用于话语解释的诸多方面。我们仍以例（1.1）作例。在对句（1）解歧的过程中,听者采用关联原则,从若干可能的语义表达中,选择以经济手段获得足够语境效果的那一表达,作为对言者话语意图的解释。对句（2）潜在的会话含义,听者可以根据关联原则认为,言者的话语与当时的语境（即关于玛莉是否会打字这一话题）必有某种关联。听者有理由判断出,玛莉会（或不会）打字这一信息将具最佳关联性。根据现有假设,即玛莉做过秘书,而通常秘书会打字,听者可复原言者话语中所隐含的玛莉会打字这一会话含义。在解释句（3）时,听者期待言者的话语应具最佳关联性,而不至于使听者付出不必要的处理努力。根据这一原则,同时考虑到现有知识,听者有理由认为,句（3）不宜直接从字面理解。如果直义解释不符合关联原则,另一可能的解释是句（3）含有转义。由这一假设出发,听者从他的认知环境中调用相关的世界知识而得知,语言可以利用事物之间（如时间和金钱）的某种相关性,并以精练的形式表达它们特点上的联系。至此,听者可以作出如下推理:句(3)更易按转义理解,它隐喻时间和金钱之间具有某种相关性。

话语虽然可能引起多种解释,但它们具有的关联性却不尽相同。关联性的差异可以表现在其"显突性"和"确定性"方面。如果某一解释获得了足够的语境效果,从而不再需要额外的处理努力,同时又不存在言者期待听者调用的其他假设,则这一解释"显突"和相对"确定"。有时,言者的话语可能要求额外的处理努力(如使用间接表达),但只要他以最佳关联性为交际目标,就有理由认为,他之所以这样做,一定是为了驱使听者去寻求更多的语境效果,以此来补偿为处理这类话语所付出的代价。对处理努力和语境效果之间消长关系的判断便成为话语理解的关键所在。

以(1.7)为例,对该话语存在直义(a)和反语(b)两种解释:

(1.7) Bill is a fine friend.

    (a) Bill is a fine friend, indeed.

       (比尔确实是个好朋友)

    (b) Bill is not a fine friend at all.

       (比尔根本就不是个好朋友。)

在理解过程中,(a)与(b)孰取孰舍,则要看其中哪种解释能被证明与关联原则相符。

假设听者此时最易涉入的语境为(1.8):

(1.8) Bill has just turned down the speaker's request for help in his financial difficulty.

    (比尔拒绝了言者要求困难资助的请求。)

则(1.7b)较之(1.7a)具有更大的关联性,因而能产生足够的语境效果。换言之,只有(1.7b)才符合关联原则,其解释地位因得到加强而"显突";反之,(1.7a)不能以最小处理努力获得足够的语境效果,其解释因得不到确证而被排除。

二、关联理论对 Grice 理论的修正和补充

虽然关联理论的倡导者承认交际的推理模式首创于 Grice,但他们也

发现了它的不足。关联理论因此致力于修正 Grice 的推理说（Sperber & Wilson,1986：28－35；Wilson & Sperber,1986a：242－247）。对 Grice 理论的批评主要涉及两个方面。

第一是对意义如何定义的问题。Grice 提出意义即言者的交际意图。此后,这一最初颇为笼统的观点在另一语言哲学家 Strawson 那里得到如下具体阐释(Strawson,1964：28)：

为通过话语 x 表达意义,言者 S 必须意在：

(i) 使 S 的话语 x 在听者 A 一方产生某种反应 r。

(ii) 使 A 识别 S 的意图(i)。

(iii) 使 A 对 S 的意图(i)的识别至少起到 A 做出反映 r 的部分原因的作用。

这种对意义的定义无疑是说,当且仅当(i-iii)全部满足之时,话语才具有交际意义,关联理论认为这个定义使交际受到了过分限制。因为言者无须满足上述所有条件,也能够成功地传递意义。事实上,只有意图(ii)才是话语产生交际意义的充分条件：只要言者能满足该条件,便可以使听者理解其意。意图(i)和(iii)则不是交际意义的必要条件,较之(ii)而言仅居次要地位。

假设言者说出(2.1)时,其意在使听者相信所言之事：

(2.1) I had a terrible headache last night.

　　　(昨晚我头疼得很厉害。)

如果听者能识别言者的意图,但却不相信所言之事,那么除意图(ii)之外,另外两个条件(意图(i)和意图(ii))便未得到满足。然而,尽管言者未能使听者相信其所言之事,却没有理由认为他未能传递他话语意义。可见,识别意图即为理解意义。

为了解决意义的定义问题,Sperber 和 Wilson(1986)建议,只设意图(ii)为真正的交际意图。由于意图(ii)的实质是传递信息,因此它被重新定义为"信息意图"(informative intention)。话语理解即建立在听者对信息意图的识别之上。

为什么交际双方能够相互传递和理解彼此的意图呢？Grice 曾以"共有知识"这一概念对此进行解释。但他没有具体说明什么是共有知识。为使意图即意义的理论更为具体和富有解释力,关联理论提出了"互为显映"(mutual manifestness)的概念(Sperber & Wilson,1986：39)。人们能彼此交流信息,得益于他们所共处的物质世界和思维规律。但这并不意味着生活在同一世界中的人们享有毫无二致的世界知识。一方面,人们各自所处的直接环境有所不同;另一方面,人们拥有的认知能力也有差异。所以,虽然人们共同拥有同一物质世界,但各自所建立的"认知环境"(cognitive environment)却或多或少地呈现差异。认知环境在关联理论中被定义为心理上"可以显映(即感知和推理)的事实或假设的集合"。当两个人的认知环境中显映相同的事实或假设时,在他们之间便产生认知环境的重叠,或者说他们共享同一认知环境,应该引起重视的是,关联理论所说的"互为显映"不同于通常所说的"共有知识"。前者比之后者一来更为具体,二来更接近信息交际时的认知状况。交际双方的认知环境互为显映,是指他们具备靠相似的物质环境和认知能力所构成的交际基础。一个事实或假设对某人显映,是指它能为此人所感知和推理,以获得新的信息,丰富自己原有的认知环境。相比之下,"共有知识"的提法不仅显得过为笼统,而且与人们的交际心理不大相符。因为人们意在通过交际获得新的知识,其目的在于不断认识世界,而不在交流已是旧信息的"共有知识"。

关联理论对 Grice 理论批评的第二个方面是围绕对"交际原则"的解释展开的。Grice 的交际理论建立在合作原则及若干会话准则之上。其主要缺陷有二：(1) 它只论证了推理解释(特殊)会话含义的作用与过程,未能阐明推理是交际的普遍现象;(2) 会话准则带有较大的任意性,未能在此之上提出概括性更强的统一原则。

针对这类问题,关联理论对 Grice 理论做了某些修正。新建的交际原则具有概念明晰和统一的特点。关联理论认为,人类认知是为了获取有关世界的知识,吸收和处理信息,因而成为人类的终身使命。语言交际或许是人们获取信息的最为重要的认知途径。既然信息处理的核心过程是由已知信息推导出新的信息,那么整个语言交际(包括隐含意义和明晰意义)都应该是一个建立前提并由此推出结论的逻辑推理过程。由此可见,Grice 的推理模式及其交际原则不仅适用于会话含义等语用现象,而且应对所有语言交际贯穿始终。

为了更充分地阐述上述有关交际原则的观点,关联理论主张区分两类不同的交际,即"意图—推理交际"和"编码—解码交际",语言交际当属第一类交际。此前的交际理论大都过分依赖语言学分析,结果忽略了如下事实,即语言规则给定的语义表达只有在语境中具体化之后,才能有效地传递交际意图。在听者一方,这一具体化过程即对言者意图的推理过程。语法只能根据语言系统对话语作出描述,只有思维的推理机制才能根据话语的语言和语境特征对其进行解释。因此,语言交际绝非一机械的信号解码过程。或者说,语言交际始终需要推理参与,而 Grice 的合作原则只说明了推理在理解会话含义中的作用,未能推而广之,使之成为全部语言交际的普遍原则。

关联理论还试图对 Grice 的会话准则加以修正,以减少其任意性。尽管 Grice 的会话学说向致力语用学系统化和理论化的方向迈出了关键的一步,但它仍然显得比较零散。实际上,继 Grice 的会话四准则提出之后,又有人陆续提出了若干其他准则(如礼貌准则,Leech,1983)。如果任这种现象蔓延下去,则语用学可能失去必要的理论抽象,成为就事论事的任意规则。关联理论认为,迄今所提出的会话准则实际上都可以概括为一条原则,即"关联原则"。这一统一的原则据称"能够处理 Grice 准则致力于解释的全部语言材料"(Wilson & Sperber,1986a:247)。

与 Grice 的会话准则相比,关联原则更贴近语言交际模糊和灵活的特点。会话准则往往对交际者要求过高而脱离语言实际。例如,质的准则要求言者所言必须为真。但并非所有交际实例中,交际者都相互企盼能严格遵守这项准则。言者经常只采用近似而非等于真值的方法来表达某一事实,如例(2.2):

　　(2.2)(1) A:How long did the concert last?(音乐会持续了多长时间?)

　　　　(2) B:Two hours and a half.(两个半小时。)

　　　　(3) B:Two hours and thirty-five minutes.(两个小时零三十五分钟。)

根据质的准则,B 不应该用(2)作为回答,除非他相信音乐会确实持续了两个半小时。同理,如果他相信音乐会持续了两个小时零三十五分钟,那么他用(2)作答时便违反了质的准则。Grice 未能对这种常见的近似表达的会话含义给以注意和解释。然而,在许多情况下,言者喜欢使用非真的(2)而非保真的(3)来回答问题(1)。关联原则可为这种现象提供一个合理的解释。假设 B 试图使回答与问题(1)关联，同时整体性强的数字更易为大脑运算，所以句(2)仅需要比句(3)更小的处理代价即可获得足够的语境效果。这便是为何交际双方在类似(2.2)的情况下更多地使用和处理近似话语而非等值话语的心理原因。

关联理论与 Grice 理论的最大区别是它对直义交际的解释。Grice 的研究始于将直义(明晰)和非直义(隐含)交际加以区别。但在此之后他便集研究的焦点于后者之上，并没有给直义交际以讨论，似乎仍然认为直义交际可以顺理成章地由语言系统(语法)的规则来解释。这类语用学只处理话语因违反合作原则所产生的会话含义。与此不同，关联理论致力于包括隐含和明晰话语在内的整个推理交际的研究。其主要观点是：推理不仅存在于对隐含话语的理解过程中，同时也是解释直义话语必不可缺的环节。

三、关联理论的优点和不足

Grice 之后的语用学有两个悬而未决的问题。第一，转义句因语法或语义不连贯，违反了会话准则，结果触发了推理过程，使话语得到语用解释。但是，这是否意味着，直义句因没有违反会话准则，且语法或语义连贯，就无须经过推理便能得到解释呢？第二，Grice 提出的四个会话准则界限并不分明，所以常常显得过于宽泛，甚至在解释同一话语时，可能出现重叠(即用两个或更多的准则皆可)。因此，我们是否能够提出更简单，但理论概括性更强的解释原则呢？

关联理论较好地解决了上述问题。它试图以关联原则统一以往语用学中的诸多准则，这对加强语用理论的严谨性和系统性，克服其原有的笼统性和任意性，应该说是一种有益的尝试。最为可取的是，它在对话语理解与人类认知的关联进行认真研究的基础上，指出语言交际的实质在于推理思维。这就是说，无论是转义句，还是直义句，都要依赖人的认知，并以此为基础通过推理来理解。

但是，关联理论也有不完善之处，甚至招致了一些尖锐批评(Wilks, 1986)。我们认为，它有两个方面的缺陷。

第一，话语解释的结果，到底是必然的，还是或然的？在这个问题上，关联理论似乎出现了自相矛盾之处。Sperber 和 Wilson 曾多次强调,按照关联原则处理话语,必能获得某一唯一正确的解释。由此他们认为,话语解释是一种演绎推理过程。这表明他们倾向于必然性的解释。然而我们认为,这种观点恐难为语言实际所证实。语言自身的模糊性,言者和听者的认知局限,话语交际所牵涉的复杂而多变的心理因素等,都不可能使话语解释具有理想的精确度。它一般只能是一种尽可能接近话语意图的概率推理,其结果必不可免地带有不确定性。这类推理的结论正确与否,只能靠进一步的语言实践来检验。此外,语言交际也会出现无法理解,最终使话语处理受阻的情况。这些现象的存在说明,话语解释的结论带有极大的或然性,在建立解释原则时,我们应该以话语的不确定性为转移,尽力排除以必然性为特征的公理系统的干扰。事实上,关联理论也谈及了推理结论的不确定性(如例 1.5 所示)。但它终因囿于传统形式语法的框架,而陷于自相矛盾。

第二,关联理论的价值很大程度上在于它对认知主体在感知、处理、解释话语中的能动作用的重视。但与此同时,它又显露出将主体思维理想化、形式化和运算化的倾向。这突出地表现在,关联理论试图仅以语境效果和处理努力这两个变量的消长关系为转移,来解释复杂多变的语用现象。我们认为,这是一种将语用学简单化的倾向。对认知主体的重视,不等于说脱离具体的交际环境,单纯地靠变量的运算来解释话语的信息含义。认知主体因彼此之间的个体差异,是很难将其理想化的。只有充分考虑到这类差异(如不同的知识结构、信念结构、价值观念等),才能使解释原则更为实际和灵活地反映认知的结果(包括话语解释)。事实上,对认知主体的关心,原本不是形式主义和功能主义语言观的根本区别。乔姆斯基本人也说生成语法是心理学的一个分支。问题的关键是:我们是以唯理主义,还是以功能主义来看待认知主体的作用,继而解释它与话语处理中其他诸因素的关系? 关联理论在提出抽象原则的同时,忽略了事物共性与特性之间相互依赖、相互制约的关系,甚至采用了数值方法来判断话语解释的正误(Sperber & Wilson,1986:76),这无疑背离了人类语言交际的现实,并在此意义上重蹈形式主义的覆辙。

尽管如此,关联理论仍不失为一种独创的语用学理论,值得研究和借鉴。

参考文献：

Carston，R.1988. Language and Cognition. In F. J. Newmeyer（ed.）*Linguistics: the Cambridge Survey*. Cambridge：Cambridge University Press.

Grice，H. P. 1957. Meaning. Reprinted in P. F. Strawson （ed.） 1967. *Philosophical Logic*. London：Oxford University Press.

Grice，H. P. 1975. Logic and Conversation. In P. Cole & J. L. Morgan（eds.） *Syntax and Semantics 3: Speech Acts*. New York：Academic Press.

Leech，G. N. 1983. *Principles of Pragmatics*. London：London Group Limited.

Sperber，D. & D. Wilson. 1986. *Relevance: Communication and Cognition*. Cambridge，Mass.：Harvard University Press.

Strawson，P. F. 1964. Intention and Convention in Speech Acts. Reprinted in J. R. Searle （ed.） 1971. *The Philosophy of Language*. London：Oxford University Press.

Wilks，T. 1986. Beliefs and Inference. In T. Myers et al.（eds.）*Reasoning and Discourse Processes*. London：Academic Press.

Wilson，D. & D. Sperber. 1986a. Inference and Implicature in Utterance Interpretation. In T. Myers et al（eds.）*Reasoning and Discourse Processes*. London：Academic Press.

Wilson，D. & D. Sperber. 1986b. An Outline of Relevance Theory. In *Encontro de Linguistas: Actas*. University of Minho，Braga，Portugal. 19‑41.

（原载《外语教学与研究》1992 年第 3 期）

关联理论质疑

姜望琪

斯波伯(D. Sperber)、威尔逊(D. Wilson)从 1979 年开始在多种场合倡导他们的关联理论。其中最著名的是 1986 年的《关联性——交际与认知》。他们试图掀起一场范式变革,以关联原则取代格赖斯(H. P. Grice)的合作原则。这场变革有几分合理性? 这是本文要讨论的问题。

一、关联原则统括说

在他们的众多著述中,唯一正面论及用关联原则取代合作原则的是他们 1981 年合写的"论格赖斯会话理论"。他们当时把关联原则定义为"说话人已为实现最大关联性尽了最大努力"(Wilson & Sperber,1998/1981:361),认为该原则能统括(subsume)格赖斯的合作原则及其各准则。

他们认为格赖斯的数量准则非常含混,没有说明判断信息量充足与否的标准,而关联原则却做到了这一点。如果说话人隐瞒某种可能导致语用蕴涵的信息,那么他不仅违反了第一数量次则,而且违反了关联原则。如果他提供的信息不能产生语用蕴涵,那么他同样不仅违反了第二数量次则,而且违反了关联原则。格赖斯自己说过第二数量次则的作用可以由关联准则承担,威尔逊及斯波伯则进一步提出第一数量次则的作用也可以由他们的关联原则承担。

讲到质量准则时,他们指出听话人要确定一句话的关联性,必须根据前提进行有效推理,因而这些前提必须是真实的。另一方面,说话人要实现最大关联性,一般情况下,也必须讲真话,必须有足够的证据。因此,在大多数情况下,关联原则统括质量准则。但是,就例句(1)而言,关联原则的预测要比质量准则准确。

（1）I'm ill.

当病人对医生说这句话时,他并没有足够的证据。因此,格赖斯可能会说病人违反了质量准则。而在关联原则框架里,只要说话人是真诚的,那么这句话就必然有关联性。至于说话人是否有资格宣称自己有病,与这句话的蕴涵无关。

格赖斯的关联准则,他们感觉,明显隶属于他们的关联原则。

在方式次则中,他们认为"避免晦涩"和"要有序"这两条可以由关联原则派生出来。"避免歧义"和"要简短"这两条则完全没有必要,可以剔除。要确定一句话的关联性,听话人必须清楚这句话表达的命题。如果说话人用词晦涩,听话人就无法确定所表达的命题。因此,用词晦涩是违反关联原则的。同理,说话有歧义,也会使听话人无法确定所表达的命题。在这个意义上,也违反了关联原则。但他们认为,从本质上讲,"避免歧义"次则是一个误植(misplaced)。事实上,孤立地看,人们说的每一句话都是有歧义的。在这个意义上,这条次则是永远不会有人遵循的。

"要简短"次则,在他们看来,至少是表述有误。首先,格赖斯没有说明判断简短与否的标准。是按音节数、词数、词组数,还是按句法、语义复杂性? 其次,例(3)、(5)虽然比(2)、(4)句冗长,在某些情况下,却可能更合适。这就是说,虽然说话人违反了该次则,却没有会话含义。

（2）Peter is married to Madeleine.

（3）It is Peter who is married to Madeleine.

（4）Mary ate a peanut.

（5）Mary put a peanut into her mouth, chewed and swallowed it.

威尔逊及斯波伯认为,(2)跟(3),(4)跟(5)具有相同的逻辑蕴涵,但它们被赋予了不同的重要性。说话人通过改变语法形式,甚至不惜冗长,把听话人的注意力吸引到某些特定逻辑蕴涵上。如果这些蕴涵正是这句话的关联所在,那么说话人只是尽力向听话人表明应如何确定关联性而已。相反,如果像例(6)那样,其特殊形式不表明关联性,那么说话人就违反了关联原则,至于表达啰嗦只是个附带的问题。

（6）The baby is putting arsenic into his mouth, chewing and swallowing it!

他们觉得,"要有序"次则主要是为了说明 and 有 and then, and so 等含义而设立的。如例(7)跟(8)可能表达不同的含义。但语序不同,确定关联性所依据的初始设想(initial assumptions)就不同,因此关联原则能自动派生出比该次则更明确的要求。

(7) Jenny sang, and Maria played the piano.

(8) Maria played the piano, and Jenny sang.

最后,他们讲到了合作原则。尽管关联原则跟合作原则不矛盾,不承认会话的合作性的理论不是一种可信的理论,但他们认为,用合作性来解释会话的特点似乎理由不够充足。会话本质上是自我中心的(egotistic),某种程度上的合作是说话人不得不付出的代价。他们强调,跟格赖斯理论引导人们期待的相反,从会话行为的规律性中不能总结出任何明确的道义性、社会性原则。

他们 1986 的书对上述论证作了些补充。在第 233 页,他们声称"说话人[一般]被假定为旨在最佳关联性,而不是字面真理"。如果一个人每月挣 797.32 英镑,当一个多年不见的老朋友在喝咖啡时问起他的工资,他很可能回答"800 英镑"。

格赖斯认为交谈双方有"一个或一组共同目标,至少有一个双方接受的方向"(1975:45)。他们认为格赖斯所假定的这种合作程度太高。"一个真心的发话者(communicator)和一个自愿的受话者(audience)所必须共同拥有的唯一目标是成功实现交际:那就是,使受话者辨认出发话者的通报意图"(Sperber & Wilson 1986/1995:161)。"因此,实现最佳关联性比遵循格赖斯准则要容易"(同上:162)。不提供当前交谈所要求的信息,如故意隐瞒,照样可以实现最佳关联性。

二、关联原则的明确性

从上述介绍我们看到,斯波伯及威尔逊并不反对格赖斯的大多数准则,只是它们不如关联原则明确(explicit)。果真如此吗?

斯波伯及威尔逊的关联原则有许多不同的表述。上文提到了他们 1981 年时的一种表述。在 1986 年的书里,他们又将其表述为:"一个明示(ostension)行动包含一种关联性保证"(p. 50)。"每一个明示交际(ostensive communication)行动都传递一种假定:该行动本身具备最佳关联性"(p.158)。

其中关联性是最重要的概念。其定义最早的可以追溯到1979年史密斯及威尔逊合著的《现代语言学——乔姆斯基革命的成果》:"如果一句话P和另一句话Q,加上背景知识,能产生它们单独加上背景知识时所不能产生的新信息,那么P与Q就有关联"(p.177)。

在1986年的书里,斯波伯及威尔逊用一章的篇幅专门讨论这一概念。他们首先从语境角度界定关联性:"当,且仅当,一个设想在一种语境中具有语境效应时,它才在该语境中有关联"(1986/1995:122)。但他们提出,语境不是给定的(given),而是择定的(chosen)。不是先有语境,再根据语境去判断一种信息的关联性。相反,给定的是关联性。人们先假定正在处理的信息是有关联的(否则他们就不会费神去处理它),然后设法选择一种能够使其关联性最大化的语境(同上:142)。因此,他们转而从交际个体(individual)的角度来界定关联性:"当,且仅当,一个设想在某一时刻,在某人可及的一种或多种语境中具有关联性时,它才在当时跟该个体有关"(同上:144)。最后,他们从现象的角度来界定关联性。他们认为说话人不能直接向听话人提供信息。说话人所能做的只是通过声音渠道提供一种刺激信号(stimulus)。这种信号改变了听话人的认知环境,使某些事实变得显现(manifest)起来(同上:151)。这就是说,关联性不仅仅是设想的一种特征,而且也是现象(如话语之类的刺激信号)的特征。这时的关联性被定义为:"当,且仅当,某种现象所显现的一个或多个设想跟某人有关联,该现象才跟他有关联"(同上:152)。

但是,"估算关联性,就像估算生产率一样,要考虑投入与产出两个方面"(同上:125)。关联性不仅取决于所产生的效应,而且取决于所投入的精力。因此,他们又提出了包括产生的效应和投入的精力两方面的关联性定义。

斯波伯及威尔逊试图把"关联性"用作专门术语,只有一个含义,他们成功了吗?他们1986年的书(同上:120)在讨论话语的语境效应时,用了下列三句话。

(9) 5 May 1881 was a sunny day in Kabul.

(10) You are reading a book.

(11) You are fast asleep.

他们说此时此刻这三句话对他们书的读者都没有语境效应。第一句话是个新设想,但它跟语境中的其他信息没有任何联系。第二句话传递的设想是现有语境的一部分,没有新意。第三句话与已有语境抵触,但它很弱,不足以推翻原语境。不过,他们强调,缺乏语境效应的只是这三句话明确表达的设想。传递这些无关设想这个事实本身却是非常有关联的。因为他们要用这三句话说明什么是语境效应,这三句话用在这里跟说明这个问题有关联。这就是说,"关联性是可以通过表达无关设想实现的,只要这个表达行为本身是有关联的"(同上:121)。

显然,"关联性"在这里被赋予了两个含义:一句话本身的关联性,以及运用这句话时产生的关联性。如他们所表明的,这两种关联性有时是互相矛盾的。

跟这两种关联性有相通之处,但不完全一致的是,关联性还可以指一句话与话题之间的关系。吉欧拉(R. Giora,1997)把这种关联性称为话语衔接性(discourse coherence)。在关联理论里,衔接性被隶属于关联原则,是从后者派生出来的。吉欧拉不同意这种看法。她认为斯波伯及威尔逊的关联原则不足以解释话语的衔接性。斯波伯及威尔逊(1995/1986:125-7)说在语境(12)、(13)、(14)中,(15)比(16)关联性大。吉欧拉认为,既然语境是择定的,那么(16)也可以在特定语境中具有关联性,如语境(17)加上原语境。虽然跟(15)相比,处理(16)的投入要大一些,但相应地,它所产生的效应也比(15)大。因此,(16)在自己的语境中就像(15)在自己的语境中一样是有关联的。但是(16)中的两句话之间却缺乏衔接性。这就是说,符合关联原则的话语可以是缺乏衔接性的。

(12) People who are getting married should consult a doctor about possible hereditary risks to their children.

(13) Two people both of whom have thalassemia should be warned against having children.

(14) Susan has thalassemia.

(15) Bill, who has thalassemia, is getting married to Susan.

(16) Bill, who has thalassemia, is getting married to Susan, and 1976 was a great year for French wines.

(17) Our neighbor bought us a 1976 bottle of French wine.

同样,如果(18)被用于一篇与着火无关的演讲中间,它也是符合关联原则而缺乏衔接性的。(19b)如果不是 Susan 说的,也一样。

(18) Ladies and gentlemen, I have to tell you that the building's on fire.

(19) (a) What did Susan say?

(b) You have dropped your purse.

因此,我们不能笼统地说一句话是否有关联性,而要说明这是什么意义上的关联性。令人遗憾的是,斯波伯及威尔逊从来没有明确说过他们关联原则中的"关联性"到底是什么含义①。

斯波伯及威尔逊(同上:162)声称"发话者并不'遵循'关联原则;即使他们想要违反也违反不了。关联原则无一例外地适用于一切情形:每一个明示交际行动都传递一种关联性假定"。这时候,他们已经忘了1981 年时说过的可能既违反关联原则,又违反数量等准则的话了。虽然斯波伯及威尔逊没有意识到这个矛盾的存在,更谈不上提供解决此矛盾的办法,上文的论述却已经揭示了症结所在。那就是,他们实际上有两种关联原则,②对应于我们指出的两种关联性。一种关联原则涉及比较具体的、前言后语之间的关联性;另一种涉及比较一般的、一句话与其使用者目的,或总话题之间的关联性。

第一种关联原则里的关联性就是他们 1979 年时提出的最早的关联性。也是他们把例(9)、(10)、(11)说成没有语境效应时所用的关联性。应用这种关联性的关联原则显然是可以违反的。而且,只有这种关联性才是应该考虑产出和投入两方面的,尽管我们将指出,具体计算产出和投入之比是不可能的。

而第二种关联原则,即每句话都被假定具有关联性,则不然。它是不可违反的。人是理性动物。一般情况下,人们说话总是有目的的。即使某句话表面上与上下文无关,听话人会设法寻找其可能的关联性。

---

① 在 1987 年为他的詹姆斯演讲写的一篇跋中,格赖斯(1998 [1987]:180)明确表示了对斯波伯及威尔逊的不满。因为他们谈论关联性,而不说明关联性的特定方向。

② 这跟斯波伯及威尔逊后来承认的关于认知和交际的两条原则不是一回事。关于这一点,请看第四节。

退一步说，即使允许斯波伯及威尔逊的关联性有些模糊性，他们的理论仍是不可操作的。他们说关联性取决于投入的精力与产出的效应之间的比率。但精力和效应都是难以量化的。投入的精力与时间有关系，但并不绝对对应。效应就更复杂了。吉欧拉曾错误地认为在斯波伯及威尔逊的理论框架里，(18)不如跟该演讲有关的话关联性大。因为前者的语境效应比后者的少。威尔逊(1998：64)答复说"生死攸关的一个语境效应能产出一千个更多的效应"。但她没有涉及如何计算(19b)的效应。假设该钱包装有大量现金，或有信用卡等值钱物品。它的效应可能比Susan的话多。但是，如果该钱包没有值钱物品，而Susan的话又是关于股市投资的，晚一分钟就会影响几千、几万，甚至更多的收入。那么，它的效应就会比Susan的话少。然而，说话人是很难知道对方的钱包到底值多少钱的。在这个意义上，说话人是很难确定自己话语的关联性的。

既然关联性有两种解释，而且即使允许它有一定模糊性，也是不可确定的，关联原则又怎么能算是明确的呢？

三、关联原则还是合作原则？

威尔逊及斯波伯(1998/1981：363)认为格赖斯的关系准则显然隶属于他们的关联原则，但他们没有在任何场合对此作过较深入的阐述。他们认为这两者的关系是不言而喻的。其原因恐怕是，格赖斯的关系准则是他们最初的灵感之源。但是，我们如果再读读格赖斯的论述，就会发现这两者之间的区别也是显而易见的。

格赖斯在解释关系准则时说："虽然这个准则本身很简短，它却掩盖了许多令我惶悚不安的问题：有哪些不同种类、不同中心的关联性？这些种类和中心在谈话过程中是如何演变的？应该如何解释会话主题的合理变动？等等"(1975：46)。他认为真正违反关系准则的例子是罕见的。但如果在一个高雅的晚会上，A君与B君之间进行了如下的对话，那么，B君就是公然不顾该准则，使自己的话与A君的毫无瓜葛了(同上：54)。

(20) A：Mrs. X is an old bag.

B：The weather has been quite delightful this summer, hasn't it?

格赖斯在文章的开头曾以下例引进他的会话含义概念：

(21) A：How is C getting on in his job?

B：Oh quite well，I think；he likes his colleagues，and he hasn't been to prison yet.

在下文再次讲到该例时,他说 B 君关于 C 君还没进监狱的话很明显违反了"要有关联"这条准则。但是,如果 A 君能假定 B 君认为 C 君有不诚实的倾向,那么 B 君的缺乏关联性就只是表面上的,不是实际上的(同上：50)。

从这些论述中我们可以看出,格赖斯认为关联性是个很复杂的问题,可以有多种解释。他的关系准则主要涉及相邻两句话之间的关系。这一点在他论及其他有目的、理性行为时表述得更明确。他说根据关系准则,他会期待同伴做出符合即时需要的举动。如果他是在搅拌蛋糕原料,他不希望同伴给他一本好书,甚至是烤箱布,尽管这在后一阶段将是一个合适的举动(同上：47)。

伯格(J. Berg,1991：421－5)认为,格赖斯的关联性着眼于会话目标,有助于实现这一目标的话语才是有关联的。He hasn't been to prison yet 之所以表面上看是无关联的,就是因为通常情况下它无助于实现会话目标——了解 C 君的情况。C 君还有许多别的事没干过,如没离婚,没进医院,没去欧洲。一般情况下,这些都与会话目标没有直接关系。另一方面,(22B)之所以是有关联的,就是因为该信息有助于实现会话目标——解决缺油问题。

(22) A：I am out of petrol.

B：There is a garage around the corner.

伯格的解释有其合理之处。格赖斯多次强调会话双方具有共同的目标或方向,双方的话语是互相连结的。在讲到修车的例子时,他(1975：48)明确地说：

1. 参与者有一个共同的现时目的,比如把车修好;当然他们的最终目的可能是互相独立的,甚至是互相矛盾的——每人都可能想把车修好,自己一走了之,把对方撂在那边。一般的谈话都有一个共同的目的,即使这只是个次要目的,如邻居间的墙头闲聊。这就是说,每一方都要暂时认同于对方的临时会话兴趣。

2. 参与者的言论必须如卯眼对榫头,互相吻合。

3. 双方有一种默契(它可能是明确的,但常常是暗含的):在其他条件相同的情况下,交往应该以合适的方式继续下去。除非双方都同意终止,没有人能随意抬腿就走或转身去干别的。

但是,格赖斯似乎有一个细微的分工。他把比较具体的两句话之间的关系称作关联性,由关系准则负责。话语之间较一般的关系,特别是与会话目标之间的关系,称作合作性,由合作原则负责。例如,上述三条被称为"合作性交往的区别性特征"(features that jointly distinguish cooperative transactions)。他的合作原则被表述为——"使你的话语,在它所发生的阶段,符合你所参与的谈话[双方]接受的目标或方向"(同上:45)。

上一节提到,斯波伯及威尔逊实际上有两种关联原则。一种涉及具体的句间关系,另一种涉及语句与说话人目的的关系。现在,我们可以指出,这两种关联原则分别对应于格赖斯的关系准则与合作原则。

斯波伯及威尔逊的第一种关联原则跟格赖斯的关系准则有对应之处,这一点恐怕不会有异议。正是基于这种直觉,斯波伯及威尔逊才没有详细探讨两者的异同。但他们的第二种关联原则对应于格赖斯的合作原则,也是不难证明的。格赖斯(同上)在引进合作原则的那段文字的开头指出:"我们的谈话通常不是由一串不相关[着重号是后加的]的话语组成的,否则就会不合情理。它们常常是合作举动,至少在某种程度上;各方都在某种程度上承认其中有一个或一组共同目标,至少有一个双方接受的方向。"把双方的言论应该"如卯眼对榫头,互相吻合"等称为"合作性交往的区别性特征"也证明了这一点。在这个意义上,斯波伯及威尔逊只是换了个名词而已。

四、单一性神话的破灭

1995 年,在人们谈论有单独一条认知原则将取代合作原则十几年之后,忽然被告知,该原则既不是单一的,也不是认知的。斯波伯及威尔逊在《关联性》第二版后序中宣布,他们其实一共提出了两条关联原则。而且,被广泛引用、提到最佳关联性的那条原则是交际的,不是认知的。只有涉及最大关联性的才是真正的认知关联原则。它被明确表述为"人类认知倾向于追求关联最大化"(1986/1995：260)。什么是"最佳关联性"和"最大关联性"呢？

现在被称作交际的那条关联原则包含一个最佳关联性假定。斯波伯及威尔逊(同上：157-158)对此有下列解释：

> 发话者意欲传递一组设想。从听话者利益出发,这组设想当然应该是发话者可能得到的关联性最大的信息。但是,发话者与听话者的利益在这里并不需要重合。发话者可能想把手头关联性最大的信息留给自己;她可能有自己的理由,只传递关联性较小的信息。发话者不是只要传递任意的一组设想,而是某些特定的、她有自己理由想要传递的设想。但是,既然要吸引听话者的注意力,她就不能不表明这组设想有足够的关联性,能从中推导出此设想的那些刺激信号值得加以处理。因此,在效应方面,该假定是一个足够(adequacy)假定。

> 为了实现她的交际意图,发话者必须从一些能使她的特定意图向双方显现的不同的刺激信号中选择一个。我们假设她排除了需要她付出太多精力的刺激信号(如在可以用语言表示的时候画图),或她感觉不可接受的(如出于文化原因而不能使用的某些词语)。在大多数情况下,这仍然会给她留下一个很大的可选择余地。从听话者的利益出发,发话者应该在该范围内选择关联性最大的刺激信号,即需要最小处理精力的那个。发话者和听话者的利益在这里得到了重合。……因此,在精力方面,该假定不只是足够假定。

> 可以被假定存在的关联性程度考虑到了发话者和听话者两方面的利益。我们把这叫作最佳关联性程度。

然后,他们把每一个明示交际行动所传递的最佳关联性假定表述如下：[3]

"(a) 发话者意欲向听话者显现的一组设想具有足够的关联性,值得听话者花时间去处理其明示性刺激信号。

(b) 该明示性刺激信号是发话者可能用来传递该设想的关联性最大

---

[3]　该假定在1995年第二版中被修改如下：(a) 该明示性刺激信号具有足够的关联性,值得听话者花精力加以处理;(b) 该明示性刺激信号是发话者能力和意愿所允许的关联性最大的信号。

的信号。"

威尔逊(1998:59)进一步宣称:

> 在《关联性》及其他场合,我和斯波伯明确否认交际追求关联最大化。④ 人们不会总是期待发话者会像最大关联原则所说的那样,尽可能提供关联性最大的信息,或以只需最小精力的方式提供。就内容而言,说话人可能不掌握听话人感觉关联性最大的信息;她也可能不愿意提供,或一时想不起来。就形式而言,因为没有时间,没有能力,或某种文化因素,她不可能以最经济的方式表达自己的意思。更何况,说话人可以想到的关联性最大的语句仍可能没有足够的关联性,不值得听话人加以注意;为了解释为什么一般情况下听不到这种语句,我们需要给可预期的关联性定一个较低的限度。

而交际关联原则和最佳关联性假定就是这样一个较低的限度。

这些论述表明,最佳关联性假定第一部分的"足够关联性"是指一句话有足够的效应抵消听话人所投入的精力。第二部分的"最大关联性"是指在说话人可以并愿意提供的一些有足够关联性的语句中,该语句是处理时所需精力最小的。这就是说,"最大关联性"有两个含义。一个是无条件的产出效应最大、投入精力最小。另一个则被限制在说话人可能的范围内,又称"最佳关联性"。

但是,他们的这种区分并不是始终一贯的。在下文举例时,他们说,(23)一般情况下表示(24)。但英语的 cat 有歧义,也可以指称其他猫科动物,如老虎、狮子。因此,听话人可以假设说话人可能用(23)表示(25)或(26)。"这个信息很可能会比 George 有一只大猫这个事实关联性更大,从而证实关联性假定的第一部分。不过,第二部分会自然而然地被证伪"(1986/1995:168)。因为用(23)表示(25)、(26),增加了听话人处理信息时的负担,而没有相应地增加效应。

(23) George has a big cat.

(24) George had a big domestic cat.

(25) George has a tiger.

---

④ 这个说法不符合事实,除非威尔逊把 1981 年的"论格赖斯会话理论"排除在外。

(26) George has a lion.

在这里他们并没有考虑到说话人的能力或意愿。假设说话人是个孩子,还不知道猫和老虎、狮子的区别;或者他虽然是成人,却因为发不好 tiger 或 lion 中的某个音,想有意回避;或者他是个英语学习者,还不会说 tiger 或 lion,但凭母语经验知道它们同属猫科;在这些情况下,他是有可能用(23)表示(25)或(26)的。

斯波伯及威尔逊的区分虽然不是很清楚。但至少他们承认了关联原则有不同种类这个事实。这对于他们的理论是致命的。关联理论最诱人之处是其单一性,用一条原则解释所有的事实。现在如果承认关联原则是多解的,其诱人的魅力也就不复存在。更不用说把我们指出的两种关联原则考虑进去了。

参考文献:

Berg, J. 1991. The Relevant Relevance. *Journal of Pragmatics*. 16. 411 - 425.

Giora, R. 1997. Discourse Coherence and Theory of Relevance: Stumbling Blocks in Search of a Unified Theory. *Journal of Pragmatics*. 27. 17 - 34.

Grice, H. P. 1975. Logic and Conversation. In P. Cole & J. L. Morgan (eds.) *Syntax and Semantics 3: Speech Acts*. New York: Academic Press. 54 - 70.

Grice, H. P. 1987. Retrospective Epilogue (strand six). Reprinted in A. Kasher. (ed.) 1998. *Pragmatics: Critical Concepts*, Vol. 4. London: Routledge. 177 - 180.

Smith, N. & D. Wilson. 1979. *Modern Linguistics: The Results of Chomsky's Revolution*. Harmondsworth: Penguin.

Sperber, D. & D. Wilson. 1986/1995. Relevance: *Communication and Cognition*. Oxford: Blackwell.

Wilson, D. 1998. Discourse, Coherence and Relevance: A Reply to Rachel Giora. *Journal of Pragmatics*. 29. 57 - 74.

Wilson, D. & Sperber, D. 1981. On Grice's Theory of Conversation. Reprinted in A. Kasher (ed.) 1998. *Pragmatics: Critical Concepts*, Vol. 4. London: Routledge. 347 - 368.

(原载《外语研究》2001 年第 4 期)

再评关联理论

——从"后叙"看 Sperber 和 Wilson 对关联理论的修改

姜望琪

一、引　言

　　D. Sperber 和 D. Wilson 提出的关联理论是当代语用学的一个重要派别，自 1986 年在《关联性：交际与认知》（*Relevance*：*Communication and Cognition*；以下简称《关联性》）一书中正式提出以来，成了许多争论的焦点。1995 年，他们参照他人批评，从自己的思考出发，为该书第二版写了一个很长的"后叙"（postface），对其理论做了一些重大修改。这些修改有什么价值？能否解决该理论存在的问题？本文即探讨这些问题。

　　Sperber 和 Wilson 的"后叙"共三部分：第一部分为简短的引言；第二部分讲述 1986 年以来的新进展；第三部分是核心，详细阐述了他们的修改意见。本文主要评论第三部分：先介绍他们的修改，然后讨论这些修改的实质及存在的问题。

二、解　读

2.1　认知关联原则

　　Sperber 和 Wilson 在后叙中首先澄清原书的一个"误写"，虽然他们称之为他人的"误读"（misreading）。那就是，他们在 1986 年版中提到两条关联原则，而不是一条。且当年明确表述的那条关联原则是关于交际的，不是被广泛传说的所谓认知原则。

　　接着他们详细论证了认知关联原则，又称第一关联原则。他们的明确定义是："人类认知倾向于追求关联最大化"（Sperber & Wilson，1986/1995：260）。其中令人感兴趣的是关于该原则与真理性的关系。

他们历来反对格赖斯的质量准则，虽然他们不否认真理性是关联性的一个前提①。在"论格赖斯会话理论"（Wilson & Sperber，1981）一文中，他们用病人对医生说的"I'm ill"为例，说明关联原则的预测比质量准则准确。当病人说这句话时，他并没有足够证据断言自己病了。格赖斯可能会因此说病人违反了质量准则。但在关联原则框架里，只要说话人是真诚的，那么这句话就必然有关联性。至于说话人是否有资格宣称自己有病，与这句话的蕴涵②无关。1986 年，他们补充说"说话人［一般］被假定为旨在实现最佳关联性，而不是字面真理"（p. 233）。如果一个人每月挣 797. 32 英镑，当一个多年不见的老朋友在喝咖啡时问起其工资，他很可能回答"800 英镑"。

在"后叙"中，他们说，关联性定义不考虑真理性。因此，一个蕴涵许多假结论的假设想（assumption），或一个与假前提结合导致许多假结论的真设想，跟一个蕴涵许多真结论的真设想一样，也具有关联性。但是，关联性跟认知效率有关，认知效率又不能脱离真理性。有关联的信息是值得拥有的信息，假信息则一般不值得拥有，因为它降低认知效率。那么怎么把真理性包括到关联性中去呢？他们认为有两个办法：规定认知过程的输入必须是真的，或者规定认知过程的输出必须是真的。

第一种办法看起来比较简单，但它是有问题的。第一，不仅设想有关联性，现象，特别是明示性刺激信号（ostensive stimulus），也有关联性。

---

① 详情可见 Wilson 和 Sperber(1981)，姜望琪(2001b)对此作了介绍。

② Sperber 和 Wilson 区分蕴涵(implication)和会话含义(implicature)。根据 Smith 和 Wilson (1979：178 - 179)，前者比较泛，可以指一句话跟语境结合后推导出来的各种意义；后者则专指要额外增加前提，才能推导出来的比较间接的意义。Wilson 和 Sperber(1991 [1986]：383)说："一句话的会话含义是听话人为了证实说话人遵循了关联原则而必须找到的那些情景设想和蕴涵。"而根据"后叙"(Sperber & Wilson，1986/ 1995：274)，两者的区别似乎在于，后者是说话人有意传递的，前者不一定。他们还区分 imply 和 implicate，前者我们仍译为"蕴涵"，但后者译为"隐含"。

它们是认知过程的输入,但它们不会有真假。第二,结论的真假比前提的真假更重要。假设彼特是个嫉妒心很强的丈夫,他偶然听见玛丽在电话里跟对方说"明天在老地方见"。他猜测玛丽在跟一个男人说话,并推论她不再爱他。一方面,这里的前提,即玛丽在跟男人说话,可能是真的;但其结论,即玛丽不再爱他,却可能是假的。另一方面,前提可能是假的,即玛丽可能是在跟一个女人说话;结论却可能是真的,即玛丽是同性恋,她已不再爱彼特。这样,彼特在第一种情况下的猜测就只是看起来有关联,实际上没有;而第二种情况下的猜测才真正有关联。更一般地说,人们读小说,会从中受到启发联想到自己的生活。如果只有真实的输入才有关联,那么小说就应该是无关联的。

因此,他们认为应采用第二个办法,考虑输出。一个输入只有经过处理后能导致认知收获,能导致积极的认知效应,也就是其输出是有价值的,它才是有关联的。

根据这种认识,他们对有关的关联性定义做了修改。请看:

(1) 当且仅当一个设想在某一时刻,在某人可及的一种或多种语境中具有关联性时,它才在当时跟该个体有关联。(p.144)

(2) 当且仅当一个设想在某一时刻,在某人可及的一种或多种语境中具有积极认知效应时,它才在当时跟该个体有关联。(p.265)

(1)是原来相对于交际个体的关联性定义,(2)是修订后的定义。根据这一修订,认知关联原则可以表述为"人类认知倾向于追求积极认知效应的产生"(p.266)。人类认知倾向于以一种能使预期的认知效应最大化的方法,把其资源用于处理可及的输入。他们承认该原则是模糊、笼统的,但这不要紧,因为它所导致的后果,特别是第二关联原则,是明确而重要的。

2.2 最佳关联假定

第一版中明确表述的关联原则,现在称为第二关联原则、交际关联原则,但其内容基本没变,仍然是"每一个明示交际行动都传递一种假定:它本身具备最佳关联性"(p.158,p.260)。这里的"最佳关联假定"是个关键概念,他们对此进行了"实质性"修改。

最佳关联假定有两个条款。第一款是:"发话者③意欲向受话者显现的设想集{I}具有足够的关联性,值得受话者花时间去处理其明示性刺激信号"(p. 158)。这就是说,如果处理明示信号所需的精力是给定的,该明示信号的效应就会等于或大于所需的精力。反过来,如果效应是给定的,那么所需精力就会等于或小于所产生的效应,使该明示信号值得处理。他们认为既然效应和精力无原则性不对称,这一款就可更概括地简化为:"该明示性刺激信号具有足够的关联性,值得受话者花精力加以处理"(p. 267)。

他们用更多的篇幅讨论了最佳关联假定的第二款:"该明示性刺激信号是发话者可能用来传递该认识的关联性最大的信号"(p. 158)。他们认为现有条款是完全关于精力的,效应被看作为给定。其意思是,用以实现该效应的信号需受话者付出的精力最小。他们指出,这种最小精力假定,说得轻一点是太模糊,说得重一点是太强大。

由于各种原因,发话者所能用的信号不会在绝对意义上最大限度地减少受话者所需付出的精力。发话者要考虑自己所需付出的精力,要考虑礼仪、伦理因素,还要受自身能力的限制。一个人不可能提供比自己知识所允许的关联性更大的信息。因此他们把该条款改成了:"该明示性刺激信号是发话者能力和意愿所允许的关联性最大的信号"(p. 270)。也就是说,把原来的"可能"改成了"能力和意愿所允许"。他们很重视这一改动,在下文详尽讨论了它所带来的影响。

2.3 第一解读

第一解读的英文是 the first interpretation。Sperber 和 Wilson 认为:"估算关联性,就像估算生产率一样,要考虑投入与产出两个方面"(p. 125)。关联性取决于产出的效应与投入精力之间的比率。效应相同,所需投入精力越小的设想,其关联性越大;所需精力相同,能产出效应越大的设想,其关联性越大。但在理解语言时,如果人们真的要比较几种不同解读各自所需的精力和产出的效应,以找到关联性最大的一个,那么投入

---

③ Sperber 和 Wilson 为了使自己的理论有更大的应用面,大多使用 communicator, addressee(audience),而不是 speaker,hearer。我们将前者译为"发话者"、"听话者",后者译为"说话人"、"受话人",以示区别。

的精力就一定会增大，有关设想的关联性则会相应地减小。因此，Sperber 和 Wilson 在第一版中建议读者/听众，把第一解读作为正确解读。"在某信号所有符合[最佳关联]假定的解读中，受话者首先想到的解读就是发话者意欲传递的解读"(pp.168–169)。

在"后叙"中，他们在修改了最佳关联假定后说，解读话语的合理途径仍然是采用第一解读，不同的是可预期的关联性提高了(p.272)。对此，他们用格赖斯的例子稍做修改后作了如下解释：

(3) Peter：Where does Gerard live?

　　Mary：Somewhere in the South of France.

(4) Mary does not know where in the South of France Gerard lives.

格赖斯认为 Mary 的回答有(4)这样的会话含义。Sperber 和 Wilson 则指出，如果双方都知道 Mary 坚决反对去看 Gerard，那么她的回答就不会有(4)这样的会话含义。她可能不知道 Gerard 的确切地址，也可能是知道而不愿意说。在后一种情况下，格赖斯派可能会说，Mary 至少是部分退出了(opt out)合作原则和第一数量准则。

假设双方都明白 Mary 知道 Gerard 的住处，那么她的回答就只会隐含(5)，而不是(4)。

(5) Mary is reluctant to say exactly where Gerard lives.

这样，格赖斯派就会有一个问题：会话含义只有遵守合作原则时才会产生，现在玛丽已退出了合作原则，她的话语怎么还会有会话含义？

他们觉得原来的最佳关联假定也会有同样的问题。假设"Gerard 住在法国南部"对 Peter 有足够关联，他就不会再解读下去，以得出(5)这样的含义。但是修改后的假定却可以解释(5)这个含义。那就是，既然双方都明白 Mary 有能力提供更确切的信息，那么她的含糊回答就说明她不愿意提供。而且这种蕴涵会增加其话语的关联性，因此就有了(5)这种会话含义(pp.274–275)。

他们的第二类例子涉及通常所谓的"等级含义"(scalar implicature)，如(6)隐含(7)或(8)：

(6) Some of our neighbours have pets.

(7) Not all of our neighbours have pets.

(8) The speaker doesn't know whether all her neighbours have pets.

但是,(9)和(10b)没有这种会话含义。

(9) Some of our neighbours certainly have pets; maybe they all do.

(10) (a) Peter: Do some of your neighbours have cats, dogs, goldfish, that sort of thing?

(b) Mary: Yes, some of our neighbours do have pets; in fact they all do.

格赖斯派的解释是,如果说话人知道所有的邻居都有宠物,而实际却说只有一部分有,那就违反了第一数量准则。因此,除了(9)和(10b)这种说话人明确取消有关会话含义的情况,(6)一般隐含(7)或(8)。Sperber 和 Wilson 认为,这里的问题是,到底提供多少信息才符合第一数量准则?不清楚。而且,人们不知道什么时候(6)隐含(7),什么时候隐含(8)(p.276)。

如果 Peter 和 Mary 的对话如下,Sperber 和 Wilson 认为格赖斯派的问题就更大了:

(11) (a) Peter: If you or some of your neighbours have pets, you shouldn't use this pesticide in your garden.④

(b) Mary: Thanks. We don't have pets, but some of our neighbours certainly do.

他们只能声称(11b)仍然有(7)或(8)的会话含义,或者听话人先推论出这些含义,然后再(不知道因为什么原因)取消它们。

修改前的最佳关联假定对上述情况还能应付。"Mary 的一部分邻居有宠物"这个设想有足够的关联性,听话人得到这个第一解读后,可以不再推理下去,不用关心是不是"Mary 的所有邻居都有宠物"。但对下列对话,它跟格赖斯派一样不能解释。

(12) (a) Peter: Do all, or at least some, of your neighbours have pets?

(b) Mary: Some of them do.

听话人会像理解(11b)时那样,停留在"Mary 的一部分邻居有宠物"这个设想上,不再接下去推论出"不是 Mary 的所有邻居都有宠物"。

修改后的最佳关联假定则不一样。Mary 的回答说明她不能够或者

———————

④ 不知什么原因,Sperber 和 Wilson 把这以后例句中的 Peter 换成了 Henry。

不愿意告诉 Peter：她所有的邻居都有宠物。这两个蕴涵都能增加其话语的关联性，因此就会被隐含，从而成为会话含义。Sperber 和 Wilson 还声称："Mary[(12b)]的回答是说话人故意选择一个信息量较小的命题的例子，尽管另有一个紧密相连、同样可及、信息量更大，且不需要她自己或听话人付出更多精力的命题"(p.278)。

三、讨　论

3.1　关联性与真理性

Sperber 和 Wilson 关于真理性的讨论有一个问题，那就是，他们对格赖斯的质量准则理解有误。质量准则有一条总则：设法说真话。两条细则是：不说自知虚假的话，不说缺乏足够证据的话(Grice,1975：46)。显然，格赖斯不是在谈论字面真理。他的意思是：不要故意说假话，以达到某种目的。由于设想的限制，或者其他原因，人们会说一些实际上违背客观真理的话。但只要不是故意骗人，就不在违反质量准则之列。因此，"I'm ill"和"800 英镑"这两个例子都不足以推翻质量准则。更何况 Sperber 和 Wilson 还要加上"说话人是真诚的"这个条件。什么是真诚？不就是不说自知虚假的话吗？

他们在"后叙"中的议论，问题就更大。他们说明示性刺激信号没有真假。这话初听很有道理。一个声音，一个字符，就其本身而言，怎么会有真假呢？他们忘了，当他们谈论刺激信号的关联性时，不是在谈论这些信号本身。否则这些信号怎么能跟原有设想结合，推导出新的设想？他们谈论的是这些信号所承载的意义。既然是意义，那就会有真假。

至于前提的真假重要，还是结论的真假重要，这是形式逻辑早就解决的问题。当然，会话逻辑不同于形式逻辑，它是概率性的。但 Sperber 和 Wilson 在下文(p.277)明确表示希望有一个能被机械应用的模式，而且他们的讨论并没有考虑到会话逻辑的概率性。一个女人跟丈夫以外的一个男人约会，只能证明她可能不爱自己的丈夫了，不能证明她一定不爱自己的丈夫了。Peter 的错误结论，来自他的错误推理。他错误地机械性地应用了一个概率性推理。因此，这不能证明前提的真假不重要。

他们关于小说的关联性的论证，也同样站不住。《战争与和平》给人以启迪，使人联想到自己的生活，这跟它所描述的具体事件的真假没有关系。给人以启迪的是它所揭示的人生哲理，只要读者认同这一点，该小说就是有关联的。故事的虚构性，不等于它所再现的思想的虚假性。因此，这同样不能证明前提的真假不重要。

综上所述，我们认为，Sperber 和 Wilson 试图把有关定义中的"关联性"换成"积极认知效应"，使关联性包括真理性，以回答这些定义是"模糊的"、"空洞的"、"同义重复"之类的责难，这种努力是不成功的。

3.2 最大关联性和最佳关联性

认知关联原则跟交际关联原则的区别在于前者是关于最大关联性的，后者是关于最佳关联性的。那么什么是最大关联性？什么是最佳关联性呢？

最大关联性比较简单，就是产出与投入之比最大：产出的效应最大，投入的精力最小。最佳关联性则涉及说话人的能力和意愿，即说话人能力和意愿允许范围内的最大关联性。Sperber 和 Wilson 很看重最佳关联假定中涉及这一点的有关改动，认为这是实质性的，它大大增强了该假定的预测能力(p.267)。

在第一版里，如"最佳关联假定"这一节的引语所表明的，他们在最佳关联假定的第二款中用了"可能"这个含糊的词。但在行文中，该条款的意思其实解释得很清楚。例如：

> (13) 发话者意欲传递一个设想集{I}。从受话者利益出发，{I}当然应该是发话者可能得到的关联性最大的信息。但是，发话者与受话者的利益在这里并不需要重合。发话者可能想把手头关联性最大的信息留给自己；她可能有自己的理由，只传递关联性较小的信息。发话者不是只要传递任意的一个设想集，而是某些特定的、她有理由想要传递的设想集{I}。但是，既然要吸引受话者的注意力，她就不能不表明{I}有足够的关联性，能从中推导出此{I}的那些刺激信号值得加以处理。因此，在效应方面，该假定是一个足够(adequacy)假定。

为了实现她的交际意图,发话者必须从一些能使她的特定意图向双方互相显现的不同的刺激信号中选择一个。我们假设她排除了需要她付出太多精力的刺激信号(如在可以用语言表示的时候画图),或她感觉不可接受的刺激信号(如出于文化原因而不能使用的某些词语)。在大多数情况下,这仍然会给她留下一个很大的可选择余地。从受话者的利益出发,发话者应该在该范围内选择关联性最大的刺激信号,即,需要最小处理精力的那个。发话者和受话者的利益在这里得到了重合。[……]因此,在精力方面,该假定不只是足够假定。

　　可以被假定存在的关联性程度考虑到了发话者和受话者两方面的利益。我们把这叫作最佳关联性程度。(pp. 157-158)

　这说明"后叙"中的改动可能不像他们声称的那么大。这种改动会不会导致他们所谓的对第一解读的影响,值得怀疑。

　Wilson(1998:59-60)的一段话更加重了我们的怀疑。她首先宣称:"在《关联性》一书及其他场合,我和 Sperber 明确否认交际追求关联最大化。"⑤然后,她几乎重复了(13),但是,她没有提到修改前后的最佳关联性假定在预期的关联性方面的差别,似乎两个版本在这方面没有区别,至少是不值得一提,用他们的行话说就是,"这一问题没有关联性"。

　在讨论例(3)时,Sperber 和 Wilson 说如果双方都知道 Mary 坚决反对去看 Gerard,修改前的假定就不能解释为什么会有(5)这样的会话含义,而修改后的就能。理由是,既然双方都明白 Mary 有能力提供更确切的信息,(3)就会蕴涵她不愿意提供该信息。可是,修改前的假定也提到了发话者的"可能",尽管有点含糊。而且,(13)所引的论述明确提到要考虑发话者的利益。为什么这就不能促使听话者寻找(5)这样的含义?关于例(12),我们也有同样的疑问。我们看不出修改前后的最佳关联假定在指导对这个句子的理解时,有他们所说的那样大的差别。

　他们还说(12b)跟(14)这样信息量更大的命题,对说话人和听话人的精力要求完全一样,这也令人费解。

---

⑤　这个说法不符合事实,除非她把 1981 年的"论格赖斯会话理论"排除在外。

(14) Mary：Some of them do，but not all.

我们记得他们在第一版中说过，下列(b)句比(a)句"更经济"，也就是更省力：

(15)(a) I earn ￡797.32 a month.

(b) I earn ￡800 a month.（p.233）

那么，Sperber 和 Wilson 为什么要夸大修改前后的最佳关联假定的差别呢？答案只能是："第一解读"并不总是正确的解读。既然第一解读是最省力的解读，也就是在效应固定的情况下关联性最大的解读，为什么它会不正确呢？于是，他们想到了其他的限制因素，特别是说话人的能力和意愿。但是，如(13)所示，这一点并不是全新的，第一版其实也提到了。

我们认为，问题的关键，是不能用关联性囊括交际活动中的一切要素，必须对它们加以细分。现在他们承认有两条关联原则，分别涉及最大关联性和最佳关联性。实际上，关联性至少还可以分成一般和具体的两种。前者是指一句话与总话题、与说话人意图之间的关联。这种关联性普遍存在。Sperber 和 Wilson 声称"发话者并不'遵循'关联原则；即使他们想要违反也违反不了"(p.162)。这里涉及的关联性就是一般的。另一种关联性是指一句话与其毗邻上下文之间的关联。涉及这种具体关联性的原则可以违反⑥。

3.3　新格赖斯原则与关联理论

Sperber 和 Wilson 在"后叙"中提到的格赖斯派关于等级含义的观点，主要是 L. Horn、S. Levinson 等人的观点。Horn(1984)根据齐波夫(G. Zipf)的省力原则提出了 Q 原则(主要源于第一数量准则)和 R 原则(主要源于关系准则)。Levinson(1987)在 Horn 的基础上提出了"数量原则"、"信息量原则"和"方式原则"。⑦　他们的这些原则不同于关联理论，比较贴近格赖斯原始理论，一般统称为新格赖斯原则。

这两派之间时常有不同意见的交锋。Levinson(1989)曾严厉抨击过

---

⑥　关于这两种关联性，我们在"关联理论质疑"(2001b)中有比较充分的阐述，这里不再重复。

⑦　姜望琪(2000)有关章节详细介绍了 Horn、Levinson 的理论，姜望琪(2001a)对 Levinson 三原则作了全文翻译。

《关联性》，Carston（1998）则对不同新格赖斯原则之间的区别提出了异议。在这里，我们只想就"后叙"中提到的问题谈点看法。

　　Sperber 和 Wilson 认为，新格赖斯原则没有说明到底提供多少信息才符合第一数量准则，而且，人们不知道什么时候（6）隐含（7），什么时候隐含（8）。其实，Levinson（1987）讲到了这两个问题。他的数量原则源于格赖斯的第一数量准则，由两部分组成。其中的说话人准则要求说话人提供最强的信息，听话人则可以据此推断：更强的陈述是假的，或者说话人不知道更强的陈述是否成立。这就是说，正像 Sperber 和 Wilson 所提到的那样，新格赖斯派的大多数人认为，一般情况下（6）隐含（7），除非有迹象表明这种隐含不存在。

　　至于说格赖斯派没法解释为什么（11b）没有（7）或（8）的含义，更是没有根据。Levinson（1983：116）讲到会话含义可以由语境取消，他的例子是，假如要得到某种补助的条件是至少要有三头牛，那么（16b）就不会有"他最多只有三头牛"的含义。

　　（16）（a）Has John really got the requisite number of cows?

　　　　（b）Oh sure, he's got three cows all right.

　　这跟 Sperber 和 Wilson 的（11）是完全一样的例子，其含义被取消的原因很清楚。他们关于什么是退出合作原则的理解，也不对。格赖斯在讲到这一问题时的例子如下：

　　（17）I cannot say more; my lips are sealed.（Grice，1975：49）
这就是说，公开声明不提供任何信息才是退出合作原则。不提供充分信息，只是违反第一数量准则。这从格赖斯关于推荐信的例子也可看出。格赖斯明确说，写信人不是要退出合作原则，"如果他不想合作，为什么要写信呢？"（同上：52）而且，双方都知道写信人有能力提供更充分的信息，因此，他的不充分信息只能说明他有会话含义要传递。

四、结　论

　　尽管认为单独一条认知原则可以取代合作原则及其各项准则的想法，被证明不够现实；要为关联理论做结论也正如 Sperber 和 Wilson 所说为时尚早。但为"后叙"写两点评议结论，却是适时的。

首先,我们认为,"后叙"的最大修改是明确提出了存在两条关联原则,虽然 Sperber 和 Wilson 声称这只是措辞性的,不是实质性的。其意义远远超出名称本身的变化,揭示了"关联性"这个名称所掩盖的多样性内涵⑧。上文已指出,"关联性"还可以有一般的、具体的等不同解释。这里我们要补充说明的是,仅就 Sperber 和 Wilson 估算关联性时提到的效应和精力而言,也还是分开来讲更合适,不宜把它们归为关联性的两个侧面⑨。复杂的问题要有复杂的答案,企图用一条原则解决所有问题是不现实的。

　　此外,"符合最佳关联假定的第一解读 = 正确的解读",这个公式有问题。否则,这么多人对《关联性》的第一解读——交际关联原则是关于最大关联性的——就是正确的解读了。为了解决这个问题,Sperber 和 Wilson 在"后叙"中突出了最佳关联假定中的"能力和意愿的限制"⑩。我们已经证明,这种限制第一版也提到了。他们的修改没有他们声称的那么大。现在,我们退一步说,即使我们承认这种限制的威力,这个公式还是不可操作的。因为这种"能力和意愿的限制"很难"互相显现"⑪。有时发话者连对自己都很难显现,何况还有受话者的"能力和意愿的限制"要考虑。从这个角度看,"后叙"并没有解决关联理论存在的问题,虽然 Sperber 和 Wilson 意识到了问题的存在。

参考文献:

Carston, R. 1998. Informativeness, Relevance and Scalar Implicature. In R. Carston & S. Uchida (eds.) *Relevance Theory: Applications and Implications*. Amsterdam: John Benjamins.

---

⑧　格赖斯早在他的詹姆斯讲座就指出:"虽然[关系准则]本身很简短,它却掩盖了许多令我惶悚不安的问题:有哪些不同种类、不同中心的关联性?这些种类和中心在谈话过程中是如何演变的?应该如何解释会话主题的合理变动?等等"(1975:46)。

⑨　实际上他们自己也看到,光精力问题就有说话人和听话人两个方面。这两者并不总是一致的。Horn 的两条原则在某种程度上就是把效应作为听话人省力原则,精力作为说话人省力原则。详情参看姜望琪(2000)有关章节的介绍。

⑩　他们是不是在暗示,上述误解源于他们当年的"能力和意愿的限制"?

⑪　英文是 mutually manifest,这是关联理论用来取代"相互知识"的一个重要概念。

Gazdar, G. 1979. *Pragmatics: Implicature, Presupposition and Logical Form*. New York: Academic Press.

Grice, H. P. 1975. Logic and Conversation. In P. Cole & J. L. Morgan (eds.) *Syntax and Semantics 3: Speech Acts*. New York: Academic Press.

Horn, L. 1984. Towards a New Taxonomy for Pragmatic Inference: Q-based and R-based Implicature. In D. Schiffrin (ed.) *Meaning, Form, and Use in Context: Linguistic Applications*. Washington, D. C.: Georgetown University Press.

Levinson, S. 1983. *Pragmatics*. Cambridge: Cambridge University Press.

Levinson, S. 1987. Pragmatics and the Grammar of Anaphora: A Parital Pragmatic Reduction of Binding and Control Phenomena. *Journal of Linguistics*. 23. 379 - 434.

Levinson, S. 1989. A Review of Relevance. *Journal of Linguistics*. 25. 455 - 472.

Smith, N. (ed.). 1982. *Mutual Knowledge*. New York: Academic Press.

Smith, N. & D. Wilson. 1979. *Modern Linguistics: The Results of Chomsky's Revolution*. Harmondsworth: Penguin.

Sperber, D. & D. Wilson. 1986/ 1995. *Relevance: Communication and Cognition*. Oxford: Blackwell.

Wilson, D. 1998. Discourse, Coherence and Relevance: A Reply to Rachel Giora. *Journal of Pragmatics*. 29. 57 - 74.

Wilson, D. & D. Sperber. 1981. On Grice's Theory of Conversation. In P. Werth (ed.) *Conversation and Discourse*. London: Croom Helm. (Reprinted in A. Kasher (ed.) 1998. *Pragmatics: Critical Concepts*, Vol. 4. London: Routledge.)

Wilson, D. & D. Sperber. 1998. Pragmatics and Time. In R. Carston & S. Uchida (eds.) *Relevance Theory: Applications and Implications*. 1 - 22. Amsterdam: John Benjamins.

姜望琪,2000,《语用学——理论及应用》(英文),北京：北京大学出版社。

姜望琪,2001a,也谈新格赖斯照应理论,《外语教学与研究》第 1 期。

姜望琪,2001b,关联理论质疑,第八届当代语言学研讨会论文,《外语研究》第 4 期。

（原载《外语教学与研究》2002 年第 5 期）

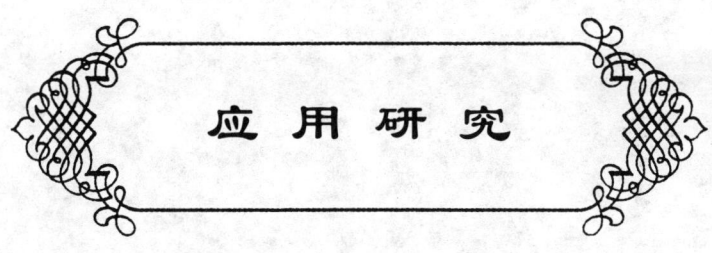

应 用 研 究

英语幽默言语的认知语用探究*

——兼论 RT 与 CB 的互补性

王文斌　　林　波

一、引　言

幽默言语是人类日常话语中经常出现的一种语言交际形式。它之所以备受青睐是出于人们在日常生活中对发笑的需要和喜爱。幽默言语能营造愉悦气氛，缓解紧张压力，润滑社会关系，嘲笑荒唐愚昧，或讽刺社会邪恶。无论何时何地，它都会在语言的交际过程中油然而生。试看(1)：

(1) A man went into a butcher's shop, and finding the owner's wife in attendance, in the absence of her husband, thought he would have a joke at her expense, and said, "Madam, can you supply me with a yard of pork?"

"Yes, sir," said she. And then turning to a boy, she added, "James, give that gentleman three pigs' feet!"

（程恩洪，1996：24）

在(1)中，男子说他想买"一码猪肉"(a yard of pork)，意在难为一下屠夫的妻子，跟她开个玩笑，但对方却反唇相讥，让小伙计给他拿"三个猪蹄"(three pigs' feet)。她的言语显然机智诙谐。"feet"是同音异义，至少有两个意思：1) 指"foot"(英尺)的复数形式；2) 指猪蹄。该女子的回答正是利用了"feet"的语义特征，对那男子的刁蛮给予了巧妙的回击。三英尺相当于一码，应答绝妙。然而，"three pigs' feet"又可指

＊　笔者在何兆熊教授讲授的"语用学"课及平时的讨论中得到了许多教益和启迪，在此深表谢忱。

"三个猪蹄",而这并非那位男子的本意。我们可以想象,在这种情况下,那个男子十分明白,他是搬起石头砸了自己的脚。此处的问题是,在该男子对那女人充满幽默嘲讽的答复作正确释义的过程中,是怎样的心理机制在起作用?我们认为,仅靠语用学中的推理和关联原则是不足以解释日常会话中幽默言语的正确解读的。在此,我们提出这样一种假设:对幽默言语的成功释义,不仅涉及到推理和关联,而且还涉及到概念整合理论(the Conceptual Blending Theory,以下简称为 CB)。

近些年来,对幽默言语的语用研究正方兴未艾。国内已有一批学者(如吕光旦,1988;叶文玉,1994;李兰萍,2002;徐庆利、王福祥,2002等)或以 Grice(1975)的合作原则(the Cooperative Principle,以下简称为 CP)为视点,或以 Sperber 和 Wilson(以下简称为 S/W)(1995)的关联理论(the Relevance Theory,以下简称为 RT)为指导,或就幽默在言语交际中的效果等方面,对此进行了探讨。在西方国家,也有一些学者(如 Norrick,1994;Zajdman,1995;Boxer & Cortes-Conde,1997)对幽默言语进行过语用分析。他们研究了幽默言语的策略、幽默言语行为的参与者角色、幽默言语的幽默度,及幽默言语所反映的社会特性,等等。上述研究在深化我们对日常会话中幽默言语的理解上均取得了可喜的成绩,但这些研究尚未全然揭示幽默言语效果得以实现的心理机制。

本文试以 RT 及 Fauconnier(1997)、Fauconnier 和 Turner(2002)提出的 CB 为视角来探讨英语幽默言语释义过程中的心理活动。需要提及的是,各种语言中都有幽默言语出现于语言交际,但本文仅聚焦于英语中的幽默言语。

二、RT 和 CB 的理论概要及其互补性

RT 是 S/W 在批评 Grice 的 CP 基础上发展起来的,因为 CP"对交际解释得过于糟糕","大都还停留于常识性观点的模糊状态"(S/W,1995:32、36)。况且,CP 对人类语言交流的诠释过于牵强附会。在 S/W看来,CP 的推理模型只能部分地解释言语交际行为(何兆熊,2001:

185)。他们认为,"语用学只需要一种原则,那就是关联"(May,2001:85)。关联原则的定义是:

每一个明示交际行为都应传递与其自身有着最佳关联的假设。(S/W,1995:158)RT 的基本原则就是在任何给定语境中,人们的言语是关联的。人们一旦进入到言语交际活动,总是想要将某种意图传递给某人。任何言谈或其他形式的交际,其终极目标就是成功的交际,而成功交际的基本前提就是言语需要具有关联性。所以说,关联性是言语交际的一种最基本的要求。"关联原则较之 Grice 的 CP 及其准则则要直观清晰得多"(S/W,1995:161),而它所带来的功能负担却相对要少(May,2001:85)。况且,较之 CP,RT 所涉及的言语交际的心理活动要少得多。

RT 的核心是对信息意图的互显假设。当受话人试图识别言语意图时,他就进入到一个明示—推理交际的过程。也就是说,言语交际涉及到明示和推理这两个过程。所谓明示,指的是在人类的语言交际过程中"使意欲将某事显映的意图显映"(S/W,1995:49)的行为。它仅跟发话人有关。从发话人角度来讲,交际应是一种将自己要传递某事的意图明朗化的行为。简言之,"互显"是指对发话人意图的相互理解。因此,言语交际的成败取决于交际意图互显的完成与否。而推理则在于受话人一方。当发话人给出其意图的证据时,受话人就对该证据进行推理。S/W(1995:23)指出:"交际的成功不在于受话人识别言语的语言意义,而是在于其从言语中推导出发话人的'意义'。"由此可见,推理在言语交际中也扮演着一个至关重要的角色。

然而,我们认为,RT 并非无懈可击。其所用的"明示"、"互显"及"推理"这些概念对人类言语交际过程的解释并不完整,在理论上也并无革命性的突破。明示,从本质上讲,没有超越关联的概念。在日常会话中,发话人在讲话时总是要考虑两件事:1) 他的言语必须是有意义的;2) 不管他讲什么,都需要让对方明白其意。也就是说,他必须"使意欲将某事显映的意图显映"。而这两点,正是关联概念的要旨之所在。互显,无非是指交际双方对发话人的意图的相互理解,因而与明示这一概念有着或多或少的重叠。人们参与言语的交际活动,不外乎是因为他们知道自己有某种信息要去传递或获取,否则他们就会失去继续进行言语交际的兴趣,会话就会因此而中断。至于推理,事实上,这个概念是从 Grice(1975)那里借用过来的,Grice 曾对发话人用言语所要表达的意图作过如下分析:

发话人用某种言语 x 表达某种非自然意义'大致等于'发话人 A 意欲该言语 x 在受话人那里通过对这种意图的识别而产生某种效果。(Grice,1957)对语言交际中的言语进行如此分析的主旨,就是言语的意义需要通过受话人识别发话人意图而获取。在此的关键问题是,受话人对发话人意图的识别离不开推理这一心理过程。有鉴于此,我们认为,言语交际中的意图识别和推理在很大程度上是同一回事。受话人惟有通过推理才能获取发话人意欲传递的信息。因此,推理在日常会话中也带有普遍性,此概念不属于 RT 的原创性概念。

毋庸置疑,关联和推理概念是日常会话中的两个基本要素,带有普遍性,它们在对幽默言语作心理解释时起到了重要作用。然而,单单是关联和推理并不足以解释人类言语交际中心理操作的全过程。受话人只有将发话人的言语与他从中得出的推理结论相结合才能达到对该言语的成功释义。RT 的局限性已经引起一些学者的注意。"RT 只提供了语用推理的总体原则……没有具体演示概念的映射和复合过程,仅停留于阐释抽象的语用推理原则和规律上,未能给出一套具体分析概念聚合的理论方法"(蒋勇、马玉蕾,2003:33)。而 CB 借用多个心理空间的概念的映射和合成来具体分析语用推理的心理认知过程,给 RT 的可形式化操作提供了理论互补。

日常生活中言语意义的构建是稍纵即逝的。人们往往不会留意到,那些会影响他们简单的言语行为的认知活动是何等的错综和微妙。Fauconnier(1997)以及 Fauconnier 和 Turner(2002)对意义的构建过程及心理空间之间映射过程中的心理机制进行了富有见地的分析。他们发现,当人思考、行动或交际时,意义的构建就会在域内和域际之间进行。他们认为,在这些概念空间的连结中有着类似的联系和推理迁移(inference transfer),所有的思维形式都是创造性的,这是因为它们会产生新的联系和构造,并由此产生新的意义和新的概念(Fauconnier,1997:149)。这就意味着,在言语交际中意义的构建存在着一个概念整合的过程。该过程涉及到跨空间映射,即来自两个或多个输入心理空间的结构被投射到一个新的空间,这就是空间的整合。几个空间一经结合,整合就可被用于朝任何一个方向的推理迁移。换言之,整合具有认知效果,因为它总是被联系到相关的输入空间,以便推理能来回迁移。"客观地说,整个组合活动原本是全新的,可由于大量来自熟知输入空间的投射而立即呈同一性和可及性"(Fauconnier,1997:172)。可见,概念整合是来自一个或多个域的框架(frame)被组合的心理过程,而框架指的是在概念整合中的一个场景或心理构建(mental construct)。概念整合取决于语言使用者从框架中获取信息、以框架为基础进行推理,并根据信息的输入而转变框架的能力。况且,"整合会衍生一个在输入空间中并不存在的新显结构(emergent structure)。首先,来自各输入空间的构素使得那些原本在孤立的输入空间中并不存在的关系,在整合空间中成为可能"(Fauconnier,2002:42)。在此,新显结构是指整合后出现的合成框架。

我们认为,CB 中的概念整合和新显结构等概念不仅适用于言语交际的解释,而且能帮助我们从认知层面对幽默言语的解读进行过程分析。CB 与同为认知语用学理论的 RT 既有共似之处又互为补充。RT 试图对语用推理提出一条普遍性的指导原则,即言语交际的前提是关联。无论明示抑或推理,都是交际各方以关联为指导原则的总体心理过程,而互显则是寻求最佳关联的心理过程。然而,这种对于言语交际的解释似乎过于笼统和简单,无法揭现交际方在语用推理中概念聚合和意义析出的具体心理操作过程。言语交际是一个意图和意义之间通过言语互为映射的过程,这个过程通常十分错综复杂。在幽默言语的交际中,这种情况尤其如此。幽默言语的特殊性在于其言语的表层下蕴涵着丰富的意义组合,在这些组合中既有发话人的真实意图和心理图式,又有言语内在的知识结构。应该说,这些意义组合的每个个体,都可以通过受话人的关联机制而分别获得,但幽默言语的效果却在于所有这些意义(显性和隐性)的整体概念整合。在(1)中,如果那个男子仅仅理解那女子的意思是在反讽他,却没有意识到对方言语中的"三英尺"刚好与他自己言语中的"一码"相对等,那他对这种针锋相对的反讽的幽默效果的感悟是不完整的,其幽默效果也就会大打折扣。而 CB,尤其是其概念整合和新显结构概念,却能对这种具体的概念聚合过程作出较强的解释。

言语交际是动态的,意义也是动态的,CB恰好能说明认知在言语交际中的复杂性和创新性,如同Fauconnier(1997:148-150)所强调的,所有的思维形式都是创造性的,这是因为它们会产生新的联系、构造及相应的新的意义和新的概念。CB的空间概念整合和新显结构等概念具有可形式化的操作性,能弥补RT由于对言语交际的阐释过于笼统化和理想化而造成的不足。

当然,辩证地说,CB的解释模式也存在着一些缺陷,如有学者认为,这种解释模式"仅具有局部的阐释力"(蒋勇、马玉蕾,2003:35);再者,值得探讨的是,CB对于心理空间的构建包括新显结构的生成,似乎缺乏一种有力的规律性的东西来作为其指导原则。关于这一点,我们认为RT恰好能弥补其不足。

基于以上分析,我们认为,只有将RT与CB两论有机地加以结合,才能为我们对幽默言语进行认知语用探究找到一种相对而言较为合适的理论模型。

三、幽默言语的心理阐释

本文引言中已提到,幽默言语是人类日常话语中经常出现的一种语言交际形式。我们要讨论的不是幽默言语的生成问题,而是其被解读过程中的有关心理机制。也就是说,我们将聚焦受话人方面在揣测幽默言语意义时的心理活动,这是因为我们认为任何幽默言语应该需要很好地被理解,否则,就无所谓幽默。如果幽默言语不能为受话人所领悟,那幽默就不成其为幽默。因此,受话人对幽默言语的成功解读对于幽默效果的产生起着不可或缺的作用。实际上,幽默言语解读过程中的有关心理机制隐匿于心理认知的内部,不易被充分昭示。尽管如此,许多研究人员还是不遗余力地探究了活动于人类大脑中的心理机制的奥秘。为揭示幽默言语被解读的认知过程,我们在此提出一种新的解释模型。这一模型将幽默言语、语境、关联、推理、概念整合和新显结构均结合在一起,其工作图如同一个灯笼,具体表现如下:

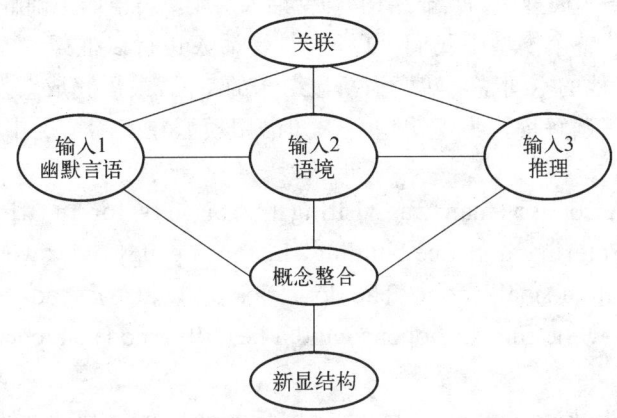

　　在这个模型中,我们认为关联是前提,因为在绝大多数情况下,幽默言语是关联的,即便发话人的言语在表面上不关联,那他也是有意设置的,这就是说,表面上的不关联其实是关联,因为发话人故意的不关联是有某种意图要传递。关联与语境是互为联系的。当我们说一个言语是关联的,也就是指它跟语境或情景有关联。我们日常会话中的所谓关联就是指语境关联。同时,关联又离不开受话人的推理。只有当受话人认为发话人的言语是关联的,他才会尽量去理解该言语。他去理解的努力应该有回报,否则,他的理解行为就毫无意义。勿容置疑,受话人的推理也是基于发话人的幽默言语及其语境,这就是幽默言语、语境和推理在我们这一认知语用模型中被表现为互为联系的原因。然而,仅有推理是不足以达到幽默的效果的,因为推理无非是幽默言语解读中的一个工作过程而已。过程毕竟是过程,其结果却尚未确定。惟有当受话人在大脑中建立起一个有不同框架构成的概念整合空间,他才可以最终获取新显结构(在此即指成功解读幽默言语的结果)。可见,受话人必须将发话人的幽默言语(输入1)和语境(输入2)与他自己的推理(输入3)有机地结合起来,才能获取对幽默言语的正确理解。在受话人的概念整合中,他总是尽量在这三个输入框架中汲取有用的信息,然后将业已整合的信息迁移到新显结构中去。概念整合实际上是一个受话人将他从各个不同框架中获取的所有信息进行确证的过程。他会尽量确定由输入框架1和2投射而来的推理框架的整合是否能导致一个令人满意的结论,而这个结论正是上述认知语用模型中的新显结构，即受话人对幽默言语的正确解读。

　　从上述整个模型中我们可以看到，受话人进行以框架为基础的推理，然后将他的空间整合转变为新显结构的空间，最后完成对发话人幽默言语的正确解读。为说明这一认知语用模型在实际情况中的运作，试看(2)：

(2) A country man was visiting the big city for the first time. Entering an office building, he saw a pudgy older woman step into a small room. The door closed, lights flashed, and after a while the door opened and a beautiful model stepped off the room.

　　Blinking in amazement, the country man said slowly, "I should have brought my wife here!"

(程恩洪, 1996：28)

在这个幽默故事中，乡下人所说的"I should have brought my wife here"这一句话，似乎与他所看见的(一个矮胖的老妇人、一个小房间、一扇门和一名漂亮的模特)没有关联，而事实上，他的话是完全关联的。他讲的是自己的感受，所以知道自己的话与语境相关。如果当时有一个受话人，那他肯定也理解乡下人的言语与语境相关。从他的言语和语境中不难推导出，他希望自己的妻子也能像那矮胖老妇一样走进那个小房间而出来成为一名漂亮的模特，然后受话人就可以整合发话人的言语、语境及自己的推理。正常地说，一个矮胖老妇不可能通过进出一个小房间便变为一名漂亮的模特，除非她是魔术师。所以，在概念整合之后，受话人就会将他的整合空间迁移到新显结构空间，从而得出结论：那乡下人把矮胖老妇与一名漂亮模特当成同一人是滑稽可笑的。显然，这则幽默是对那人的愚蠢的嘲讽。再看(3)：

(3) My boyfriend and I were riding in his car when he asked me to put on my seat belt. I smiled, touched by his concern for my safety. Then he added, "I don't want to get a ticket."

(程恩洪, 1996：28)

　　在(3)中，关联显然表现于男友的言语、语境及女友的推理之间的关系中。他们坐在同一辆车里，驾车者是男友，交通法规要求他们系上安全带,否则就会被罚款。因此,男友的话"I don't want to get a ticket"是完全与语境关联的。而女友的推理则是,这话固然不假,如果她不系安全带,那他就要被罚款,因为他是车主。问题是当她对他的言语、语境和她的推理进行概念整合时,她发现她的整合结论与她原先听话以后的感受(以为他关心她的安全)不相吻合,因为这里还有另外一个语境,我们姑且称之为子语境:当他要她系上安全带时,她起先以为这是对她安全的关心,她为之而感动。而当她的整合与她的这个概念相抵触的时候,便由此产生了新显结构:原来他担心的是潜在的罚款而不是她的安全。她也会同时意识到她很傻,显然是在自作多情。

我们再看(4)以说明概念整合是如何实现对幽默言语的解读的:

(4) The man bought a cigar in a department store and lit it while still in the store. A clerk told him to put it out because smoking wasn't allowed in the store.

"What do you mean?" he said. "You sell cigars but don't allow smoking."

"We also sell bath towels," said the girl sweetly.

(程恩洪,1996:62)

在(4)中,女孩的回答"We also sell bath towels"使幽默效果油然而生。粗一看,她的回答是不关联的,然而细想一下,我们便明白此话与男子的言语及语境都有紧密的联系。男子在店里抽烟的理由是:在售烟的地方人们应该得到抽烟的允许。而女孩反驳的理由则是:该店同时也卖浴巾。如果男子的话是对的话,那就意味着那些在该店买浴巾的人可以在那里洗浴,而这显然是荒谬的。因此,女孩的话与男子的言语及语境都是有关联的。关联也涉及到男子的推理。当他听到女孩的回答时,他知道她是对的,但她没有给他一个直接的回答。因而他就可以推导出:她有某种意图要传递。她的意图是:在店里买烟与在那里抽烟并没有逻辑上的联系。倘若两者有逻辑上的联系,那么那些买浴巾的人就可以在该店里洗浴了。当男子将女孩的言语、语境和他自己的推理进行概念整合时,便会得到这样一个新显结构:女孩是以间接的方式在反驳他。他必须承认她很智巧,并且认识到自己的思维和行事方式是很不明智的。

从(2)、(3)和(4)这三则幽默言语的解读中我们可以看出,RT中的"推理"和"关联"概念不足以解释幽默言语交际的全过程,这是因为幽默言语的解读还牵涉到概念整合和新显结构。由此可见,在对幽默言语的认知语用探究中,CB 对 RT 具有较强的补充性,更确切地说,两者具有互补性。

四、结　语

1）任何形式的幽默言语均受制于语境。它们只有在特定的语境中才能被理解。

2）RT 似乎过于关注发话人方面的明示与交际问题,而本文则更关注受话人方面的正确解读。如果受话人无法解读幽默言语,那任何幽默的言语都不会产生幽默的效果。

3）关联在日常会话中是前提,否则会话就会中断。在对幽默言语的解读中,推理只是心理解读的过程,而非受话人获取的结论。

4）只有通过受话人的跨概念空间映射,幽默言语才能得到正确的解读。跨概念空间的映射是指对发话人言语、语境和受话人推理的概念整合,借以确定其推理与发话人言语及语境是否吻合。幽默效果随正确结论的获得而产生。结论即新显结构,来自概念整合的实现。

5）RT 与 CB 在对幽默言语的解读中具有互补性。两者结合起来对幽默言语的交际具有更强的解释力。

6）本文所提出的认知语用模型或许可用于解释任何类型的日常会话,尽管本文的话题仅聚焦于英语的幽默言语。对此,我们希冀日后再作进一步的探讨。

参考文献:

Boxer, D. and F. Cortes-Conde. 1997. From Bonding to Biting: Conversational Joking and Identity Display. *Journal of Pragmatics*. 27. 275 - 294.

Fauconnier, G. 1997. *Mappings in Thought and Language*. Cambridge: Cambridge University Press.

Fauconnier, G. and M. Turner. 2002. *The Way We Think*. New York: Basic Books.

Grice，H. P. 1957. Meaning. *Philosophical Review*. 66. 377－388.

Grice，H. P. 1975. Logic and Conversation. In Cole，P&J. Morgan（eds.）*Syntax and Semantics*，*Vol. 3: Speech Acts*. New York：Academic Press. 41－58.

May，J. L. 2001. *Pragmatics: an Introduction*. Beijing：Foreign Language Teaching and Research Press.

Norrick，N. R. 1994. Involvement and Joking in Conversation. *Journal of Pragmatics*. 22. 409－430.

Sperber，D. and D. Wilson. 1995. *Relevance: Communication and Cognition*. Oxford：Blackwell Publishers Ltd.

Zajdman，A. 1995. Humorous Face-threatening Acts：Humor as Strategy. *Journal of Pragmatics*. 23. 325－339.

程恩洪，1996，《英语幽默集锦》，上海：上海外语教育出版社。

何兆熊，2001，《新编语用学教程》，上海：上海外语教育出版社。

蒋　勇、马玉蕾，2003，CB 与 RT 的整合性研究，《外语学刊》第 1 期。

李兰萍，2002，语用原则与英语幽默，《天津外国语学院学报》第 2 期。

吕光旦，1988，英语幽默的语用分析，《外国语》第 1 期。

徐庆利、王福祥，2002，关联理论对幽默言语及其翻译的诠释力，《外语教学》第 5 期，21－25。

叶文玉，1994，浅谈讥讽在口语中的幽默效果，《外国语》第 4 期。

（原载《外国语》2003 年第 4 期）

预设的认知研究*

王文博

一、引　言

　　预设是一个借自分析哲学的语言学概念，自 1970 年起一直是语言学界激烈争论的话题（Bussmann，2000：379）。其研究方向主要有语义和语用两种。前者从命题的真值条件出发研究预设，后者则主要研究预设在语言使用中的各种情况。近年来，随着认知科学的发展和认知语言学的兴起，Fillmore（1985）、Fauconnier（1985，1997）和 Lakoff（1987）运用认知语言学的理论框架对预设进行了研究，提出了新的观点。本文从这种新的理论框架出发，运用理想化认知模式（ICM）和图形—背景理论（Figure‐Ground Theory）来解释预设的成因和预设消失现象。

　　认知语言学以身体经验为基础研究人类的心智和认知，强调人的经验和认知能力在语言使用中的作用。该学说认为，在语言和现实之间存在着人的认知这一中间层，语言并不是客观世界的直接反映，它只能通过人的认知来间接反映客观现实。Lakoff（1987）提出了一种"理想化的认知模式"（Idealized Cognitive Model，简称 ICM）来研究认知在语言中的作用。ICM 是一种综合性的认知结构，或叫完形，涉及的是各种相关认知域里的背景知识，反映人们对某些领域中经验的、统一的、理想化的理解。所谓"理想化"，是指这种模式是不同程度抽象的结果，而认知域（cognitive domains）包括"反映在心智中的物理世界的各个领域，如时空领域，实体的物质属性领域等，还包括特定言语社会中人与环境互动的约定俗成的行为模式领域、人的心理状态、文化建制、社会制度等领域"（见

＊　本文在撰写过程中得到潘永梁教授的指导和帮助，特此致谢。

张敏,1998：61）。ICM 主要有两个功能：一是提供有关情景作为言语理解的背景；二是激活其他相关概念和知识（见赵艳芳,2001：75）。

二、预设的认知解释

预设的语义解释涉及命题的真值条件，认为"一个句子有一个预设 P，当且仅当 P 被否定时该句无法判断真假值"（见 Dinsmore,1981：336）；预设的语用解释指交际双方共有的知识或背景知识。而预设的认知解释认为，预设是语言使用者对某个或某些领域里经验的统一和理想化的理解，是由预设触发语（presupposition-triggers）的 ICM 激起的概念和知识所构成的一种认知环境，在交际中表现为交际双方互明的共同认知环境（shared cognitive environment）。如下例：

（1）a：玛丽真小气。

b：是啊，这是她的一个缺点。

从对"小气的"一词理想化的认知我们可以推断出，a 的认知环境的构成之一是他对人类行为和社会评价领域所持的一种态度，即"过分地少花钱是种不好的行为"。b 的回答反映出他赞同 a 的这种观点，这一态度也是其认知环境的组成部分。这种统一的理想化的认知构成了他们共同的认知环境，所以这种态度即是由"小气的"一词的 ICM 激起的预设，它确保了 a 和 b 谈话的顺利进行。

此外，对预设触发语的理想化的认知可以把一个句子分成两部分：陈述部分（asserted material 简称 A）和预设部分（presupposed material 简称 P）。认知语言学中的图形—背景理论可有效地解释它们之间的关系。图形（figure）和背景（ground）是认知语言学中的重要概念，最早来自完形心理学。图形指某一认知概念或感知中突显的部分，是注意的焦点；背景是为突显图形起衬托作用的部分。通过上述对预设形成的分析，我们知道，预设是语言使用者的一种认知环境，起着背景的作用。而陈述部分作为话语所要表达的主要意图是注意的焦点，它在共同认知环境的衬托下作为图形突显出来。在例（1）中，当"小气的"一词被用来描述一个人的特点时，所突显的是其陈述部分——"玛丽不爱花钱"——这一特点；而起衬托作用的是 ICM 激起的一种社会评价标准，即预设部分（P）"过分地少花钱是种不好的行为"。再看下面的例子：

（2）a：你哪天请我吃饭呢？

　　　b：2月30号吧。

对社会文化常识这一认知域的统一的理想化的认知激活这样一个命题——2月只有28天，这一命题构成了交际双方共同的认知环境，即预设部分（P）。在这一交际双方互明的认知环境中a去认知b的回答。很明显，b的回答因与该认知环境相矛盾而立刻引起了a的注意，它在"2月只有28天"这一命题背景下作为图形突显出来，使a意识到b是在有意违反质的原则说出自知是虚假的话，其目的就是间接拒绝a的请求。理想化的认知机制激活的命题作为预设部分（P）与b的回答（陈述部分A）形成图形—背景关系，并在这种关系的作用下使受话人正确理解了发话人的意图，是一种委婉的拒绝。

在交际中，图形一般是信息的主体和注意的焦点，而背景作为交谈得以顺利进行的基础有着不容置疑的地位。但有时背景在一些制约条件下会显得并非那么不容置疑，交际双方可能无法达成共同的认知环境，这时由预设触发语的ICM激起的潜在预设（potential presupposition）就会消失。下面从认知角度，运用理想化的认知模式（ICM）理论和图形—背景理论解释预设消失现象。

三、对预设消失现象的认知解释

对预设的传统研究认为，预设的特点之一就是其可撤销性。一句话中虽然存在叙实动词、状态变化动词、限定性或修饰性词语等标志预设存在的预设触发语，但由于语境中的某种语言或非语言因素的影响，原来的预设不复存在。这种传统看法较合理地解释了预设消失现象。在此基础上，预设的认知研究尝试从新的角度出发来探讨预设消失问题，提出了认知解释：对预设触发语的理想化的认知可激活相关的预设，但有时这种预设并不能应用于特定场景，这时ICM激活的潜在图形—背景关系可能会被打破，并导致潜在预设的最终消失。这些特定场景常指人们的百科知识，不同ICM之间的否定（cross-ICM negation）和一些连接词。这些特定因素被称作"预设阻塞语"。

3.1 百科知识充当预设阻塞语

图形—背景理论中经常用到的另一个术语是"后景"(background 或 setting)。后景即背景的背景,图形—背景—后景(figure - ground - background),突显程度依次降低,前者均以后者为基础,即在满足后者的基础上前者才会被突显。而一旦后者不能实现,前者便不能突显,图形—背景关系便不能建立,潜在预设也相应消失。请看下例:

(3) She flied to London before she finished her tour around China.
通过对单独一个预设触发语"before"的理想化的认知,这句话可以分解为:

陈述部分(A):She flied to London.

预设部分(P):She finished her tour around China.

但把百科知识作为后景,可以对此提出质疑,因为如果一个人在完成一个地方的旅行前离开了那里,那么他肯定没有完成在那个地方的旅行。因此,通过对单独一个预设触发语"before"的理想化的认知得出的"she finished her tour around China"这一潜在预设,不能在人们对百科知识的理想化的认知中得到满足,进而"before"的 ICM 被更基本的百科知识的 ICM 所撤销,不再适用于该句,其激活的潜在预设也相应被取消,于是图形—背景图式不能成立。在类似这样的例子中,百科知识的 ICM 充当着"预设阻塞语"的作用,即打破潜在的图形—背景图式和阻断潜在预设的实现。

3.2 不同 ICM 之间的否定

长期以来,人们通过"否定测试法"区分蕴涵与预蕴涵或者真实或者错误。但认知语言学对此提出了质疑,并将否定分为两种:(1) ICM 内的否定(within-ICM negation),即在同一 ICM 下的否定,保持原有的理想化的认知模式不变,否定句子的陈述部分;(2) 不同 ICM 之间的否定,保持句子的陈述部分,否定原有的理想化认知模式(Marmaridou,2000:143)。在第一种否定形式下,由于保持原有的 ICM 不变,被它激活的潜在预设就能构成交际双方共同的认知环境,进而成为交际中的预设。而在后一种否定形式下,尽管预设触发语的 ICM 也激活了一个潜在预设,但由于一定因素的作用,这一预设与否定词相连并进而突显出来,失去了作为背景的机会,打破了原有的图形—背景图式,因此这一潜在预设也就不能构成交际双方共同的认知环境,其预设的地位也随之消失。这样,当一句话被否定且缺乏足够的语境时,我们无法判断它属于何种形式的否定,其潜在预设就有可能实现也有可能消失,预设也就有了同蕴涵相同的地位。这就使我们对"否定测试法"的效度产生了怀疑。就像 Fillmore (1985:244)所说:"……人们对预设在否定测试中保持不变的直觉感知是在'正常的'或说'框架内'的否定层面进行的,但在非真值条件否定的情况下存在着明显的反例,我将它等同于框架间的否定。"这里的框架即指理想化的认知模式。这样,认知语言学家在处理预设与否定相互影响的问题时,不再简单地认为预设就是在否定情景中保持不变的部分,而是将否定分为两种,并结合句子中的其他因素来具体讨论预设的存在与消失现象。请看下面的例子(a 指着 Peter 对 b 说):

(4) a:Mary's husband bought her an expensive car.

    b:Oh no, it's not the case.

通过对 a 的话语和描述性词语(Mary's husband)的理想化认知,我们可以将"Mary's husband bought her an expensive car"这句话分解为:

预设部分(P):Peter is Mary's husband.

陈述部分(A):He bought her an expensive car.

蕴涵部分(E):Someone bought her an expensive car.

然而,这部分能否成为 a 和 b 交际中的真正预设,还要看这一潜在预设能否构成 a 和 b 双方互明的共同认知环境。b 所作回答中的 the case 即指 a 所说的"Mary's husband bought her an expensive car"。这样我们可以相应地将 b 的回答分解为:

$$\text{not} \begin{cases} \text{P: Peter is Mary's husband} \\ \text{A: He bought her an expensive car} \end{cases}$$

图 1(符号〔代表析取,即 not 只能与两个命题中的一个相连)

由于缺乏足够的语境,图 1 在例(5)中的实现有两种可能:(Ⅰ) P+～ (A);(Ⅱ) ～(P)+A。前一种为 ICM 内的否定,后一种为 ICM 间的否定。若采取 ICM 内的否定,即保持预设部分不变而否定陈述部分,我们可以得出 b 所作回答的真正意义是指"Peter didn't buy her an expensive car，even if he is her husband"。据此，我们可以将 a 和 b 的谈话用符号表示为 a：P + A；b：P + ～A；这表明，由预设触发语"Mary's husband"的 ICM 所激活的潜在预设被 a 和 b 同时认同，构成了他们共同的认知环境，上升为 a 与 b 交际事件中真正的预设，并同 a 和 b 话语的陈述部分"He bought/didn't buy her an expensive car"形成背景—图形关系。然而 Peter 没有为她买一辆名车，可能有另外一个人给她买了，也有可能谁都没给她买，所以原句的蕴涵部分即"Someone bought her an expensive car"可能是真，也可能是伪。这就体现了蕴涵和预设的差别。正是基于这种理解，传统看法认为预设的一个特性就是在否定环境中保持不变，并可以通过"否定测试法"与蕴涵区别开来。

若采用 ICM 间的否定，即保持陈述部分不变而否定预设部分，我们可以得出 b 所作回答的真正意义是指"Peter is not her husband，but nevertheless he bought her an expensive car"。用符号表示 a 和 b 的谈话为 a：P + A；b：～ P + A；这表明由预设触发语"Mary's husband"的 ICM 所激活的潜在预设是 a 认知环境的一部分，但这一预设立刻引起了 b 的注意，他不同意 a 的这一判断，于是在回答中将这一潜在预设与否定词相连。这就使得该预设成为注意的焦点而突显出来，将背景前移打破了原有的图形—背景关系，最终造成由预设触发语"Mary's husband"的 ICM 所激活的潜在预设无法构成 a 与 b 互明的共同认知环境，原预设消失。同时，既然 Peter 为她买了一辆名车，那么"某人为她买了辆名车"这一蕴涵当然成立。于是在这个否定环境中原有的预设被取消，而原先推导出的蕴涵依然成立。这样，a 和 b 的谈话由于缺乏足够的语境，就有了两种解释：

（5）a：Mary's husband bought her an expensive car.

　　b：Oh no，it's not the case. Peter didn't bring her an expensive car，even if he is her husband.

　　b'：Oh no，it's not the case. Peter is not her husband，but nevertheless he bought her an expensive car.

当 a 的话语被 b 否定时，原有的预设可真可伪，原有的蕴涵也同样可真可伪，于是对句子否定后也无法区别出其预设和蕴涵部分。再来看一个汉语例子：

（6）a：老李真是的，怎么能连小王去开会的机会都夺去呢！

b：哪儿呀，你搞错了。老李没有夺去小王去开会的机会。

按照上面所论述的，我们可以将 a 和 b 的话语分解为：

a：预设部分（P）：去开会是件好事

陈述部分（A）：小王没能去开会

涵部分（E）：有人没能去开会

b：没有 {预设部分（P）：去开会是件好事

陈述部分（A）：小王没能去开会

由于缺乏足够的语境，(6b)的实现有两种可能：（Ⅰ）同一 ICM 下的否定，P＋～（A）；我们可以得出 b 所作回答的真正意义是指"去开会是件好事，老李没有夺去小王去开会的机会，还是小王去开会了"。这时由预设触发语"夺去"的 ICM 所激活的潜在预设被 a 和 b 同时认同，上升为 a 与 b 交际事件中真正的预设，并同 a 和 b 话语的陈述部分"小王去/没能去开会"形成背景—图形关系。然而，虽然小王开会了，可能还有其他该去开会的人没去成，也可能该去开会的人都去了，所以原句的蕴涵部分即"有人没能去开会"，可能真，也可能伪。（Ⅱ）不同 ICM 之间的否定，～（P）＋A；那么 b 所作回答的真正意义是指"去开会不是件好事，老李没让小王去开会是为他好"。这表明，由预设触发语"夺去"的 ICM 所激活的潜在预设是 a 认知环境的一部分，却不被 b 认同，他在回答中将这一潜在预设与否定词相连，使得原预设因无法构成 a 与 b 互明的共同认知环境而被撤销。同时，既然小王没能去开会，那么"有人没能去开会"这一蕴涵当然成立。于是，在这个否定环境中，原有的预设被撤销而原先推导出的蕴涵依然成立。这样 a 和 b 的谈话由于缺乏足够的语境就有了两种解释：

（7）a：老李真是的，怎么能连小王去开会的机会都夺去呢！

b：哪儿呀，你搞错了。老李没有夺去小王去开会的机会，还是小王去了。

b'：哪儿呀，你搞错了。去开会不是件什么好事，老李没让小王去是为他好。

从以上例子中可以看出，当遇到否定环境下的预设问题时，不能简单地认为预设就是在否定环境下保持不变的部分,而应根据具体情况将否定形式分为 ICM 内的否定和 ICM 间的否定。另外,不能盲目地用"否定测试法"来判断一个命题是预设还是蕴涵;在否定环境中可能存在多种情况:在 ICM 内的否定中,原有预设依然成立而原有蕴涵可真可伪;在 ICM 间的否定中,原有预设不再存在,而原有蕴涵依然成立。当这两种否定形式都可能时,则预设和蕴涵都具有可真可伪的特性,无法再通过"否定测试法"加以区分。可见,认知语言学从认知机制出发深入探讨了否定与预设的关系,发展了预设理论。

3.3 连接词充当预设筛选语

一些连接词,如 *if*, *either … or* 等充当着预设筛选语(presupposition filter)的作用。这种预设筛选语有时阻塞原有预设触发语的 ICM 的运用,使得原先由它激活的预设无法构成(共同)认知环境,最终导致预设的消失;但有时,它又使原有预设触发语的 ICM 在语言中的运用成为可能,由它激活的潜在预设也顺利进入了更高一层的认知环境,最终成为真正的预设。下面看一个由 *either … or* 连接的句子:

(8) Either Mary will not abandon her career or she will regret doing so.

通过对预设触发语 regret 一词理想化的认知,"She will regret doing so"这句话可以分解为:

预设部分(P): Mary abandons her career

陈述部分(A): Mary has a kind of feeling of regretting

前半句即 *either* 引导的句子显然为预设部分(P)的否定形式。于是(6)可以用符号表示为:

either ～ P or (A & P)

either … or 是选择连词,所连接的两个句子是选择关系,即,这两个分句只能也必须有一个成立。所以存在两种情况:(1)第一个分句不成立而第二个分句成立,这样例(6)表达式的具体实现是～(～P) + (A & P)即 P & A & P,于是(6)可以理解为"Mary abandons her career and she regrets doing so"。这时,由 regret 一词激活的潜在预设在对 *either … or* 的理想化认知中依然成立,成为语言使用者认知环境的一部分,因而

上升为整个句子的预设,并与其陈述部分构成了背景—图形关系。(2)第一个分句成立而第二个分句不成立,这样例(6)表达式的具体实现是(～P)+～(A&P)。这时情况较复杂,因为～(A&P)部分涉及到上面提到的两种否定问题。若～(A&P)采取 ICM 内的否定,则其实现是～A+P,那么(6)可被表达为～P+～A+P。然而根据合并规则,一个命题与它的否定形式相连会产生矛盾,因而这种表达式在实际使用中是不可能实现的。可见,由于有了 either 和它所引导的句子的存在,例(6)不可能采取 ICM 内的否定。若～(A&P)采取 ICM 间的否定,则其实现是A+～P,那么(6)可被表达为～P+A+～P。这种存在方式是可行的,这样例(6)可以理解为"Mary won't regret abandoning her career and in fact she doesn't regret doing so"。这时由 regret 一词激活的潜在预设在对 either ... or 的理想化的认知中被否定,并被取消了其作为背景的条件,无法和陈述部分构成背景—图形关系,最终导致这个潜在预设的消失。再看一个汉语例子:

(9) 如果你的朋友搬了新家,他肯定会通知你的。

通过对预设触发语"通知"一词理想化的认知"他肯定会通知你的"这句话可以分解为:

预设部分(P):你的朋友搬了新家

陈述部分(A):他会告诉你这件事的

"如果"引出的分句显然为后一分句的预设部分,那么例(9)可表示为"如果 P,则 A&P"。"如果"是个条件连词,所引出的分句可能成立也可能不成立,于是就存在两种情况:1)"如果"引导的分句成立,这时例(9)表达式的具体实现是 P&A&P,这样(9)可以理解为"你的朋友搬了新家,他通知你这件事了"。这时,由"通知"一词激活的潜在预设在对"如果"的理想化认知中依然成立,上升为整个句子的预设,并与其陈述部分构成了背景—图形关系;2)"如果"引导的分句不成立,这时例(9)表达式的具体实现是～P&A&P。根据合并规则,一个命题与它的否定形式相连会产生矛盾,因而这种表达式在实际使用中不可能实现。可见,由于有了条件连词,原有预设触发语的 ICM 激活的潜在预设可能顺利进入更高一层的认知环境,成为真正的预设,并和陈述部分一起构成背景—图形关系,也有可能受到阻塞而无法构成(共同)认知环境,最终被撤销。

四、结　语

　　认知语言学强调人的认知在语言理解和运用中发挥的作用,认为语言并不是客观世界的直接反映,而是通过认知这一中间层,通过理想化的认知模式对人类经验进行认知,并将认知结果通过语言体现出来。当这一模式在各个具体的认知域发挥作用时,便提供了有关的情景作为言语理解的背景,并激活了其他有关概念和知识。这些被激活的背景、概念和知识构成人们理解和使用语言的认知环境,在交际中即为交际双方互明的共同认知环境。认知语言学从这一理想化的认知模式出发研究预设,认为预设是这种(共同)认知环境的主要构成,从而为预设的研究开辟了新的视角。不仅如此,认知语言学认为还可以通过对预设触发语的理想化认知,将句子分为陈述部分和预设部分,并通过分析背景(后景)是否能够得到满足,合理解释了潜在预设的实现和消失问题。在讨论促使预设消失的因素时,认知语言学将否定形式分为同一 ICM 下的否定和不同 ICM 之间的否定,并据此指出用"否定测试法"区别蕴涵和预设的不足。总之,认知语言学为预设研究提供了新的理论框架,将预设研究推到了新的高度。

参考文献:

Bussmann, H. 2000. *Routledge Dictionary of Language and Linguistics*. Beijing: Foreign Language Teaching and Research Press.

Dinsmore, J. 1981. Towards a Unified Theory of Presupposition. *Journal of Pragmatics*. 5. 335 - 363.

Fauconnier, G. 1985. *Mental Spaces: Aspects of Meaning Construction in Natural Language*. Cambridge, MA: The MIT Press.

Fauconnier, G. 1997. *Mapping in Thought and Language*. Cambridge: Cambridge University Press.

Fillmore, C. J. 1985. Frames and the Semantics of Understanding. *Quaderni di Semantica*. 6. 222 - 253.

Lakoff, G. 1987. *Women, Fire, and Dangerous Things: What Categories Reveal about the Mind* . Chicago and London：The University of Chicago Press.

Marmaridou，S. A. 2000. *Pragmatic Meaning and Cognition* . Philadelphia：John Benjamins Publishing Company.

Saeed，J. I. 2000. *Semantics* . Beijing：Foreign Language Teaching and Research Press.

何兆熊(主编)，2000，《新编语用学概要》，上海：上海外语教育出版社。

张　敏，1998，《认知语言学与汉语名词短语》，北京：中国社会科学出版社。

赵艳芳，2001，《认知语言学概论》，上海：上海外语教育出版社。

（原载《外语教学与研究》2003 年第 1 期）

"成都小吃团"的认知解读

徐盛桓

一、引言:"成都小吃团"

2005年6月到8月间,成都活跃着一个"成都小吃团"。成都小吃在全国很有名气,如龙抄手、酸辣荞面、钟水饺、棒棒鸡等。但是"成都小吃团"里的"小吃"却不是这些传统小吃,而是"粉丝"、"玉米"、"凉粉"、"盒饭",当时正是这些小吃风靡全国。可能是同"成都小吃团"相互影响,好些其他的"食物"也风行起来,如"荔枝"、"奶粉"等。这一现象相信很多人记忆犹新,特别是热烈追捧"2005超级女声"大赛的电视观众。"超女"现象已经引起了国内许多学者的关注,他们从社会学、教育学、心理学、大众传媒学等角度解读这一现象。这里想从认知语言学角度,对"成都小吃团"作一理论上的分析,对认知语言学的理论建构作一些探索。

二、"粉丝—凉粉":同认知有关

原来,"成都小吃团"说的并不是真正的食物,而是指"超女"大赛中的一个"拉票团"里的组成群体。汉语流行歌曲是从港台发展起来的,在发展中包装了一批歌手,形成了一种"fans文化",有名的歌手分别会有一批fans。英语fan指电影、运动、戏剧或演员、歌手、运动员等的狂热爱好者或支持者。对于fans,粤方言地区有以粤语音译的,也有译为"迷"的,如"歌迷"、"球迷"、"戏迷"、"影迷"、"姚明迷"等(试参考《现代汉语词典》对"迷"的释义:沉醉于某一事物的人)。"成都小吃团"是否受"fans文化"影响不得而知,但热烈地支持某一位参赛者这是相像的。

那么"超女"的支持者怎么会变成"食物"呢?据有人考究,最早(2005.6)出现的"食物"是"玉米"。"玉米"者,参赛者之一的李宇春之

"迷"也,即"宇迷",谐音为"玉米"。"玉米"们共同拥戴的另一位参赛者叫张靓颖,可能是因为他们已用一种食物来称呼自己,故对"张靓颖迷"的称呼也仿效之。但因"迷"字不好配搭,于是动用了"fans"的谐音"粉丝",张靓颖的支持者就成了张靓颖的"粉丝"。但"张靓颖的'粉丝'"似太长,于是从"张靓颖"三个字中选了一个最美好的"靓"字,从"粉丝"中选了一个"粉"字。"靓",《辞海》释义为"艳丽妆饰",例如《后汉书》说"昭君丰容靓饰,光明汉宫",多么美!"靓"与"凉"谐音,于是就有了"凉粉"。"凉粉"者,阿靓的"粉丝"也。他们所支持的另一个参赛者叫何洁。统一于"食物"的要求使何洁的支持者成了"盒饭":fan"音译"为"饭",于是就有了"盒(何)饭"。

这样,"成都小吃团"就形成了,在 8 月下旬"分裂"以前一直十分活跃。虽然这些平民化的食物难登大雅之堂,但"超女"活动本来乃是一场普罗大众的娱乐,平民化可能更适合广大观众的胃口,于是另一些参赛者的支持者也仿而效之,如黄雅莉的支持者自称为"荔枝";据说有一位参赛者被称为"二奶",她的支持者就被戏称为"奶粉"。还有文章称这些自发的松散集合体为"玉米地"、"粉丝团"。连李宇春本人也感到很受用,她在成名之后拍的一组照片,有好几幅都以玉米为"道具",在她美丽的脸庞左右各伴有一根玉米。

本研究想要探讨的是,这样的一些话语,除了它们的新奇通俗以外,从认知角度来说还可以作些什么探讨,也就是说,这一现象有什么认知特点。

三、似为悖论:相殊而不相悖

中规中矩而清楚明白的话语,人们乐于接受,因为明白达意是表达的前提要求;迂回含蓄而内涵丰富的话语,人们也乐于接受,因为这使话语变得喜闻乐见。前者如"李宇春的热烈支持者",一听就懂;后者如(李宇春迷→宇春迷→)"玉米",知道其背景的人会觉得更为有趣。这好像是走路,一条早已熟悉的老路,当然是人们乐于选择的,这就是成语所说的"驾轻就熟",因为这样走便当、稳妥;但当发现有一条似也可通到目的地的未名小道,许多人也会乐于踏新,因为也许路上会有什么神奇景色更为刺激吸引,而且说不定还会好走、更方便,这就是成语所说的"曲径通幽"。迂回含蓄使话语喜闻乐见,仿佛就要破坏其明白达意的前提要求,这似为一个悖论,语言的运用就是在这样的"悖论"下展开的。但表面上的相殊是可以相通的,直白与迂回似为对立,却有共核。这里有深刻的认知机理的背景,这牵涉到话语的含意性。

含意本体论认为,含意性是话语的一种本性,话语通常都寓有含意是话语的基本特征;含意运用是人类话语方式的一部分,人类的话语离不开它赖以生存的含意(徐盛桓,1996a;1996b)。这里要对本文所用"含意"这个概念略加说明。通常,学者将格赖斯和列文森所说的 implicature 译为"含义",将 Sperber 和 Wilson 所说的 implicature 译为"隐义",这是因为不同的学者会对某一概念作出适合自己理论系统的规定。在含意本体论的理论框架里,"人类运用语言表达时所利用到的言词以外但又却为语言单位的形音义所承载意思,概称为'含意'(implicatives)"(徐盛桓,1996a)。根据这个定义,含意有三点值得注意:(1)为说话人所"利用",即是说话人意图之所在;(2)语言单位的形音义均可承载;(3)言词以外即非其本意。"话语通常都寓有含意是话语的基本特征"这一命题表明,话语的字面表达通常都承载了表达时要利用到的但又是溢出言词以外的意思。也就是说,话语的字面表达总是不完备的,有含意蕴含其中。我们将话语的字面表达称为显性表述,而为字面表达所蕴含的内容称为隐性表述,或称含意。话语的字面表达所承载的、可利用到但又是溢出言词以外的意思在理论上说来是会很多的,但从说话人来说,他希望受话人在交际时实际利用到的含意往往只是其中的一个;为此,含意本体论提出了"潜在含意、实在含意"和"基础含意、前台含意"的区分,实际利用到的含意是在潜在含意的基础上得到的前台含意(徐盛桓,1994)。本文是在这一语境下运用"含意"的概念。

为什么话语通常有含意呢?戴浩一曾经论证,人们运用语言所涉及的运作机制包括:要利用人类的一般心智能力;离不开人类感知的范畴化;表达尽量精简,而解读则要尽可能推知更多的信息;要运用从经验世界抽象出来的逻辑知识等(戴浩一,2002)。这里的"表达必定精简,而解读则要尽可能推知更多的信息"就包含了话语有隐性表述的意思。那么,隐性表述运用的机制是怎样形成的?徐盛桓说,隐性表述的利用"是同人的优化思维联系在一起的。语言中运用隐性表述,是在人类童年时期的原始语言最初形成时就已形成的传统。隐性表述的运用是语言优化运用的一种表现形式。当时人类在极其恶劣的生存环境下，一切行动总是要力求以最少的付出换取最大的收获。这一行为取向内化为意识，就发展成为思维的取向，这就是优化思维。在优化思维的主导和制约下，语言运用也力求优化。在当时的情况下，优化的主要方式是用最少语言手段表现尽可能多的内容，以少寓多，以简驭繁，即可以意会的就略而不提，可用已有的手段来喻指新的内容就少创造新的手段，这就是运用隐性表述……的机制"（徐盛桓，2002）。

"以少寓多，以简驭繁，即可以意会的就略而不提，可用已有的手段来喻指新的内容就少创造新的手段"意味着字面表达通常都存在着隐含，这就是不完备表达。只有将不完备的话语字面表达的隐含补足了或阐释了，才有可能达至相对完备的表达，带来相对完备的理解。应该说明，达至相对完备的理解常常是在瞬间无意识地完成的，而且有时补足了什么也不一定明确地意识到，所以上文所说的"意图之所在"，不一定是明确的意识。例如，说"他喜欢吃青蛙"同"蛇喜欢吃青蛙"肯定是不同的，前者会自觉不自觉地补足为吃杀了洗干净煮熟的青蛙，后者肯定不要这一补足。这个过程对人们运用语言来说是自然而然的。再如，儿子晚上八点钟回到家，妈妈问他"吃过饭没有？"，这里的"饭"至少要补足为"当天的晚饭"，而不是早饭、午饭，更不是问他活到现在有没有尝过"饭"这种东西。这里所说的阐释和补足，对于"玉米"、"凉粉"、"盒饭"等，也完全是相通的，例如"玉"阐释为"宇"，再补足为"宇春"→"李宇春"；"米"阐释为"迷"；最后合起来阐释为"李宇春迷"。这是我们言语交际的切身经验，由于太普通了，我们通常已经不感到有这个过程。这叫习焉不察。认知语言学的任务就是要把人们已经习焉不察的过程展现出来，加以解释，了解其中的规律，揭示人类认知的机理。

那么，为什么"玉（米）"可以阐释为"宇"，并且可以进一步补足为"宇春"→"李宇春"呢？这里对有关的空缺加以阐释和补足，靠的是什么呢？含意本体论认为，这利用的是常规关系（stereotypical relation，SR）。常规关系指事物之间经常性、规约性的关系，通过人们在特定环境中的认知的投射，成为人们认识某两种事物之间关系的一种定式。例如，"宇—玉"、"迷—米"的发音相同（不算声调），二者就可以建立起常规关系；fans

同"粉丝"的发音,也可以在一定程度上常规地联系在一起;这样,"玉(一宇—宇春—李宇春)迷"同"玉米"之间,也就可以建立起常规关系。《诗经》的句子"战战兢兢,如临深渊,如履薄冰"已经长期流传,"临深履薄"就常规地同我们已经熟悉的这几句联系在一起;在语言交际中,听到"临深履薄"就会补足为"临深渊,履薄冰",并进而阐释为"战战兢兢地好像临深渊履薄冰那么恐惧和小心"。所以常规关系是"理解话语的认知工具,特别作用于话语的隐性表述"(徐盛桓,2002)。这就逐渐造就了语言中利用常规关系的机制,说话人受话人都会利用常规关系进行常规推理达至对话语的恰当表达和理解。有些常规关系有世界范围的共识,称为一般常规关系(generalized SR),如自然规律、科学常识等;有些则只在一个地区如国家、民族、省、社团等流行,是这个地区的惯例规约,称为特殊常规关系(particularized SR);有些只在很小范围如一个小组、三几个人,甚至两个人之间的约定,称为个别常规关系(individualized SR)。总之,"从本体论来说,常规关系是事物自身的关系,为语言的表达所利用;从话语的理解特别是含意推导来说,常规关系被提炼为'常规范型'(stereotype),在话语中体现为含意或称隐性表述的具体内容,对语句的显性表述作出阐释或补足,使话语得以理解为相对完备的表达,达至交际的理解;从认识论来说,常规关系是社会群体以关系来把握世界的认知方式的存在形式和传播媒介;从方法论来说,常规关系作为认知世界的一种方式方法,是对人认识事物的具体方法的反思后形成的一种思维方法,成为自觉或不自觉的认识事物的一种视角、一种图式、一种框架、一种模型"(徐盛桓,2002)。

补足/阐释与被补足/阐释并不是互相对立、不可沟通的。"我们是张靓颖的忠实支持者"同"我们是阿靓的忠实支持者"—"我们是阿靓的fans"—"我们是阿靓的'粉丝'"—"我们是'凉粉'"都一样达意,不同的是这几句话的补足/阐释的程度不同。上例问"吃过饭没有?"同问"吃过晚饭没有?"都一样普通。说"做这件事如同'临深履薄'"可以,说"做这件事如同'临深渊,履薄冰'"也可以,再说成是"做这件事是'如临深渊,如履薄冰'",甚至把更长的诗句都说出来也可以。这样看来,清楚明白的表达和迂回含蓄的表达,看似互殊,实则同构。在这个意义上说,其实"悖论"不悖,两极本来相通,对立并没有不可逾越的鸿沟,是可以消解的。人们的优化思维使人们在表达时会拿起"奥卡姆剃刀"(Occam's Razor),实现"表达尽量精简"。这就造成了话语表达通常都会有含意这一特性。

既然两极本来相通,对立可以消解,那么二者必有共核,相互维系、相互融合、相互转化。共核是什么呢? 共核就是任何语言运用必定体现常规关系:语言运用总是设定话语中所涉及的对象和事件之间所形成的关系是常规关系,除非另有说明(徐盛桓,2002)。这是语言运用的逻辑先设,无论话怎么说,必定受制于这一规则。这一规则把相对完备的表达同不完备表达、清楚明白的表达和迂回含蓄的表达两极维系起来,加以融合:当其他情况相同,需要利用常规关系来补足或阐发的越多,话语就越迂回含蓄,反之就越明白直接,直至一定的极限。

四、相邻和相似:常规关系的认知解释

那么,常规关系是如何成为理解话语的认知工具,作用于话语的隐性表述的? 常规关系作为认知工具,对它的运用,要通过人们的认知能力。而且,能力和工具的特性要相互配套。

认知语言学认为,语言的认知能力并不是自主的,人们一般的认知能力同语言运用的认知能力没有本质的区别(Croft & Cruse,2004:1)。感知能力是认知能力的重要组成部分,感知指人类对外界事物的感受和获知;其他的认知能力包括加工、记忆、推理、联想等的能力,而感知是这一切的基础。人们感知客观事物同感知语言表达这两类的感知活动的规律和特点是相通的,这是因为,语言是人创造的,人创造语言的时候,将自身感知客观事物的心理活动特点和规律以及所感知到的客观事物的特点和规律都内化到所创造的语言中去,因而语言必然反映了人类感知能力的特点和规律以及外部世界的特点和规律,这些特点和规律也就成了语言特点和规律形成的主要理据。"客观世界自主的规则和人世间自为的规则形成了对语言规则的基本制约,因而语言的规则是客观事件的规则通过人们认知投射到语言运用中来形成的"(徐盛桓,2005)。人类同语言运用有关的认知能力同在语言中所体现出来的认知原则是同构的。

心理学对人们的感知规律的研究中,影响较大的是德国格式塔学派;他们的研究成果也被广泛地吸收到认知语言学的研究中来。Peeters 提

到：Talmy 在 2000 年出版的 *Towards a Cognitive Semantics* 将格式塔心理学关于人类感知的规律引进了认知语言学,而 Langacker 所做的重要工作之一,就是将 Talmy 在这方面的引进发展成为比较完整的理论框架(Peeters,2000)。格式塔心理学主要成果是提出了完型①趋向理论,其中包含了一些重要原则。完型趋向理论认为,当人们接触到一个不完整的感知场时,就会以一种"可预见"的方式把这个场"看成"是有秩序的;所谓"可预见"的方式,指的是"以过去的经验为依据"沿"好"的完型方向。但这只是一种心理活动,并不涉及物理环境的改变,改变的只是人们如何"看"这个物理环境(Blosser,1973)。这就是说,人类对于外界事物的感知,包括对语言表达的感知,总是在条件许可的范围内力趋感知为一个"好"的"完型"。正是因为人类对外界事物的感知总是自觉不自觉遵循着完型趋向的原则,使受话人总是要对并且能对话语进行补足和阐释,使话语"改变"为一个"好"的完型。这就是对话语进行补足和阐释的基本心理驱动力。

阐释和补足的取向是怎样选择的? 这里涉及人类感知的两个基本的触发点:相邻和相似。这一特点被完型趋向理论概括为其中的两条重要的原则:相邻原则;相似原则。这两条原则的大意是:相邻和相似的事物分别都倾向于形成一个整体。例如,烧水的壶和盛在壶里的水相邻,就倾向于被看作一个整体,"水开了"、"这壶开了"都说得通。乘人有难时故意再加害,就像知道了有人掉下井里还故意往井里扔石头,这两种性质相似的行为可以归为同一类,"落井下石"就成了表示前面一种行为的成语。换句话说,以相邻和相似为参照点,是人们感知事物的两个基本的方式,这成为人们认识事物的两个基本的维度。如果说,人们对事物的认识,可以从关系来把握,那么,把事物间的常规关系作出抽象的概括,就可以用相邻和相似这两个维度:[相邻±]、[相似±],两事物的相邻度/相似度从很相邻/相似到很不相邻/相似,这两极中间就存在许多的不同程度的相邻/相似。这是我们对事物间的常规关系的一种抽象的概括。用这样的一种认识来理解我们在上文所说的语言运用的逻辑先

---

① 《辞海》译为"完形"。按照我们的理解,认知主体所"完成"的通常并不是某一具体对象的形象,涉及的是其原型经验。

设,就可转换为:语言运用总会利用话语中所涉及的对象和事件之间所形成的相邻/相似关系。对事物间的相邻/相似性的认识,是阐释和补足取向的基本选择。

相邻/相似关系作为认知工具在语言中的运用,是人们对客观事物的相邻/相似性的认知加工的结果,不一定任何时候都同客观外界事物镜面相当。相邻/相似性可能表现为一个从非常物理化到非常心理化的连续统,包括三种情况:物理性相邻/相似(physical proximity/similarity);心理性相邻/相似(psychological proximity/similarity);象征性相邻/ 相似(symbolic proximity/similarity)。台湾海峡两岸相隔,飞机几个小时就到了,相邻不太远;连战来访,有些媒体说:跨过这窄窄的海峡花了几十年,这一不完备表述用隐喻的方式表达了两岸之间在某些方面存在多大的距离。张三和李四闹离婚,在法庭上尽管他们座位相隔不远,但人们从心理上会感觉到他们距离不短;王五和陈六是恋人,一个在中国,一个在美国,人们在心理上会觉得,尽管他们的物理距离不短,但还是靠得挺近的,会用"亲密无间"、"感情无间",说他们的心已经连在一起了。"海内存知已,天涯若比邻"是物理距离同心理距离存在巨大反差的例子。"杜鹃啼处血如花"则体现了心理相似同物理相似的巨大反差。花跟女孩子除了二者都是物质之外,其他并不相似,但古今中外都喜欢把女孩子说成是花。用"红色"象征"革命",是心理认为相像的例子,四川华蓥山古树葱茏,常年翠绿,但人们仍然称它为"红色革命根据地",是"红色旅游"的好去处。

下面分析一个实例,看看相邻/相似关系作为认知工具在语言运用中是怎样起补足/阐释作用的,而完备表述和不完备表述又是如何在一定条件下转化的:

> 今国子虽有学官之名,而无教授之实,何异兔丝燕麦、南箕北斗哉!
>
> 《魏书·李崇传》

我们假设《魏书·李崇传》的作者是第一个使用"兔丝燕麦、南箕北斗"说法的人,而且他是饱读诗书之士。当他写到"今国子虽有学官之名,而无教授之实",下面要写一个结句的时候,想到《诗经·小雅·大东》有几句诗"维南有箕,不可以簸扬;维北有斗,不可以挹酒浆"(意即南边有四颗星,合起来像簸箕,这"簸箕"却不可以用来扬米去糠;北边有六颗星,合起来像斗形酒器,这"酒器"却不可以用来盛舀酒浆),用来比喻"有名无实"非常贴切,他准备加以引用。这时他可以有两种选择:全文照引或加以简化。为了行文简洁,他选了简化,把这几句诗简括为四个字"南箕北斗"。简化的选用就是不完备表述。就是全文照引,也留下不完备,因为字面上没有明说"箕"不可以簸扬、"斗"不可以舀酒浆意味着什么。此外,为了有排比之美,他还加了"兔丝燕麦"四个字。

我们再假设,当时读《魏书》一类书的人,也都是饱学之士。当有人读到"南箕北斗",脑海里就会浮现起他已经熟记的诗句:"维南有箕,不可以簸扬;维北有斗,不可以舀酒浆"。因为"南箕"、"北斗"同他脑海里浮现出的这几句诗有相邻关系,倾向于构成一个整体。这样,整个句子就被补足为:"今国子虽有学官之名,而无教授之实,何异'维南有箕,不可以簸扬;维北有斗,不可以舀酒浆'哉!"这样的表达较之原文,已经较为完备了,因为说出了这里的箕和斗是什么。但作为理解还要再进一步:箕而不可以簸扬,这是有名无实;斗而不可以舀酒浆,这也是有名无实——都含有"只有其名而无其实"之意。只有用这一隐性表述对这几句话做出阐释,整句话才算是理解相对完备。"兔丝燕麦"也有类似的情况:"菟(通'兔')丝",一种草本植物,其茎幼细如丝得名;"燕麦",似麦而得名,但不能食用,通常只用来喂牲口。这都要补足和阐释。宋人胡三省(1230-1302)在《资治通鉴音注》对"兔丝燕麦"解释说:"兔丝有丝之名而不可织,燕麦有麦之名而不可以食,有名无实也。"说明了这个例子,同样也就可用于说明"成都小吃团"里的"食物"的创造和理解的认知机理,这里就不必重复了。

为了刻画这一机理,我们曾提出一个"语句解读常规推理模型"(徐盛桓,2003)。

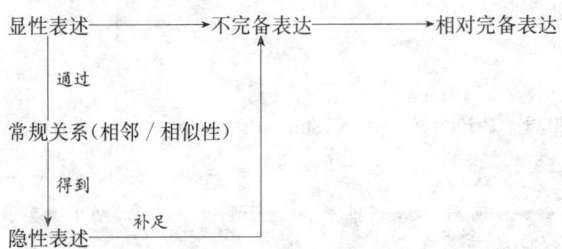

五、结束语：认知语言学与社会交往

"粉丝"、"玉米"等谑而不疟的说法人们喜闻乐见,值得研究。上面只是从认知机理作了一些分析,它流行所涉及的社会因素、心理趋向、媒体作用以及它的语用特征、交际功能、修辞手法等,尽管都值得研究,却不是本文可以顾及的了。例如,通常认为相邻/相似是转喻/隐喻的认知基础,因此对"粉丝"、"玉米"等进行转喻/隐喻研究也是大有可为的。

Croft 和 Cruse(2004：328)提到,有些批评家曾批评认知语言学对语言的研究只是专注于人的心智,忽视了对社会交往中的语言的研究,而社会交往正是语言的核心功能。本文选取语言运用的一个热点进行研究,希望能作为对这一正确批评作出回应的一个尝试。

话语表达有看(听)得见的显性表述,还蕴含了看(听)不见的隐性表述。其实很多时候隐性表述才是点睛之笔,这好像一个氢气球,看不见的氢气才使看得见的气球升起来。把隐性表述弄清楚了,才真正理解了话语,但这是没有在字面上说出来的。这正像老子所说,"有"之以为利,"无"之以为用,所以值得研究。

常规关系可以从不同的角度进行概括和分类,本文试将常规关系抽象为相邻/相似关系[2],从认知语言学的角度,对话语的运用和含意作出说明。常规关系、相邻/相似性都是人们熟悉的概念。我们对语言学研究所持的一个理念是:建构理论框架尽可能用常识性的东西,简单易懂。我们相信,人们天天都在自觉或不自觉地进行认知活动,因此,对于认知语言学,可以套用爱因斯坦的一句话来说明:整个认知语言学"不过是日常思维的提升而已"(转引自陆丙甫文,见《中国语文》2005,(4)：291 - 298)。

参考文献：

Blosser, P. 1973. Principles of Gestalt Psychology and Their Application to

---

② 较详细的理论说明可参阅《语用推理：从原则到模型》(第二届中国英语研究专家论坛(2005.12. 海口)的主旨发言)。

Teaching Junior High School Science. *Science Education*. 57.

Croft W. & A. D. Cruse. 2004. *Cognitive Linguistics*. Cambridge：Cambridge University Press.

Peeters，B. 2000. Does Cognitive Linguistics Live up to Its Name? www. tulane. edu/～howard/ LangIdeo/Peeters/Peeters. html－65k.

戴浩一,2002,概念结构与非自主性语法：汉语语法概念系统初探,《当代语言学》第1期。

徐盛桓,1994,会话含意的分类,《华南师范大学学报》第1期。

徐盛桓,1996a,含意本体论研究,《外语教学与研究》第3期。

徐盛桓,1996b,话语的含意性,《外语教学与研究》第3期。

徐盛桓,2002,常规关系与认知化,《外国语》第1期。

徐盛桓,2005,句法研究的认知语言学视野,《外语与外语教学》第4期。

徐盛桓,2003,常规关系与语句解读研究,《现代外语》第2期。

（原载《外国语》2006 年第 2 期）

Relevance, Word Meaning and Communication: The Past, Present, and Future of Lexical Pragmatics*

Deirdre Wilson

1 Introduction

Lexical pragmatics is a rapidly developing branch of linguistics that investigates the processes by which linguistically-specified ('literal') word meanings are modified in use.[①] Well-studied examples include narrowing (e. g. *drink* used to mean 'alcoholic drink'), approximation (e. g. *square* used to mean 'squarish') and metaphorical extension (e. g. *dragon* used to mean 'frightening person'). In much of the literature, narrowing, approximation and

[*] This paper was presented at the 8th China Pragmatics Association Conference in Guangzhou in December 2003. I would like to thank Professor He Ziran, the members of the organising committee and all the participants in the conference for wonderful hospitality and discussions. This research is supported by the AHRB under grant MRG-AN9291/APN16356 "A unified theory of lexical pragmatics". Many thanks to Dan Sperber, Robyn Carston, Tim Whatton, Rosa Vega-Moreno, Paula Rubio-Fernandez, the members of the UCL Pragmatics Reading Group and the participants in the 8th China Pragmatics Association Conference for enjoyable and fruitful discussions. (A version of this paper will appear in a special issue of the *Italian Journal of Linguistics on Pragmatics and the Lexicon*.)

[①] For a variety of approaches, see Grice, 1967; Searle, 1979; Sperber & Wilson, 1985, 1998; Lakoff, 1987; Lahav, 1989; Horn, 1992, 2000; Gibbs, 1994; Copestake & Briscoe, 1995; Recanati, 1995, forthcoming; Carston, 1997, 2002; Blutner, 1998, 2002; Lascarides & Cooestake, 1998; Fauconnier & Turner, 2002; Wilson & Sperber, 2002, 2004; He, 2003.

metaphorical extension have been seen as distinct pragmatic processes and studied in isolation from each other. I will defend the alternative view that they are outcomes of a single pragmatic process which fine-tunes the interpretation of virtually every word. ②

I will adopt a simple model of linguistic semantics that treats words as encoding mentally-represented concepts, elements of a conceptual representation system or 'language of thought', which constitute their linguistic meanings and determine what might be called their linguistically-specified denotations. ③ The goal of lexical semantics is to investigate the relations between words and the concepts they encode, and the goal of lexical pragmatics is to account for the fact that the concept communicated by use of a word often differs from the concept encoded. NARROWING is the case where a word is used to convey a more specific sense than the encoded one, resulting in a restriction of the linguistically-specified denotation. Approximation and metaphorical extension may be seen as varieties of BROADENING, where a word is used to convey a more general sense, with consequent widening of the linguistically-specified denotation.

The effect of narrowing is to highlight a proper subpart of the linguistically-specified denotation. Here are some illustrations:

(1) All doctors *drink*.

(2) a. As I worked in the garden, a *bird* perched on my spade.

　　b. *Birds* wheeled above the waves.

　　c. A *bird*, high in the sky, invisible, sang its pure song.

　　d. At Christmas, the *bird* was delicious.

---

② For elaboration of this view, see Carston 1997, 2002 chap. 5; Sperber & Wilson, 1998; Wilson & Sperber, 2002, 2004.

③ For relevance-theoretic accounts of concepts, see Sperber & Wilson, 1986/95 chap. 2. 1998; Sperber, 1996 chap 6; Carston, 2002 chap 5; Wilson & Sperber, 2002.

(3) Mary is a *working mother*.

(4) I have a *temperature*.

In (1), *drink* might convey not the encoded sense 'drink liquid' but, more specifically, 'drink alcohol', or 'drink significant amounts of alcohol'. In (2a-d), each use of *bird* would highlight a different subset of birds. As noted by Lakoff (1987: 80 - 82), (3) would generally indicate not just that Mary satisfies the definition 'female parent who works', but that she is a stereotypical working mother, bringing up young children while working for money outside the home; and (4) would normally convey not the truism that the speaker has some temperature or other but that her temperature is high enough to be worth remarking on.

APPROXIMATION is a variety of broadening where a word with a relatively strict sense is extended to a penumbra of cases (what Lasersohn 1999 calls a 'pragmatic halo') that strictly speaking fall outside its linguistically-specified denotation. Loose uses of round numbers, geometric terms and negatively-defined terms are good examples, as in (5 - 7):

(5) This coat cost *1,000* dollars. ['about 1,000 dollars']

(6) The stones form a *circle*, an *oval*, a *pyramid*. ['approximately a circle']

(7) This injection will be *painless*. ['nearly painless']

As with narrowing (cf. (2) above), different degrees and types of approximation are appropriate in different circumstances; compare the interpretations of *flat* in (8a-e):

(8) a. This ironing board is *flat*.

    b. My garden is *flat*.

    c. My neighbourhood is *flat*.

    d. My country is *flat*.

    e. The Earth is *flat*.

A second variety of broadening, which I will call CATEGORY

EXTENSION, is typified by the use of salient brand names (*Hoover*, *Kleenex*) to denote a broader category ('vacuum cleaner', 'disposable tissue') including items from less salient brands. Personal names (*Chomsky*, *Einstein*) and common nouns both lend themselves to category extension (cf. Glucksberg, 2001: 38 – 52). Some more creative uses are illustrated in (9 – 12):

(9) Federer is the new *Sampras*. [used of Roger Federer, tennis player, at Wimbledon 2003]

(10) Brown is the new *black*.

(11) Mint is the new *basil*.

(12) Is oak the new *pine*?

In (9), *Sampras* evokes the category of gifted tennis players of a certain type. In (10)— a typical piece of fashion writer's discourse — *black* evokes the category of staple colours in a fashion wardrobe; echoes are found in cookery and interior design writing, as in (11) ('herb of the moment') and (12) ('trendy furniture wood'). These examples of category extension are not analysable as approximations. The claim in (10) is not that Federer is a borderline case, close enough to being Sampras for it to be acceptable to CALL him Sampras, but merely that he belongs to a broader category of which Sampras is a salient member; and so on for the other examples.

Metaphor and hyperbole may be thought of as more radical varieties of category extension.[④] For example, (13) would be an approximation if used to indicate that the water was close enough to boiling to be described as boiling, and a hyperbole if used to indicate that the water was merely hotter than expected, or uncomfortably hot:

(13) The water is *boiling*.

---

④　See Recanati, 1995; Carston, 1997, 2000; Sperber & Wilson, 1998; Glucksberg, 2001; Wilson & Sperber, 2002.

The metaphors in (14 - 16) are analysable on similar lines, as radical extensions of the linguistically-specified denotation:

(14) Mary is a *rose*, a *lily*, a *daisy*, a *violet*; a *jewel*, a *diamond*, a *ruby*, a *pearl*.

(15) That book *puts* me to sleep.

(16) The leaves *danced* in the breeze.

Thus, *violet* in (14) might be seen as representing the category of delicate, unflamboyant, easily overlooked things, of which violets are a salient subcategory, and so on for other examples.

Neologisms and word coinages provide further data for a theory of lexical pragmatics and shed some light on the nature of the mental mechanisms involved. Experiments by Clark & Clark (1979) and Clark & Gerrig (1983) show that newly-invented verbs derived from nouns, as in (17 - 19), are no harder to understand than regular verbs:

(17) The newspaper boy *porched* the newspaper.

(18) They *Learjetted* off to Miami.

(19) He *Houdinied* his way out of the closet.

This suggests that lexical-pragmatic processes apply 'on line' in a flexible, creative and context dependent way, and may contribute to the explicit truth-conditional of utterances (in Grice's terms, 'what is said') as well as to what is implicated (Carston, 2002; Wilson & Sperber, 2002).

Any discussion of lexical pragmatics must make some assumptions about the nature of the semantic representations that provide the input to pragmatic processes. Synchronically, where the borderline between lexical semantics and pragmatics falls in individual cases is not always clear, and it may be drawn in different ways in the minds of different individuals. Moreover, the repeated application of lexical-pragmatic processes may lead to semantic change: what starts as a spontaneous, one-off use may become regular and frequent enough to stabilise in a community and give rise to an extra sense. [5] My interest here is not so much in the details of individual cases as in the pragmatic processes that apply spontaneously, automatically and unconsciously to fine-tune the interpretation of virtually every word, and I will therefore largely abstract away from the question of whether, or when, a word like *drink*, or *Hoover*, or *flat* may be said to have acquired an extra stable sense. [6] My account will be consistent with the view that some words are strictly defined and loosely used, while others have broader, vaguer meanings which are typically narrowed in use.

2 Some Existing Accounts

Until recently, many pragmatic or philosophical approaches have taken for granted that narrowing, approximation and metaphorical extension are distinct pragmatic processes, which lack common descriptions or explanations and need not be studied together. For example, narrowing is often analysed as a case of default inference to a stereotypical interpretation, [7] approximation has been seen as linked to variations in the standards of precision governing different types of discourse, [8] and metaphor is generally treated on Gricean lines, as a blatant violation of a maxim of truthfulness, with resulting implicature. [9] These accounts do not generalise to the full range of cases discussed above: metaphors are not analysable as rough approximations, narrowings are not analysable as blatant violations of

---

[5] See Lyons, 1997; Hopper & Traugott, 1993.

[6] Polysemy does not avoid the need for lexical pragmatics, since each encoded sense of a polysemous word may undergo further pragmatic processing.

[7] See Horn 1984, 1992; Levinson, 2000; Blutner 1998, 2002. For discussion, see Lakoff, 1987; Jiang, 2000.

[8] See e. g. Lewis, 1979; Lasersohn, 1999.

[9] See Grice, 1975; Levinson, 1983.

a maxim of truthfulness, and so on. Moreover, there are internal descriptive and theoretical reasons for wanting to go beyond these existing philosophical and pragmatic accounts.

Levinson (2000: 37 - 8, 112 - 34) treats narrowing as a default inference governed by an Informativeness heuristic ("What is expressed simply is stereotypically exemplified"), itself backed by a more general I-principle instructing the hearer to amplify the informational content of the speaker's utterance, by finding the most *specific* interpretation, up to what you judge to be the speaker's m-intended point…[ibid: 114]

The I-heuristic might be seen as dealing with stereotypical narrowings such as (3) above, and the I-Principle as dealing with less stereotypical cases such as (4). However, this approach leaves many aspects of the narrowing process unexplained. In the first place, there may be several possible degrees or directions of narrowing, as in (1)(where *drink* may be narrowed to 'drink alcohol' or 'drink a lot of alcohol') and (2)(where *bird* is narrowed in different ways in different contexts). Levinson (ibid: 118) notes (and experimental evidence confirms, cf. Barsalou, 1987) that even stereotypical narrowing is context dependent. For example, *Englishman* in (20) would evoke different stereotypes in a discussion of cooking, cricket, sailing, seduction, etc:

(20) John is an *Englishman*.

In the second place, stereotypical narrowing also competes with other varieties of narrowing. [10] In (21), *man* might be narrowed to an idealised rather than a stereotypical interpretation, indicating that Churchill is a man worthy of the name rather than a typical man:

(21) Churchill was a *man*.

According to the I-Principle, the hearer of (1 - 4) and (20 - 21)

---

[10]   For an interesting survey of many varieties of narrowing, see Lakoff, 1987.

should choose the appropriate degree and direction of narrowing using his judgement about "the speaker's m-intended point" (i. e. the speaker's meaning) — a judgement which is therefore presupposed rather that explained by this account.

Levinson acknowledges the context dependence of I-implicatures, but maintains (ibid: 118) that "at a sufficient level of abstraction" they are default inferences (generalised implicatures) which "hold as preferred interpretations across contexts, and indeed across languages." However, as illustrated in (5 - 19) above, at the lexical level, broadening appears to be just as strong a tendency as narrowing, and it is not clear why narrowing rather than broadening should be seen as the default. Nor is it clear how an approach based on the I-principle could generalise to approximations or metaphors (which Levinson appears to treat as blatant violations of a maxim of truthfulness in the regular Gricean way). It is therefore worth looking for an alternative, more explanatory account.

Lewis (1983: 244 - 45) treats approximation as a type of pragmatic vagueness governed by contextually-determined standards of precision:

> When is a sentence true enough? [...] this itself is a vague matter. More important [...], it is something that depends on context. What is true enough on one occasion is not true enough on another. The standards of precision in force are different from one conversation to another, and may change in the course of a single conversation. Austin's 'France is hexagonal' is a good example of a sentence that is true enough for many contexts but not true enough for many others.

To shed any light on how approximations are understood, this approach would have to be supplemented by some account of how the appropriate standard of precision is formulated, and how it may change in the course of a conversation. Consider (22):

(22) The lecture will start at 5:00 and end at 6:00.

As noted in Wilson & Sperber (2002: 592 – 8), a student with several lectures to attend might accept (22) as "true enough" if the lecture starts a few minutes late and ends a few minutes early, but not if it starts a few minutes early and ends a few minutes late. This asymmetry would somehow have to be built into the standards of precision. Moreover, what counts as "true enough" for a student planning a day's lectures would not be "true enough" for a sound engineer getting ready to broadcast the lecture live. This would have to be accommodated in an account of how the appropriate standard of precision is determined. Of course, all this is predictable enough in a common-sense way, given background assumptions and general expectations about human behaviour. The problem with the appeal to "contextually-determined standards of precision" is that it seems to be acting as little more than a placeholder for a more detailed pragmatic account. ⑪

As suggested above, Lewis's account of approximation does not generalise to category extension, metaphor or hyperbole. Approximations are appropriate in borderline cases; category extension, metaphor and hyperbole are not. Lewis himself proposes separate analyses of approximation and figurative utterances (which he treats as encoding figurative meanings in the traditional semantic way; cf. Lewis, 1983: 1983; Wilson & Sperber, 2002: 587 – 9). Separate analyses could be justified by showing that there is a definite cut-off point between approximation and figurative utterances; but it is doubtful that such a cut-off point exists. Thus, (13) above has a gradient of interpretations with clear approximations at one end, clear hyperboles at the other

---

⑪　For insightful discussion of social and cognitive factors affecting pragmatic vagueness and approximation, see He, 2003, chapters 8 and 10.

and a range of borderline cases in between; (7) above, which I have treated as an approximation, could equally well be classified as a hyperbole; and examples such as (9 – 12) above, which I have treated as cases of category extension, are sometimes classified as metaphors. (Glucksberg, 2001: v, 47).

The lack of a clear cut-off point between approximation, category extension, hyperbole and metaphor also raises problems for Grice's analysis of figurative utterances. On this approach, (13 – 14) above would be analysed as blatant violations of the maxim of truthfulness ("Do not say what you believe to be false"), implicating (23 – 24), respectively:

(23) This water is very hot.

(24) Mary resembles a rose in some respects.

As noted by Wilson & Sperber (2002: 593 – 4), this account of metaphor and hyperbole does not generalise to approximations, which are generally perceived as "true enough" rather than blatantly false. Moreover, it is hard to see where on the gradient of interpretations an utterance of (7) or (13) might stop being "true enough" and start being "blatantly false".

There are also well-known descriptive and theoretical problems with Grice's account. For one thing, the literal interpretations of negative metaphors such as (25) are trivially true rather than blatantly false:

(25) Mary is no angel.

For another, Grice's analysis, taken as a model of the comprehension process, predicts that hearers should consider the literal interpretation first, and move to a figurative interpretation only if the literal interpretation is blatantly false. Yet there is both experimental and introspective evidence that this prediction is false (e.g. Gibbs, 1994; Glucksberg, 2001). In interpreting (15) above (an example due to Dan Sperber), for instance, it may never even occur to the hearer to wonder whether the book literally puts the speaker to sleep.

All this suggests that it is worth trying; to develop a more general account of lexical-pragmatic processes, which acknowledges their flexibility, creativity and context dependence, and treats them as applying spontaneously, automatically and unconsciously during on-line comprehension to fine-tune the interpretation of virtually every word. In the next section, I will outline an account which brings together ideas from experimental studies of categorisation and metaphor, [12] on the one hand, and from relevance theory and other recent work in pragmatics, [13] on the other.

Experimental studies of categorisation by Barsalou (e. g. 1987, 1992) support the view that lexical narrowing cannot simply be analysed as default inference to a ready-made stereotype or prototype. In the first place, typicality judgements about existing categories (e. g. BIRD, ANIMAL) are quite variable across individuals, contexts and times, and the appeal to ready-made stereotypes or prototypes does not explain this variability. In the second place, people can readily provide typicality rankings for made-up categories that they could not have encountered before (e. g. THINGS THAT CAN FALL ON YOUR HEAD), or predict the typicality rankings for familiar categories from the point of view of real or imagined individuals for whom they would be most unlikely to have ready-made prototypes stored.

Barsalou sees these facts as best explained by assuming that the content of a category on a particular occasion is not determined by accessing a ready-made stereotype or prototype, but is constructed on-

---

[12]　See Barsalou, 1987; Gibbs, 1994; Glucksberg, 2001.

[13]　See Recanati, 1995; Carston, 1997, 2002; Sperber & Wilson, 1998; Rubio Fernandez, 2001; Vega-Moreno, 2001; Wilson & Sperber, 2002; He, 2003.

line in an ad hoc, context-specific way, from a reservoir of encyclopaedic information which varies in accessibility from individual to individual and situation to situation, with different subsets being chosen on each occasion. This idea clearly has implications for lexical narrowing. However, apart from noting that the choice of a particular subset of encyclopaedic assumptions is affected by discourse context, the accessibility of information in memory and considerations of relevance, he does not provide a concrete pragmatic hypothesis about how the narrowing process might go.

As noted above, experimental studies of metaphor by Gibbs (1994) and Glucksberg (2001) confirm the inadequacy of models of comprehension based on the standard Gricean approach by showing that a literal interpretation does not always have to be considered and rejected before moving to a metaphorical interpretation. Glucksberg proposes that metaphor should instead be analysed as a variety of category extension. On this approach (tacitly adopted in section 1 above), just as *Hoover* may be used to represent the broader category of vacuum cleaners of which it is a salient member, so *Sampras* may be used to denote a broader category of gifted tennis players of which he is a salient member, and *violet* may be used to denote a broader category of delicate, unflamboyann, easily-overlooked things, of which it is a salient member. Glucksberg comments:

> Good metaphors ... are acts of classification that attribute⋯ an interrelated set of properties to their topics. It follows that metaphoric comparisons acquire their metaphoricity by behaving as if they were class-inclusion assertions. (Glucksberg, 2001: 46)

On this approach, narrowing and metaphor are complementary processes, one restricting and the other extending the category denoted by the linguistically-encoded concept.

Barsalou's and Glucksberg's accounts share the assumption that encyclopaedic information associated with a mentally-represented category or concept may be used to restrict or extend its denotation in an ad hoc, occasion-specific way.[14] Thus, encyclopaedic information about attributes of various subsets of birds may be used to highlight a particular subpart of the denotation of 'bird' or evoke a broader category, e. g. the category of flying things. Glucksberg and Barsalou both mention the role of considerations of relevance in selecting an appropriate set of attributes, but make no attempt to develop a full pragmatic account of what factors trigger lexical-pragmatic processes, what direction they take, and when they stop. For many years, relevance theorists have been pursuing the idea that lexical comprehension involves ad hoc broadenings or narrowings of encoded concepts based on the use of encyclopaedic information constrained by expectations of relevance.[15] In the next section, I will consider what light the theory might shed on how the ad hoc concept construction process might go.

3 Relevance Theory and Lexical Pragmatics

Relevance theory is based on a definition of relevance and two general principles: a Cognitive and a Communicative Principle of Relevance.[16]

---

[14] On Glucksberg's and Barsalou's accounts, see Carston, 2002: chapter 5, notes 1, 14.

[15] See Sperber & Wilson, 1983, 1986/1995, 1998; Sperber, 1997; Carston, 1997, 2002; Papafragou, 2000; Wilson & Sperber, 2002, 2004; He, 2003. In earlier versions of the theory, implicatures based on loose uses of concepts were not seen as affecting explicatures via backwards inference during the mutual adjustment of explicit content, context and cognitive effects (as described in section 3 below). In later versions, with the introduction of the mutual adjustment process (Sperber & Wilson, 1998; Wilson & Sperber, 2002, 2004), and particularly thanks to Robyn Carston's work (Carston, 1997, 2002), the idea of ad hoc concept construction has been more fully incorporated into the theory.

[16] For the current version of the theory, see Sperber and Wilson, 1995; Carston, 2002; Wilson & Sperber, 2002, 2004.

Relevance is characterised in cost-benefit terms, as a property of inputs to cognitive processes, the benefits being positive cognitive effects (e. g. true contextual implications, warranted strengthenings or revisions of existing assumptions), and the cost the processing effort needed to achieve these effects. Other things being equal, the greater the positive cognitive effects achieved, the greater the relevance of the input to the individual who processes it. However, the processing of the input, the accessing of contextual assumptions and the derivation of positive cognitive effects involves some effort of perception, memory and inference. Other things being equal, the smaller the processing effort required, the greater the relevance of the input.

According to the First, or Cognitive, Principle of Relevance (Sperber & Wilson, 1995: 260 - 266), the human cognitive system tends to allocate attention and processing resources so as to maximise the relevance of the inputs it processes. As a result of constant selection pressure towards increasing cognitive efficiency, our perceptual mechanisms tend automatically to pick out potentially relevant inputs, our memory retrieval mechanisms tend automatically to pick out potentially relevant contextual assumptions, and our inferential systems tend spontaneously to process them in the most productive way. Communicators should therefore be able to predict (to some extent) what stimuli an addressee is likely to attend to, what contextual assumptions he is likely to use in processing it, and what conclusions he is likely to draw.

According to the Second, or Communicative, Principle of Relevance (Sperber & Wilson, 1995: 266 - 271), utterances create general expectations of relevance. The addressee of an utterance is entitled to expect it to be at least relevant enough to be worth processing, and moreover, the most relevant utterance compatible with the speaker's abilities and preferences. This motivates the following comprehension procedure which, according to relevance theory, is automatically applied to the on-line processing of attended verbal inputs. The addressee takes the linguistically decoded meaning; following a path of least effort, he enriches it at the explicit level and complements it at the implicit level until the resulting interpretation meets his expectations of relevance; at which point, he stops. This mutual adjustment of explicit content, contextual assumptions and cognitive effects constrained by expectations of relevance is the central feature of relevance-theoretic pragmatics. ⑰

This approach to utterance comprehension has two important consequences for lexical pragmatics. In the first place, there is no presumption of literalness; the linguistically encoded meaning (of a word or sentence) is no more than a clue to the speaker's meaning, which is not decoded but non-demonstratively inferred. In the second place, understanding any utterance, literal, loose or metaphorical, is a matter of seeing its intended relevance by following a path of least effort in mutually adjusting explicit content, context and cognitive effects, as specified in the relevance-theoretic comprehension procedure. Relevance theory therefore suggests the following answers to the basic questions of lexical pragmatics; lexical-pragmatic processes are triggered by the search for relevance, they follow a path of least effort, they operate via mutual adjustment of explicit content, context and cognitive effects, and they stop when the expectations of relevance raised by the utterance are satisfied (or abandoned).

To illustrate how this account might apply to the narrowing of *temperature* in (4), consider the following scenario. Peter has just suggested that he and Mary pay a visit to his aunt in hospital, and

---

⑰ Mutual adjustment is a parallel process. The hearer does not first identify the proposition expressed, then access a context and then derive a set of cognitive effects. In many cases, he is just as likely to reason backwards from an cognitive effect to the context and content that would warrant it. See Sperber & Wilson, 1998; Carston, 2002; Wilson & Sperber, 2002, 2004.

Mary replies as in (4):

(4) I have a temperature.

In the circumstances, Peter will have not only a general expectation of relevance but a particular expectation about how Mary's utterance is likely to achieve relevance at this point in the discourse: he will be expecting it to achieve relevance as a response to his suggestion that they visit his aunt in hospital. Literally interpreted, of course, her utterance is trivially true and achieves no positive cognitive effects. However, *temperature* is a scalar term, and different points on the scale should yield different implications when combined with easily accessible contextual assumptions. Assuming some version of a spreading activation model of memory, Peter's encyclopaedic assumptions about temperatures, hospital visits and the possible connections between them should be highly activated at this point. It should therefore be a relatively straightforward matter, by following a path of least effort in the mutual adjustment of content, context and cognitive effects, to arrive at an interpretation on which *temperature* expresses an ad hoc concept TEMPERATURE*, denoting a temperature high enough to make it inadvisable for Mary to visit Peter's aunt in hospital. [18]

More generally, narrowing is undertaken in the search for relevance. Hearers satisfy their expectations of relevance by looking for true implications (or other positive cognitive effects). Narrowing increases implications. A hearer following the relevance-theoretic comprehension procedure should therefore narrow the encoded sense to a point where it yields enough true implications to satisfy the general expectation of relevance raised by the utterance (together with any more specific expectations raised by the fact that the utterance has

---

[18] On the treatment of ad hoc concepts in relevance theory, see Sperber & Wilson, 1998; Carston, 2002 chap. 5; Wilson & Sperber, 2002.

been produced by that speaker, for that audience, at that point). If several possible narrowings are available, he follows a path of least effort, using whatever assumptions and expectations are most highly activated (e.g. by the utterance itself and by preceding discourse). If he finds enough true implications to satisfy his expectations of relevance, he assumes that this was the speaker's meaning; if not, he tries another route. [19]

Similar analyses apply to approximation, category extension, metaphor and hyperbole. Consider the category extension in (9), which was used by many commentators during Wimbledon 2003 (which the tennis player Roger Federer eventually won):

(9) Federer is the new *Sampras*.

For many hearers, the encoded concept SAMPRAS would provide access to a wide array of encyclopaedic assumptions about Peter Sampras, a gifted tennis player who dominated Wimbledon for many years. Some of these assumptions will receive additional activation from the mention of Federer and from the discourse context, including the fact that the utterance was produced during Wimbledon 2003. Although these highly activated assumptions will differ from hearer to hearer, they are likely to include the information that Sampras is a formidably gifted natural player of a certain type, that he has won Wimbledon many times and played a leading role in the tournament over many years, and so on. In these circumstances, a hearer following the path of least effort and looking for true implications (or other positive cognitive effects) via mutual adjustment of content, context and cognitive effects is likely to arrive at an interpretation in

---

[19] It would be interesting to compare this analysis, based on theoretical characterisations of relevance and expectations of relevance, backed by relevance-oriented accounts of cognition and communication, with an alternative analysis based on Levinson's I-principle, which appeals to a largely uncharacterised notion of "speaker's m-intended point".

which *Sampras* expresses an ad hoc concept SAMPRAS* which denotes not only Sampras but other players with these encyclopaedic attributes, and conclude that the speaker is claiming that Federer falls into this ad hoc category and is therefore likely to dominate Wimbledon for many years, etc.

Finally, consider how an account along these lines might apply to the interpretation of *put to sleep* in (15):

(15) That book puts me to sleep.

On standard pragmatic approaches, (15) should have four distinct interpretations: as a literal assertion, an approximation, a hyperbole or a metaphor. Of these, the hearer should test the literal interpretation first, and consider a figurative interpretation only if the literal interpretation blatantly violates the maxim of truthfulness. Yet as noted above, there is both experimental and introspective evidence against this approach when construed as a model of comprehension.

On the relevance-theoretic account, there is no presumption that the literal meaning will be tested first. The encoded concept PUT TO SLEEP is merely a point of access to an ordered array of encyclopaedic assumptions from which the hearer is expected to select an appropriate subset. Let us suppose that Mary has produced (15) in response to Peter's question "What do you think of Martin's latest book?" He will therefore be expecting her utterance to achieve relevance by answering his question: that is, by offering an evaluation of the book. Given this expectation, her utterance is likely to activate the contextual assumption that a book which puts one to sleep is likely to be extremely boring; and unengaging. By following a path of least effort in the mutual adjustment of context, content and cognitive effects, he should then arrive at an interpretation on which *put to sleep* expresses the ad hoc concept PUT TO SLEEP* , which denotes a broader category containing not only literal cases of putting to sleep, but other cases that share with it the encyclopaedic attribute of being extremely boring and unengaging. Only if such a loose interpretation fails to satisfy his expectations of relevance would Peter be justified in exploring further contextual assumptions, and moving towards a more literal interpretation. [20]

On this approach, broadening, like narrowing, is undertaken in the search for relevance and results from the mutual adjustment of context, content and cognitive effects, constrained by expectations of relevance raised by the utterance itself. In many cases, the mutual adjustment process will converge on a broader or narrower category than the linguistically-specified denotation, with effects that have been roughly classified in the literature as narrowing, approximation, category extension, metaphor, hyperbole and so on. The main point of this paper has been to argue that these taxonomies do not pick out genuine natural kinds. There is no clear cut-off point between the different varieties of broadening. Moreover, as noted by Carston (1997), narrowing and broadening may combine, so that a single word may express an ad hoc concept that is narrowed in some respects and broadened in others. In the domain of lexical pragmatics, these taxonomies have led to a fragmentation of research programmes and obscured some interesting generalisations that hold across the whole domain. It is worth systematically exploring the possibility of developing alternative, more unified accounts.

4 Concluding Remarks

In the oral presentation of this paper at the 8th China Pragmatics Association Conference in December 2003, I invited collaboration from colleagues in China on the comparative study of lexical pragmatic processes. Chinese scholars in pragmatics have already made a major

---

[20] For further discussion of this example, see Wilson & Sperber, 2004.

contribution to our understanding of social, pragmatic and cognitive factors affecting the use and understanding of metaphor and vagueness (e. g. He, 2003). However, we know rather less cross-cultural similarities and differences in narrowing, category extension and approximation. In discussion after the paper, (26) and (27) were suggested as examples of narrowing in Chinese:

(26) Jane has *money*. ['a lot of money', 'enough money to be worth remarking on']

(27) John has a *reputation*. ['a good reputation']

Both are also possible examples of narrowing in English: indeed, (27) has two possible narrowings, meaning either 'a good reputation' or 'a bad reputation'. This raises interesting questions about the extent to which lexical-pragmatic processes such as narrowing, approximation and category extension are universal, and how potential variations should be explained. I would very much welcome further collaboration on these issues.

References:

Barsalou, Laurence. 1987. The Instability of Graded Structure: Implications for the Nature of Concepts. In U. Neisser (ed.) *Concepts and Conceptual Development*. Cambridge: Cambridge University Press.

Blutner. Reinhart. 1998. Lexical Pragmatics. *Journal of Semantics*. 15. 115 – 62.

Blutner, Reinhart. 2002. Lexical Semantics and Pragmatics. *Linguistische Berichte*. 10. 27 – 58.

Carston. Robyn. 1997. Enrichment and Loosening: Complementary Processes in Deriving the Proposition Expressed? *Linguistische Berichte*. 8. 103 – 127.

Carston. Robyn. 2002. *Thoughts and Utterances: The Pragmatics of Explicit Communication*. Oxford: Blackwell.

Clark, Eve & Herbert H. Clark. 1979. When Nouns Surface as Verbs. *Language*. 55. 767 – 781.

Clark, Herbert H. & Richard Gerrig. 1983. Understanding Old Words with New

Meanings. *Journal of Verbal Learning and Verbal Behavior*. 22. 591 - 608.

Copestake, Anne and Ted Briscoe. 1995. Semi-productive Polysemy and Sense Extension. *Journal of Semantics*. 12. 15 - 67.

Fauconnier, Gilles & Mark Turner. 2002. *The Way We Think. Conceptual Blending and the Mind's Hidden Complexities*. New York: Basic Books.

Gibbs, Raymond. 1994. *The Poetics of Mind*. Cambridge: Cambridge University Press.

Glucksberg, Sam. 2001. *Understanding Figurative Language: From Metaphors to Idioms*. Oxford: Oxford University Press.

Grice, H. Paul. 1967. Logic and Conversation. William James Lectures. Reprinted in Grice 1989. *Studies in the Way of Words*. Cambridge MA: Harvard University Press.

He, Ziran. 2003. *Notes on Pragmatics*. Nanjing: Nanjing Normal University Press.

Hopper, Paul & Elisabeth Traugott. 1993. *Grammaticalization*. Cambridge: Cambridge University Press.

Horn, Laurence. 1984. Towards a New Taxonomy for Pragmatic Inference: Q-based and R-based Implicature. In D. Schiffrin (ed.) 1987. *Meaning, Form and Use in Context: Linguistic Applications* (GURT 1984). Washington DC: Georgetown University Press.

Horn, Lawrence. 1992. The Said and the Unsaid. *Ohio State University Working Papers in Linguistics* (*Proceedings of SALT II*). 40. 163 - 192.

Jiang, Wangqi. 2000. *Pragmatics: Theories and Applications*. Beijing: Tsinghua University Press.

Lahav, Ron. 1989. Against Compositionality: the Case of Adjectives. *Philosophical Studies*. 55. 111 - 129.

Lakoff, George. 1987. *Women, Fire and Dangerous Things*. Chicago: University of Chicago Press.

Lascarides, Alex & Anne Copestake. 1998. Pragmatics and Word Meaning. *Journal of Linguistics*. 34. 387 - 414.

Lasersohn, Peter. 1999. Pragmatic Halos. *Language*. 75. 522 - 551.

Levinson, Stephen. 2000. *Presumptive Meaning: The Theory of Generalized Conversational Implicature*. Cambridge MA: MIT Press.

Lyons, John. 1977. *Semantics*, volume II. Cambridge: Cambridge University Press.

Papafragou, Anna. 2000. *Modality: Issues in the Semantics-Pragmatics Interface*. Amsterdam: Elsevier Science.

Recanati, François. 1995. The Alleged Priority of Literal Interpretation. *Cognitive Science*. 19. 207 – 232.

Recanati, François. Forthcoming. *Literal Meanings*. Cambridge: Cambridge University Press.

Rubio Fernandez, Paula. 2001. Inhibition of Core Features in Metaphor Interpretation. *RCEAL Working Papers*. Cambridge: Research Centre in English and Applied Linguistics.

Searle, John. 1979. Literal Meaning. Reprinted in J. Searle 1993. *Expression and Meaning*. Cambridge: Cambridge University Press.

Sperber, Dan. 1997. Intuitive and Reflective Beliefs. *Mind and Language*. 12. 67 – 83.

Sperber, Dan & Deirdre Wilson. 1985. Loose Talk. *Proceedings of the Aristotelian Society* LXXXVI: 153 – 71. Reprinted in S. Davis (ed.) *Pragmatics: A Reader*. Oxford: Oxford University Press.

Sperber, Dan & Deirdre Wilson. 1986/95. *Relevance: Communication and Cognition*. Oxford: Blackwell (second edition with Postface, 1995).

Sperber, Dan & Deirdre Wilson. 1998. The Mapping Between the Mental and the Public Lexicon. In P. Carruthers & J. Boucher (eds.) *Language and Thought*. Cambridge: Cambridge University Press.

Vega Moreno, R. 2001. Representing and Processing Idioms. *UCL Working Papers in Linguistics* 13.

Wilson, Deirdre & Dan Sperber. 2002. Truthfulness and Relevance. *Mind*. 111. 583 – 632.

Wilson, Deirdre & Dan Sperber. 2004. Relevance Theory. In L. Horn & G. Ward (eds.) *The Handbook of Lexical Pragmatics*. Oxford: Blackwell.

（原载《现代外语》2004 年第 1 期）

词汇语用学的认知视角

——话语中词义缩小和扩大的图式范畴化阐释[*]

董成如

一、引　言

Barsalou(1983)发现，人们在特定情况下，受特殊目的的驱使，会将本不相关的事物归为一类，建立临时专门性范畴（ad hoc category）。例如，起火时人们会将衣物、存款、电器和幼儿等不同认知域的事物和人归属为要拿出去的实体。Glucksberg 和同事（Glucksberg & Keyser, 1993; Glucksberg, 2001)认为，人们对隐喻的理解也是先建立临时性专门范畴，并将隐喻目标归为临时性专门范畴的成员，从而将喻体所体现的临时专门范畴的特征归属到隐喻目标。受此启发，关联理论（Carston, 2002; Sperber & Wilson, 1998)发现，受经济原则驱使，或因现有的语言系统里没有说话人在特定场合下要表达意义的词语，说话人不得不用现有的词汇来传递他所要交流的意义。这样，说话人所要交流的概念往往不同于（小于或大于）语言词汇所编码的意义。听话人则需根据语境知识并在一定的原则指导下，对说话人所使用词语的意义作临时的专门建构，才能把握说话人要传递的具体概念或意义。例如，fish 可表示不同种类的鱼或编码作通指的鱼，但它在(1)中所表达的意义小于其编码意义：fish 表示做宠物的鱼。

(1) He smashed the glass bowl and the fish wriggled on the floor.

相对照而言，(2)的 rectangle 所表达的意义大于其编码意义：它表示所指的草坪近似于长方形，而非几何学所说的对边相等、四角都是直角

---

*　本文是江苏省教育厅项目（编号：04sjb740005)的成果之一。

的四边形。①

（2）There is a rectangle of lawn at the bank.

目前，研究词汇在特定语境下如何表达具体意义及听话人如何理解，已形成了一门新兴学科——词汇语用学（Blutner，1998；Wilson，2004）。② 虽然 Blutner（1998）首次使用词汇语用学这一术语探讨了该学科相关课题如词汇阻遏等，但我们认为，作为语用学的分支学科，词汇语用学主要应该加强对词义在特定语境下是如何缩小和扩大的研究。实际上，Blutner 探讨的一些课题，如话语中形容词的意义，都是词义的缩小现象。

本文下面首先简要讨论语用学理论的有关问题，然后运用图式范畴化理论解释话语中词义的缩小和扩大现象，以为词汇语用学研究提供另一种视角。

二、语用学理论与词义解释

当前，用以解释词义缩小和扩大的语用学理论主要是新格赖斯会话含义理论（Levinson，2000）和关联理论（如 Sperber & Wilson，1998；Wilson，2004 等）。在 Grice（1989）合作原则及准则基础上修正发展的"新格赖斯语用理论"（ibid.）主要解释话语或语词的一般会话含义。当然，该理论能够解释部分词语的词义缩小现象。例如，some 的一般会话含义是 some but not all。但当某个词语含有多个一般会话含义时，该理论既难于对词项的不同意义作出统一解释，也难以对词义在不同程度和不同方向上的缩小做出解释。譬如，and 在不同语言结构里可表达多种会话含义，如例（3）所示：

（3）a. Laurent broke his ankle and went to the hospital.

　　b. She kicked him and he cried.

　　c. She cheated him and he sued her.

---

① 类似的例子还包括 a round lake、a square cake、a triangular face 及汉语的"国字脸"、"三角眼"等。

② 另可参看陈新仁（2005），冉永平（2005）。

d. She took a shower and practiced her singing.

e. She talked to him and found she liked him.

f. She is good-looking and her father is rich.

上列例句中的 and 可作多种含义解释或理解：(3a)的 and = and then(然后)；(3b) = and as a result(结果)；(3c) = and for that reason(原因)；(3d) = and simultaneously(同时)；(3e) = and in the course of doing something(过程)；(3f) = and moreover(此外)。

还有，Levinson(ibid.)的理论不能解释词义的扩大现象。

"关联理论"认为，某个词在话语中只不过提供了通达说话人所要表达概念的线索或指针，它必须在语境中经过缩小或扩大，才能表达完整的具体意义(Carston,2002)。而且，无论词义的缩小和扩大，都是受关联原则驱使的同一语用过程，即听话人遵循省力原则，按可及性等级顺序寻找词汇所要表达并能满足关联期待的具体意义(Sperber & Wilson,1998；Wilson,2004)。例如，tired 可表示各种程度的劳累，而例(4)的听话人 Peter 需根据关联原则将 tired 具体理解为"劳累得不能去看电影的疲劳"。

(4) Peter：Do you want to go to the cinema?

Mary：I am tired.

任何成功的语言交际都离不开关联。关联虽是词义缩小和扩大的一个总的指导原则，但词义的扩大和缩小是否有自身的机制在起作用，尚待进一步研究。关联理论被认为有较强的解释力，但关联不是一个客观上容易把握或衡量的量。这就大大降低了关联理论的可操作性。

三、图式范畴化理论

范畴化是指比较两个或两个以上的实体或结构，找出它们的异同之处并对其进行分门别类的过程。占据西方思想史长达两千多年的经典范畴理论认为，范畴化是根据一组充要条件进行的；范畴成员资格是二分的，即一个实体要么属于或要么不属于某个范畴；范畴中所有成员的地位相等，范畴之间的界限清晰。但过去五十多年的哲学、认知心理学和人类学研究表明，人们是根据实体与范畴的原型成员之间的相似性进行范畴化的;范畴中有中心成员和边缘成员;范畴之间的界限模糊且相互重叠(Lakoff,1987)。但原型范畴理论的主要问题是忽视了人类的概括能力,即从所观察的各种现象中,概括出它们的相似性,并以此为基础对新的现象进行范畴化。

图式(schema)原来指人们长期记忆中关于常规情景的知识结构。认知心理学也运用图式表征范畴的内部结构(Anderson,1980)。Langacker(1987,1990,1999)的图式范畴化理论则认为,范畴化始于原型,因为原型是人们最早或经常碰到、对人们的生存或生活至关重要的实体,并且原型常被当作其他实体与之比较的标准或参照点。其他实体与原型相比较,并因不同程度的相似性有可能与原型归为一类。就在比较归类的过程中形成了范畴和能概括范畴成员共同特征的图式。范畴成员以详细的对比方式体现图式,而图式则摈弃范畴成员的差别,抽象出它们的共性。

对于 Langacker 的图式范畴化理论需作如下几点说明和修正:

1) 图式具有能产性。随着越来越多的成员被纳入某一范畴,图式便取代原型成为接纳新成员的参照点和产生新成员的模板(template)。汉语"河"的原型或原始意义是指黄河。当其他河流与黄河相比较便形成了"河"的图式,该图式又可对任何天然的或人工的水道进行范畴化。图式的能产性是解释词义扩大的基础。

2) Langacker 强调,图式表征的是范畴成员的共性(commonality)。但范畴成员呈现出家族相似性,而共性只是一个特例。所以,图式表征的其实是范畴成员之间的相似性。

3) 在语言社团和语言使用者的心目中,图式具有不同程度的确定性和易激活的固化性(entrenchment)。例如,eat 的图式相对于其成员 eat soup with a spoon、eat beef with a knife、eat noodle with chopsticks、eat nuts with a nut opener、eat an apple by chewing 和 eat an orange by sucking 而言,则更突显,更易激活。而作为天体的 star 和作为名人的 star 更为突显,更具固化性,但概括它们之间相似性的图式则不容易被激活。

4) 范畴是根据原型命名的。因为原型是整个范畴延伸和扩展的基础而具突显性,故而原型常被用来指称整个范畴。

四、图式范畴化与词义缩小

认知语言学持自下而上、基于用法事件的语义观(Langacker,1990,1999)。一个词项的意义便是一个意义范畴——对它在各种用法事件或语境中所表达意义的抽象概括,同时又是表达新的意义的模板。词义的图式化涉及去语境的过程——滤去语境中的特殊意义,抽象化并不断固化的现象在各种语境中反复出现,并在语言社团中产生约定俗成的意义(Langacker,1999)。因此,词义在语义上具有统一性。但在语用上,词义却呈多样性和唯一性,即词义经过语境化后表达的是各种各样且唯一具体的意义。正是这种为语言群体所公认的图式意义,才使得说话人和听话人相互理解和交际的顺利进行成为可能(李洪儒,2005)。

此外,认知语言学持百科知识的语义观。意义等于概念化,即意义包括人们利用不同认知域的经验对一个实体或事件的各个方面、各个维度的认识。对语言意义和语言外意义的任何区分都是人为的、任意的(Langacker,1987)。为了方便讨论,一个词的图式意义可以分为指称意义(denotational meaning)和维度意义(dimensional meaning)。例如,tree 的指称意义是对松树、榆树、橡树、棕榈树等各类树的抽象概括。但在适当语境下,tree 可以具体指称某种树或某棵树。而 tree 的维度意义是指对树的各方面或各维度上的特征或关系的抽象概括而形成的意义,如树的物理特征(形状、构成、高度和颜色等)、生物特点(生长率、根系统、光合作用和落叶等)、用处(用作木材、树荫、食物来源、动物栖息处等)。比如,下列例子中的 tree 分别指树枝或树叶中间(5a)、树荫或树的附近(5b)和树根(5c)。

(5) a. The children played in the tree after school.

b. We had a picnic under the tree.

c. The pirates buried their goods under the tree.

词义缩小也可分为指称意义和维度意义的缩小。在指称意义缩小的情况下,说话人所要表达的意义已包含在词汇编码的图式意义中。听话人只需选择说话人所要表达的意义与图式相似的部分。

例如,人们对"鸟"的认识首先是从认识鸟的原型如麻雀开始;其他类型的鸟与麻雀相比较,并根据与麻雀的相似度纳入到"鸟"的范畴中;这样"鸟"的范畴就包含各种类型的鸟。例(6)都是表示意义缩小的例子,即bird 均指"鸟"范畴中的一个成员。听话人只需从鸟的范畴中选择与语境相一致的成员,就可获得这三句话中 bird 的特定指称意义:(6a)的 bird指日常生活中常碰到的鸟,如麻雀;而(6b)和(6c)中 bird 分别指海鸟和在高空中飞行的鸟,如云雀。

(6) a. As I worked in the garden, a bird perched on my spade.

b. Birds wheeled above the waves.

c. A bird, high in the sky, invisible, sang its pure song. (Wilson, 2004)③

由此可见,指称意义的缩小实际上是词汇在语境中指称图式范畴中的一部分,如图 1 所示。大圆圈表示范畴本身,而每一个小圆圈表示范畴中的成员。箭头表示由于所表达的具体意义与范畴中的某个成员相似而进行的选择。

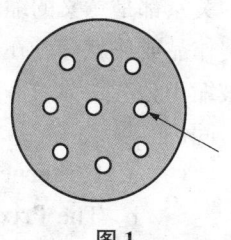

图1

认知语言学的一个重要观念,是作为整体的实体要比实体的组成部分、实体的侧面或特性更为突显。为了投入最少的认知努力传递最多的信息,说话人常用表实体整体的词来表达实体各个维度上的意义,从而产生维度意义的缩小。比如,窗户是由窗框、玻璃、窗台等构成。从(7a)到(7g)中,"窗子"作为整体分别指的是窗框和玻璃、窗洞、玻璃、窗框、可活动的部分、窗台和窗子的空间部分。突显其中任何一个成分都是意义缩小的过程。

(7) a. 建材商下午将窗子送过来。

b. 这间房子太暗了,那面墙上需开个窗子。

c. 他又把窗子打破了。

d. 他在漆窗子。

---

③ Wilson 同时还举了第 4 个例子:At Christmas, the bird was delicious。我们认为这里既涉及指称意义的缩小——根据文化语境将"bird"收窄为某种类型的鸟,如火鸡,又有本文所讨论的维度意义的缩小——将"火鸡"再缩小为"火鸡肉"。本文这里引用 Wilson 的例句,只是为了从图式范畴化角度解释话语中词义缩小的现象。

e. 请把窗子打开，通风透气。

f. 请别坐在窗子上。

g. 他从窗子爬了出去。

维度意义的缩小还表现在，作为实体的整体代表实体的特性。例(8)各句子中的 cat 分别指猫用爪抓破家具的倾向性、反应的灵敏性和打瞌睡的特点。

(8) a. Is this sofa cat-proof?

b. He was saved by his cat-like reflexes.

c. She's taking a cat-nap.

此外，一个实体也是各个方面与其他实体关系的总和，突显任何方面的关系都是意义的缩小。例如，一个奖项基本上涉及到奖金、获奖人、获奖作品或成就等。在例(9)各句中，Prix Goncourt 作为整体其意思分别被缩小为龚古尔文学奖奖金、获奖作者、评审委员会、获奖作品和获奖时间。

(9) a. He turned over his Prix Goncourt to the Red Cross.

b. The Prix Goncourt was congratulated by the president.

c. The Prix Goncourt admitted a new judge.

d. Could you please go and buy the Prix Goncourt for me at Bookstore X.

e. Since his Prix Goncourt, he has become arrogant.

某一事件作为整体也可代表它的不同阶段。例如，(10a)的 construction 表示建造房屋的整个事件，而(10b)和(10c)中的 construction 分别指建造房屋的过程和结果。

(10) a. The house's construction was finished in two months.

b. The construction was arduous and tedious.

c. The construction is standing on the next street.

词汇在话语中表达的意义只是说话人话语意义的一部分。因此，在词义缩小过程中，词义的选择必须遵循协调一致的原则，即所选择的词义须与所处的语境和说话人的意图相一致，同时满足句法和语义等各个方面的限制。例如：

(11) John left the university a short time ago.

这里,John 可指 John 作为具体实体的人,也可指 John 作为社会关系的人;left 可指离开某地,也可指脱离某个机构或辞职;university 可指大学所在的地方,也可指作为社会机构的大学;a short time ago 可指几分钟、几小时或几天之前,甚至可指几个月之前。因此,例(11)每个词义的缩小都必须与前后各词的意义缩小相一致。

具体地说,当说话人选择 John 来表示社会关系的人之时,后面每个词的词义选择都必须与 John 的选择相协调一致:这样,left 的意思就相当于"(跟某机构)脱离关系"或"(从某机构)辞职";university 则指作为社会机构的大学;a short time ago 指几天(或几个月)之前——整个句子表示,John 几天(或几个月)前与该大学脱离了关系或从该大学辞职了;但 John 究竟是几天前还是几个月前从该大学辞职,则需根据具体语境和说话人的意图来确定。但是,如果说话人选择 John 指称的是纯粹意义上具体实体的人,则后面每个词的意义选择都必须做相应的调整,整个句子或表示,John 几分钟或几小时之前离开了该大学所在的地方。

五、图式范畴化与词义扩大

语法化研究表明,语言发展的基本原则是运用现有的语言资源表达新的意义,如利用词素复合、派生出新词,或使用已有的词表达与该词意义相关的概念(Heine, Claudi & Hünnemeyer, 1991)。所谓词义的扩大,是指基于说话人所要表达的概念还没有词汇化,但与语言系统中现有词汇的图式意义部分相似而被纳入词汇的图式意义中,因而相关词汇的图式意义就被扩大了,如图 2 所示。

图 2

图 2 阴影圆圈表示词汇的图式意义(即对现有词汇意义的抽象概括),每个小圆圈表示说话人所要表达的具体意义。重叠部分表示说话人要表达的意义与词汇的图式意义相似。这种相似意义是说话人所要表达的概念被纳入现有词汇图式意义的基础。图 2 的大圆圈表示词汇被扩大了的图式意义。

比如,fly 主要表示鸟和昆虫等生命体利用双翅在空中飞翔,因为风、气流、气球、风筝、飞机、火箭等实体的行为与 fly 的图式意义中的"空中飞翔"相似,这些实体的行为就被纳入到 fly 的范畴或图式意义之中。同时,fly 的图式意义也被扩大了——fly 不仅可指有生命的实体在空中飞翔,也可指无生命体且不用翅膀在空中飞行的行为。当其他实体的行为,如谣言的流传、时间的流逝等,与 fly 图式意义的核心部分——快速行动或行进——相似时,则也可被纳入到 fly 的范畴中。于是,fly 的图式意义可进一步扩大。例如,(12a)至(12c)的 fly 表示具体实体在地面上的快速行进,而例(12d)至例(12g)中的 fly 表示抽象实体的飞速行动或行进。这样,fly 的图式意义被扩大为任何具体或抽象实体的快速行动。

(12) a. He hopped on his bike and flew home.

b. The car flew through the intersection.

c. The dog flew across the yard in pursuit of the intruder.

d. The inspiration flew through my mind.

e. Speculation flew across Washington about who would be indicted or whether Fitzgerald would even bring criminal charges. (Albuquerque Journal Oct 28, 2005)

f. The rumors have been flying around campus and the city over UNM president Louis Caldera's fate at the University. (New Mexico Daily Lobo January 23, 2006)

g. Time flies.

不仅如此,关于图式范畴化理论之于词义扩大,我们还观察到,有些词项的原型意义的心理固化性和语言社团的约定性很强,而其图式意义的心理固化和约定俗成程度不高,但能产性强。比如说,"9.11"原指恐怖分子于 2001 年 9 月 11 日对纽约世贸大楼和美国国防部五角大楼的袭击事件——美国"9.11";但此后"9.11"的原型意义因时地移易而不断扩大延伸。例如,下列句子中"9.11"不是指美国"9.11",而是表达从中比照而抽象出来的图式意义——类似美国"9.11"的恐怖袭击事件:印尼版"9.11"指 2002 年发生在巴厘岛的恐怖袭击;因其中伤亡者大多数为澳大利亚人,故新西兰人不无诙谐地进一步抽象、延伸为"澳洲'9.11'"。

(13) a. 印尼巴厘岛发生大爆炸,印尼版"9.11"④。

　　b. 澳举国悼念巴厘岛爆炸事件,新西兰称其为澳洲"9.11"。

由上推知,虽然"9.11"原型意义的心理固化性很强而其图式意义固化性很弱,但"9.11"的图式意义的能产性很强——可重复地进行扩大延伸。有例(14)为证:下述"9.11"的马德里版、伦敦版、约旦版、俄罗斯版等无疑都是"9.11"图式意义的延伸。

(14) a."基地"认领马德里"9.11":报复西班牙!

　　b. 访爆炸事件亲历者:幸运,我们躲过伦敦"9.11"。

　　c. 约旦"9.11",拉迪森酒店大堂爆炸现场。

　　d. 最近发生的两起空难成了俄罗斯的"9.11"。

图式意义的能产性还远不止于此,非原型成员与图式意义之间不断参照比较,便可不断扩展衍推出新的含义。再举"9.11"图式意义为例:它可进一步发展为指称破坏力巨大的恐惧性灾难袭击事件(如15a);或者指称任何(自然或人为的)巨大损失或失败等诸如此类的事件(如15b,c)。

(15) a. 天灾"9.11"美国"卡特里娜"飓风。

　　b. 梦碎新加坡碧山体育场,中国足球遭遇"9.11"。(《体坛周报》A3 2006-9-13)

　　c. 中国足球的"9.11"。(《体坛周报》A2 2006-9-13)

图式范畴化同样能解释词汇"隐喻"意义的扩大。隐喻实际上是一种范畴化。当隐喻目标与熟悉、具体的喻体相比较时,便形成隐喻范畴和能概括喻体与隐喻目标相似性的隐喻图式(Taylor,2002)。简言之,隐喻图式意义的扩大可以产生新的隐喻表达式。例如,prison 原指囚禁犯人,使其不自由、不能逃脱的地方;但当 prison 表达的"不自由"或"难以摆脱"的意义,跟某种社会关系如婚姻(16a)、身体残疾如(16b)、

---

④　(13a)-(15a)这 7 个例句都是网络语料,分别来自: www. nanfangdaily. cn/
southnews/zt/gjzt/yini007/200312161633. aspwww. pdf. sznews. com/gb/content/
2002-10/14/content_1421801. htm;www. news. sina. com. cn/w/2004-03-13/
02072035655s. shtml;www. news. fjii. com/2005/07/08/321866. htm;www. bbs.
tiexue. net/post_936971_1. html;www. beijingreview. com. cn/2004-36/200436-
world1. htm;www. cxnews. cn/gb/node2/node3/node21/userobject1ai255. html.

职业和学业如(17a,b)相比照联系之时,便可产生新的意思。不难看出,(16)和(17)的 prison 已不是指它的原型意义——监狱,而是指从喻体和目标中抽象出来的隐喻意义,即指难以摆脱的某种关系和难以逃离的某个地方,等等。

(16) a. She felt that her marriage had become a prison.

　　 b. Now that he was disabled, his house had become a prison to him.

(17) a. My job is a prison.

　　 b. Tom hates school, it is a prison to him.

从听话人角度而言,词义的扩大正是基于说话人要表达的具体意义与现有词汇的图式意义部分相似并根据与语境相一致的原则进行的。试看下例:

(18) The steak is raw.（uttered in a restaurant）

本来 raw 的编码意义是指"生的、未烹煮过的(食物)",而例(18)的说话人要表达的意义是"牛排虽煮过但几乎是生的(即未熟透)";但为了避免冗长表达并因"几乎生的/未熟透的(牛排)"与"生的(牛排)"之间具有相当的或部分的相似性,所以,说话人为省力而选用了 raw 来传达上述具体意义。然而,听话人则需要根据语境意义和知识——餐厅服务员所放在桌上的、已烹煮过的具体牛排——来建构或理解说话人所要表达的特定意义,即"(牛排)生的"程度。

六、结　　语

词义的缩小是因为说话人所要表达的概念已包含在词汇的图式意义中。为了避免啰嗦或冗长表达,即受经济原则驱使,说话人选用了现有的词汇代表所要表达的具体意义。词义的扩大是因为说话人所要表达的意义不包含在已有的词义中,但与词汇的图式意义部分相似而被纳入词汇的图式意义之中,即被范畴化,因而词汇的原来意义被扩大了。无论是词义的缩小还是词义的扩大,都是基于说话人所要表达的概念与现有词义的部分相似而进行的。正是基于词语的这种部分相似性,听话人才得以理解被缩小或扩大的言语词义。

参考文献：

Anderson, J. 1980. *Cognitive Psychology and Its Implications*. San Francisco: Freeman.

Barsalou, L. 1983. Ad Hoc Categories. *Memory and Cognition*. 11. 211 - 227.

Blutner, R. 1998. Lexical Pragmatics. *Journal of Semantics*. 15. 115 - 162.

Carston, R. 2002. *Thoughts and Utterances: The Pragmatics of Explicit Communication*. Oxford: Blackwell Publishing.

Glucksberg, S. 2001. *Understanding Figurative Language: From Metaphors to Idioms*. Oxford: Oxford University Press.

Glucksberg, S. & B. Keysar. 1993. How Metaphors Work. In Ortony (ed.) *Metaphor and Thought*. Cambridge: Cambridge University Press. 401 - 24.

Grice, P. 1989. *Studies in the Way of Words*. Cambridge, MA: Harvard University Press.

Heine, B., U. Claudi. & F. Hünnemeyer. 1991. *Grammaticalization: A Conceptual Framework*. Chicago: The University of Chicago Press.

Lakoff, G. 1987. *Women, Fire, and Dangerous Things: What Categories Reveal about the Mind*. Chicago: The University of Chicago Press.

Langacker, R. 1987. *Foundations of Cognitive Grammar Vol. I: Theoretical Prerequisites*. Stanford, Cal: Stanford University Press.

Langacker, R. 1990. *Concept, Image and Symbol: The Cognitive Basis of Grammar*. Berlin: Mouton de Gruyter.

Langacker, R. 1999. *Grammar and Conceptualization*. Berlin: Mouton de Gruyter.

Levinson, S. 2000. *Presumptive Meaning: The Theory of Generalized Conversational Implicature*. Cambridge MA: MIT Press.

Sperber, D. & D. Wilson. 1998. The Mapping Between the Mental and the Public Lexicon. In P. Carruthers & J. Boucher (eds.) *Language and Thought*. Cambridge: Cambridge University Press. 184 - 200.

Taylor, J. 2002. *Cognitive Grammar*. Oxford: Oxford University Press.

Wilson, D. 2004. Relevance, Word Meaning and Communication: The Past, Present and, the Future of Lexical Pragmatics. 《现代外语》第 1 期.

陈新仁,2005,国外词汇语用学研究述评,《外语研究》第 5 期。

李洪儒,2005,试论词层级上的说话人形象——语言哲学系列探索之一,《外语学刊》
　　第 5 期。

冉永平,2005,词汇语用学及语用充实,《外语教学与研究》第 5 期。

（原载《现代外语》2007 年第 3 期）

词汇语用学及语用充实*

冉永平

一、引　　言

　　在日常语言交际中,很多词语或结构所传递的信息往往不是其自身编码的字面意义,也不同于其原型意义或原型概念。在语言选择与使用中,人们创造新词、合成新词,或直接借用其他语言中的词语与用法;更突出的现象是,使用中的词语、结构可能出现近似用法、略约用法、喻式用法(如隐喻、明喻、夸张、借代等),而非严式的刻意用法,比如追求词语的原型意义;在话语理解时,人们可以在未知精确词义的情况下,充分利用语境因素去推知、获取某一词语或结构在交际中的语境信息,这在话语理解中很常见。我们认为,类似现象的产生多源于使用中的词语和结构在特定语境中的语用化现象。对此,心理语言学、词汇学、语义学及语言哲学等有不同解释。我们也可从语用语言、社交语用、认知语用等视角进行诠释,不过目前还缺乏系统分析,本研究的目的在于进行类似尝试。为此,我们将以使用中的词语为基础,探讨它们在特定语境条件下的语用充实。

二、原型语义观

　　语义学是以研究意义为核心的语言学分支,词义、结构义、语义关系等是讨论的焦点,其中也涉及概念、类属、语义范畴,但主要是在偏离语境因素的条件下进行原型语义的阐释。原型语义学主要源于维特根斯坦有

*　作者感谢英国(UCL)的 Deirdre Wilson 教授对本课题"词汇语用学"的支持与帮助。本文曾在中国语用学研究会第二届年会(2004 年 12 月,福州)上宣读,发表时有所修改。

关语义范畴的家族相似性原理。在维氏(1996)看来,语义范畴是由相似关系所维持的内在结构,也即语义范畴中各成员之间的联系是有理据的。以 Rosch 为代表的认知心理学家在语义原型论(prototype theory)中指出,词义以原型范畴的形式而存在,其中范畴由原型和边缘构成,原型是每一类事物或事件中最典型或最具代表性的个体,而边缘则由非典型的个体构成。有学者将原型视为语义表征的最佳方式。据此,对某个范畴的理解是围绕范畴的原型展开的,然后再由该原型逐渐拓展开去。因此,在话语等信息处理中,词义理解也是从寻找原型意义或原型特征开始的。例如"鸟"的原型特征包括有嘴、有羽毛、有翅膀、会飞。我们可根据类似原型特征去解释"鸟"的意义,并将它与其他动物区分开来,因为原型特征匹配就是原型语义观的主要思想。它对分析语义、句法、概念、时态等范畴具有一定的解释力,也是原型论等认知语言学理论受到人们关注的主要原因。

不过,语言使用与理解受制于语境因素,我们不能抽象地讨论某一词语或概念的原型特征。而且,认知范畴的原型并非固定不变,会因语境的变化而不同。为此,话语理解必须参照特定的语境,特别是具有喻式用法的词语、结构,同时还需结合相关的背景信息等百科知识。

三、词 汇 语 用 学

词汇语用学(lexical pragmatics)是 20 世纪末国外语言学研究中出现的一个新概念(Blutner,1998),主要关注语言使用中不确定性词义的语用处理。它涉及语用学与语义学(尤其是认知语义学)、词汇学、认知语言学等之间的界面研究,包括词义的语用收缩和语用扩充等信息加工,特别是话语理解中特定词汇信息的语用处理;如何对交际中的词语、结构进行语用处理,尤其是影响语用处理的社交语用制约和认知语用制约因素与选择方向,以及如何通过话语中某一特定词语或结构去触发语用推理、确定语用待选信息等。

最近 Wilson(2003;2004a,b)从广义的角度提出了词汇语用学应涉及的主题,比如词汇语义观、交际概念及其作用、词义习得、概念习得及其内在性、词义处理、词汇语用能力的发展等。在很多情况下,由于句法学、语义学等的局限,致使人们从语用学的角度关注使用中的语言选择与理解,包括词语或结构的语境化处理。可以说,词汇语用学所涉及的主要议题是词汇语义学无法解决的。传统词汇学主要关注词项及其静态语义特征、语义关系,而忽略某些异常词项(或词语)、结构在语境条件中的交际意义,这是词汇语义学的弱点。而词汇语用学可从语用语言、社交语用、认知语用等角度探讨交际中的词语使用与理解,属于词汇的多维研究。词汇语用学所关注的重点是交际中的类似语用触发语(pragmatic triggers)。虽然信息处理以语境中的话语或言语行为为单位,但往往就是其中某个词汇或局部结构的出现,传递了特殊的交际信息或用意;有时喻式用法的出现也是因为某个词汇或局部结构的缘故。例如:

(1) 巴特尔正式签约尼克斯,中国三大长城 NBA 重聚首。

(2) 中国足协工作不力,对足球环境的<u>不干净</u>负不可推卸的责任。

此处的"长城"和"不干净"属于喻式用法,而非原型用法。话语理解也会因为类似词语的出现,需要听话人付出更多的语用推理等认知努力。例(1)中"三大长城"喻指王治郅、姚明和巴特尔三位在美国 NBA 效力的中国篮球运动员,因而"长城"远离其原型特征;例(2)中"不干净"也属于喻式用法,喻指与足球有关的黑哨、赌球、假球等隐含信息,而非其原型意义。类似现象为词汇语用学提供了很好的事例,因为词汇语用学的最终目的在于解释话语理解中如何对词语或结构的语义信息和其在使用中语境信息之间的信息差进行语用搭桥,即如何对它们进行以语境为依托的语用充实。

可见,我们很难根据原型特征或原型意义去解码类似词语或结构在特定语境中的交际信息,这也是原型语义观的一个缺陷。就交际中的某一词语或结构而言,语义学在于对它们与编码概念之间的关系进行诠释,而语用学则在于说明交际概念与编码概念之间的区别。在脱离语境的情况下,词语一般具有多义性、指向的不确定性等,因而出现歧义、模糊等现象,这势必要求听话人在话语理解时进行以语境条件为基础的意义选择与调整。类似的语用信息加工属于语用充实过程,包括特定语境中词义的语用收缩与扩充。人们习惯将词义的缩小与收缩、延伸与近似用法、喻式用法等看成不同的语用过程,因为它们之间缺乏描写与诠释的共性,但以认知语用分析为基础的学者,比如 Carston(1996, 2002b)、Wilson(2003)等,则将它们视为同一语用过程的不同结果,该过程专门对使用中的词义进行收缩、扩充等语用加工。这是词汇的语用学研究。

不过,从现有成果来看,词汇语用学还未形成统一套路与探索模式,更缺乏不同语言之间的词汇语用比较与对比分析。然而,根据国际语用学的最新发展趋势与词汇语用的可探索范围,作为语用学的一个分支,词汇语用学的出现已具备充足的依据(冉永平,2005)。

四、两种语用充实

话语理解等信息处理不是一个简单的信息编码与解码过程,也非寻找原型意义或原型特征的过程。作为交际主体的听话人需根据语境条件对目标话语进行不同程度的语用加工。这一过程称为"语用充实"(pragmatic enrichment),包括词语、结构及整个话语在特定语境下的语用收缩和语用扩充。下面我们围绕词语或结构的语用充实进行讨论。

4.1 语用收缩

词义的语用收缩指交际中某一词语所编码的意义在特定语境中的特定所指,是其意义在语境中所指范围或含义的缩小。根据词典释义,某一词语或结构所表达的意义可能是多义的,且有的词语所承载的信息可能具有很强的概括性或含糊性,但使用中该词语的选择及其意义的理解具有语境顺应性,因而理解话语时听话人必须进行语用加工。比如"长"被释义为"两点之间的距离大"(《现代汉语词典》,2002:215),且有程度之分,可指空间信息,也可表时间信息,但在理解话语时,面对不同的语境条件,听话人对整个话语进行语用加工和对该词语进行意义收缩的条件是不一样的。例如:

(3) a. 你的头发太<u>长</u>,该剪了。

　　b. 长颈鹿的脖子很<u>长</u>。

　　c. 白云机场的飞机跑道很<u>长</u>。

(4) a. 把纸放进颜料以后,纸就变<u>红</u>了。

　　b. 他一跑步脸就发<u>红</u>。

　　c. 这西瓜没熟,还不<u>红</u>。

　　d. 我喜欢买<u>红</u>苹果,不喜欢青苹果。

在(3a)-(3c)中"长"传递的信息不同,不仅因为它是形容词,主要是语境条件不一样,这制约了听话人对其意义的选择与理解,决定了对其程度进行语用收缩的方向与参照点不同。同样,例(4a)-(4d)中不仅"红"表示的程度不同,更重要的是所指范围的差别。它也很难依据词典释义进行解读,如《现代汉语词典》(2002:802)中"红"被定义为:a. 像鲜血或石榴花的颜色;b. 象征喜庆的红布;c. 象征顺利、成功或受人重视、欢迎;d. 象征革命或政治觉悟高;e. 红利。如果仅参照类似释义,我们无法对(4a)-(4d)进行语境条件下的合理解释,只有(4a)更接近"红"的原型意义(比如词典释义 a),(4b)-(4d)中"红"不仅远离以上释义,且所指范围也存在差异,存在部分与整体之间的关系,(4b)和(4d)体现的是表面特征,而(4c)则表示内在特征。类似信息加工就是一种在特定语境条件下的语用充实,某一词语在话语中表达的信息就是受制于该语境的语用信息。再如:

(5) a. 下课后,同学们纷纷回家了。

　　 b. 因一胜、两平、两负,申花队的球迷要求主教练下课的呼声越来越强烈。

　　 c. 如果企业经营不善,我会主动下课的。

(6) a. 本架飞机很快就要着陆了。

　　 b. 刘翔希望自己尽快着陆,否则明年将一无所成。

　　 c. 中国已顺利进入经济软着陆的快车道。

(7) a. 由于股市疲软,短时间内估计很难解套。

　　 b. 大陆和台湾之间的紧张关系可望得到解套。

　　 c. 老王离婚了,这下可真解套啦!

例(5)-(7)中"下课"、"着陆"、"解套"的交际意义都是在各自原型意义的基础上,参照特定语境条件进行的语用收缩。意义或所指范围的缩小受制于特定的语境条件,是在该条件下进行的语用加工,其中只有(5a)、(6a)、(7a)中的"下课"、"着陆"、"解套"才具有原型特征,其他都远离原型意义,因而话语理解等信息处理并不是一个寻找原型意义的过程。

　　语用收缩确定话语中某一词语或结构在特定语境条件下的交际信息,而非编码意义,即对词义限定,确定其交际信息。比如将(8a)中的"酒"缩小为"二锅头",类似处理在于突显某一词语的语境信息,而非上下义的语义关系。

（8）a. 东北人喜欢喝酒。

  b. 东北人喜欢喝二锅头。

面对以上现象，我们想知道：话语理解中引领人们对某一词语或结构的交际意义进行语用收缩的触发因素是什么？语用收缩的方向是如何确定的？语用收缩何时终止？据此，我们可进一步追问：语用收缩是否体现了不同语言中信息处理的一种共性？

总的来说，语用收缩是为获取最显著语境效果的一种语用信息加工，对某一词语或结构的意义进行语境条件下的语用收缩目的在于使其意义更加具体化、语境化。该过程涉及推理，且与话语理解中会话含意的推导过程没有什么区别（Cruse，2000）。在传统语用学或言语行为的研究中，收缩往往被视为某一词语或结构的原型意义的理解过程，比如 Levinson（2000）将该过程视为一种默认的推理过程，寻求某一词语或结构在特定条件下的原型意义。就此而言，Wilson（2003）认为 Levinson 的思想存在某些悬而未决的问题，如词语的收缩有程度、方向之分。例如：

（9）a. As I worked in the garden, *a bird* perched on my spade.

  b. *Birds* wheeled above the waves.

  c. *A bird*, high in the sky, invisible, sang its pure song.

  d. At Christmas, *the bird* was delicious.

因为语境条件不一样，听话人对"bird"的原型意义进行语用收缩时的方向自然有所区别。在（9a）中它可指小麻雀，（9b）中指海鸥，（9c）中指云雀，（9d）中则多指鸡肉，而非鸟肉。听话人对相关语用信息的收缩就会有明确的导向，即存在语用搜索的方向，否则话语理解难以实现或漫无边际。因此，仅根据原型特征进行交际信息的语用选择是有缺陷的。

根据以上例释，我们可将词语的词典释义、编码意义和它们在语境条件下经过语用收缩之后所表达的交际信息或语境意义之间的关系简单图示如下：

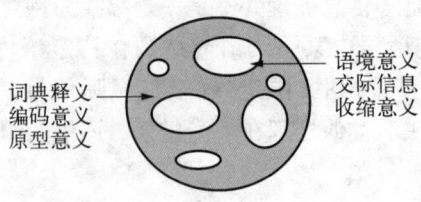

4.2　语用扩充

语用扩充就是原型意义或常规意义的语用弱化、延伸。交际中某一词语传递的信息通常不是其词典意义,也不仅是结构的组合意义,存在原型意义的语用弱化与扩散,即在话语理解时听话人可能选其在特定语境条件下的延伸意义、非刻意的松散意义,也包括类别的延伸与扩展。这说明交际中存在词义或结构意义的语用扩充。比如,近似用法(如例10-11)、喻式用法(如例12-13)就是一种语用扩充现象,因为在很多情况下说话人并非刻意追求某一词语或结构的精确信息,存在信息表达的近似与松散现象。

(10) They all like to play with the *bald* man.

(11) France is *hexagonal*.

(12) 在大家面前,茜茜表现得像个<u>公主</u>。

(13) 老王简直就是一头<u>老黄牛</u>。

以上话语中"bald"、"hexagonal"、"公主"和"老黄牛"的原型意义并非是说话人希望表达的精确信息,因而听话人往往也不会去解读它们的刻意用法(即字面意义)。例(10)中"bald"和(11)中"hexagonal"都不表示严格意义上的秃头和包含六个30度角的标准六边形,属于一种近似用法;例(12)属于喻式用法,并不表示所指对象就是一位公主,而指她具有公主的某些特征,比如傲慢、漂亮、有教养或温柔等;例(13)也不等于说明从生理等方面看老王是一头老黄牛,而是指他具有牛的某些特征,比如强壮、结实、吃苦耐劳、忍让等,是其特征的延伸与喻指。再如:

(14) 数学老师在黑板上画了一个<u>圆圈</u>后,就开始讲解什么是直径和半径。

(15) 学生围成一个<u>圆圈</u>,继续听着老师的讲解。

例(14)中的"圆圈"应是典型的、具有几何意义的圆;而例(15)中"圆圈"则不能被理解为几何意义上的圆,只可能表示近似于圆的信息,是原型意义的一种语用扩充。近似用法在日常交际中较为常见,比如语用含糊,也涉及信息的语用扩充。在多数条件下,无论话语生成还是话语理解只需追求近似或含糊信息,便可成功地实现交际;同时某些词语或结构往往具有近似用法的特征与趋向,如"12"和"一打",虽然它们具有基本相同的语义信息,但在实际运用中后者更趋向于含糊,并非一定表示数学信息"12",属于近似概念。

因此,词义的语用扩充就是某一词语的原型意义在特定语境中被弱化、泛化的过程。最典型的现象就是词语的近似用法、含糊用法、原型意义的非刻意用法,以及类别的延伸等。再如:

(16) 我每月可挣2,000 块。

(17) 你们都看到了吧,8 号毕妍就是我们队的齐达内!

(18) 说到牛仔裤,我最喜欢鳄鱼。

例(16)中,当"2,000 块"表示2,000 多块或接近于2,000 块时,是约略用法;例(17)中的"齐达内"属于人物借代,可视为人物类型的延伸,表示像法国足球明星齐达内那样具有娴熟技巧的足球队员;例(18)中"鳄鱼"表示商标,是其类别的延伸。可见,类似词语或结构在特定语境中已非刻意的原型用法,而是语境条件下意义的语用扩充与延伸。就交际目的而言,说话人追求的通常不是精确信息,而是近似于精确的约略信息。

以上我们只讨论了约略用法、近似用法、喻式用法等的语用扩充,交际中它们所表达的信息与其原型意义或编码信息之间存在不同程度的差别。此外,有些用语在一定时期或范围内特指某一人物、事件或事物,但随着时间的推移,其适用范围逐渐扩大。我们将类似现象称为"类别延伸",也是一种语用扩充。例如:

(19) Iraq didn't become *Vietnam* during the Gulf War.

(20) Roger Federer is the next *Sampras*.

(21) 董方卓将成为下一个郝海东。

(22) 我还想为国家多培养几个刘翔,希望为中国田径再做点事。

例(19)中"Vietnam"指20 世纪60、70 年代美越战争时期的越南,而非当代的越南;例(20)也并非断言"Roger Federer"就是网球明星Peter Sampras 本人,而是泛指像Sampras 那样的网球明星;同样,例(21)中"郝海东"也非现实中的其人,而是借指具有精湛球技的足球前锋;例(22)中"刘翔"也不是指原型的刘翔本人,而是由其延伸出来的田径运动员。可见,"Vietnam"、"Sampras"、"郝海东"、"刘翔"等所指范围已经扩大,原型所指得到延伸。类似现象的出现自然会对信息接收、话语理解产生影响,因为它们传递的信息或表示的概念已超出原型所指,话语理解时听话人势必要付出比获取原始意义更多的认知努力。

　　我们将以上词语或结构出现的略约、近似、喻式等非刻意用法以及类别延伸统称为"语用松弛"现象，都属于语用扩充。某一词语或结构的词典释义、编码意义属于非语境意义，扩充后的交际意义则是一种语境信息，也可能是原型意义的延伸与扩充。它们之间的关系可简单图示如下：

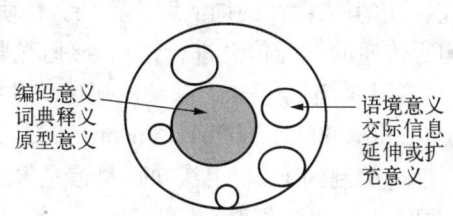

编码意义
词典释义　　　　　　　语境意义
原型意义　　　　　　　交际信息
　　　　　　　　　　　延伸或扩
　　　　　　　　　　　充意义

五、语用充实的关联性阐释

　　词语、结构的意义及其所指范围的扩大、延伸或缩小，都涉及以语境为基础的语用加工。具体而言，某一词语、结构在特定语境中所表达的交际信息越是偏离其字面意义、编码意义或原型特征，说话人和听话人之间就愈难形成认知上的相互照应，自然容易出现理解困难，也容易产生不解，甚至误解，同时听话人处理信息时所付出的认知努力也随之增多。因此，词汇语用学的主要目的是对话语理解中人们对某一词语或结构进行语用加工（比如语用收缩或扩充）的触发因素进行解说，尤其是语用收缩或扩充的方向、何时终止等。话语理解既涉及语境因素的语用分析，便离不开推理和调用认知百科信息等认知加工。因此，词汇的语用处理也是一个语用—认知问题。

　　根据关联语用论（Sperber & Wilson，1995；Carston，2002b；Wilson & Sperber，2004），言语交际中信息处理时语用收缩或扩充后所获取的也是显性意义，而非隐含信息。这不同于 Grice 含意理论可能对语用收缩、语用扩充和寓意用法等现象的解释。比如，（23a）经过语用扩充后可得（23b），在特定语境条件中（23b）可隐含信息（23c），但根据 Grice 的语用论，（23b）就是一种隐含信息，而 Sperber 和 Wilson 及 Carston 等认知语用学者却将（23b）视为一种显性意义，只有（23c）才算是隐含信息。

(23) a. 水开了。

b. 水快开了。

c. 该关火啦。

上例说明,面对同一种语用现象以及不同的语境特征,人们必然会产生不同理解。就交际中的词义及其语用信息加工而言,我们势必需要寻求更具概括性、灵活性以及语境依赖性的词汇解说路径。在话语理解中,如何对某一词语或结构所传递的交际信息进行语用处理,尤其是语用处理的触发因素、选择方向等因素,至今仍未有系统的探讨。以关联语用论为依托,近年来 Carston(1996,2002a,2002b)、Wilson(2003,2004b)等学者试图解说如何在关联期待的制约下,利用认知百科信息等对词汇理解进行语用收缩与扩充,并取得了一定的研究成果。

根据关联语用论,关联性是输入到认知过程中信息的一种特性,它是根据认知付出和正面认知效果进行衡量的。正面认知效果是听话人根据语境假设对输入信息的处理结果,比如产生新的语境含意、改变或加强现有的语境假设等;认知付出就是产生认知效果所付出的努力,比如调用百科信息、推理等。在同等条件下,某一话语或信息产生的正面认知效果越大,其关联性就越强;反之,关联性就越小。同时,根据关联语用论的认知原则,人类认知系统往往关注具有最大关联性的信息,即在面对输入信息时,人们的感知机制会自动选择具有潜在关联性的信息,记忆提取机制也会自动选择具有关联性的语境假设,同时推理系统也会对这些信息进行有效处理。为此,说话人等交际主体便可在一定程度上进行预测:听话人会关注什么信息?可能利用哪些认知语境假设进行处理与推导,并会得出什么结论?另外,根据关联语用论的交际原则,话语理解中听话人一般会认为说话人提供的信息是关联的,即不会无缘无故提供信息,至少是值得听话人注意并处理的。为此,听话人会选择最省力的方式,对话语的显性意义进行语用加工,包括本文所讨论的语用收缩和语用扩充,然后据此推导其隐含信息,直至获取所期待的关联性结果,理解便告结束。

以上关联语用论的话语理解观可对词汇语用学产生重要影响。第一,说话人意义或交际意义不是解码意义,而是非显性的推理信息,词语、结构等的语言编码意义仅是获取说话人意义的一种线索。第二,无论获取刻意的字面意义还是喻意信息,都涉及寻找目标信息的关联性,同时话语的显性意义、语境假设、认知效果等之间需要相互调节与顺应,并遵循最简认知处理路径。同理,交际中词语的语用处理也遵照了类似的信息处理路径,词语的语用扩充与收缩也是以关联选择为取向,当听话人寻找到某一词语在话语中的关联性时,即关联期待得到满足,词语的语用处理随即停止。因此,根据关联语用论,语用收缩就是一个寻找关联信息的过程。具体而言,听话人根据某一词语的编码意义或原型意义去选择、确定其所期待的,并具有关联性意义的过程,同时结合说话人选择该词语所在话语的特定关联期待,比如根据交际对象、时间、地点等特定语境因素所产生的期待。当某一词语可产生多个待选意义时,比如,"他喜欢喝酒"中的"酒"可指米酒、啤酒、葡萄酒或二锅头等,需要听话人进行语用收缩。此时听话人所遵循的仍是最简认知处理路径,根据话语本身、人称所指对象的背景信息及其语境假设,去选择"酒"在该话语中的最佳关联指向。如果听话人知道所指对象是一个东北人,那"酒"会被理解为白酒或二锅头,这就是他所期待的最佳关联信息,此时的白酒或二锅头就是该话语中"酒"在特定语境中语用收缩的结果。

同理,借代、夸张、约略、隐喻、类别延伸等非刻意用法的语用扩充,也是一个寻找关联性的过程,而非遵循 Grice 语用论的信息处理路径:听话人首先获取话语的字面意义或明说信息,如果违背了合作原则中的某一准则,则推导其隐含信息。而在关联语用论看来,听话人无须首先解析词语的字面意义、原型意义,该词语等明示刺激仅是激活听话人相关语境假设的导线,听话人就是根据该明示刺激以及(非)语言语境所激活的语境假设进行选择。此过程也是按照最简认知处理路径进行的,寻找关联信息是制约听话人进行语用收缩和语用扩充的基础,其间的语境假设、输入信息和认知效果等之间相互调节;对于某一词语或结构,一旦听话人认为自己寻找到足以关联的语境信息,语用收缩或语用扩充即告停止,而不会无限延续下去。例如:

(24) 王总就是我们的诸葛亮!

其中"诸葛亮"属于喻式用法,肯定不等于原型的诸葛亮,因而不能对其进行原型意义的解读,属于类别延伸,需要进行语境条件下的语用扩充。作为一个编码概念,"诸葛亮"所起的作用就是激活人们有关原型诸葛亮的认知语境信息,包括有关诸葛亮的百科信息,并结合该话语的语境信息,尤其是其中"王总"所属的人物特征,再从"三国时期的诸葛亮"、"狡猾的诸葛亮式人物"、"善辩的诸葛亮式人物"、"足智多谋的诸葛亮式人物"等待选的语用扩充项目中进行关联语用选择,确定最佳关联项。

简言之,交际中某一词语或结构经过语用扩充以后,所表现的语境意义就是交际信息,是其原型意义在特定语境条件下的弱化或延伸与扩展,而不是其词典释义的直接再现。原型意义仅是信息理解的一种参考,在特定语境因素的制约下,构成语用扩充的导向,听话人往往需要对特定词语、结构的关联特征进行选择,排除特定语境中的非关联因素。因此,从信息处理的角度看,无论语用收缩,还是语用扩充,都是信息处理的认知过程,需要在认知上付出一定的推理等努力,交际主体所追求的也是一种认知效果。

六、结　　语

总之,无论语用收缩,还是语用扩充,都是语言使用中某一词语或结构的语境语用化现象。以上我们结合实例,揭示了原型论在诠释日常语言交际中词语选择与理解方面的缺陷,尤其是语义收缩、语义扩充等方面的不足,并从语用学的角度分析了影响词语等选择与理解的部分因素,目的在于说明词语的使用与理解不仅是一个语言问题,更是一个语用与认知问题。

参考文献:

Blutner,R. 1998. Lexical Pragmatics. *Journal of Semantics*. 15. 115 - 162.

Carston, R. 1996. Enrichment and Loosening: Complementary Processes in Deriving the Proposition Expressed? *UCL Working Papers in Linguistics*. 8. 205 - 232.

Carston,R. 2002a. Linguistic Meaning, Communicated Meaning and Cognitive Pragmatics. *Mind and Language*. 17/1 & 2: 127 - 148.

Carston,R. 2002b. *Thoughts and Utterances*. Oxford: Blackwell.

Cruse,D.A. 2000. *Meaning in Language*. Oxford: Oxford University Press.

Horn, L. R. & G. Ward. 2004. *Handbook of Pragmatics*. Oxford: Blackwell.

Levinson, S. 2000. *Presumptive Meanings: The Theory of Generalized Conversational Implicature*. Cambridge, MA.: MIT Press.

Sperber, D. & D. Wilson. 1995. *Relevance: Communication and Cognition*. Oxford: Blackwell.

Wilson, D. 2003. Relevance and Lexical Pragmatics. *Italian Journal of Linguistics/Rivista di Linguistica*. 15/2. 273 - 291.

Wilson, D. 2004a. *New Directions for Research on Pragmatics and Modularity*. Proceedings of the Athens Conference on Reviewing Linguistic Thought: Perspectives into the 21st Century.

Wilson, D. 2004b. Relevance, Word Meaning and Communication: The Past, Present and Future of Lexical Pragmatics. *Modern Foreign Languages*. 103/1. 1 - 13.

Wilson, D. & D. Sperber. 2004. Relevance Theory. In L. R. Horn & G. Ward (eds.) *The Handbook of Pragmatics*. Oxford: Blackwell.

冉永平,2002a,认知语用学的焦点问题探索,《现代外语》第1期。

冉永平,2002b,认知语用学探微,《外语学刊》第4期。

冉永平,2004,《语义学与语用学：语言与话语中的意义》(*Semantics and Pragmatics: Meaning in Language and Discourse*)导读,北京：北京大学出版社。

冉永平,2005,当代语用学的发展趋势,《现代外语》第4期。

维特根斯坦,1996,《哲学研究》,李步楼译,北京：商务印书馆。

（原载《外语教学与研究》2005 年第 5 期）

名动转用与语用推理

高 芳 徐盛桓

一、引 言

　　名词临时转用作动词（名动转用）是英语一种活跃的构词法。过去对英语名动转用的研究大多关于构词规则方面。20 世纪 70 年代以来，对名动转用语义方面的研究有不少进展。徐盛桓在《名动转用机理研究》（待刊）一文对这方面作了综述，并且对名动转用的深层机理进行了探讨，认为可以从如下三个方面对名词之所以可以临时转用作动词的深层机理做出说明：（1）名词的语义内容含有若干表动作的语义成份是名动转用得以实现的语义基础；（2）名动转用句表达式的建构有一个含意内化的过程，转用后的句义是经由语用推理来把握的；（3）转用后的语句表达式是功能代谢的结果。由于篇幅所限，该文对（2）、（3）点未作详论。本文拟对名动转用的语用推理问题作一探讨，认为名动转用句的句义是由表达式的显性表达（例如 cushion the chair，记如 xy）同内化于该显性表述的隐性表述（PUT... ON...）相互协同，才达成相对完备的表达：PUTx ONy。名动转用中的语用推理，就是要推导出内化于显性表述中的隐性表述和找出显性表述、隐性表述二者协同的方式。我们研究名动转用与语用推理，是试图找出其中的规律性的表现，以便加深对名动转用机理的认识，掌握名动转用句解读的策略，同时也可以从中对隐性表述问题作进一步的考究。对于"隐性表述"，徐盛桓（1998）曾说明，他对含意理解为隐性表述。因此，这里对隐性表述的考察，就是从名动转用表达式这种特定的显性表述的视角来考察含意。我们希望这一特定的视角有助于对含意的理解。

二、名动转用概说

名动转用句语法上的特点是：一个属于名词范畴的词临时转为属于动词范畴，成为句子句法形式上的谓语动词。我们将转用的名词称为"原生名词"；句中形式上的动词原是由它"生"成的。原生名词成为谓语动词后，已有了动词形式上的特征和动词的语义。例如：

(1) My sister Houdini'd her way out of the locked closet.（引自 Clark and Clark, 1979。注：本文英语名动转用语例均引自该文）

Houdini 原是一个专有名词，是一个人的名字，他是美国 20 世纪 30 年代一个有名的魔术师，以表演快速挣脱捆绑从被锁的密室逃脱的魔术著称，在美国家喻户晓。该词在(1)转用后，从形式上说，它具有表动词过去时的形态变化；从语义上说，它衍生了动作义。它所衍生出的动作义，以 Houdini 所体现的典型动作为基础。Houdini 以善于挣脱捆绑逃脱而闻名于世，"挣脱出逃"就成了 Houdini 这个名字的特征，提到这个名字，人们就想起这一动作。这一动作就成为 Houdini 的一部分，因而这个专名也就包含表这一动作的语义成份，例(1)就以这样的语义成份成为名动转用的语义基础，所以徐盛桓（待刊）指出：名动转用有赖于名词里含有表动作的语义成份。同这语义过程相联系，动词里也含有表事物的语义成份。我们称这两个互相联系的语义过程为"名动互含"。例如，某一类的动作会以某一类的事物为其"对象"，表这一类动作的动词就会含有表以某一类事物为"对象"这一语义成份；反过来，这(些)类事物的名词也含表这一类动作的语义成份。在一定的语境中，表这一动作的语义成份就成为有关名词临时转用作动词的语义基础。例如 bed-spread the bed、sty the pig、soap-and-water one's hands 中，bed-spread 可作［放置］的"对象"、sty 可作［圈养］的"目的地"、soap-and-water 可作［清洁］的"工具"，这几个名词就分别寓有方括号里的动作义。语言运用者把握住这样的语义内容，作为说话人就可以创造出这一名动转用的用法，作为受话人就可以理解这一用法。

像"对象"、"目的地"、"工具"等语义成份，在功能语言学的语义功能中称为谓词的"谓元"。不同的理论模型对这些语义成份分出的数目、分

类、命名不尽相同,但都把它们看作是句法语义范畴。根据我们的观察,下面的三大类九小类的语义成份同名动转用有关:

主事:施事、当事

受事:对象

涉事:结果、工具、终止点、目的地、始源、方式

这些我们在徐盛桓(待刊)都作过较详的说明,这里就不再重复了。

表动作的语义成份也可以分为若干类,如上面放在方括号里就是其中一些这样的语义成份。这些语义成份同表事物的语义成份一样,也都是句法语义范畴,是表动作的句法语义范畴。

不同类的事物对同一个(类)动作其关系的密切程度是会不一样的。例如,钥匙是开锁工具;有时一根发卡可以临时用来开锁,一张硬纸片也可以临时用来开门锁,所以这些事物就同"开(锁)"这一动作关系密切;把这些事物同"锁"联系在一起,人们就容易联想到它们同"开锁"(包括门锁)的关系,因而就有 hair-pin the door open,celluloid the door open(celluloid 指用赛璐珞制成的信用卡、电话卡等)。而像"明信片"、"校铃"、"一氧化碳"之类就同"锁"很难有什么关系,表这些事物的名词也就很难作表这一义的名动转用,但却可能同其他动作有密切关系而发生名动转用,如 postcard the friend、school-bell the class to order、carbon monoxide oneself to death。因此,名动转用是有条件的,首先要视其名词所体现的表动作的语义成份的明显程度。转用的可能性同这一明显程度一般成正比。事件发生的时空背景和原因通常可以适用于许许多多类型的事件,例如 on June 20、in the US、for my father 之类,几乎可作表任何事件的时、空、原因的背景。所以,一般来说,这些介词短语用作表时、空、原因状语时,介词短语里的名词在该语境中不作名动转用。

三、名动转用的理解

我们所接触到的 1,300 多个英语名动转用的例子(Clark and Clark,1979)都发生在施动句,而不发生在存在句、性状句和关系句。下面谈到名动转用的语句表达式,只指施动句而言。

英语施动句的句法特征是:无论是及物动词还是不及物动词,这动

词必须是表"动作"的。这样,语句首先要有一个施行动作或发生动作的"主事";如果是及物动词,要有"受事",如果是不及物动词,则通常还要有介词短语表"涉事",以将动作过程补充完备。实施名动转用以后,句子的构成会有所变化,现比较如下:a为名动转用句的例子;b为以此扩展成为通常的句子表达式,表示对名动转用句的理解:

(2) a. He cushioned the chair. (原例只是动词短语 cushion the chair,句子形式是本文作者拟的,下文的各例均同)

    b. He [put] <the cushion> [on] the chair.

(3) a. They touristed through the East Coast.

    b. <The tourists> [went] through the East Coast.

(4) a. He sailboated to the island.

    b. He [went] to the island [in] a <sailboat>.

我们发现,b作为对名动转用句的理解,原生名词既有词义滞留,也有动作义的衍生,前者放在尖括号内,后者放在方括号内。从a、b句的比较可以看到,弄清楚衍生的动作义是怎样产生的,它又是怎样作用于滞留义的,也就把握住了转用句的理解。

我们知道,语句的语义是由进入语句的语义范畴的聚合关系和组合关系的统一来决定的。我们在上文提到三大类九小类的表事物的语义范畴(表事物的语义范畴还可以再归纳出其他一些,这三大类是我们认为它们同名动转用有关,其他的就不在这里提及了),如果将"三大类"看作是第一层级的语义范畴的聚合,"九小类"则是第一层级范畴的次范畴化的结果。九小类的每一类都可以再次范畴化,甚至次次、再次次……范畴化。表动作的语义内容也可以抽象成几大类的语义范畴以及进行次范畴化、次次、再次次……范畴化。例如表事物的语义范畴"对象"可以次范畴化为[清洁]的"对象"、[传递]的"对象"等等;作为"工具"的次范畴,"工具"可以是[运载]的"工具"、[打/碰撞]的"工具"、[破坏]的"工具"等等,而[运载]的"工具"还可以再次范畴化为[空中运载]的"工具"、[水上运载]的"工具"、[陆上运载]的"工具"……,不言而喻,空中、水上、陆上运载的工具分别当然还可以再次次范畴化……。理论上,这样的次范畴化细分是难于穷尽的,可以许多次地细分下去。次范畴的划分是为适应语义组合关系的需要,次范畴的认定是受语义范畴组合关系制约的。语义范畴进入组合关系后,聚合次系统同各语义范畴的组合关系的统一,即范畴意义同关系意义的统一,就得出语句的意义。例如"bed-spread the bed",根据人们对事物一般的常规关系的认识,bed-spread 是[铺放]于 bed 之上的,它是[铺放]的"对象",bed 是[铺放]的"目的地",bed-spread 在 bed 之上(on);"milk the coffee",milk[倒进]coffee 里,它是[倒进]的"对象",其结果是 milk 在 coffee 里(in)。这样,原生名词转用后衍生出的动作义也就呼之欲出了。

范畴化就是分类,次范畴化就是逐层向小类分。分类本来是为了提纲挈领,有利于把握,用简约的类目概括纷繁的现象。但从我们在上面举出的一小部分表事物和表动作的语义次范畴化来看,其实还是十分繁琐的。假如都要从掌握每一事物或每个动作的多种特征入手才能使组合关系中的各次范畴之间配合得当,以求得范畴意义同关系意义的统一,这是一个纷繁的过程。我们运用语句,包括名动转用句,往往是一蹴即就的事,很难想象是一步一步地经过这样细而烦的分析综合过程才得到理解的。我们做过一个非正式的实验,从 Clark 和 Clark(1979)分成九类的1,000 多个例子中每类都抽出一些,共 70 例,打印在一张纸上,请大学英语和英语专业各年级以及研究生共 50 人解读。方法是受试者拿着印有名动转用的测试卷,一边看一边用中文说出意思,不要求准确翻译,只看理解对不对,如 seed the lawn,能说出"把种子放到 lawn 里"也算对了。结果如下:最快的用了 12 分 38 秒,最慢的用了 31 分钟,平均约为 17 分钟,平均每例的解读时间不到 15 秒,答对率为 81.2%。错误或答不出来的原因,主要一是因对有关习惯不了解,二是对一些比喻的说法未能马上领会。如 thumb to LA 答不出来,是因为对在美国加州伸出大拇指(thumb)来示意求搭顺风车这一习惯不了解;window one's view 答不出来,是因为未能领会到 window 作"橱窗"解,而不作"窗户"解,因此,也就很难理解"亮明观点"之意了。学过语义学的研究生并不表现出明显优势。我们由此设想,从原理来说,语句的意义固然可以看成是范畴意义同关系意义的统一;但从认识的策略来说,可能主要不是靠仔细分析组合关系如何限定语义次范畴化来认定的,而是依据一些能体现这样的原理但又较简明而普适性强的策略和方法。研究名动转用与语用推理问题,就是要在这方面作些探讨。

四、名动转用与常规关系

探讨名动转用的语用推理问题，我们以含意本体论的含意观作为基本的理论框架。含意本体论涉及一个核心概念"常规关系"。我们认为，运用常规关系正是名动转用的理解中所依据的简明而又普适性强的策略和方法。

含意本体论(徐盛桓，1996，1997a，b，c，1998)认为，从静态的刻划来说，话语存在着含意这种现象体现为话语的含意性；从动态来说，话语的建构又有一个含意内化于话语的过程，称为含意化。我们将名动转用的理解看作为一个语用推理过程，这是因为在名动转用过程中，随着原生名词"动词化"，原生名词所含的表动作的某一语义成份在各种因素的作用下衍生为动词义并内化于表达式中，成为含意，或称隐性表述，名动转用表达式这一显性表述就成了具有含意性的话语。作为受话人对名动转用这一表达式的理解，就要将话语表达式所指向的逻辑内容通过语境的导向进行推理找出含意。

含意本体论是为研究含意的本原而提出来的一种理论模型，其理论目标是要探求含意是什么、它是怎样产生的。在这之前同含意有关的理论大多是说明含意推导的依据和方法，而含意本体论着眼于对含意的寻根问底，追本溯源。我们这样说并不意味着要分出不同理论的高低。这里没有高低之分，只有理论目标之别，都是朝着进一步揭示人类是如何理解语言作出的努力。含意本体论在新格赖斯含意推导机制有关"常规关系"这一概念的基础上提出一种理论假设，即话语中的含意实质上是对话语显性表述所体现的事物间的常规关系的利用，含意是常规关系的具体内容，对常规关系进行解读就把握住了含意。这是从含意的本原对含意作出的说明。从现象来说，含意表现为话语显性表述的语言单位的形或音或义所承载的"言外之意"。它是一种隐性的"文外之重旨"(刘勰语)。在表达式中它不以概念意义、命题意义的方式直接表示出来，却是可以领悟到的，可以感受到其具体内容的，有如水中之糖，汤中之鲜，是可感知、可体味、可意会的隐性表述。这隐性表述对有关的显性表述有延伸、阐释和补足的作用，共同达成相对完备的表达。试想，如果汽水去掉糖，没有糖对汽水的"补足"，也就难称为"完备"的汽水了。

从这一含意观出发来审视名动转用的含意现象，我们发现，在名动转用中动作义的衍生，是围绕表达式中的原生名词及与之共存的其他一些名词所表达的事物之间的逻辑关系并参照语境而发生的。下面看一些例子：

(5) beard the actor/ beard the oysters

(6) riddle the potatoes/ riddle the door with holes

(7) fleece the sheep / fleece the stones with moss

这些例子的语用推理，就是分别围绕 beard—actor/beard—oysters ((6)(7)仿此)的逻辑关系展开的。在这些关系当中，受话人可以假定，在通常的认知框架内合理的关系就是常规关系，并据此解读从中衍生的动作义即含意。以(5)为例，"胡子"同"男人"(actor 是"男人")之间作为一种常规，是身体部分同身体整体的关系，而这"部分"对于"整体"来说，前者既可从后者"长出"，也可以从后者"去掉"(例如"剃掉")。这实际上已经将动作义衍生出来了："长出"和"去掉"。但在一个具体的句子中如 He bearded the actor，到底是"长出"还是"去掉"，这要参照语境，看看 the actor 此时此刻有没有"胡子"，以此来决定给他"长出"胡子还是给他"去掉"胡子。但是，至此推理还没有完。常识告诉我们，可以由"He"给这人"去掉"(例如"剃掉")胡子，却没听说过可以给别人"长出"胡子的。这就是说，没听说过存在着这样的常规关系，这就不能把这一名动转用的句义理解为诸如 * he made the actor grow a beard 之类。但是，假设根据话语的指向以及语境的要求又的确要求给这人"长出"胡子，这就引导我们进一步推导，以获得另外一(些)可能的常规关系，例如在演戏化妆中的确有给没胡子的演员"长出"胡子的，即画上胡子或戴上假胡子。通过这样的推理，我们最终获得对 he bearded the actor 如上的理解。这个过程告诉我们，通过语用推理对名动转用式获得理解的过程，是一个相继寻找相关的常规关系的过程。理解就是寻找和解读常规关系。表达式的话语与常规关系在语境的干预下相互作用决定了推理的进程与结果。这个过程是一个为寻求理解而进行的信息处理、信息加工的有序过程。每一次寻找常规关系并使之同话语相互作用都反映为这一有序过程的一个阶段，补足或阐释了名动转用的表达式的某些内容，并导致新一轮的"寻找"和

"相互作用"，以至最终达至相对完备的表达。对 beard the oysters 的理解也体现了这一有序的信息加工过程。在牡蛎体内有一排黑而幼的鳃须，beard 即指此。此鳃须是每一个牡蛎都有的，比较讲究的吃法是在烹调前将它剔除，beard the oysters 表示的就是这种做法。在信息加工过程中我们首先处理的是 beard 对 oyster 的这种常规关系：前者于后者有"存在于"的关系（试比较 beard 对 actor 可能的两种关系）；在这一阶段获取这一信息的基础上，还要处理 oyster 对于人类的关系：前者对于后者是"被食用"的关系；在"被食用"之前 beard 对于 oyster 还有一个"被剔除"的关系。只有在这前后相继的信息有序加工过程中，语用推理才能最后完成：take the beard off the oyster。

　　例(6)的信息加工有序过程牵涉到一些认知策略。riddle 作为名词，其实有两个同形异义词，其一词义为"谜"，另一为"粗孔网筛"。我们首先进行的信息处理就是进行语用推理以排除异义，确定名动转用的表达式用的是哪一个词。现在让我们进行分析，以便取舍。先说 potatoes 一例："土豆—谜"、"土豆—网筛"，这两对事物究竟如何建立常规关系？可以建立什么样的常规关系？是"土豆—谜"建立常规关系（例如"土豆像谜/以土豆作谜语"），还是"土豆—网筛"建立常规关系（例如"用网筛作工具对土豆进行（个儿大小的）筛选"）？对此加以确定，这是信息加工程序的第一步。审视这一阶段的推理活动，也许能让我们观察到人们运用常规关系进行语用推理时可能运用的一些认知基本策略。认知心理学告诉我们，信息加工处理的一个基本认知策略是：优先考虑处理较普通的、较易获取和加工的信息，然后才考虑较奇特的、较难获取和加工的信息，"人们对这种认知策略是非常熟悉的，比如，善于考试的人都有一个经验：先做容易的题目，后做较难的题目"（袁毓林，1999）。土豆同谜语之间的关系，似乎很难在我们常识范围内向我们提供什么易于处理的信息；换句话说，就算真的能向我们提供什么信息，也会比较奇特而不寻常，通常都会是较难加工处理的。相比之下，人们通常都知道，网筛之于土豆，前者可作为筛选（个儿大小）的工具，后者作为被筛选的对象，这是人们在常识范围之内易于联想，易于理解的。根据我们在上面提到的，人们通常会在潜意识甚至无意识之中所遵循认知的策略，人们就会将"土豆—网筛"之间的常规关系作为第一选择的常规关系，然后再以语境为参照加以验证，作出取舍。对"门—谜","门—粗孔网筛"的选择,也有同样的认知策略在起作用。在这一名动转用表达式中还有"洞孔"(with holes)。从门、谜、洞孔、网筛之间,我们可以想象出如下关系:"门穿了洞成为谜语"、"门以洞孔被网筛筛选"、"门穿了(一些)洞看起来像网筛"等。在这些关系中,前两种都不那么"常规",显得奇特,因而一般难于加工成这样的信息。相对来说,最后一项比较普通。根据先易后难、先普通后奇特的认知策略,该项会成为优先选择的常规关系。当然,推理的最后一步还要同语境对照作出最后取舍。

例(7)看起来比较奇特,分析起来其实也反映了认知策略中易者优先这一特点。先说 fleece the sheep,光从"羊毛"对于"羊"来说,当然也有"长出"和"剪下"两种可能性。但从现实生活来说,人们看到羊毛在羊身上长出和羊毛从羊身被剪下这两个过程的机会,后者的频率大于前者。这反映为人类的一种意识,当要处理"羊"和"羊毛"的关系带来的信息时,频率大的会被认为较为普通。这又回到了"普通先于奇特"这一认知策略上来,因而对 fleece the sheep 来说,"从羊身上剪羊毛"会作为推理结果优先选择。fleece the stones with moss 情况比较有趣。从对羊毛、砖块、苔藓三者之间的关系带来的信息进行加工处理过程,反映了人类从童年就积存下来的从表面印象入手的认知特点,下面作一简单的说明。在这些事物当中,乍一看羊毛同砖块似难形成一定的关系;其余事物可能的关系如下:

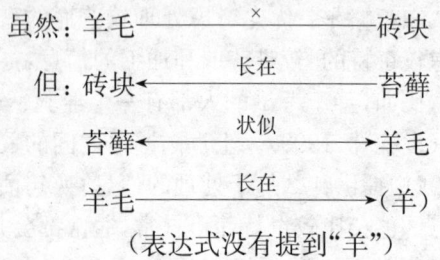

　　　　(表达式没有提到"羊")

以 "苔藓$\overset{状似}{\longleftrightarrow}$羊毛"为中介,"苔藓$\overset{长在}{\longrightarrow}$砖块"就状似"羊毛$\overset{长在}{\longrightarrow}$羊"身上;这样,"砖块"也就状似 "羊"了。fleece 作为原生名词转用作动词后,就可以将砖块当作羊,"长"在砖块上了。这是我们通常所说的"援物比类"、"比类取状",示意如下:

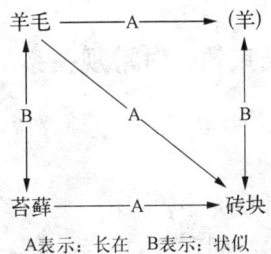

A表示：长在 B表示：状似

　　人类童年还处于原始思维阶段时,认识事物是从容易的入手,从表面的第一印象入手;认识事物间的联系,也就从表面的第一印象出发,而不考虑事物的实情和本质。人类学家惠尔怀特举过一个多种文化都存在的"三联像似"的例子,即以三对表面上有相似之处的事物作类比:女人和母牛都产奶,女人和新月都有以月为周期的变化,母牛和新月都长着角,所以女人等同于母牛,又等同于新月(转引自俞建章、叶舒宪,1988)。钱钟书说:"《说卦》:'……坤为地,为母,为子母牛,按此等拟象,各国或同或异。坤之为母,则西方亦有地媪之目"(《管锥编》,第一册,p.56)。这说明以表面的第一印象作类比在古代无论是东方还是西方都有普通性。对表面印象的信息进行加工当然比寻求本质关系容易,"三联像似"反映人类童年时代认知的这一普遍特点。苔藓"长在"砖块上,体现了"三联像似"的运用(本例只有二联)。对这一表达式语用推理的把握,本质上反映了这一认知特点。

　　上面我们试图用信息加工的观点和方法来研究以常规关系来进行名动转用语用推理的过程。分析表明,在这个过程中,一般是遵循先易后难、由浅入深、从普通到奇特这样的认知策略的,正是这种策略制约着对常规关系的建构和运用。同常规关系有关的其他问题我们在含意本体论的研究中已作过一些说明,在这里就不重复了。现将名动转用语用推理的流程示意如下:

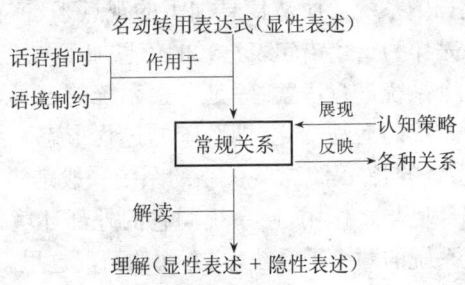

五、结束语：对常规关系的反思

通过对名动转用语用推理的考察，我们对常规关系增加了一些新的认识。

我们在含意本体论的研究中曾指出：常规关系是事物自身表现出的关系或人们设想出来的事物间存在的关系，在这个意义上说，常规关系本来是独立于语言之外的。但常规关系又可以为语言的表达式所利用，被体现在语句内容中，成为含意（隐性表述）。因而在语句中被利用的常规关系又是思维外化、物态化的表征。由于事物之间的联系是千丝万缕的，事物处在一个"场"效应里，常规关系也体现为一种"场"的关系，大体可分为知识场、观念场、心理场三个子场和核心场、卫星场两种分场。这些都是就常规关系自身对常规关系作出的事实性的说明，是对常规关系作出的初级本质的分析。关于在语用推理中对常规关系的把握，徐盛桓（1996）列出了诸如索引式、象似式、链条式、寄寓式、作譬式等的方法。以上这些说明看来都不错，而且细致、直观、具体，但缺乏概括性。

那么，通过对名动转用语用推理的考察，我们对常规关系有了什么新的认识呢？名动转用表达式较多的是涉及两个事物，即原生名词所表示的事物和有关的宾语或状语介词短语中的名词所表示的事物。这两个事物就处在一定的常规关系之中，名动转用的语用推理就是解读这一常规关系。由于这一常规是处于这一特定情境之中的，这使得我们有可能较为精细地进行观察。我们发现，将这两个事物作为一个系统里的两个元素来观察，有可能更为深刻地揭示二者之间的性质，从而也更为深刻地了解二者所结成的常规关系。这是运用"系统"的方法研究常规关系，将一个常规关系看成一个系统。而从信息加工的观点来看，在一个语句表达式里的常规关系是作为这个语句表达式的信息加工系统里的一个子系统而存在的。对一个系统进行考察，一是考察系统的自身，即其系统形态；另一是考察这个系统的运动变化，即系统的过程形态。系统形态是从横向的空间看，由系统的各元素（常规关系的系统一般是两个元素）构成，系统还有它的外部环境与之作用，该系统同它的外部环境构成的系统又成为上一层次较大系统的两个子系统，这方面的情况这里就不展开了；过程形态则从纵向的时间看,由前后相衔接的阶段组成,反映了系统内各元素相互作用(也暂不涉及同外部环境的相互作用)所造成系统的变化发展。系统不是各元素的简单相加,一个系统大于元素相加之和,产生了有别于个别元素特点的系统自身的特性。通过对名动转用表达式涉及的事物所构成的系统进行分析我们看到,一个常规关系至少涉及两个衡量指标:(1) 所涉及的事物应是能构成系统两个元素,不能是随随便便的两个毫不相干的事物,亦即二者的关系所传递的信息应是较易于处理加工的;(2) 两个元素之间有序的、有方向的运动使两个元素最终构成一个系统的整体,亦即能传递出系统整体的信息。这样看来,一个常规关系不是常规关系所涉及的事物的外延简单的集合,也不是这些事物的内涵的一般归纳,而是从一个系统的整体角度将各事物、各环节整合为一个辩证的统一体,从而产生新质,这就是常规关系带来含意的实质。或者可以说,常规关系生成于物,但又不同于物,它高于物。这或许可以看成是对常规关系二级本质的说明。

参考文献:

Clark , E. V. & H. H. Clark. 1979. When Nouns Surface as Verbs. *Language*. 55. 4.

徐盛桓,1996,含意本体论研究,《外语教学与研究》第 3 期。

徐盛桓,1997a,含意本体论纲,《外语与外语教学》第 1 期。

徐盛桓,1997b,含意的两种形态,《外语与外语教学》第 2 期。

徐盛桓,1997c,话语含意化过程,《外国语》第 1 期。

徐盛桓,1998,隐性表述论略,见张绍杰、杨忠主编《语用·认知·交际》,长春:东北师范大学出版社。

袁毓林,1999,定语顺序的认知解释及其理论蕴涵,《中国社会科学》第 2 期。

俞建章、叶舒宪,1988,《符号:语言与艺术》,上海:上海人民出版社。

(原载《外国语》2000 年第 2 期)

非关联和无关联对话中的关联问题*

何自然

　　人们交际总有各种不同的目的,如交流思想、互通信息,交换印象或交流感情,通过交际做成某事、表明态度,或建立社交联系、保持社会接触,等等。这些目的都涉及到交际中语言的产出和理解。Sperber 和Wilson(1986/1995：2)提出的关联理论认为,交际中语言的产出和理解有两方面：编码和解码,以及明示和推理。语码的编、解过程是明示和推理的主要依据,理解并非只限于解码,推理才是主要的。听话人的理解并非绝对可靠,因为她①理解的意思不一定就是说话人想要表达的意思。正因为这样,关联理论认为言语交际可能成功,也可能失败,误解对方的情况随时都会出现。但是,由于交际都带有目的,交际双方总力图消除误会,尽可能地达到不同程度的相互理解。

　　一种旨在理解的交际理论不但应该解释成功的交际,而且要解释那些各种原因引起的、交际上让人摸不着头脑的东西。为此,本文着重讨论三个问题：(一)交际中的关联与理解；(二)非关联和无关联话语；(三)从关联理论看无关联对话。

一、交际中的关联与理解

　　任何话语都可能作各种不同的理解,交际失败并不都是因为双方对话语有不同的理解而导致的。人类倾向于赋予周围事物以意义,并从各种各样可能的理解中选择最早认定为最具关联性的理解。说话人作为正

---

*　　此研究由"普通高等学校人文社会科学重点研究基地基金"资助。

①　为叙述方便起见,行文和例释中除有明确指代对象外,均用"他"指代说话人,用"她"指代听话人。

常人，在说出合乎情理的话语之后，总期待听话人能正确理解他的意思。

Sperber 和 Wilson 认为，话语理解过程由单一的关联原则支配，这就是："每一个明示的交际行为都应设想为这个交际行为本身具备最佳的关联性"（1986/1995：158）。这条原则来自人类的认知原则，即最大程度的关联性。说话人根据他的能力使话语做到最佳关联；他并不会让对方徒劳地付出气力而得不到或只得到微不足道的语境效果。如果说话人说话正常，听话人理解时必然会付出较少的努力就找到话语的最佳关联，从而获得最佳的语境效果。关联具有程度强弱不同的特性：理解话语时，听话人如能取得较大的语境效果，就表明话语的关联程度较强；但听话人一旦要付出较多的努力才能理解说话人的意图，那就表明话语的关联程度较弱。

话语的理解过程往往是从理解单个词语意义开始的，先是不受语境限制的单个词语的字面意义，然后是受语境（上下文）支配的明说。理解明说有三个任务：识别歧义（在近同或类似意义中选择合适的意义）；寻找照应（从所谈的事物中辨认指称的对象）；完善内容（拓宽或收窄话语所谈事物的内容）。根据关联理论，听话人首先从明说层面看看那里是否已经传达了说话人明确传递的内容。如果听话人在话语中并没有找到明说方面的最佳关联，她就会寻找更多的语境假设，从而转到话语的隐含层面上来。这就是说，听话人靠明说话语提供的前提来进一步理解说话人暗示的意思。可以认为，说话人是任由听话人来决定该有什么样的假设才符合关联原则，才理解他的说话的。听话人在选择语境假设时受到的限制越多，她就越有可能转去理解话语的隐含意义。

Sperber 和 Wilson（1986/1995：142）认为，语境不应看作是已知的；相反，它是一个变项，具有动态特性。选择语境就是寻找关联，语境假设就是关联假设。当且仅当在语境中的假设能产生一定的语境效果，这个假设与话语就有关联。语境效果往往在以下三种情形中获得：一是加强了现有的假设而获得；二是与现有的假设有矛盾或对现有假设予以否定时获得；三是从语境隐含意义推导中获得。

二、非关联和无关联对话

非关联（irrelevant）和无关联（absurd）话语两者有一些关系，但并不等同。这里先谈谈非关联的问题。Sperber 和 Wilson(1986/1995：121)曾经指出："人们选择非关联假设这件事本身就可能是十分关联的……关联可以通过表达非关联假设来获得,只要这样表达的行为本身具备关联性。"当一个假设在语境中遇到以下情况而不能获得语境效果时,它便是非关联语境假设:

A. 当假设与现时语境无关。新信息无法影响到已经发生或存在的已知信息,即现有的假设没有得到加强。例如,A 和 B 在谈论 B 曾经参加的那个会议,这时 A 想知道徐校长是否也出席了那个会议:

(1) A:你在会上见徐校长了吗?

B:今年的国庆节刚好是中秋节。

(1B)表达的语境假设是"今年的中秋节和国庆节在同一天"。这个假设不会与"开会"和"徐校长与会"这样的语境有关,也很难与这样的语境里存在的已知信息有关,因此这是一个非关联语境假设。

B. 当假设已存在于现时语境之中,但没有因此而得到加强。例如新信息早在预料之中,因而完全没有新意。假设上例的(1B)改答成(2B):

(2) A:你在会上见徐校长了吗?

B:你知道我参加(那个)会了。

(2B)表达的语境假设并没有加强任何现存的语境假设,因为 A 已经知道 B 曾是会议的参加者了,而 B 竟然又向 A 重复这个信息作为回应,所以这也就成了一个非关联语境假设了。

C. 当假设与现时的语境假设不一致,但因它是一个弱假设,不足以影响或改变现时语境。当评价两个互相不一致的语境假设时,其中较弱的语境假设是无需理会的。如果例子中 B 的回应是下面的(3B),则(3B)的语境假设就成了不足以改变现时假设的弱假设了:

(3) A:你在会上见徐校长了吗?

B:我没有开会。

(3B)中清楚表达的语境假设与 A 说话时的语境假设(B 曾出席会议)恰好相反,而且(3B)的语境假设在 A 所处的语境里对不上号。因此对 A 来说,(3B)的应答只能构成一个非关联语境假设了。

假设的非关联性不但与语境效果有关,而且与为理解而付出的努力程度有关。关联原则认为,当听话人所作的假设无法取得语境效果时,她仍会继续努力,会在放弃这个假设之前试图进入另一个可能具备关联性的语境。因此,非关联性在付出努力和取得语境效果之间形成一种反比关系。非关联性与关联性不同;可以说语境假设或多或少有关联性,但它就不可以说或多或少有非关联性,所以,非关联性的配置(configuration)是"空语境效果"(zero contextual effects)配以"付出大的努力"。

听话人会因不懂对方话语的意图而招致理解失败(misfires),这时,关联原则会令说话人对话语作出修正来加以弥补。不理会听话人的理解失败是不正常的。当听话人不能辨认新信息是否"有意义"时,她会主动要求说话人作进一步的补充说明,即要求修正或澄清。招致理解失败的原因是多样的,但正如 Blass(1990:48)说的那样:"当你要表达某个命题,尽管命题本身可能是非关联的,但你选择它来表达这个命题的事实仍可能会表明它具有关联性。这就给了我一个信息:你有某种错误信念,或者你可能错误认定我已经知道了什么东西。"

可见,说话人总会因为对方理解失败而对话语作出修正的。修正的办法是另外提出一些语境假设,务使双方做到互明(mutual manifestness)。这就是说,说话人另外提出的语境假设必须是他要让听话人理解的东西真正地被听话人理解,即获得最佳关联。

至于无关联性对话,它首先是非关联的,但它同非关联的情况又稍有不同。我们先看看下面的例(4),它可以说是一个无关联对话(absurd exchanges):

(4)(中秋节前夕)

1. 大哥:三妹,要不要月饼? 我送两盒过来。

2. 三妹:谢谢。我这儿月饼多着呢。

3. 大哥:今天 8 月 14 了,太迟了,是吧? 我这几天忙,没时间到你那里。

4. 三妹:不要紧的。送给别人好了。

5. 大哥:那好,今晚我就送过来。

6. 三妹:……

在无关联对话中,说话人的修正往往不成功,其过程要么受到阻滞,要么受到曲解。所谓"阻滞",即说话人对话语哪怕进行了修正,听话人仍然不得要领。上例的三妹在(4-4)中是要大哥将月饼送给别人,但这位大哥听了却糊涂地以为三妹仍想要月饼,以为三妹说她会将月饼转送给别人。所谓"曲解",即无关联对话会令听话人无须付出太多的努力(甚至无须付出任何努力)就能"增强"语境效果。上例的大哥在三妹修正话语的过程中所说的一连串话语(4-3和4-5),正是"曲解"的表现:大哥做好准备送月饼给三妹,并声言晚上就送过去,在他的语境假设里一点也没有认识到三妹不想再要月饼;另一方面,三妹明确要求大哥不要给她月饼,建议他送给别人,但她没有想到大哥竟然曲解了她,并且说晚上就把月饼送给她。

由于"曲解"而"增强"的语境效果实际上是无效果,因为它只加强了非关联的假设,即互无关系的假设、加强了推论与意图不一致的弱假设、或已存在于语境中的已知假设;此外,它还排除了有关联的假设。其结果,出现了交际双方"各有各说"的所谓"非对话"(non-exchanges)现象,即没有真正的语境效果,也无须为正确理解而付出努力。可见,例(4)的交际双方实际上是"各有各说",是无关联的"非对话"现象。

三、无关联对话的关联问题

我们在本文的开头曾经指出,言语交际可能成功,也可能失败,对对方话语不理解、误解、歧解等情况随时都会出现,形成各种各样的非关联对话和无关联对话。在这些与理解有关的问题中,有些是值得注意的,例如:对话在什么地方会导致不理解? 对话的无关联现象又在什么地方形成? 前一类问题是逻辑推算过程中出现的困难,而后一类问题则是因理解层面不同而出现的困难。下面我们试分述一下这两类问题。

(一) 逻辑推算过程中出现的困难

话语从语义表征演变为完整的命题形式的过程中,可能因指称含糊、语句歧解或语义宽窄度不同而出现困难。我们在下面依次作一些考察。

1) 指称含糊

(5)(PETER 和 MARY 一直谈论着关于他的早餐,但他突然转换了话题)

1. PETER：(*turning to Mary*)Oh，Mary，two men came up to me on the beach last night.

2. MARY：Two men?

3. PETER：Yes. They wanted to know if we could put them up for a couple of nights.

4. MARY：Put them up? Here?

5. PETER：Yes.

在(5)中，理解失败发生在 MARY 不能辨别 PETER 在(5-1)中所说的"two men"指谁。作为新信息，PETER 的话(5-1)同当时的语境毫无关系(当时两人的话题是关于 PETER 的早餐)，故不能产生应有的语境效果(从(5-2)的反问看出来，MARY 对 PETER 所说一无所知)。MARY 的反问提出了澄清的请求(5-2)，她想知道 PRTER 谈话中的 two men 指谁，但没有成功，因为在(5-3)里 PETER 已将 two men 作为互明的假设而进一步用 they 指代，并引出了另一个新假设(two men 指称的对象要求提供住宿)。在整个对话过程中，two men 的具体所指始终没有明确，MARY 最终是在疑惑中结束对话的。要注意的是，MARY 在(5-4)中用了 them 这个指称，可是在她的语境假设中，这个指称对象仍是含糊不清的，因她最终也不知道 two men 和指代他们的 them 到底是谁。

2）语句歧解

(6)(A 与 B 合作写好一篇论文，赶着要将稿子连同软盘寄到北京去)

1A：(对 B)你去寄快件，一天就到。(B 从邮局回来。)寄快件了吧?

2B：没有快件了，都是挂号。

3A：什么意思? 寄挂号 3 天都到不了! 快要回来，拿到城里寄。(A 和 B 一起到邮局要回稿件。)(对邮局营业员 C)：这么大的学校邮局怎么没快件业务?

4C：谁说没有? 特快专递，一天准到。

5A：(对 B)怎么回事?

6B：是没快件。你又没说寄特快专递。

7A：……

对话语作逻辑推算的过程中，听话人为解歧而出现的困难往往在于她必须获知原话真实意指什么(即提出类似"(你说的是)什么意思?"的问题)。A 在(6-1)要 B 去寄快件,但 B 在(6-2)说没快件。A 无法按关联原则要求那样来理解(6-2),在他的语境假设里,邮局不可能是不接收快件的。因此他在(6-3)中便问 B"没有快件"是什么意思了。读完整段对话,不难发现 A 说的"快件"指的正是"特快专递";而 B 假设的"快件"却可能是多年前一元钱一封的"快邮",这种业务随着邮价的进一步调整早已取消了。这里因"快件"的歧解而导致误解,C 在(6-4)中提供的信息说明了 A、B 之间的交际失败。

3) 语义宽窄度不同

(7)(STEVE 和 PETER 谈论 PETER 所在地的天气)

1. STEVE:What's it like out today?

2. PETER:Very nice.

3. STEVE:Warm?

4. PETER:Well,there's a good breeze blowing.

5. STEVE:Cold?

6. PETER:No,no,I wouldn't say it was cold.

话语的语义表征往往会因字面意思收窄或放宽的证据不足而成为理解失败的又一潜在因素。在(7)中,STEVE 请求提供有关天气的信息(7-1),PETER 在(7-2)的回答中已给予满足,但因提供的信息证据不足而令 STEVE 在(7-3)中提出质疑。他之所以询问,是因为他在理解"天气晴朗"(nice)时产生了程度等级较高的语境假设,即"天气暖和"(warm)。STEVE 的询问实际上是要求对方确认被他放宽了的语义假设。nice 的语义在这里被放宽是语境暗示("如果天气很好,那就意味着天气暖和")的结果。不过,放宽了的语义却与(7-4)有矛盾,因为 PETER 在这个话轮传来了另一个关于天气的新信息:"有阵阵凉风吹袭",从而不认同"天气晴朗"(nice)就是"天气暖和"(warm)。STEVE 只好收回自己放宽理解的假设,因为他知道,如果凉风阵阵,天气倒可能是冷,而不是暖和了!于是"暖和"变成一个弱暗含而最终被 STEVE 放弃,改为要求确认天气是否转凉(cold)(7-5)。不过这个假设也被 PETER 否认了。最后一个话轮(7-6)并没有使这场讨论的疑问得到解决,整个对话也没有取得语境效果:它既没有支持"天气转冷"的语境暗示,也没有将"天气晴朗"看作是"天气暖和"。语义宽窄的润色不当,收窄或放宽字面意思的语义表征证据不足,语境假设又没有作出相应的变动,其结果只会让人觉得对话茫无目的。

(二) 理解层面不同出现的困难

　　交际失败可能是因说话人意图表达的内容不够清楚和听话人的推论含糊而导致的。典型的无关联话语是传达意图的说话人和推导隐含的听话人各自的思路并存(concurrence),即各有各的思路:传达意图的说话人只知自己的隐含或明说;而推断隐含或理解明说的听话人只认定自己的解释。意图与推论之间的错配(mismatch)可能是一种完全错配(如说话人的意图与听话人的推论之间的彻底错配),也可能是一种局部错配(如说话人意图传达的隐含与听话人推论所得的另类隐含之间只有部分吻合,形成部分的错配)。无论是完全错配还是局部错配,这种传达和理解的相互思路并存现象往往导致交际失败,出现各种不愉快的局面:或相互猜疑,各执己见;或相互调和,容忍让步;或相互埋怨,不了了之。我们下面考察一些例子:

(8) 1. MIKE: No, you're still not understanding me. I can't help being interested in any friend of my brother's. I mean, you're my brother's friend, aren't you?

2. ALICE: Well, I ... I wouldn't put it as far as that.

3. MIKE: Don't you find him friendly, then?

4. ALICE: Well, I wouldn't say we were all that friends. I mean, he's done me no harm, but I wouldn't say he was any particular friend of mine. What's in that sandwich, then?

[...]

5. MIKE: I'm sorry to hear my brother's not very friendly.

6. ALICE: He's friendly, he's friendly, I didn't say he wasn't ...

　　这是意图与推断之间完全错配而导致理解失败的例子。听话人自己推导的隐含有别于说话人意图表达的隐含。一般说来,这样的理解失败是很普遍的,说话人往往不知道要另外有一个什么样的暗含前提才能启发听话人,最终让她得出一个不同于她原先推导的暗含结论。在正常的情况下,如果交际不至于失败,双方对什么是明说,什么不是明说,它们之间有什么差异,都能觉察出来。在理解过程中,说话人也会意识到听话人的语境假设有可能不是他意图表达的假设,因而作出修正。然而,在无关联话语中,听话人事事以自己推论出来的另类隐含作为依据,结果,她与说话人意图不相符的隐含可能在交谈中得到加强,或者与说话人意图表达的隐含相矛盾。在例(8),ALICE 在(8-2)中不完全赞同 MIKE 的话,她的回答是以下面的隐含作为依据的:"关系友好的人们相互间不必是朋友"。可是,MIKE 并不明白 ALICE 意图表达的隐含,于是按自己的推论得出另一类隐含:"关系友好的人们相互间必然是朋友"。(8-3)的质疑正基于这个假设。接下来,MIKE 更认定 ALICE 在说他的兄弟不够友好,甚至有点敌意(8-5)。ALICE 意图表达的隐含和 MIKE 自己推导的隐含刚好相反这一点没有得到解决,于是,这段无关联对话就在 ALICE 的让步声中结束了。

(9) 1. DAVE：... He's a bit of a joker, isn't he?

2. ALAN：Uh.

3. DAVE：Yes ... he's a real joker.

4. ALAN：He's got a sense of humour.

5. DAVE：Yes, I noticed.

(*pause*)

He's a real joker, that lad, you can see that.

(*pause*)

6. ALAN：Yes, he tends ... he tends to see the funny side of things.

7. DAVE：Well, he's got a sense of humour, hasn't he?

8. ALAN：Yes.

9. DAVE：Yes, you could tell that.

例(9)的情况是这样的:谈话双方不断重复地表达一个相同的命题,即听话人 ALAN 有一位兄弟,他是个充满幽默感的人。但由于这个内容在对话中被多次重复,这个语境假设便失去了原应具有的效果,既强化不了现有的假设,也不至于与现有的假设相矛盾。不但如此,它对语境隐含的推导也毫无帮助。交际中没有取得语境效果的对话必然会进一步推导其语境隐含。在例(9)中,如果听话人 ALAN 没有找到明显关联的交际信息,他的注意力就会转到寻找说话人 DAVE 在隐含层面的关联。这一来,这个对话也是一个各说各的"非对话",其结果可以说是意图与推断之间的完全错配。

(10)　1. BOB：How's your Mum, Kate?

　　　2. KATE：All right.

　　　3. BOB：That's the idea.

　　　　　　　　[...]

　　　4. KATE：(quietly) What do you mean, how's my Mum?

　　　5. BOB：I just asked how she was, that's all.

　　　6. KATE：Why shouldn't she be all right?

　　　7. BOB：I didn't say she wasn't.

　　　8. KATE：Well, she is.

　　　9. BOB：Well, that's all right then, isn't it?

　　10. KATE：What are you getting at?

　　11. BOB：I don't know what's the matter with you tonight, Kate.

　　这段对话是一个传达与理解之间局部错配的例子。交际中理解失败的一个共同根源是,当听话人理解话语时,她理解到的东西竟然"多"于说话人原先想表达的内容。例如,了解话语的语义表征之后,听话人也许意识到说话人意图的隐含,但她并没有就此而止。可能由于某一原因,她发现按明说来理解对方的话语尚难以找到足够的关联,于是她就为理解而去寻找符合关联原则的最佳关联,从而进入了隐含的层面。(10-1)和(10-3)本来可以用小小的努力就取得满意的语境效果,正如关联原则指出的,传递意图的明说一旦获得理解,就不会再存在另一种表达意图的明说了。然而 KATE 却怀疑对方的明说里有另一层含意,故有(10-4)的质问。她怀疑 BOB 在(10-1)和(10-3)中隐含着她的母亲出了事的信息(10-6)。但这个假设同 KATE 本人已知的现实(即她的母亲很好)相矛盾。KATE 坚持说她母亲没事,于是不停地追问 BOB 话语中的隐含;

而 BOB 则否认自己说过 KATE 母亲有事,从而否认自己话语里有隐含。KATE 和 BOB 各执己见,各自坚持自己的语境假设,整段对话也就成了无关联对话,最后只好不欢而止。

(11) 1. GEORGE:I'm Mr. Smith and this is Mr. White.

2. MARY:Very pleased to meet you.

[*They shake hands*.]

3. GEORGE:We're pleased to meet you,too.

4. MARY:That's very nice.

5. GEORGE:You're right. How often do you meet someone it's a pleasure to meet?

6. MARY:[...]

这个对话也是一种传达与理解的局部错配。同例(10)相反,例(11)在理解时停留在明说交际假设的层面上。在一个语言群体中使用的客套话(如寒暄语),理解时往往要越过其字面意义,理解话语的施为用意(illocutionary force)。在会话交谈中,客套用语作为语言手段常常只用来营造一些友好、亲切或幽默等气氛,字面上并没有太多的意义。例(11)的开头,在新相识者之间使用寒暄语(11-2)、(11-3),对话双方的应对都很正常,但当说话人在(11-5)按该寒暄语的字面意义再次提到这句话时,听话人就感到不得要领了:这个无关联话轮使她找不到足以让她理解说话人再提这句话的意图和隐含,因而令她一时语塞,无法得到新的语境效果。

参考文献:

Blass, Regina. 1990. *Relevance Relations in Discourse: a Study with Special Reference to Sissala*. Cambridge:CUP.

Carston,R. & S. Uchida. 1997. *Relevance Theory: Applications and Implications*. Amsterdam:John Benjamins.

Miskovic, Mirjana. 2001. How to Talk Relevantly about Irrelevance. In Né meth T.(ed.), Antwerp:IprA.

Sperber,D. & D. Wilson. 1986/1995. *Relevance: Communication and Cognition*.

Oxford：Blackwell.

Yus，Francisco. 1999. Misunderstandings and Explicit/Implicit Communication. *Pragmatics*，Vol. 9. 4. 487 - 517.

宗世海，2000，《汉语话语中误解的类型及其因由》，广州：广东外语外贸大学。

（原载《外国语》2002 年第 3 期）

论误解的形成机制

宗世海

　　误解研究可分为描写和解释两个方面。对误解进行分类，对误解发生发展的会话进程作描述等都属于描写性研究；探究误解发生的原因，揭示误解形成的深层规律则属于解释性研究。描写性研究和解释性研究都是必要的。前者提供对研究对象的比较表面、比较外在的认识；后者提供对研究对象比较深刻的内在规律的认识。误解现象广泛地存在于日常言语交际中，只有揭示误解的形成机制才能提高人们对误解的认识深度，并进而寻找减少、避免和纠正误解的方法。对误解形成机制的研究既有重要的理论意义，又有迫切的现实需要。

　　本文拟对误解作解释性研究。前人对误解的研究多属描写性研究，也有少数文献对误解的产生"根源"或"原因"等或多或少做了解释（赵毅，1995；Yus Ramosa，1998b；Linell，1995；Bremer，1996；程雨民，1997；Thomas，1983；Humphreys-Jones，1986）。这些成果为我们提供了重要的理论参考。本文先引述几种有代表性的观点，然后作一评论，最后提出我们关于误解形成机制的看法。

　　本文的观点建立在文献研究和事实观察的基础之上，纳入观察范围的汉语误解实例（绝大多数为真实言语交际中的实例）约 800 余例。

一、前人的几种主要观点

1. 1　赵毅（1995：13）在引述了 Wittgenstein、Richards 关于误解根源的看法后指出：

　　　　我们认为，在言语交际中每一次解码的参与因素无非是这样三个方面：语码、语境、理解者。应该说这三种因素都有可能出现错误。语码，不仅仅是其中的语词的多义性，常常会使理解者面临着一种选择；语境，它在交际中发生作用时的某些特点会使理解者做出一种错误的选择；理解者，主要是其心理因素，可能会影响他对语境和语码的正确认识。这样，我们把误解的原因归于以下三个方面：语码根源、语境根源、心理根源。

其具体见解是：

  语码根源：同音根源，多义根源，修辞根源

  语境根源：语境作用的主观性根源，语境作用的片面性根源，语境的负作用

  心理根源：经验知识的根源，注意的根源，定势根源，性格根源，社会理解心理(1995：13－33)

蒋晓莉(1996：17,27)对误解心理根源的看法与赵毅大同小异。

1.2　程雨民(1997：184)对误解产生原因的看法是：

  语言交流中产生误解是常见现象，原因是多样的，可能是说得不清楚，也可能没有听清，或者听说双方地域、文化背景不同，对所用语词互不熟悉。但语言表达大量依靠蕴含的前提和或然的推理，自然也是一个原因。

1.3　Gumperz et al. (1979)认为，误解的产生主要有三个原因：

  (1) 关于情境以及在此情境中的恰当行为和意向的不同文化假设。

  (2) 谈话中组织信息或论点的不同方式。

  (3) 不同的说话方式。(详见王得杏,1998：240－250)

1.4　Sperber & Wilson(1986/1995：16,17)对误解产生根源问题的看法是：

  一个期望自己的话语被以某种方式解释的说话者，必然也期望听话人能够提供重新获得那种解释的语境；说话人设想的语境与听

话人实际上使用的语境的不一致(mismatch)可能导致误解。他们指出,要保证误解不发生,除非保证听话人实际使用的语境和说话人所设想的语境一模一样,而这是不可能的。

Wilson(1994：47)进一步阐述道：

正是由于话语理解不是一个简单的解码问题,而是一个形成假设和难免错误评估的处理过程,所以并不能保证符合听话人相关期待的理解是正确的即符合说话人意图的理解。由于记忆和感知系统的不一致,听话人可能忽略说话人认为是很突显的假设,或者抓住说话人不曾注意的假设,从而产生误解。

Wilson 和 Sperber(1986)在解释关联原则的时候还说过：

想取得一定语境效果的说话人必须确信听话人会很容易就寻找出该话语的语境效果,也即必须确信该话语不会使听话人付出不必要的努力。这对说话人和听话人来说都是有好处的。因为,一方面说话人希望对方理解其交际意图,增加听话人理解时付出不必要的努力就可能导致误解的产生。

1.5　Yus Ramos(1998a)对误解产生根源的认识如下：

(1) 听话人不得不做出一个明说的还是隐含的选择。这打开了整个可能误解的领域。

(2) 话语可能(非语境地看)一方面在逻辑上是歧义的,另一方面在语义上是不确定的,从而提供了话语理解的多种选择性途径,提供了一个对于听话人把话语意义确定为明说意义或隐含意义来说是对等的处理过程。

(3) 而且,明说次连续体与隐含次连续体之间的界限很不清楚。

除此之外,Yus Ramos 在他的三篇文章中还多次谈及导致误解产生的具体根源,可概括为以下三点：

A. 交际者对某些词语应该怎样用、怎样理解词义有差异;交际者对于在何时应该说到多明白看法也有差别。这很可能是误解产生的根源(Yus Ramos,1999a：14;1999b：3)。

B. 某些语句和歧义可能导致误解。比如指示词语和名词的所指意义；反语、比喻、成语（Yus Ramos, 1999c：89；1999a：3 等）。

C. 如果交际者之间缺乏某种共享的百科信息，可以导致误解（Yus Ramos, 1998：89）。

除了以上有代表性的看法，还有很多文献或多或少提到过误解的产生根源，其中与上面所述不同的主要有：谈话模式、说话方式、说话习惯根源（Gumperz et al., 1979；Maltz & Borker, 1982；Coates, 1986/1993；Tannen, 1990）以及文化根源（Günthner, 1993）等等。

二、对前人观点的评论

前人对误解产生根源的看法为我们深入认识误解的形成机制提供了有益的借鉴，但它们也有明显不足。

2.1　提出的根源多而庞杂

这些根源种类繁多，比较杂乱，有的过于琐细，有的互相交叠，有的溢出题外，让人莫衷一是。我们认为：

（1）有的"根源"可以忽略不计。比如：说话人说得不清楚（程雨民，1997）；听话人语言知识不足（Sarangi, 1994），负迁移（Kasper, 1996），听话人的问题（程雨民，1997；Yus Ramos, 1998）等。因为我们的目的是解释正常情况下误解形成的机制，而这里所说的语言知识（含负迁移）、说得不清及听的问题等都属正常交际以外的因素。

（2）有些可以并入其他根源。比如，词语、句子根源应当并入"话语"根源，因为使用中的词语、句子都是作为话语现象的词语、句子，而不是孤立的、非语境的词语、句子。"语境根源"（赵毅，1995）应当并入听话人的心理根源，因为按照关联理论，所有语境都是认知的，都是听话人关于世界或认知环境的设想的一个子系统。"谈话模式差异"根源很接近语言知识差异，所以可并入话语根源。"语言的个人使用"根源（Yus Ramos, 1998a）也是语言知识差异的表现，主要归于话语根源。"文化"差异主要是话语外的知识、信念，所以完全可以并入听话人的心理根源。Yus

Ramos(1998a)末尾所说的第一条"听话人不得不做出一个明说的还是隐含的选择。这打开了整个可能误解的领域",这样的表达很含糊,其实可以并入第二条,即话语既可能是明说的,又可能是隐含的,有一种本质上的多义性或者说含糊性。

(3) 有的所谓"根源"属于根源背后的根源,即深层根源。比如"说话人的误估"(Yus Ramos,1999b);以及"语言表达大量依靠蕴含的前提和或然的推理"(程雨民,1997),都属于误解产生中的非直接根源,可以剔除。

2.2 多个根源分散平列,没有形成一个有机的整体

前人对误解产生根源的看法多数属于单一根源说,或多个根源彼此不相干说,显得支离破碎。只有赵毅(1995)例外。赵毅(1995:33)在逐一论析了误解产生的各个根源后说:

> 上面我们探讨了产生误解的语码、语境和理解者的主观心理这三方面的根源,它们恰好就是话语理解过程中的全部参与因素。我们坚信,尽管误解产生的原因多种多样、形形色色,但是从这三个方面去探讨其根源应该是没有问题的。有些原因我们可能没有涉及,但应该不会超出这三者的范围。
>
> 另外,我们的分析似乎说明三者之中的任何一方面都会导致误解的产生。但事实上,从前面具体的论述中也可以看出,任何一方面单独造成误解的可能性很小,多数情况下是三方面协同作用的结果。语码因素提供了误解的物质条件,语境因素加剧了误解的可能性,心理的因素导致对语境条件的错误利用,从而对话语的意义在各种可能性之间做出决定性的错误判断和选择。如果初步概括一下误解的基本根源,我们认为误解应是源于理解者对话语意义的选择和加工。对一个存在着多种选择和加工可能的话语,理解者从自己目前的主观心理和自己所掌握的语境因素出发做出选择,是理解它还是放弃它?是仅作字面理解,还是作进一步加工?是选择甲种意义还是选择乙种意义?在这种选择与加工中,如果所依据的心理和语境因素不当,便会产生误解。

总的来说,我们赞同赵毅的多因素综合作用说。不过赵毅的具体见解也有缺陷,尚不能看成是成熟的误解成因解释理论。主要问题是:首先,他始终持交际的"语码"说,其中的"语境"基本上是游离于听话人认知之外的,而不是依附于听话人的心理,这使他在解释"语境根源"时显得含糊,说服力较差。如前所述,我们认为"语境"根源应当归为听话人心理根源内。其次,三个根源之间的关系究竟怎样,它们究竟怎样协同作用,说得不是很清楚。第三,对于三个方面协同作用这一见解说得不是很肯定。只是"多数情况下"如此,"任何一方面单独制造误解的可能性很小",言下之意是单一方面起作用在少数情况下还会有,并不是没有。他一方面说三个方面是协同作用的结果,一方面又说"误解的基本根源应是理解者对话语意义的选择和加工"。这种摇摆的态度自然影响了其理论的解释力。

2.3 只揭示了"可能",没有揭示出"必然"

关联理论认为,人们在言语交际中理解自然语言,是一个明示—推理(ostension-inference)的过程。说话人明白无误地示意(明示),听话人则选择关联度最大的认知假设进行推理(参看 Yus Ramos,1998b:1;何自然,1997:18 - 19)。对话语明说部分的理解和隐含意义的理解都需要进行推理,即使是最明说的信息,一些语境化的推理也是必要的(参看 Yus Ramos,1998b:12)。由此可见,是听话人的推理最终决定他对说话人意义的理解,单一的话语因素并不足以构成误解的根源。话语作为误解的导因仅仅是必要条件,并不是充分条件。遗憾的是,上述各种关于误解产生根源的理论都常常只能给我们一些"可能"的解释,或者只作理论上的推理,举不出一个已经误解的例子。例如在前引 Sperber 和 Wilson(1986/1995)、Wilson(1994)、Günthner(1993)、赵毅(1995)以及 Yus Ramos 的三篇论文中,我们都能看到"可能"(may,can)之类的说法,特别是 Yus Ramos 的三篇论文。此外,邓炎昌、刘润清(1989)也有明显的"可能"说倾向。科学的误解成因解释理论应该能够揭示其必然性,而不仅仅是指出其可能性。

2.4 误解的心理根源究竟是什么,需要深究

从前文可知,不管是 Sperber 和 Wilson 还是 Yus Ramos 的论著,对

导致话语误解的心理根源都是简单指出，并没有说明其"心理根源"还有哪些具体内容，更没有指出导致话语误解的社会心理根源问题。赵毅(1995)、蒋晓莉(1996)将导致误解的心理根源细化了，其中还有社会心理根源一项，确实是个进步。但他们所用的范畴(注意、定势、性格等)基本是普通心理学的，还没有结合误解实际更深入地概括出误解形成的普通心理和社会心理类型，这些都是有待改进的地方。

总之，现有关于误解产生根源的学说还有较大的局限性，应当在借鉴的基础上发展新的更为完整科学的误解成因解释理论，即建立关于误解形成机制的理论。因为"根源"是不可穷尽的，而机制是可穷尽的；"根源"是零散的、孤立的、静止的，其性质可能不划一，相互关系不明朗，而机制则是整体的、有机的、动态的；"根源"说只揭示了"可能"，"机制"说则可以揭示其"必然"。

三、误解的形成机制：本文的看法

误解是多种多样的，误解产生的根源也多种多样，但多种多样的根源应该形成一个有机的整体，对误解根源的揭示应该是概括出一个简单而统一的理论，即概括为一个统一的误解形成机制解释模型。所谓误解形成机制，是指：误解究竟是怎样产生的？具体说，误解的形成有哪些要素，这些要素又是怎样发生作用的？本文的基本看法如下。

3.1　导致误解产生的二因素(根源)

导致误解产生的因素(也可以叫做"根源")只有两个方面：一个是说话人话语方面的因素；另一个是听话人心理方面的因素。说话人发出的话语的因素又含二项：一项是听说双方的语言知识差异；另一项是话语意义的不确定或者句意含糊①(不少表现为省约，参看宗世海，2000b)——这两个方面分别接近以上所概括的 Yus Ramos 的 A 和 B。听话人心理因素又分普通心理和社会心理两个方面。这两大因素缺一不

---

① "含糊"一词在不同的语用学文献中意义不尽相同，本文用以指不确定：或有或无，或此或彼。

可。任何一个误解的形成都必须同时具备这两个条件。其他各种因素要么归并于这两方面,要么可以舍弃。

听说双方语言知识差异导致误解的例子比比皆是,这里请看一例(←表示前面这句话被误解,下同):

> (1) 洛阳人1:你对洛阳的生活还习惯吗?
>
> 　　广东人1:习惯什么?我都三年没吃饭了!←
>
> 　　洛阳人2:那你是怎么活过来的?
>
> 　　(广东人的"吃饭"="吃大米饭";洛阳人的"吃饭"="进食"。)
>
> (选自桂诗春讲稿《语用与记忆》,1999年7月。行款略有改动)

话语意义的不确定和含糊指词句歧义和句义含糊:词句歧义还包括指称歧义;句义含糊指明说话语是否另有隐含以及隐含是什么有待确定。例如:

> (2) 1999年7月22日下午,广外某川菜馆。本人与冉先生、赵先生、王先生夫妇一块用餐。各点菜。冉是四川人,脱口而出:
>
> 冉先生1:要一个酸菜鱼。
>
> 小　姐1:好。酸菜鱼。(写上)
>
> 本　人1:什么鱼?←
>
> 小　姐2:酸菜鱼。
>
> 本　人2:我说是什么鱼。("鱼"重读。)
>
> 小　姐3:噢,是鲩鱼。　　　　　　　　　　　　　(总355)

在这则误解中,本人问的"什么鱼"是问菜的存在本体,而不是问菜的制作方法。假设问句不是这样(比如改为"酸菜鱼里面的鱼是什么鱼"),听话人就不可能发生上述的误解了。

> (3) 一次本人从北京回东莞,坐的是汕头客运段的列车。到了南昌站,本人下去买点东西吃,嘱咐列车员汕女开车前叫一声,她答应了。开车前本人欲上车,不见那汕女,另一个瘦女子站在门口。
>
> 本　人1:(念叨)南昌市到底在什么方向?←(1)
>
> 瘦　女1:出了站就看见了。
>
> 本　人2:刚才汕客的小姐呢?←(2)

瘦　女2：（向内）喂，来认你老乡。

　　　　　（内有一女探了一下头，不是前面那位汕女。瘦女跨
　　　　　上车，放下板欲关门。）

本　　人3：唉，让我上去！　　　　　　　　　　　　（总146）

此例中本人是说话人，瘦女是听话人。本人两次被她误解，被误解的都是话语的暗含。第一次误解是：说话人本人因为前几天北行路过南昌站时就没搞清南昌市究竟在什么方向，所以才有句1的感叹；听话人却认为本人要出站了。第二次误解是：本人的意思是刚才的汕女认得我，且答应叫我的，她上哪儿去了；听话人又（在前一误解的基础上）误解为我不是要上车，而是来找老乡的，让人哭笑不得。但是，她的误解并不是无缘无故的，因为本人的两句问话就句子本身而言，都可谓"句义含糊"，即两句话所可触发的深层用意都不止一种，都不能保证只产生说话人所期待的语境效果。

误解形成机制中的心理因素指影响听话人调用语境假设的某些特定心理。通过对大量汉语话语误解实例的概括和分析，我们发现，影响话语理解、导致误解的心理因素主要是普通心理，这些心理类型可以概括为常规心理和先入为主心理等；同时有不少误解的产生与听话人的社会心理有关，即由听话人所处的社会地位及其在具体交际中的角色等所决定的某些社会心理影响了他们对语境假设的调用以及对说话人意义的理解，这些社会心理类型可以概括为自我价值观心理、自我利益心理、自我防卫心理、乐观心理等。普通心理导致误解的例子如：

（4）1999年元旦。东莞理工学院部分员工乘车前往华侨大厦参加某先生婚礼。车上大家闲谈的话题是关于报考硕士、博士研究生的条件，以及攻读年限的事。我说——

本　　人1：有的学校可以提前申请答辩、毕业，我读硕士就只用了两年半时间。

牛老师1：宗老师是在……中大？←

（问的是我读学位是不是在中大。）

本　　人2：暨大。

柳　　青1：你不是在广外吗？

（意思是"你读博士不是在广外吗"。）

本　人3：牛老师问的是原来。（指读硕士）

牛老师2：我问的是现在。（指读博士）

本　人4：现在在广外。　　　　　　　　　　（总483）

"本人2"处之所以误解"牛老师1"，一个重要原因就是上文"本人1"刚刚说到读硕士，"我"读硕士当然是在暨大。对听话人"我"而言，这个误解的认知根源是普通心理中的常规心理；而从说话人的话语来说，其导致误解之处就在于实际上转换了话题，不过这种转换又是暗中进行的，很隐蔽，从而对听话人而言，误解的产生就是必然的了。

(5) Old Lady 1："Is this stop Bloomington?" An old lady asked the bus driver.

Driver 1："No, Ma'am."

Old Lady 2："Well, please tell me when we get there," she requested. ←

Driver 2： "I'll do that," promised the driver. Later, the driver got careless and passed through Bloomington before he realized it. He apologized to the other passengers, turned around, and drove back. Then he said to the old lady：

Driver3： "This is the town where you wanted to get out."

Old Lady 3："Who wanted to get out?"

Driver 4： "You did."

Old Lady 4："No," she said, "my daughter told me that when I pass through this town, I should take my pills."

（总552）

（引自 *An Anthology of Best English Humorous Stories* 第155页，北京大学出版社。行款有改动）

老妇人要司机到 Bloomington 站时提醒她，司机根据常规认为是提醒她下车,结果在他忘记提醒老妇人而开过站以后,不但没有必要地退了回去(为了放老妇人下车),而且更多地延误了老妇人的吃药时间。这也是常规心理导致误解的实例。

　　(6) 几个小丫头乱跑进来,也不及告诉大丫头了,进了屋子便说——

　　　　小丫头1:太太奶奶们大喜! ←
　　　　　　　　王夫人打谅宝玉找着了,便喜欢的站起身来说——
　　　　王夫人1:在哪里找着的,快叫他进来。
　　　　小丫头2:中了第七名举人。
　　　　王夫人2:宝玉呢?
　　　　　　　　家人不言语,王夫人仍旧坐下。

(总 867)

　　(选自《红楼梦》。转引自赵毅(1995:28-29),行款有改动)

　　宝玉先参加科举考试,后走失。家人特别是宝玉的母亲王夫人茶饭不思,都快急疯了。在这种心境下,当说话人向她恭喜的时候,她断定是宝玉被找着了,急切地问是在哪里找着的。实际上说话人并不是为找到了宝玉而恭喜她,而是为宝玉科考中举才恭喜她。导致王夫人误解的心理根源是常规心理中的先入为主心理[2]。

　　社会心理导致误解的例子详见宗世海(2003b),这里只举一例:

　　(7) 一日傍晚,某女研究生拿着碗到宿舍一楼守门的阿姨处,请她煮一碗面。正在煮面时,又来了一位男研究生,把碗放在桌上,也请阿姨帮他煮一碗。之后,男生出去了。女生觉得男生的碗很大,不由赞叹一句——

　　　　女生:这个碗怎么这么大! ←
　　　　阿姨:不管碗大碗小,我给每个人放的面都是一样多的。(总 421)
　　　　(此例由南昌大学某研究生提供)

　　例中导致听话人误解的心理因素是社会心理中的自我防卫心理。

---

② 　赵毅(1995:28-29)将此例的心理根源分析为"注意"根源。

3.2 误解产生二因素(根源)的关系及其作用方式

说话人话语因素和听话人心理因素的作用方式是:首先是话语因素提供了误解的可能,或者说为听话人作出错误的理解即非说话人期待的理解留下了空间;其次是听话人心理因素促成了误解的产生。如果说听者双方语言知识非常一致,话语也是充分明说、意义确定的,则会严格限定听话人推理的方向和范围,大大减少误解发生的几率,所以很多学者所指出的话语根源确实是存在的。但是,任何理解(包括误解)都是认知现象,都是通过听话人的心理作用而实现的,而且言语交际本身是一种具有强烈社会性的人际互动行为,听话人的社会心理也会影响其对话语的理解,所以,导致话语误解的重要因素还有听话人的心理因素。话语因素和心理因素缺一不可;只有同时具备了这两个因素,误解才会发生;只要同时具备了这两个因素,误解必然发生。

现将误解形成机制中的话语因素和心理因素的主要内容及作用方式列表示意如下:

表 1　误解形成机制

A. 话语因素	B. 心理因素	A.＋B.⇨误解
A1　听说者语言知识差异	B1　普通心理: 常规心理 先入为主心理	首先是话语因素提供了误解的可能,或者说为听话人作出错误的理解即非说话人期待的理解留下了空间;
A2　词句歧义、句义含糊	B2　社会心理: 自我价值观心理 自我利益心理 自我防卫心理 乐观心理	其次是听话人心理因素促成了误解的实现。

表中 A 与 B 是相加、相继关系;A1 与 A2 是或者关系;A2 中的词句歧义主要影响话语意义的理解,句义含糊主要影响话语含意的理解(参看宗世海 2000a 第 4 章);B1 和 B2 可能是或者关系,也可能是相加

关系，即在 B1 发生作用的同时 B2 也发生作用。拿本节举过的例子来说，例（1）、例（2）和例（3）的心理因素都是听话人的常规心理；例（4）、例（5）的话语因素都是原话省约（参看宗世海，2000b）；例（6）、例（7）的话语因素同例（3）。

3.3　一点讨论

本文虽然提出了与关联理论（包括 Yus Ramos 的研究）不同的误解解释模型，但从总体上说本文的解释符合语用学和关联理论精神。

语用学认为，言语交际中语句的意义包括话语意义和话语含意两个层次，前者是明说的意义，后者是隐含的意义，两个层次的意义的确定都需要推理，推理的依据主要是听话人的认知假设。按照关联理论，听话人对说话人意义的推理是一个省约了大前提的演绎推理过程：

听话人所调用的认知语境假设（CA）	大前提
说话人明说出来的话语（U）	小前提
听话人所获得的语境效果（CE）	结　论

其中对于明说话语，听话人所作的推理主要是解歧和确定指称；对于隐含话语，听话人所作的推理主要是根据话外的语境假设推断语境暗含。Sperber 和 Wilson 只正确强调了语境假设的开放性和一旦错误就必然发生误解，却没有同时指出，听话人据以推理的话语在决定理解正确与否方面具有同样重要的作用。上面图示的演绎推理中，听话人首先接触的是说话人明说出来的话语，然后才是调用自认为最相关的认知假设；前者既是后者的前提，也是整个推理的前提，前者越是明白确定，越少作进一步推理的需要；但是，仅有话语因素也无法解释误解产生的必然性。总之，本文提出的误解形成机制的解释模型在总体上符合关联理论[3]。

参考文献：

Bremer, K. et al. 1996. *Achieving Understanding: Discourse in Intercultural*

---

③　笔者（2000b）用很少的篇幅尝试讨论了误解的形成机制问题，其看法现在已经修改，请以本文为准。

Encounters. London: Longman.

Coates, J. 1986/1993. *Women, Men, and Language: A Sociolinguistic Account of Gender Differences in Language*. London: Longman Group Limited.

Gumperz (ed.) *Language and Social Identity*. Cambridge: Cambridge University Press.

Gumperz, J., T. C. Jupp & C. Roberts (eds.). 1979. *Crosstalk: A Study of Cross-Cultural Communication*. The National Center for Industrial Language Training.

Günthner, S. 1993. German-Chinese Interactions Differences in Contextualization Conventions and Resulting Miscommunication. *Pragmatics*. 3/ 3. 283 – 304.

Humphreys-Jones, C. 1986. Make, Make Do and Mend: The Role of the Hearer in Misunderstandings. In G. McGregor (ed.) *Language for Hearers*. Oxford: Pergamon.

Kasper , G. 1996. Interlanguage Pragmatics. *ROLIG*-papir. 57.

Linell, P. 1995. Troubles with Mutualities: Towards a Dialogical Theory of Misunderstanding and Miscommunication. In I. Markov, C. Graumann & K. Foppa (eds.) *Mutualities in Dialogue*. Cambridge: Cambridge University Press.

Maltz, D. N. & R. Borker. 1982. A Cultural Approach to Male-female Miscommunication. In J.

Sarangi, S. 1994. Intercultural or Not? Beyond Celebration of Cultural Differences in Miscommunication Analysis. *Pragmatics*. 4/ 3. 409 – 427.

Sperber, D. & D. Wilson. 1986/1995. *Relevance: Communication and Cognition*. Oxford: Blackwell.

Tannen, D. 1990. *You Just Don't Understand: Women and Men in Conversation*. New York: Ballantine Books.

Thomas, J. 1983. Cross-cultural Pragmatic Failure. *Applied Linguistics*. 4. 91 – 112.

Wilson, D. & D. Sperber. 1986. Pragmatics and Modularity. In A. M. Farley, P. T. Farley & Karl-Erik McCullough (eds.) *The Chicago Linguistic Society Parassession on Pragmatics and Grammatical Theory*. Chicago Linguistic Society.

Wilson, D. 1994. Relevance and Understanding. In G. Brown, K. Malmkjaer, A. Pollitt & J. Williams (eds.) *Language and Understanding*. Oxford: Oxford

University Press.

Yus Ramos，F. 1998. The "What-Do-You-Mean Syndrome". A Taxonomy of Misunderstandings in Harold Pinter's Plays. *Estudios Ingleses de la Universidad Complutense*. 6. 81－100.

Yus，F. 1999a. Towards a Pragmatic Taxonomy of Misunderstandings. *Revista Canaria de Estudios Ingleses*. 38. 218－239.

Yus，F. 1999b. Misunderstandings and Explicit/ implicit Communication. *Pragmatics*. 9/4. 487－517.

程雨民，1997，《语言系统及其运用》，上海：上海外语教育出版社。

邓炎昌、刘润清，1989，《语言与文化——英汉语言文化对比》，北京：外语教学与研究出版社。

何自然，1997，《语用学与英语学习》，上海：上海外语教育出版社。

蒋晓莉，1996，语境与言语理解，上海外国语大学硕士学位论文。

王得杏，1998，《英语话语分析与跨文化交际》，北京：北京语言文化大学出版社。

赵 毅，1995，言语交际中误解，山东师范大学硕士学位论文。

宗世海，2000a，汉语话语中误解的类型及其因由，广州：广东外语外贸大学博士论文。

宗世海，2000b，省约：指称误解形成的话语根源，《华文教学与研究》第 1 期。

宗世海，2003a，误解研究的历史、现状和问题，《外国语》第 3 期。

宗世海，2003b，论误解形成的社会心理根源，《现代外语》第 3 期。

（原载《外语教学与研究》2005 年第 2 期）

关联理论对语篇连贯性的解释力

苗兴伟

一、引　言

　　Sperber 和 Wilson(1986/1995)的关联理论把语言交际看作是一个示意—推理过程,并从认知语言学角度提出语言交际是按一定的推理思维规律进行的认知活动。关联理论认为,人类的认知以最大关联(maximal relevance)为取向,而语言交际则以最佳关联(optimal relevance)为取向。根据关联原则,任何一个交际行为都传递着最佳相关性的假定或期待,听话者总是以最小的认知努力来获得最大的语境效果,并以此推导说话者的交际意图。由于语言交际不是通过孤立的句子或语段(utterance)来实现,而是通过句子或语段构成的连贯的语篇来实现,因此,许多语言学家便以话语相关为出发点来解释语篇的连贯性。那么,关联理论究竟能在多大程度上解释语篇的连贯性呢?本文将对这一问题作初步探讨。

二、语篇连贯性的关联解释

　　连贯性是语篇最重要的特征之一,它常常被解释为语篇各组成部分在意义或功能上的连接关系。在有些情况下,语篇的连贯关系通过语言明确表示出来,但在另一些情况下,语篇的连贯性则表现得不那么明显,这就需要语言使用者运用语用或认知推理来推导出语篇中隐含的连贯关系。许多学者认为连贯性与相关性之间存在着密不可分的关系。这种观点在关联理论正式出现之前就已存在。Reinhart(1980)就把关联看成是具有显性连贯(explicit coherence)的语篇所必须满足的条件之一,即语篇中的句子跟语篇的主题和语境必须是相关的。Beaugrande 和 Dressler

（1981：4）则认为，连贯性就是语篇世界的各组成部分，即语篇深层的概念和关系的组合，以某种方式使彼此之间具有可及性和相关性。在这些观点中，关联是一个非常笼统的概念，因此，它与 Sperber 和 Wilson（1986/1995）所说的关联有一定的差异。

Sperber 和 Wilson 的关联理论认为，在语言交际过程中，话语理解涉及两类信息的结合和运算，即由话语信号建立的新假设和在此之前已被处理的旧假设或语境假设。因为人类语言交际的目的之一就是要改善自己对世界的认识和理解，所以在交际过程中听话者总是期待说话者的话语所提供的新假设能够改变自己的语境假设。在交际过程中，说话者所提供的假设或信息不但应该是新的，而且还要能改变听话者的语境假设，也就是说能够产生语境效果。只有产生语境效果，表达新信息的命题才能相关。语境效果包括三种情况：新信息与旧信息相结合并产生语境含意，新信息加强旧信息，新信息排除旧信息。

因此，理解话语不只是识别它所表示的显性假设，更要看它所提供的假设对语境假设的影响，也就是说看它在听话者的认知环境中所产生的语境效果。在语言交际过程中，随着语篇的发展，听话者提取或建立起一系列假设，并对它们进行处理，从而形成一个逐渐变化的认知背景。在话语的理解过程中，新信息被处理后就会成为认知语境中的旧信息，使认知语境不断扩大或充实，供下一个新信息处理使用。话语就是这样给听话人提供不断变化的背景，听话者则在这样的背景下加工新命题。从语篇连贯的角度看，如果语篇中前面的语段不能为听话者提供理解新话语所需的语境，那么听话者将不能看出语段所表达的命题之间的任何关联性，语篇便缺乏连贯。Blakemore（1988，1992）认为，如果把连贯看作是寻求相关性的结果，连贯性表现为两种类型：第一种类型表现为一句话在决定另一句话的相关性中所起的作用的连贯，即一句话的命题跟前一句话所提供的语境假设相互作用的方式。从这种意义上讲，连贯性是关联方式的副产品。也就是说，只要一个语段所提供的命题能与前一语段所提供的语境假设相结合产生语境含意，或使语境假设中的旧信息得到加强，或排除旧信息，那么这两个语段之间便存在连贯关系。下面我们借助 Gutt（1991：27-29）的例子来说明这三种情况：

（1）A: Could you have a quick look at my printer — it's not

working right.

　　B: I have got an appointment at eleven o'clock.

在这段会话中,B 的话语所提供的假设使 A 的认知环境中的下列假设互为显映:

　　(2)(a) There are only five minutes until eleven o'clock.

　　　　(b) The printer problem is not an obvious one, but will require opening it up.

　　　　(c) Opening up the printer will take more than five minutes.

以上假设与 B 的话语所提供的假设相结合便产生语境含意(3):

　　(3) A is not able to have a look at the printer now.

有时,话语提供的新假设可以加强旧的语境假设,例如:

　　(4) A: I have a hunch that Gill is looking for a new job.

　　　　B: Yeah, she is studying job ads whenever she's got a spare minute.

在例(4)中,A 的话语表明他对自己所说的话的真实性没有把握。如果 A 的语境假设中存在假设(5):

　　(5) Someone reading job advertisements is probably looking for a new job.

那么 B 的话语所提供的假设证实了 A 的假设是正确的,或者说 B 的假设使 A 的语境假设得到了加强。

当新旧假设相互排斥时,较强的假设可以排除较弱的假设,例如:

　　(6) A: We have to call another meeting. I don't think that Christine is going to come, so we will be one person short of a quorum.

　　　　B: No need for cancellation. I see Christine just coming up the drive.

在这段对话中,B 的话语所提供的新假设与 A 的假设发生了矛盾,但由于 B 的假设更具有真实性,所以排除了 A 的假设。

　　在以上三个语篇中,由于第二个语段所提供的假设可以与第一个语段所提供的语境假设相互作用,并产生语境效果,因此它们都是连贯的语篇。

第二种类型表现为一句话在决定另一句话的内容中所起作用的连贯。关联原则使听话者有权相信语篇中的一个语段与它前面的语段之间在命题上存在连接关系，并且听话者有权相信，前面语段所提供的语境假设是听话者在理解新信息时最易获得的假设。下面是 Blakemore (1987：112–113) 曾引用过的两个例子：

(7) I put the butterfly wing on the table. It broke.

(8) I put the heavy book on the table. It broke.

孤立地看，例(7)和(8)中的代词"it"的所指对象并不清楚，也就是说，我们很难确定"It broke"的确切命题内容。根据关联理论，听话者对"It broke"的正确理解依赖于语篇中第一句话所提供的语境信息。在例(7)中，由于第一句话的命题为听话者提供了蝴蝶翅膀容易断裂而桌子不会被蝴蝶翅膀压断的信息，所以，根据最佳关联原则，"it"与"the butterfly wing"构成同指关系。同样，在例(8)中，听话者根据第一句话的命题所提供的有关书的重量的信息推导出桌子被压断的解释，即"it"与"the table"构成同指关系。

因此，从关联理论角度看，语篇的连贯性涉及听话者在交际过程中的认知推理和心理运算，它产生于交际参与者对话语关联性的寻求。

三、关联理论对连贯理论的补充

关联理论试图从认知科学角度阐释语言交际中的话语相关性，并以此揭示话语理解的心理机制。虽然关联理论的明确目的并不在于解释语篇的连贯性(Wilson，1998：58)，但这一理论无疑对语篇连贯理论作出了有益补充。

在语篇分析学者对语篇的连贯性进行的探讨中，连贯性往往被看作是语篇中句子或语段在语义或功能上的连接关系，即连贯性是语篇本身所具有的一种特性。也就是说，语篇的连贯性建立在语篇构成成分之间语义或功能的关系基础之上。从这一观点出发，对语篇连贯性的解释主要借助于句子的命题意义、信息结构或言语行为理论、会话含意理论、社会文化语境等语用因素。这种解释无疑对揭示语篇的连贯性提供了很大帮助，但却忽略了语言交际的认知特征。其实，早在 80 年代初期就有人意识到，语篇的连贯性是一种心理现象，而不是语篇或社会语境的特点。例如，Brown 和 Yule(1983：199)认为，语篇的连贯性是听话者或读者在语篇的理解过程中强加给语篇的结果；Stubbs (1983：96)也指出，是听话者的理解创造了语篇的连贯性。也就是说，语篇的连贯性与语篇接收者的认知有关，这一点在 Gernsbacher 和 Givón(1995) 围绕自然语篇连贯性这一论题而主编的论文集中已成为一种共识。

关联理论从认知科学的角度对语言交际的认知过程作出了解释，并且对 Grice (1975) 的语用学理论作了修正和补充。从关联理论角度看，语篇的连贯性产生于听话者对话语相关性的寻求。语篇连贯性的关联理论观与其他语言学家(如 Green，1989：101－106) 从 Grice 会话含意理论角度对语篇连贯性作出的解释有不同之处。Grice 的会话含意理论建立在合作原则基础上，即交际双方都知道合作原则中的质、量、相关与方式准则及其次则，并试图彼此合作，而且听话人能够识别说话人是否明显违反了某一准则或次则而产生了含意。在正常情况下，听话人认为说话人是遵守合作原则的，如果说话人明显违背了某一准则或次则，听话人仍以说话人遵守了合作原则为前提，推导说话人的会话含意。而关联理论则认为，在交际过程中，交际双方不需要考虑合作的问题，因为交际以相关为取向。关联原则由交际原则和认知原则组成，但这并不是交际者要遵循的规则，而是用于解释交际的认知过程的一般原则。从关联的交际原则看，任何一个示意交际行为都预先设定这个交际行为本身具有最佳的相关性，即听话人在理解话语时付出有效的努力之后能获得足够的语境效果；从关联的认知原则看，人类认知常常与最大相关性相吻合，即听话人在理解话语时付出尽可能小的努力而获得最大的语境效果。由于话语本身和语境假设具有相关性，这种关联使听话人对说话人的意图作出合理的推论，从而对话语作出正确的理解或反应。说话人不是靠有意违反什么准则来使听话人理解自己所说话语的意图的。

语境在连贯理论中起着十分重要的作用。但传统的语境概念是一个笼统的、包罗万象的范畴，至于听话者如何选择语境来理解连贯的语篇，语言学家并没有作出令人满意的回答。例如，van Dijk(1977：112)借助知识框架来说明语境信息在解释语篇连贯性和语篇理解中的重要性。他认为，如果将例(9)理解为一个连贯的语篇，需要涉及"信件邮寄"方面的常识。

    (9) Peter sent a letter to his aunt. Owing to the postal strike, it
        came a week too late.

但问题是,"信件邮寄"这一知识框架是由一系列成规信息构成的,它包括写信、填写信封、贴邮票、邮局、邮递员,等等。此外,例(9)中还可能涉及有关"Peter"、"his aunt"以及"postal strike"等方面的信息。很明显,在对例(9)的连贯性作出解释时并不是所有这些信息都能起作用的。也就是说,语境信息的选择受到一定制约。那么,是什么规则支配着语境信息的选择呢? 这一问题还需要关联理论来作出回答。

    传统语用学把语境看作是事先确定的常项,把关联看成是按合作原则进行含意推导后才能确定的变项。而关联理论则把关联看作是常项,把语境看作是变项。在关联理论中,语境是一个由大脑中一系列假设构成的心理结构体,话语的理解就是从语境中选择最相关的假设,以便用最小的处理努力来获得最大的语境效果,从而找到话语同语境假设的最佳关联。因此,语境的选择受关联原则支配。根据关联理论的交际原则和认知原则,每一个示意交际行为都预先设定该交际行为本身具有最佳关联性,听话者总是选择最具有可及性的语境假设来处理说话者所提供的信息。因此,满足关联原则的语境假设应该是最易获得的,只要听话者能在最易获得的语境假设中找到对方话语的最佳关联解释,即获得了足够的语境效果,听话者有理由相信这一解释就是说话者期望听话者要作出的解释。从这一点讲,关联理论弥补了连贯理论在解释语境选择上的不足。

    就语篇理解而言,许多语言学家(Beaugrande & Dressler,1981;Brown & Yule,1983;van Dijk & Kintsch,1983)根据连贯关系来阐释话语的理解过程。van Dijk 和 Kintsch(1983:154)认为,语篇接收者在理解话语之前需要建立起语篇中的连贯关系。但事实并非完全如此,日常交际中经常会出现表面不连贯的语篇,而在一定的语境条件下这些语篇完全可以理解并可以接受,因为它们符合交际的关联原则(Wilson,1998:73)。例如:

    (10) Peter:What did Susan say?

        Mary:You've dropped your wallet.

如果把连贯关系看作是话语理解的前提，那么例(10)只有一种理解，即 Mary 直接回答了 Peter 的提问。但不可否认，我们对例(10)完全可以作出非连贯的理解，即 Mary 没有直接回答 Peter 的提问，而是提醒 Peter 掉了钱包。在这种情况下，提醒 Peter 掉了钱包要比回答他所提出的问题更相关。Smith 和 Wilson (1992：5) 曾举过一个类似的例子。当讲座正在进行的时候，忽然有人走进报告厅并宣布：

(11) Ladies and gentlemen, I have to tell you that the building's on fire.

虽然(11)与讲座内容之间不会构成任何连贯关系，但对于听众来说，这句话要比讲座中任何一句话都值得引起他们的注意。正如 Wilson(1998：64) 所说的那样，越是重要的信息，其语境效果就越大，处理起来也更省力，因此其关联性也就更强。仅就语篇的理解而言，关联理论除了能解释连贯理论所能解释的现象外，还能解释该理论所不能解释的现象。

四、关联理论对语篇连贯性解释的局限性

正如 Levinson (1989：456) 所说，关联理论试图从认知科学角度找出"所有有关语言交际的理论"，这的确是一种"大胆的"尝试。这种雄心在 Blakemore(1988, 1992) 和 Wilson (1998) 对语篇连贯性的阐释中表现得十分明显。在她们看来，语篇连贯性是一个依赖于相关性的派生概念，即连贯性是相关性的副产品。但由于关联理论本身的某些缺陷以及语篇的复杂特征，关联理论在解释语篇连贯性时仍有一些局限。

首先，关联性既不是语篇连贯的必要条件也不是充分条件。Giora (1997) 指出，关联原则并非是制约人类交际的唯一原则，它不能说明语篇的结构合格性，因而无法替代连贯理论。其理由是相关的话语不一定是连贯的，而连贯的话语也并不一定是相关的。虽然 Wilson (1998) 认为 Giora 对关联理论产生了误解，即混淆了关联的认知原则和交际原则，但 Giora 的话并非无稽之谈。在上文例(10)中我们已看到，在某一特定语境中"You've dropped your wallet"所表达的命题对听话者来说是相关的，但它与"What did Susan say?"之间不一定构成连贯关系。同样，某一语段或言语行为与另一语段之间具有连贯关系，但它所表达的命题并不

具有相关性。Ziv(1988：540) 分析过下面两个例子：

(12) A：Are you coming to my party?

　　B：I won't be able to make it. I have an appointment.

(13) A：Are you coming to my party?

　　B：I have an appointment. I won't be able to make it.

虽然(12)和(13)在结构上都是合格的,但从关联原则角度看,二者之间却存在较大差异。在例(12)中,B 对 A 的邀请首先作出了否定回答,然后说出了不能参加晚会的理由,因此整个对话基本符合关联原则的要求。但在例(13)B 的回答中"I have an appointment"已经表达了"I won't be able to make it"的含意,B 的回答中"I won't be able to make it"所表达的信息是冗余的,因此也就不能产生语境效果,即不相关。

其次,关联理论单纯从认知科学的角度来解释语言交际,忽略了人类交际中的社会文化特征(Ziv,1988；Goatly,1994)。例如,在语言交际过程中,合作和礼貌有时起着不容忽视的作用,必要的合作符合交际的社会规约或常规,而礼貌则是维持人际关系的重要手段。正因如此,关联理论对语言交际的解释有时不太符合人们的直觉。Ziv(1988：539)通过例(14)说明了这一点。

(14) A：Are you coming to my party?

　　B：No. I've got an exam tomorrow.

如果运用关联原则来说明 B 回答中"I've got an exam tomorrow"与 A 语段的关联性,就必须设想 A 在 B 的回答中提出了"为什么?"的问题。用这种方法来解释类似例(14)的语言现象与人们的一般直觉相去甚远,按照这种分析方法,上文中的例(12)也会面临同样问题。但根据 Leech (1983)的礼貌原则,对他人的邀请作出直截了当的否定回答往往被看作是不合作的,甚至是侮辱性的。因此,在回绝他人邀请时,更为合适的回答应该是在否定之后说明一下回绝的理由。由此看来,单纯从认知角度有时难以解释语篇在某一特定社会文化语境中的合格性。

再次,关联理论在某些问题的解释上模糊不清,这就给其应用带来了一定困难。其中至关重要的一个问题就是对关联程度的衡量(Berg,1991：418)。Levinson (1989)曾指出,"关联"等于"语境效果"除以"为获得语境效果所付出的努力",但由于这两个参数难以计算,关联就成了一个相对或空泛的概念。另一问题涉及非断言性言语行为的相关性问题。Berg(1991：418)认为，询问性和指令性言语行为不能用作推理的前提，如果从断言性言语行为的角度来说明此类言语行为的相关性，却又不符合人们对相关性判断的直觉。为避免关联理论的模糊性和抽象性，Berg(1991)建议将"关联"这一概念与语篇的目的或目标联系起来。例如：

(15) A：Where are my keys?

　　　B：To the car or the house?

(16) A：Where are my keys?

　　　B：Ask the children.

在(15)和(16)中，B分别用疑问和指令对A的提问作出了回答。由于我们不能将这两类言语行为直接用作语用推理的前提，B的回答的相关性就很难通过关联理论来作出合理解释。但Berg(1991：424-425)认为，由于言语行为总是与一定的目的相联系，无论是断言性还是非断言性言语行为，只要其预期效果能够使对方接近某一目标，该言语行为就具有相关性。例(15)中A对B的提问作出的回答以及例(16)中A对B的指令的反应都有助于A找到问题的答案，因此B的两种回答都是相关的。

　　最后应指出的是，连贯是语段之间的关系，而关联则是命题之间的关系。连贯是一个内涵丰富的概念。语段之间的命题关联只能说明语篇连贯性的一个侧面。Ostman和Virtanen(1995：244-245)概括了连贯研究的六种主要方法：1) 研究句子在微观层面上的结合关系，如从关联理论角度进行的连贯研究；2) 运用语篇的宏观结构模式对连贯进行的研究；3) 运用修辞结构理论来研究语篇的连贯性；4) 围绕语篇的互动特征进行的研究，如借助言语行为理论、英国伯明翰学派的语篇分析模式、美国的会话分析理论来解释语篇的连贯性；5) 运用图式理论对连贯进行的探讨；6) 从参与、协调、磋商等语篇策略角度对连贯进行的研究。由此看来，语篇的连贯性体现在语篇的各个方面，而关联理论只是为连贯现象的研究提供了一个视角。

五、结 束 语

　　从本文的分析可以看出，关联理论能够在一定程度上解释语篇中的连贯关系。但由于它仍处在发展的初始阶段，自身尚有不足之处和不成熟的地方，因此在解释语篇连贯性时还有一定的局限性。关联是一个认知概念，它体现的是命题之间的关系，而连贯则是一个涉及语义、语用、认知等多重因素的复杂概念，它体现为语段之间的关系以及与语篇结构、语篇策略、语篇理解等因素相关的各个方面。笔者赞同 Giora(1997)的观点，即连贯是一个独立于关联的概念，而不是关联的派生物或副产品。

参考文献：

Beaugrande, R. de & W. U. Dressler. 1981. *Introduction to Text Linguistics*. London: Longman.

Berg, J. 1991. The Relevant Relevance. *Journal of Pragmatics*. 16. 411 - 425.

Blakemore, D. 1988. The Organization of Discourse. In Newmeyer. F. R. (ed.) *Linguistics: The Cambridge Survey*. Vol. 4: 229 - 250. Cambridge: Cambridge University Press.

Blakemore, D. 1992. *Understanding Utterance*. Oxford: Blackwell.

Brown, G. & G. Yule. 1983. *Discourse Analysis*. Cambridge: Cambridge University Press.

Gernsbacher, M. A. & T. Givón. (eds.). 1995. *Coherence in Spontaneous Text*. Amsterdam: John Benjamins.

Giora, R. 1997. Discourse Coherence and Theory of Relevance: Stumbling Blocks in Search of a Unified Theory. *Journal of Pragmatics*. 27. 17 - 34.

Goatly, A. 1994. *The Language of Metaphors*. London: Routledge.

Green, G. M. 1989. *Pragmatics and Natural Language Understanding*. Hillsdale, N. J.: Erlbaum.

Grice, H. P. 1975. Logic and Conversation. In Cole, P. and J. L. Morgan. (eds.) *Syntax and Semantics* 3. New York: Academic Press.

Leech, G. N. 1983. *Principles of Pragmatics*. London: Longman.

Levinson, S. C. 1989. A Review of Relevance. *Journal of Linguistics*. 25. 455 - 472.

Ostman, J. O. & T. Virtanen. 1995. Discourse Analysis. In Verschueren, J., J. O. Ostman & J. Blommaert, (eds.) *Handbook of Pragmatics*. Amsterdam: John Benjamins.

Reinhart, T. 1980. Conditions for Text Coherence. *Poetics Today*. 1 (4). 161 -180.

Smith, N. & D. Wilson. 1992. Introduction to the Special Issue on Relevance Theory. *Lingua*. 87. 1 - 10.

Sperber, D. & D. Wilson. 1986/ 1995. *Relevance: Communication and Cognition*. Oxford: Blackwell.

Stubbs, M. 1983. *Discourse Analysis: The Sociolinguistic Analysis of Natural Language*. Oxford: Blackwell.

van Dijk, T. A. 1977. *Text and Context: Explorations in the Semantics and Pragmatics of Discourse*. London: Longman.

van Dijk, T. A. & W. Kintsch. 1983. *Strategies of Discourse Comprehension*. Orlando, Florida: Academic Press.

Wilson, D. 1998. Discourse, Coherence and Relevance: A Reply to Rachel Giora. *Journal of Pragmatics*. 29. 57 - 74.

Wilson, D. & D. Sperber. 1993. Linguistic Form and Relevance. *Lingua*. 90. 1 - 25.

Ziv, Y. 1988. On the Rationality of 'Relevance' and the Relevance of 'Rationality'. *Journal of Pragmatics*. 12. 535 - 545.

（原载《外语教学与研究》1999 年第 3 期）

基于"心理模型"的语篇识解模型*

廖巧云

一、引　　言

徐盛桓(2006a)的"基于心理模型的常规推理"(Mental-model-based/MM-based stereotypical reasoning)理论框架对语言交际的多种现象有较强的解释力。该理论除作为语用推理的机制外,结合到语篇表征理论(Discourse Representation Theory, DRT)中可增强 DRT 的解释力(吴炳章,2007),解释从语义结构向句法形式的衍变机制(刘辰诞,2007)、语言形式之间的复制现象的认知机理(黄缅,2007)、语言中的某些句式如因果句和比较句的认知机制(廖巧云,2007;李淑静,2007)等。本文拟运用心理模型理论分析语篇①识解过程,提出一个具有生成整体论特征的语篇识解策略假设,并进一步提出语篇整体性识解的形式模型。

二、心理模型理论框架

2.1　心理模型的一般说明

语言心理学表明,人们的语篇理解并不是仅仅将语篇信息表征为命题,而是还会将语篇信息表征为情景模型(situational models)或称心理模型(mental models)(Carroll,2000:170)。听者/读者对文本的表征可

---

*　本文系中国博士后科学基金资助项目(20060400795)的阶段性成果。

①　"语篇"译自 discourse。《语言与语言学词典》(外语教学与研究出版社 2000)提到,discourse 可以指句群、文章、对话等,篇幅可长可短,形式上至少包含两个独立的语句。篇幅关系,本文作为篇幅的例子通常是语句串。

以分解为三个层次：首先是表层表征：记住话语中的每一个词；接着是命题表征：摆脱话语词汇的约束，构造话语的命题意义；最后是情景表征，这就是心理建模：构造出话语所描写的情形，不管是虚拟的还是真实的。模型可以非常具体（例如军事作战中的沙盘），也可以相对抽象（例如一幅世界地图），甚至非常抽象（例如在大脑里的想象性的画面）。心理模型作为一种知识表征形式，最直观的范例就是空间模型。例如：

① 水面上漂浮着一片树叶，树叶上面有一只蜻蜓，树叶下面是游来游去的小鱼。

听者不但将其解析为命题信息，而且构造了一幅图画。在图画中"树叶"、"蜻蜓"和"小鱼"处于特定的空间关系。图画中的次要情节（例如，此处的水指的是河水、湖水还是海水？一片什么树叶？什么颜色的蜻蜓？……）则是个"度"的范畴，主体可根据经验掌控。人们可以理解话语的意思，能够设想相应的情景，是因为能够根据话语提供的信息构造相应的模型，然后在模型中验证结论是否成立。这样看来，基于模型构造的推理过程不同于单纯的命题演算，主体根据话语构造模型，并对这些模型进行操作（例如比较、模拟、重构等），这样也就理解了话语。虽然心理模型不是命题，但是模型操作在本质上也是语义构建过程，毕竟根据话语构造的模型依赖于意义和知识。心理模型表达了一个可能事态，模型的内容和结构把握了这个可能事态发生的各种不同方式的共同因素（Johnson-Laird，2004）。心理模型理论的一个基本假定是真值原则：

为了最大限度地减轻工作记忆的负荷，人们倾向于构造只要能将事物表现为真（只要不为假）的心理模型就够了（Johnson-Laird，2004）。

这一原则在两个层面上得以应用。首先，个体只表达为真的可能事态。也就是说，主体的经验、知识在模型的构造中起着重要的作用，一个命题的真值条件已经深深地打上了主观性的烙印。其次，对于每个真的可能情形，个体只表达真前提中的文字命题，而不管该命题是肯定的还是否定的。换言之，命题的表达形式在模型建构中的作用是次要的，主体在乎的是是否存在和命题的内容相对应的情形。通过以上描述可以看出，心理模型对信息的认知加工是通过信息的真实性偏好实现的，也就是说，心理模型优先加工真命题。需要说明的是，心理模型的信息加工不是单纯的演绎性推理，而是一种基于经验的背景知识。心理模型的构建来源于人类的已有的经验知识,来源于有关图式知识的积累以及过去解决问题所积累的经验;心理模型不是一成不变的,他们在不断的变化之中。心理模型的运用是认知活动的重要组成部分。

2.2 心理模型理论

徐盛桓的"基于心理模型常规关系推理"理论源于他对语言交际中常规关系的潜心研究。从认知角度看,这一理论的主要观点包括:(1)心理模型是认知主体知识结构的表现形式,或者说是心智中知识的基本组织形式,体现为以相邻/相似关系为纽带形成的抽象知识系统;(2)这一抽象的知识结构由大大小小的类知识或者抽象知识的"知识集"构成,使人们的知识、经验、信念由大脑的工作记忆,包括长期记忆储备起来并经过抽象和整合,成为复杂的知识网络系统,体现为由历时的、共时的各种规则规律汇集成的集合体,这些规则规律组成默认的层级并结合为各种范畴;(3)心理模型将复杂的现象抽象为一个个简单的表征形式,通常是以"如果 A 则 B"的形式呈现出来;(4)心理模型是一切推理形式的基础(徐盛桓,2006a)。

"常规关系"概念是理解心理模型理论的关键。常规关系的基本规定是"设定话语中所涉及的对象和事件之间所形成的关系是常规关系,除非另有说明"(徐盛桓,2006b),但是这样的表述仍然没有澄清常规关系的内涵,需要进一步的阐释。从认识的发生看,意义的概念化的过程就是活动的内化。活动是过程性的,有许多细节,但是要想通过符号系统将这一过程用概念表征出来是不可能的,所以有意识的觉察是通过选择和形成表象性格局来进行的(皮亚杰,1997:28)。这样,我们可以理解为什么语言符号背后是一种具体的体验,一个表达式的背后是一个动作事件,概念所呈现的只不过是整个事件的一个部分,或者整个过程的一个环节。而这些环节之间的毗邻关系,无论是在时间上的前后相继,还是在空间上的彼此相接,都被固化下来成为一种关于某种对象、某类事件以及某些过程的知识结构。这些对象的类、事件的类和过程的类就被表征为一种常规范型。常规关系同常规范型是抽象化、概念化加深的关系。意识到事物、事态内部或相互间的某一方面的某种联系,于是将其突现出来,并加以程式化、规范化,这就成为常规关系。

以常规关系联系的对象叫做关系体,关系体可以是一个概念、一个命题,也可以是一个情景。既然常规关系是人类知识表征的基本形式,一个激活的概念或者一个情景就可以激活一个或者数个常规关系而一个激活的常规关系又蕴含着相应的概念、命题或者情境等关系体。

三、篇章识解策略

3.1　整体性识解策略

在一般意义上,交际活动是交际者的理性行为,交际参与者都是合作的(Grice,1975)。因此,交际者生成的交际语篇自然就是理性行为的结果,即连贯的语篇。从认知科学的角度看,连贯的语篇实质上是话语的信息激活了心智中的常规关系,相关关系体在主体的心智中合理配置而形成的一个整体。根据生成整体论的原理,在生成整体论的世界图景中,"不存在静止不变的、孤立的事物","只有整体没有部分,只有过程没有静止","只有大整体与小整体、大世界与小世界的区别"(李曙华,2006:89-94)。根据这一认识,语篇被看作一个连贯的意义整体,认知主体是在保证整体完整的倾向下,对部分进行配置。也就是说,在整体性的前提下,"部分"才具有意义。由此看出,语言单位的意义只能在整体中实现。单个的词汇在语句中得到其意义,单个语句在上下文语境中得到意义,而语篇在语言使用的情境中得到意义。

一般说来,人们对一个事物的接受和理解的必要条件是它的良构性(well-formedness):即能在心里模型里建构起一个良好结构(well-formed structure),例如一间房子开了一个大洞(破缺)或无缘无故地天花板同地面连接起来("连贯"违反了常规),或一张钞票由于印刷不小心只印了一半等,就成了不良结构(ill-formed structure),人们就弄不明白甚至不能接受。语篇也是一样。一个能被接受、被理解的语篇的必要条件也是它的良构性,即这一语篇是一个"良好的形状"。良好形状的构造有两个基本要求:一是整体性承诺;二是经验的可及性(accessibility)。整体论承诺假设:理性的交际者听到/看到一个语篇总是设定这一个语篇是完整的、良好形状的,除非有明显的证据或提示表明它不是;经验的可及性假设：语篇理解所涉及到整体性承诺蕴含了利用交际者的缺省知识把零碎的、看似分离的客体通过一定原则识解为具有一定良好功能或者良好形状的整体涉及认知过程中的倾向，即认知主体对客体的反映并不总是没有关联的机械地反映认知客体。因此，可以合理地推论，语篇的良好形状不但关涉到语篇表述的显性照应，还关涉到认知主体的经验。语篇客体的特性越接近认知主体的经验，语篇的"形状"越是良好。

② 小马是要回来，他还爱着王梅。

这可以看成是一个完整的、良好形状的语篇，因为它至少可以识解为表达因果关系的整体②a 或条件关系②b 的整体：

② a　小马是要回来，因为他还爱着王梅。

　　 b　小马是要回来，如果他还爱着王梅。

我们不能武断地说识解为因果关系和条件关系孰对孰错，两个语篇的意义关系的选择取决于主体据有关知识判断事态的心理倾向，这就是语篇识解的认知格式。语篇识解的认知格式是在语言交际中规约地固化下来的，例如答问关系、条件关系、因果关系、时间关系、举例关系、说明关系、对比关系、总分关系、概括关系等等。这些关系在交际中有语义理据，但不一定用形式表达，也就是说它们不一定通过句法手段或词汇手段在语篇中以字面显性的形式表达出来。根据认知加工的经济原则，用最常用的认知格式对信息进行加工最能符合"低耗高效"的原则，所以最常用的认知格式也就是最常规的，可及性最高。

3.2　语篇良构性的规定

从逻辑上看，容易成为形状良好的语篇应该没有不受约束的变量（例如，代词、指示词等类），如果有就要在理解话语时得到赋值，使话语意义完整。这一过程可以看作是命题充实（proposition enrichment）；同时，还要断定形式上零碎的、看似缺少关联机制的语篇之间的联系，这一过程是动态的，非单调的。这两个过程是同时进行的，彼此依赖的。这样看来，一个形状良好的语篇既应没有可以任意地自由赋值的自由变量，也没有同其他语篇没有意义联系的"游离"子语篇。听话人偏好的是连贯语篇，也就是形状良好的整体。这种语篇规定如下。

条件一：语篇 D 是连贯的，当且仅当，D 是形状良好的语篇。

条件二：语篇 D 是形状良好的语篇，当且仅当：D 的构成成分 d_1，d_2，…，d_n($n \geqslant 0$)中没有可任意自由赋值的自由变量；语篇各构成成分能通过一定的语篇关系合并到另一语篇中，最终构成语篇 D。[②]

基于心理模型的篇章识解策略本质上是一种论证性因果推理。推理的初始假设是：说话人/作者是理性的，他们的话语（语篇）形式上可能是零散的，但是在意义上是相关的，是一个意义整体。

3.3 分析举隅

如前所述，篇章的连贯性是交际者的理性基本表现，而语篇的整体性特征是语篇连贯的必然结果。因此，整体性识解策略也立足于这一假设。例如：

③ a　小马坐火车来[1]，他的同学在车站等他[2]。

　　b　小马坐火车来[1]，他的同学在商店等他[2]。

例③a[2]中的指示词"他"依据例③a[1]的"小马"赋值，同时"火车"和"车站"之间的常规关系可以帮助推定二者之间以"叙述关系"成为一个大语篇并符合"形状良好的语篇规定"的要求，所以是一个形状良好的语篇。相比之下，例③b 虽然满足了自由变量的赋值条件，但是"火车"和"商店"的相关关系在知识结构中的凸显度低于"火车"和"车站"的关系。当听者建构心理模型的时候，相对于火车而言，车站是个必要部分，而商店未必。"火车"和"车站"的依存度高于"火车"和"商店"的依存度。换言之，对于听者对解读产生的期待，"车站"的可及性要高于"商店"。这也就是为什么例③b 不如例③a 符合直觉；例③b 也可能是合理的语篇，这时就预设了语篇使用者有某些关于小马同某商店、小马同学同某商店或火车同某商店的默认知识。再看下例：

④ John had a great evening last night [1]. He had a great meal [2]. He ate salmon [3]. He devoured a lot of cheese [4]. He won a dancing competition [5]. (Asher& Lascarides，2003：8，略有改动)

---

② 连贯语篇的良构性命题是博士生吴炳章提出来的，后来在研讨班的讨论中得到了完善和充实。这里引用已征得吴炳章的同意，谨表谢忱。

这是由多语句构成的语篇。要作为一个形状良好的语篇,例④必须满足 3.2 里的条件二:语篇之间必须呈现出合理的意义关系。在这一语篇中,[3][4]具体说明[2],而[2]和[5]具体说明[1]。例④呈现以下结构:

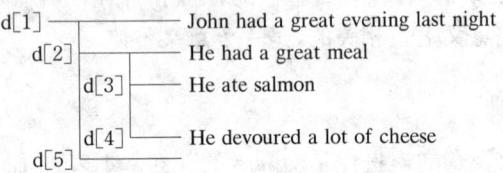

从这一层级结构可以看出,这一语篇的各构成成分通过一定的语篇关系能合并到另一语篇中,最终构成整个大语篇。这显示,例④是一个良好形状。

⑤ (A knows that B went to a concert last night)

A:You had a wonderful evening, I guess [1].

B:I should have watched TV [2].

A 的设定是:B 的会话贡献使得[1][2]成为一个完整的整体;由此,[1]的美好期待需要后续语篇[2]进行确认。所以,A 的期待是 B 对 d1 进行肯定或者反驳。但[2]的命题信息并没有对[1]进行正面论证,相反,B 只是表达对自己行为的遗憾。用一个令人遗憾的事实作为一个美好的事件的证明,这是矛盾论证。所以,例⑤的整体性只能通过修改 A 的不确定断定"B had a wonderful evening"得到合理的辩护。这也就是会话含意"B didn't have a wonderful evening"产生的理据。

接下来我们考察隐喻的理解和篇章整体性的关系。

⑥ a. The room is a mess [1]. Your roommate is an animal [2].

b. Your roommate is an animal [1]. The room is noisy [2].

隐喻的意思不是字面意思,而是在构建隐喻基底(base)时生成的。但是如何解释隐喻基底的建构机制,目前尚无统一的看法。常见的观点有:(1) 比较观(Ortony, 1979;Clark& Lucy, 1975):隐喻的理解过程是比较隐喻的主体和载体之间在语义上的相似性,或者发现它们之间的怪异性的过程。(2) 认知域互动观(Tourangeau & Sternberg, 1982):将被比较概念的相关知识域,在更广的范围内进行相似性和怪异性的比较,并将二者结合在一起进行互动。（3）等级凸现模型（graded salience model）（Giora，1999；Giora & Fein，1999a，1999b；Giora，et al.，1998）：人们总是优先考虑词汇凸现度高的意义，而不考虑语境。

我们通过心理模型理论探讨此现象。由于语篇信息在认知加工过程中的线性关系，主体基于先行语篇构造的心理模型往往在信息处理中居于主要地位，即后续语篇的信息要参照该模型确定自己的地位。但是，我们已经论述过心理模型不是固定不变的（参见 2.1 的说明）。请看例⑥：一方面可以将[1]看作是[2]的证据，另一方面可以将[2]看作是[1]的原因，可以得到互为因果的解释。因此，这两个语篇既可以说是通过因果关系构造的意义整体，也可以说是通过说明关系形成的意义整体。鉴于我们已经通过例②讨论过这种关系，我们重点讨论篇章整体性对隐喻理解的影响。

将例⑥a看作是以因果关系联系起来的整体，那么[1]所生成的模型就限定[2]的隐喻意义：房间的情形迫使主体从动物的众多特征中选择"脏、乱、差"作为对当前语篇的识解。如果将例⑥b看作是因果关系联系起来的整体，动物的吵闹是主体的先验知识，这就不需要在模型中阐释，直接成为后续语篇的原因事件。如果将例⑥a识解为说明关系的整体，那么，动物的"脏、乱、差"也就成为主体的先验知识，自然也就不受心理模型的限制。这一点对于隐喻的理解具有重要的启发意义，例如，"Your roommate is an animal"作为独立的语篇，很难充分解释其中的隐喻含义。

基于上述例句和文字说明，我们可以构造一个整体性识解的形式模型：

语篇整体性识解模型
（1）初始条件和边界条件建构成意义整体 D；
（2）子语篇 d(1,2,...)在 D 被关联，即设定 d(1,2,...)在 D 可认定其常规关系 R；
（3）突显由此认定 d(1,2,...)之间的意义关系 R；
（4）根据 R 获得对 d(1,2,...)在语境的合理性解释。
条件规定：
（1）初始条件约束是由语篇 d(1,2,...)提供的参照系；

（2）边界条件约束是由语境提供的参照系。

说明：该模型将语篇看作是一个整体 D 并对此进行论证，论证中，语篇的整体性成为主体的先验知识，论证的过程就是从语篇中寻找证据并对这一先验知识加以支持。模型中的意义关系 R 就是语篇之间的修辞关系，例如，问—答关系、因果关系、条件关系、让步关系、说明关系、评论关系等等。初始条件和边界条件是对心理模型的限定条件，对心理建模的信息进行选择性限制。前者侧重语篇的信息，后者侧重语境信息。

心智中的知识结构是由人们对事物间的常规关系的认识建立起来的，体现为以相邻/相似关系的抽象知识为维度组织起来的类知识。格式塔心理学完型趋向理论中的相邻原则、相似原则指出，人们对相邻/相似的事物倾向于分别感知为一个整体，而且二者互为"关系体"，提到其中一个可能内在地蕴含另一个。从而有可能将事物连成一个可以理解、可以解释、可以预测的网络。以动词 cut 为例。作为一种关系，cut 是一个潜在的系统，包括施事、受事、工具、方式、结果等。所使用的背景假设包括施事具有运动能力、工具具有可移动性和功能性等等。一个在 cut the grass 的语境中，自然意味着割草机或者镰刀等割草用的工具的存在，而在 cut the cake 的语境中，就想当然地意味着餐刀的存在。进一步讲，cut the grass 都是在白天做的工作，而 cut the cake 经常出现在庆祝生日之类的场合。因此，这两个事件在日常生活中将不同的事件联系在一起，形成了一个网络。再看前文的隐喻"your roommate is an animal"，动物的特征众多，在交际中如何选择既取决于主体的世界知识，又决定于交际语境，这种选择具有生成性而不是组合性。生成意义的过程是主体主动参与意义构造的过程，生成意义所需要的知识不仅来自语言符号，还来自主体所存在的（物理的、心理的、社会的和文化的）世界。

心理模型理论的另一个特征是强调意义生成的动态性，因为交际不是在真空中发生的，而是在具体的时空环境、文化环境、社会环境等多方面的因素共同构成的复杂系统中发生的。同时，交际过程不是静态的，而是动态的。这就意味着我们不可以忽视说话者或者听话者之间的互动关系，而单独讨论话语的意义。否则这样的意义理论就是非常狭隘的，具有先天的局限性。同时我们还应看到，自然语言中，随着语言使用的情形（微观的因素，例如目的、方式、主体等）和社会文化的演变，新的句式、新的词语不断涌出,这些都是生成整体论的有力佐证。例如,"玉米"、"凉粉"、"啃老族"这类的新词,"今天你QQ了吗?"之类的表达方式屡屡出现在人们的日常交流中。这种现象只能在整体的意义上进行解读,而不可化整为零。总而言之,正如徐盛桓(2007)指出的一样,生成整体论思想不但是语言学的研究思路,而且还将成为语言学研究的理论武器。

四、结　束　语

本文以心理模型理论为框架,对语篇识解进行形式化描写,并提出了一个识解模型。该模型的特点是在生成整体性原则的基础上,强调主体的论证能力。也就是说,篇章的整体性是主体的先验知识,主体要通过心理建模说明子语篇的合理性。由于建模过程是动态的,这一论证过程具有非单调性。这样可以最大程度地刻画篇章理解中的心智过程。应当指出,徐盛桓的心理模型理论是众多的研究方法之一,作为一种新的理论假设,其解释力还有待于进一步的论证。

参考文献:

Asher, N. and A. Lascarides. 2003. *Logics of Conversation*. Cambridge University Press.

Carroll, D. W. 2000. *Psychology of Language*. Beijing: Foreign Language Teaching and Research Press.

Clark, H. H. & P. Lucy. 1975. Understanding What Is Meant from What Is Said: A Study in Conversationally Conveyed Requests. *Journal of Verbal Learning and Verbal Behavior*. 14.

Giora, R. 1999. On the Priority of Salient Meanings: Studies of Literal and Figurative Language. *Journal of Pragmatics*. 31.

Giora, R. & O. Fein. 1999a. Irony: Context and Salience. *Metaphor and Symbol*. 14.

Giora, R. & O. Fein. 1999b. On Understanding Familiar and Less-familiar Figurative Language. *Journal of Pragmatics*. 31.

Giora, R., O. Fein & T. Schwartz. 1998. Irony: Graded Salience and Indirect

Negation. *Metaphor and Symbol*. 13.

Grice，H. P. 2003. Logic and Conversation. 见何兆熊编.《语用学文献选读》. 上海：上海外语教育出版社.

Johnson-Laird，P. N. 2004. Deductive Reasoning. 见李平、陈向主编.《科学和推理的认知研究》. 南昌：江西人民出版社.

Ortony，A. 1979. Beyond Literal Similarity. *Psychological Review*. 86.

Searle，J. R. Literal Meaning. 2001. In Searle，J. R.（ed.）*Expression and Meaning: Studies in the Theory of Speech Acts*. Beijing：Foreign Language Teaching and Research Press.

Tourangeau，R. & R. Sternberg. 1982. Understanding and Appreciating Metaphors. *Cognition*. 11.

黄 缅,2007,语言模因之迷：幂姆的认知研究,《外语研究》第 3 期。

李曙华,2006,当代科学的规范转换——从还原论到生成整体论,《哲学研究》第11 期。

李淑静,2007,"as … as"构式形成的认知研究,《外语研究》第 3 期。

廖巧云,2007,英语因果构式探讨,《外语研究》第 3 期。

刘辰诞,2007,心理模型与语言表达式的生成：兼论作格结构和中动结构的形成动因,《外语研究》第 3 期。

皮亚杰,1997,《发生认识论原理》,北京：商务印书馆。

吴炳章,2007,会话含意推导,《外语研究》第 3 期。

徐盛桓,2006a,基于模型的语用推理,全国第四届认知语言学研讨会主题发言,南京。

徐盛桓,2006b,常规推理和格赖斯循环的消解,《外语教学与研究》第 3 期。

徐盛桓,2007,相邻关系视角下的双及物句研究,《外语教学与研究》第 3 期。

（原载《外语学刊》2008 年第 3 期）

前指照应的认知语用互动分析

吕公理

一、引　　言

照应作为语言单位间同一关系的重要标志，历来是语法理论和语篇理论的中心议题。但是，由于传统的照应理论往往以照应的形式特征立论，把照应成分与被照应成分之间的关系仅仅理解为形式上的替代关系，因而无法解决前指照应释义（anaphora resolution）中照应形式与具体释义内容间的不一致问题（见 Kittay，1987；Brown & Yule，1983：201），而解决这一问题的关键是把照应释义看作一个涉及认知和语用因素的动态过程。在这一过程中，听者透过言者的语言表达形式对言者话语的认知过程进行重构。同时，由于重构是在某一具体交际环境中进行的，因而又受到语用因素的影响和制约，所以，前指照应的释义只有在认识与语用因素的互动中才能实现。由于前指照应释义中形式与内容间的矛盾在间接前指照应、多先行成分前指照应及指物变化前指照应的释义中表现最为突出，本文拟以英语语篇中上述三种照应的释义为例，探讨前指照应释义的认知与语用因素的互动模式。

二、间接前指照应

语篇中的前指照应可分为直接前指照应（direct anaphora）和间接前指照应（indirect anaphora）（Ellis，1988）。在直接前指照应中，照应成分与先行成分之间有形式上的同一关系，而在间接前指照应中则没有这种关系，因而也是传统照应理论最薄弱的方面。例如，在以下例子中，bicycle 与 the frame，dressed 与 the clothes 及 house 与 the agent 分别构成间接前指照应关系：

(1) I bought a bicycle yesterday. *The frame* is extra large. (Chafe,1972;see Brown & Yule,1983：257)

(2) Mary dressed the baby. *The clothes* were made of pink wool. (Sanford & Garrod,1981;see Mackenzie & Keizer)

(3) We wanted to buy the house straight away, but *the agent* adviced us to wait a bit. (adapted from Mackenzie & Keizer, 1989)

　　显然,上述照应关系既不能为替代原则所涵盖,也无法简单描述为整体与部分的关系(meronomy)。如果说 bicycle 与 frame 之间的确存在整体与部分的关系的话,那么(2)和(3)中的照应关系则很难塞进整体与部分的框架。更为合理的解释是,两者之间的关系是听者根据认知结构,通过对言者话语的认知表征(cognitive representation)的重构而推出的。这可能就是普林斯(Prince,1981;见 Siewierska,1991：157)把这类关系称为可推断关系(inferables)的原因。我们认为,推断的基础就是认知结构,即贮存在长时记忆中的表现为层次关系(hierarchy)(见 Cohen, 1983)、图式(schemata)、场景(scenario)及因果关系等形式的知识和经验。这样,根据自行车、穿衣及房屋的认知结构,我们可以推出下列命题关系:

a. Every bicycle has a frame.

b. Dressing always involves clothes.

c. Buying houses involves an agent.

　　推断关系或连接假定(bridging assumption)(Clark & Haviland, 1974;见 Siewierska,1991：158)是间接前指照应的基础。但是,如果仅仅以推断为基础建立照应关系,那么从某一认知结构中能推出的连接关系的数目可能是无限的。而在某一照应过程中,并不是所有的推断关系都有相关性。所以,某一推断能否成为相关的关系又受到认知状态(cognitive state),即注意状态(attentional state)(见 Grosz & Sidner, 1986)和意识状态(consciousness)(见 Siewierska,1991：156)的控制。某一连接关系能否进入释义过程要经过认知状态的"过滤"。按照切夫(Chafe,1987;见 ibid)的分类,认知状态可分为活跃(active)、半活跃(semi-active)和不活跃(inactive)三种。而间接前指照应中的推断关系处于半活跃状态,这是照应关系最终进入活跃状态并获得释义的基础。

另一方面,体现在间接前指照应释义中的认知结构关系进入活跃的认知状态并加以确立,并不是自动完成的,而是在具体的交际环境下,由具体的交际需要触发而完成的。换句话说,间接前指照应的释义是在语用因素的触发下,听者通过对言者话语的认知表征的重构使语言表达的信息扩大而实现的。而这一过程是在语用原则,特别是在莱文森所谓的I-原则(见 Huang,1992)控制下进行的。该原则由言者准则和听者推论(corrollary)组成,其主要内容如下:

言者准则:必要的话,尽量少说,即给出最少量的语言信息,足以达到交际目的即可。

听者推论:通过寻找最具体的解释来扩大言者话语的信息内容,直至你认为找到言者通过方式原则所要表达的意义。

具体讲,从言者使用的语义上一般的表达式(间接照应形式),I-原则引出一个语义上更具体的命题,即与"最常规化"(stereotypical)、"最具体的关系"相符合的释义(见 Huang,1991)。必须指出,这里所谓最常规化和最具体的释义,其含义并不明确。据此,我们无法解释下例中的连接推断(标有 +>)是如何达到常规化和具体的释义这一要求的:

(4) Bill has a new car. *The window* doesn't close.

+>Bill's new car has a window.

(See Huang,1991)

所以,我们认为,这里所谓常规化的关系就是由认知结构所决定的关系。这样,(4)中的照应关系的正确释义应包含下述两种推断:

a. Every car has windows.

b. The window is the window of the new car Bill has.

其中,a 为常规化连接,即由认知结构决定的连接,b 为具体的释义内容,是根据一致原则得出的。该原则具体讲就是:除非言者另外标明,在重提某一指物时,他仍在谈论同一对象,该指物的语篇域不变。

当然,语用原则的作用并不是一个常量,而是随具体的释义环境的变化而变化。例如在下例中,picnic supplies 与 the beer 构成间接前指照应关系。但是,这里的关系是一种非自动的连接关系(non-automatic connection)(Brown &Yule,1983:260)。这时,语用原则的作用要比在自动连接中增强。

(5) Mary got some picnic supplies out of the car. *The beer* was warm.
(Haviland & Clark,1974;see Brown & Yule,1983：256)

  a. Picnic supplies always contain beer.

  b. The picnic supplies contain beer. The beer was the beer contained in the picnic supplies previously mentioned.

在上例中,由于 the beer 与 picnic supplies 之间没有必然的或自动的认知连接关系,听者的释义必须按以下方式进行:由于言者没有表明 the beer 另有所指,那么根据一致原则,当提到它时,其所指不变,即仍指前文中的 beer。要满足这一要求,必有一个使 beer 存在的语篇域存在,这个语篇域即玛丽拿出的野餐用品,且其中必含啤酒。可以看出,在间接前指照应释义中,认知因素与语用因素的互动呈现为一种互相消长的关系。认知因素增强时,语用因素的作用减弱;认知因素减弱时,语用因素的作用则增强。据此,我们可以推出下述结论,在直接前指照应中,认知因素的作用减弱,照应的释义则主要靠语用因素的制约实现。

三、多先行成分前指照应

在第二类前指照应中,对于某一个照应成分存在两个可能的先行成分。我们不妨把这种前指照应称为多先行成分前指照应。如,

(6) John can open Bill's safe. *He* knows the combination.
(Blakemore,1988)

(7) There was a zoo in John's town. *It* was small.

从形式特征看,(6)中的 John 和 Bill 及(7)中的 zoo 和 town 均有资格分别成为照应词 he 和 it 的先行成分。所以,仅仅依靠形式上的替代关系无法解决照应成分的释义问题,而应在认知与语用因素的互动中寻找解决办法。

从认知过程看,在(6)的释义中,听者对照应词 he 的理解并不仅仅依靠照应词与先行成分形式上的同一关系进行,而主要是依据前后两句的认知结构上的连接关系,推断出 he 的先行所指为 John。在(7)中,由于 small 所表达的特征既适用于动物园,也适用于小镇,所以照应词先行成

分的确定,在很大程度上取决于两个先行成分的指物在所处命题中的相对位置,即哪一个处于更突出的位置。从认知状态来看,确定或断言(assertion)某事必须以某一更大的域作为参照背景(background),而所断言之物相对于较大的背景域具有更突出的心理位置,因而也处于更活跃的状况。从这个意义上讲,突出(foregrounding)实际上是通过一个层级关系(hierarchy)实现的,即:

知识域>语篇域>突出指物

其中知识域由语言使用者知识范围内的事物构成,而语篇域由进入语篇的事物构成。进入语篇域的指物相对于知识域而处于活跃状态。而语篇域中的某一指物相对于其他指物处于更活跃的状态。这一层级关系的意义在于,如果语篇域中只有一个指物,如下例中的 zoo,

(8) There was a *zoo*. *It* was small.

那么,它相对于认识域而突出。如果语篇域中有两个或更多的指物(如在(6)和(7)中),那么,它们中必有一个指物以知识域作为参照背景而被确立和断言,而另一指物则以上述指物所确定的语篇域作为参照背景而得到确立和断言,因而处于突出和活跃的状况。如在(7)中,动物园的确立和突出,必须以小镇的存在为参照背景,而动物园处于最突出和活跃的状态,因而成为 it 的先行所指。同样,在(6)中,比尔的保险箱的存在是约翰打开它的前提和背景。相对于由此而确立的域而言,约翰则处于更突出、更活跃的位置。所以 John 被确立为照应词 he 的先行所指也是合理的。

但是,根据认知过程确立的先行指物并不是自发成为照应成分的释义基础的。听者是在语用因素的诱导下完成释义的。换句话说,听者的重构是在言者语言表达形式的引导下,通过正确把握体现在言者语言表达形式上的安排和选择中的意图而完成的。在多先行成分前指照应释义中,指物的相对突出和活跃位置首先是通过它所在的语言单位的安排表现出来的。在无标记情况下,这一安排的体现形式为主题功能。显然,在(7)中,zoo 相对于 town 更突出和活跃,它通过存在句的主题引入作用,被赋予新主题功能(Newtop)(见 Siewieiska,1991:161)。在(6)中,John 相对于 Bill 更突出和活跃。它通过句首位置被赋予主题功能。

其次,言者的意图也体现在照应形式的选择上。对言者来讲,根据一致原则,在重提某一指物时应保持同一语篇域不变。如果某一指物相对于该域而成为主题时,在重述时应尽量保持其主题地位不变。又根据 M-原则(Levinson,1987,见 Huang,1991)、在没有任何理由时,不使用冗长的(prolix),有标记的形式。在(6)及(7)中,由于语篇后续单位仍保持原有的语篇域及主题,所以照应成分的先行指物为给定主题(Givtop)。最后,根据 I-原则,在上述情况下,应尽量提供最少的语言信息,即选择语义上一般的表达式(如指代形式)。所以,在(6)和(7)中,照应均选择了代词形式。对听者而言,由于 it 和 he 为语义上一般的表达式,根据 I-原则,需扩大其语义内容。又根据一致原则,在照应时,指物的语篇域保持不变。根据 M-原则,由于言者使用了无标记形式,所以在照应时,照应成分的主题指物不变。这样,照应成分 he 和 it 以处于主题位置的先行成分为基础获得释义。当然,主题和语篇域同时一致是一个比较典型的情况,在主题不一致(如主题改换(topic shift))的情况下,照应成分可通过语篇域一致获得释义。

上述讨论表明,虽然多先行成分前指照应与间接前指照应相比有其独特之处,但它的释义也是在认知因素与语用因素的互动中完成的,这种互动同样呈现为一种你消我长的过程。在(6)中,由于前后单位之间有较为明显的认知连接关系,语用因素的作用相对减弱,而在(7)中,前后件之间没有明显的认知连接关系,语用因素的作用相对增强。

四、指物变化型前指照应

前指照应释义中形式与内容之间的矛盾在指物变化前指照应中表现最为突出。这类照应常见于烹饪方法或说明类语篇。由于这类语篇一般由一系列操作(加工动作)组成,这些操作又直接作用于指物(加工对象)。所以,随着语篇的展开,指物也发生显著的变化,从而导致了形式与内容的不一致问题。如,

(9) Wash and core six cooking apples. Put *them* into a fireproof dish. (Halliday & Hasan,1976:2)

布朗和尤尔(Brown & Yule,1983:201)指出,照应词 them 代替的并不是 six cooking apples,而是已经洗过并去心的苹果。由于指物发生了

变化,所以照应词不能根据其与先行成分形式上的同一性获得释义。

　　但是,从认知过程看,食物经加工会发生变化这一认识已成为语言使用者认知结构的一部分。另外,这类交际活动的情景为食品制作加工过程,所以在交际过程中,指物及其变化始终呈现在物理环境中(physically copresent)(Clark & Marshall,1981),为交际双方视觉所感知,所以是情景给定的(situationally given)(Mackenzie & Keizer,1991),因而也始终处于活跃状态。

　　由于上述特征对言者来讲,关于指物的信息(包括变化信息)从认知结构上讲是已知的,在情景中又是可见的,所以,即使指物本身发生了显著变化,也没有必要通过冗长的和有标记的语言形式来表明。因而选择语义内容一般的形式完全符合 I -原则和 M -原则。事实上,在这类照应中,照应成分更多地选用语义内容更为一般的零形式(zero anaphora)。对听者来讲,由于照应形式为语义内容为一般的或等于零的形式,所以根据 I -原则,需扩大信息。根据一致原则,在重述指物时应保持指物不变,所以,所需信息必在上文。但是事实上,指物却发生了变化。在此情况下,言者应该通过较冗长的、有标记的形式表明这一变化。而他没有这样做,说明其中必然另有原因:即这一变化信息为听者视觉所能感知。所以,照应获得释义。可以看出,在指物变化前指照应中,由于视觉信息参与了认知过程,消除了因指物变化所造成的信息差。所以,这类照应的释义同样是在认知与语用因素的互动中完成的。

五、小　　结

　　综上所述,前指照应释义中形式与内容之间的矛盾虽然在三种前指照应中表现为不同形式,但都可以在认知因素与语用因素的互动中得到解决。在这一动态过程中,认知因素与语用因素既相互依存,又表现为一种彼消此长的变化过程。

参考文献:

Blakemore, Diane. 1988. The Organization of Discourse. In Newmeyer, F. J.

（ed.）Vol. Ⅳ. 229 – 249.

Brown, G. & G. Yule. 1983. *Discourse Analysis*. Cambridge: Cambridge University Press.

Clark, H. H. & C. R. Marshall. 1981. Definite Reference and Mutual Knowledge. In A. K. Joshi, （eds.）, B. L. Webber & I. A. Sag.

Cohen, Gillian. 1983. *The Psychology of Cognition*. London: Academic Press.

Ellis, Jeffrey. 1988. The Logical and Textual Function. In Fawcett, R. & M. A. K. Halliday （eds.）*New Developments in Systemic Linguistics*. London: Batsford.

Grosz, B. J. & Sidner. 1986. Attention, Intentions, and the Structure of Discourse. *Language and Artificial Intelligence*. 1987. North-Holland: Elsevier Publishers.

Halliday, M. A. K. & R. Hasan 1976. *Cohesion in English*. London: Longman.

Huang, Y. 1991. A Neo-Gricean Pragmatic Theory of Anaphora. *Journal of Linguistics*. 27. 301 – 335.

Kittay, J. 1988. On Anaphora and Antecedence. *Semiotica*. 72 – 34. 202 – 234.

Mackenzie, J. L. & Keizer, M. E. 1991. On Assigning Pragmatic Functions in English. *Pragmatics*. 1; 2. 169 – 215.

Siewierska, Anna. 1991. *Functional Grammar*. London: Routledge.

（原载《外国语》1995 年第 2 期）

认知推理与语篇回指代词指代的确定

——兼论形式解决方法之不足

杨若东

一、引　言

在认知科学研究的领域里,中心论题之一是自然语言是如何被理解的。从 20 世纪 70 年代开始,人工智能科学家在用计算机模拟自然语言理解过程的研究中取得了很大进展,他们发现许多人类能轻而易举理解的话语而计算机却难以理解。他们从中受到启示,进而得知:语言的理解仅凭语篇表面的结构性质与意义是远远不够的,它需要交际者双方业已掌握的世界的知识、语境知识等的参与与辅助,这种参与与辅助作用具体体现在语篇理解过程中的智能分析与认知推理。Sperber 和 Wilson(1986)正是认识到交际(包括语言交际)的这种认知的属性从而建立了关联理论(relevance theory),开辟了语用学研究的新天地,为语篇理解和研究提供了新的理论根据。他们的理论指出了世界知识在话语理解过程中的重要性。

本文拟从衔接手段入手,重点讨论世界知识和认知信息等在语篇衔接关系建立过程中的作用,旨在说明衔接关系—连贯关系的重要语言手段的建立也需要世界知识参与的认知推理过程,而不是一般人所认为的那种简单地用语言知识在语篇中找出在形式上——对应的语法或词汇项。

我们既不讨论回指词语的各个先行词确定过程所需时间的多少,也不讨论哪个先行词的期及度大小,而是着重分析语篇理解者是如何在含有多个可能的先行词的语篇中或在没有明显的先行词的语篇中,确定或推断出回指词语的指代的。① 由于篇幅所限,我们仅想深入地讨论衔接

---

① 指称分为三种：人称代词、指示词和比较。

手段之一——指称中的一种内指式回指代词指代在歧义语篇中的确定问题。

为此,我们首先讨论一些形式方法之不足,进而探讨回指代词的指代确定的问题。

二、有关如何确定歧义回指代词的指代的讨论

歧义指称的指代是指语篇中存有多个可能的与指称词语在语法形式上一致的先行词。对于这一问题的处理方法许多语言学家都作了广泛而深入的研究,在此我们将分四个方面进行归纳与讨论。

2.1 语篇结构方面的探讨

Halliday 和 Hasan(1976:31)在《英语中的衔接》一书中已提到此类问题,他们以例(1)说明该词题的复杂性。

(1) Spurs played Liverpool. **They** beat **them**.

到底是谁打败了谁,即 They 是指 Spurs,them 指 Liverpool,还是相反? 这种指称代词指代的确定有什么标准可依? 他们先是提出两种标准:及物性和语气,指出指称成分将继续保持他们所指代成分的功能,如下表所示:

(2)

	The cops	chased	the robbers$_j$	**They**$_i$	caught	**them**$_j$[②]
及物性	动作者	过程	目标	动作者	过程	目标
语气	主语	谓语	补语	主语	谓语	补语

但紧接着他们又以例(3)否定了上述两个标准。

(3) The cop$_i$ chased the robber$_j$. **They**$_j$ eluded **them**$_i$.

进而他们又提出另外一条标准:主位结构,如:

(4)

	These ponies	the children were given by their grandparents
主位结构	主位	

---

② 实例中的 i,j,k 等为笔者所加,以示回指代词的指代,以下类同。

(4) a **They**ᵢ are staying here.

(4) b Have you seen **them**ᵢ?

虽然 They 在形式上更适于指人，如（4）中的 the children 或 their grandparents，但是因为 They 与 These ponies 在主位结构中同处于主位的位置，或者即使回指代词本身不在主位结构中处于主位的位置，如（4）b 中的 them，但其指代仍是上文中处于主位位置的名词或短语。但在语言使用中类似例（5）的实例很多：

(5) John$_i$ wanted Bill's$_j$ horse.

(5) a But **he**$_j$ wouldn't give it to **him**$_i$.

(5) b But **he**$_i$ wouldn't pay **him**$_j$ for it.

Halliday 和 Hasan 认为主位结构的标准难以解决这种指代歧义的问题，因此他们断言："这类问题的解决没有什么明晰的语法标准可循，唯一的标准就是语义，只有语义方能解歧……"随后他们又附上一句："如果语义上仍有歧义，最后的办法是看主位结构"（Halliday & Hasan，1976：311）。在这方面作过探讨的还有 Kuno（1976）和 Maratsos（1973）的角色惰性（role inertia）方法。

与之相近的是主题（topicality）标准（Broadbent，1973），即句子或语篇扩展的主题就是回指代词的指代，如例（6）：

(6) The feedpipe$_i$ lubricates the chain and **it**$_i$ should be adjusted to leave a gap half an inch between itself and the sprocket.

因为主题处于凸显的位置（saliency）。但这种标准与主位结构一样仍难以解决全部问题，其原因是：主题的确定需要句法、语义和上下文等诸多因素决定，很难以语篇结构来判定。Wilks（1975）以下例说明了主题标准的不足。

(7) John left the window and drank the wine$_i$ on the table$_j$.

(7) a **It**$_i$ was good.

(7) b **It**$_j$ was brown and red.

(7) c He noticed **it**$_j$ was brown and red.

显然（7）b 这种说法很少见，（7）c 更为常见（Sanford & Garrod，1981：197）。

另一种方法是研究修辞结构（Hobbs，1976，1979）。利用语篇结构表示语篇中句际关系，如释义、对比、阐述关系等，以此为限制回指词语在语

篇中的指代,如例(8)中的(8)a 是(8)的详尽阐述:

(8) John$_i$ can open Bill's safe.

(8) a He$_i$ knows the combinations.

但这种方法仍过于绝对,因为只要否定(8)或重读 HE(见(8)b):

(8) b John cannot open Bill's$_i$ safe.

(8) a HE$_i$ knows the combinations.

虽然(8)a 仍是(8)b 的详尽阐述,但 He 回指的却是主格的 Bill。

2.2 第二种方法是回指代词的确定

这种方法利用形式特征为依据(Webber,1979;Ehrlich,1980;Aril,1990),从而确定回指代词的指代。如例(9):

(9) Peter lent ten pence to Liz$_i$ because **she**$_i$ was poor.

回指代词的性提供了形式上的线索;又如例(10)中回指代词的数起到了提示作用,而例(11)a 和(11)b 中的回指代词指代的确定依靠的是语法形态的线索。

(10) The class$_i$ consists of 15 students$_j$.

(10) a **They**$_j$ all come from the South.

(10) b **It**$_i$ is the best group in the college.

(11) John$_i$ believes that Ortcutt$_j$ is a spy.

(11) a That's a lie. He$_i$ doesn't.

(11) b That's a lie. He$_j$ isn't.

这种形式特征的提示虽起一定作用,但仍存在问题,如果 Liz 的名字用来指无灵的物体,如公司的名称时,这种提示就失去了作用。数的线索也是一样,例(1)就是一个回指代词与其指代在数上不符的实例。

2.3 第三是超音段音位法

一般来说,代词在语篇中是不重读的,其指代是前部语篇中处于主位的语言成分,如例(12)和(13):

(12) Jane$_i$ kissed Mary$_j$, and then **she**$_i$ kissed Harry.

(13) Jane$_i$ kissed Mary$_j$, and then Harry kissed **her**$_j$.

但如果代词被重读(大写字母表示),情况就不同了,如(14)和(15):

(14) Jane$_i$ kissed Mary$_j$, and then **SHE**$_j$ kissed Harry.

(15) Jane$_i$ kissed Mary$_j$ and then Harry kissed **HER**$_i$.

有时语义上似乎明确的指代也会受到重读的影响,如(16)和(17):

(16) John$_i$ criticized Bill$_j$ because **he**$_j$/**HE**$_i$ talks too much.

(17) John$_i$ hit Harry$_j$ because **he**$_j$/**HE**$_i$ is a terrible guy.

一般来说,"约翰批评比尔是因为讲得过多了"或"约翰打哈利是因为哈利很可怕"分别表述的是因果关系,而重读的代词一般回指难以料想的指代(Ariel,1990:183),即"约翰讲得过多"或"约翰很可怕"分别是"约翰批评比尔"和"约翰打哈利"这些事实的佐证。但这种方法难以适用于例(18):

(18) John$_i$ hit Harry$_j$ because **HE**$_j$/**he**$_i$ before.

因为根据意义,无论回指代词重读与否其指代都是哈利。又如(14)中的SHE 又可回指 Jane 作为对前一语句的修正(Ariel,1990:234)。

2.4 最后一种方法是语义标准

这种方法仅限于句中的中心动词。Garvey(1974)、Caramazza(1977)等人认为例(19)中的 he$_j$ 不指 John 是因为中心动词 blame 创造了一种期盼,即该动词的受事者 Bill 在语篇后部马上要被提及。

(19) John$_i$ blamed Bill$_j$ because **he**$_j$ spilled the coffee.

然而在同样结构的例(20)中情况却恰恰相反。

(20) John$_i$ blamed Bill$_j$ because **he**$_i$ had no one else to blame.

这种不足也被 Ehrlich(1980)的实验所证实。他认为这种动词的期盼性是可以通过替换连词如 but、and 等而改变,如例(21)和(22):

(21) Larry$_i$ confessed to John$_j$ because **he**$_j$ was upset.

(22) Larry$_i$ confessed to John$_j$ and **he**$_i$ was upset.

虽然 Garvey 和 Caramazza 等再三强调这仅是一句偏向(bias),但最终他们也不得不承认(参见 Webber,1979:1-9)这种偏向会因从句中的谓语动词的改变而取消,或因主句的结构被否定、或转化为被动语态而弱化。因此,他们就原因从句中回指代词的指代确定问题提出了动词的隐性因果关系(implicit causality)原则,指出原因从句中回指代词的指代是主句所描述的动作或状态的实施者,如例(23)中的 he 回指 Fred 是因为 Fred 需要帮助的事实促使 Fred 给 John 打电话求援。

（23）Fred$_i$ phoned John$_j$ because **he**$_i$ needed help.

我们认为这种解释失之全面，因为单纯就例（23）而言，不考虑语境因素，也有 Fred 知道 John 需要帮助给 John 打电话以示关怀或主动提供帮助的可能性。

语义方面的另一种尝试是语义选择限制，如例（24）中的 them 虽在形态上 a bottle of wine 不一致，但 drink 常与 wine 搭配，即常常被人们喝的是酒而不是 friends：

（24）John's$_i$ friends$_j$ had each brought a bottle of wine$_k$. **He**$_i$ volunteered to drink them all in order to forget the unhappy happenings.（Webber,1979：1－6）

这种狭义的语义方法是有局限性的。如例（25）：

（25）I put a pencil$_i$ in my pocket$_j$. Because **it**$_j$ has a hole，**it**$_i$ fell out.（桂诗春,1991：365）

其回指代词指代的确定恐怕不仅仅是搭配的问题，因为孤立地讲 a pencil 也可以和 has a hole 搭配，pocket 也可以与 falls out 搭配。Halliday 和 Hasan（1976）所说的语义不仅仅是这种狭义的语义，虽然他们后来的大部分研究是有关这方面的（Halliday & Hasan,1989）。

以上我们对歧义回指代词指代确定的方法作了简述和讨论。由此看来，单纯用哪一种方法都难以奏效。许多语言学家像 Halliday 和 Hasan 一样都是多法并用、分步进行，如 Norman（1975）提出了一个三步法：（1）找主题；（2）核对性、数是否一致；（3）如性、数不符再回到（1）。Ehrlich（1980）基于解读时间的长短也提出了一个三步法：（1）利用形态特征如性、数；（2）如（1）不奏效，利用一般知识找最可能的先行词；（3）如（1）、（2）均不奏效，找占主位位置的先行词。虽然这几种方法都是多法并用，但却过于死板、程序化，都忽略了认知推理的第一性的作用。其原因是只注重语篇表层而忽略了语篇产生的基础，没有认识到语篇的产生是一个交际双方以最少的努力达到最佳效果的动态过程。这个过程是交际双方在已有的知识、相互的估量及对语境的审度的基础上进行的。正是因为语篇是在这种诸多想当然因素的基础上产生的，理解者在理解语篇时才需要把那些被说话者认为是想当然的东西补充后方能作出合理的理解，这个补充过程就是认知推理，即理解者利用自己掌握的世界知识，诸如对方的观点、信念、态度、兴趣等认知信息及对语境的审度等（van Dijk & Kintsch，1983：61）进行的推断。语篇理解需要这一过程，回指代词指代的确定也是如此。此问题将在下节中详述。

三、回指代词指代确定的决定因素

实际上，推理过程在非歧义代词指代的确定过程中也是存在的，其中世界知识起着至关重要的作用，特别是在回指代词指代的内容与其先行词在认知上存有一定的差别时。例如：

(26) Wash and core six cooking apples$_i$. Put **them**$_i$ into a fireproof dish.（Halliday & Hasan，1976）

(27) Kill an active plump chicken. Prepare **it**$_i$ for the oven, and cut **it**$_j$ into four pieces, and roast **it**$_k$ with rhyme for 1 hour.（Morgan，1979）

(26)中的 them 已不是从市场买回来的苹果，而是指洗好并去过核的苹果块；例(27)中的回指代词 it 情况就更复杂了：it$_i$ 指的是带毛的活鸡，it$_j$ 指的是退毛去内脏的死鸡，而 it$_k$ 指的是切成块的鸡。凭语感这种变化并不影响人们的理解，可见人们是随着交际进程的发展而不断提取自己记忆中的世界知识进行推理的。这个过程虽然是无意识的、迅速的，但却是存在的。例(28)中的 it 回指的是打开包的糖，而不是未开包的糖。

(28) Pick up a bag of sugar and put **it** into the soup.（程雨民（手稿））

机器人未能作出这样的推理而把未开包的糖放入汤内，就是因为它没有这样的世界知识，即糖放入汤前需要打开包装袋。如果回指代词为指代存有多个可能形态上一致的先行词时，或语篇中没有显性先行词时，这种认知推理过程更是必要的。下面我们将分五种情况进行讨论。

首先是语篇中含有多个形态上一致的可能的先行词，如例(8)、(25)和(29)-(31)：

(29) The car$_i$ rolled towards the phone pole$_j$ and **it**$_i$ hit **it**$_j$.（Clark & Haviland，1977：77）

(30) The car$_i$ rolled towards the phone pole$_j$ and **it**$_j$ stopped **it**$_i$.（ibid）

(31) The city council$_i$ refused to grant the women$_j$ a parade permit

because **they**$_{i/j}$ advocated$_j$/feared$_i$ violence.（van Dijk &
Kintsch,1983：35）

例(8)中回指关系的确定主要是因为人们知道保险箱一般是装了锁
的,既然 John 能按正常方式打开,那么 John 一定是知道密码组合的,不
然他是打不开的(非正常方式除外)。如果 John 打不开,则证明他不知道
密码,而保险箱的主人理应知道。例(25)中的回指代词的确定基于这样的
知识:物品放入衣袋里后,如果衣袋有洞,那么物品就会落出。例(29)所基
于的知识是,行驶中的汽车是运动的而电线杆是静止的,且语言知识告诉我
们 hit 的施动者是运动着的,而其受动者是静止的,因为静止的物体阻止运
动着的物体。如果例(29)中的后半部分是 and **it**$_{i/j}$ got damaged,那么没有
语境的辅助就难以确定 it 的指代,因为两种物体都有可能被撞坏。例(31)
中害怕会发生暴力的是立法机构的市政委员们,因为他们有此担心才拒绝
妇女们从事可能导致暴力发生的游行。如果市政委员们支持暴力的话,他
们就会允许这种可能导致暴力的游行而不是拒绝。

第二类是语篇中的回指代词与先行词在形态上有差异,如例(1)中的
They 和 them 分别回指前面球队的成员,又如(32)—(34):

(32) There's two different ladies go up the whist and both have a
wig and **they**'re the most natural.（Brown & Yule, 1983：217）
（原文如此）

(33) A（The）Rhodesian ridgeback bit me yesterday. **They** are
really vicious beasts.（Webber,1979：1-17）

(34) Three men who tried to lift a piano dropped **them**.
（Webber,1979：1-16）

例(32)中的回指代词 they 在形态上与 ladies 相符,但实际上 they 回指隐
性的 two wigs,因为理解者能推算出一个人有一条假辫子,两个人就一定
有两条。例(33)是一个(不)定冠词用作类指的例子,虽然 A（The）
Rhodesian ridgeback 在形态上是单数,但却实指一类人或物,因此 they
的指代是(a set of)Rhodesian ridgebacks。例(34)比较复杂,似乎例中
的 them 用 it 替换更为合理,然而 them 用在此处回指钢琴(pianos)同样
是合理的语篇。虽然 them 在形态上与 three men 一致,但实际上 them
回指的是三个人每人抬起钢琴的总和。

第三类是语篇中具有一个先行词，但回指代词本身与其实际指代在意义上，甚至形式上（如例(36)）都有出入：

(35) Pick up two numbers（A & B）and add six to the first number，and then multiply **it** by the second.（Prince，1981：229）

(36) Stop bus vandals by reporting **it** at once to the driver or conductor.（Brown & Yule，1983：204）

(37) Harry drank the milk，but Leo threw **it** away。（Seuren，1986：195）

例(35)中的 it 的指代显然既不是 A，也不是 B，而是 A + B。例(36)中的破坏公物者(vandals)在形式和意义上都与回指代词 it 有出入，it 指代的是破坏公物的行为(vandalism)。例(37)中的 it 回指 Leo 自己的（分得的或买的）那份奶，不可能指 Harry 的那份奶(the milk)，因为 Harry 已把自己的奶喝掉了。

第四类是回指代词在语篇表层中没有显性的指代可寻但又确有其指代，例如：

(38) John became a guitarist because he thought **it** was a beautiful instrument.（Ariel，1990：189）

(39) Harry threw up and Sam stepped in **it**.（Prince，1981：229）

这类例子回指代词指代的确定显然需要理解者在语篇命题的激发下用自己的智力与知识进行分析推理，找出真正的隐性指代。如例(38)，理解者在语言线索 guitarist 和 instrument 的提示下推断出 it 指的是乐器吉他。如果此例的后半部分是 because he thought **it** was a good profession 的话，it 一定指的是 being a guitarist 这一行。例(39)比较典型，其中的 it 指代的是哈利吐出的污物，因为人们知道某人呕吐了，他一定吐出了一些污物。

第五类是回指代词的指代既不是语篇表层中的某个具体的语言部分，也不是语篇深层所暗含的某个实体(entity)，而是语篇前半部分所表达的断言或描述的事件、活动、行为、过程、现象、状态，或说话者对该部分语篇所表达内容的态度、目的、信念等。③

---

③　回指代词也可以指代语篇中的某些元语(metalinguistic)因素，如音高、讲话方式、语调、措词等，本文暂不讨论。

(40) Bruce played the Moonlight Sonata for three days.

(40) a **It**ᵢ led to his being evicked from his apartment.

(40) b While he was doing **it**ⱼ, Wendy fed him quarts of Gato
rades.（Webber,1979：5－4）

(41) Someone came over and told the boy that a dog was coming
in his way, but the boy didn't seem at all afraid of **it**.

例(40)a 中的 itᵢ回指 Bruce 三天内不停地弹奏奏鸣曲的事件；(40)b 中的
itⱼ回指他不停地弹奏奏鸣曲的活动；例(41)中的 it 显然是指说话者发出
的一种警告(warning)，而不是 dog。类似于(41)的例子很多，说话者可
以用一句话表示许多目的，如很简单的一句话"He is a professor"可以表
示猜测、预言、道歉、转告、允诺、邀请、希望等。这些都需要理解者利用世
界知识、语言知识、语境知识及认知信息进行推测，方能确定回指代词的
真正指代。

四、几点启示

首先，上述分析与讨论说明：语篇的产生和理解是个复杂的认知心
理过程，回指代词的使用与其指代的确定也是如此，是以交际者双方的世
界知识、语言知识和认知信息为基础的，因此理解者在推断回指词语的指
代时需要利用知识与信息进行智能性的筛选、分析和推断。这种推理的
过程是非程序化的、灵活的、或然的，因此形式的方法失之全面，而程序化
的步骤更是死板、僵硬的，忽略了交际的认知性质。因而两种方法优势互
补更为可取。

其次，回指词语的指代本身并非也具有指称功能，因此试图用共指
(co-reference)取代指称这一提法显然是失之偏颇的。此外，值得一提的
是回指短语所处的命题中的谓语对其指代的确定起到相当的提示或限制
作用，而绝不是把回指代词从所在的命题之中孤立出来再找出与其形态
上一致的先行词。

最后，尽管衔接不像 Halliday 和 Hasan 所说的那样，虽不是连贯的
充分条件但还是必要条件(实际上衔接既不是连贯的充分条件也不是必
要条件)，但自然语篇中衔接关系的建立确实有助于理解。我们分析的实

例说明：语篇中衔接关系的建立过程实际上就是连贯关系建立的过程，从而最终达到理解。因此，推理在指称的其他手段或衔接的其他手段中的作用，及在表面不衔接而实际上连贯的语篇理解中的作用有必要作一番深入的研究。

参考文献：

Ariel，Mira. 1990. *Accessing Noun-Phrase Antecedents*. London：Routledge.

Ariel，Mira. 1994. Interpreting Anaphoric Expressions：a Cognitive Versus a Pragmatic Approach. *Journal of Linguistics*. No. 3. Vol. 42.

Blakemore，Diane. 1987. *Semantic Constraints on Relevance*. Basil Blackwell.

Blakemore，Diane. 1988. 'So' as a Constraint on Relevance. In Kempson，R. M.（ed.）*Mental Representations*. Cambridge：Cambridge University Press.

Blakemore，Diane. 1992. *Understanding Utterance*. Blackwell.

Brown，G. & G. Yule. 1983. *Discourse Analysis*. Cambridge：Cambridge University Press.

Broadbent，D. E. 1973. *In Defence of Empirical Psychology*. London：Methuen.

Carston，Robyn. 1988. Implicature，Explicature and Truth-Theoretic Semantics. In Kempson R. M.（ed.）*Mental Representations*. Cambridge：Cambridge University Press.

Garvey，C.，A. Caramazza & J. Yates. 1974. Factors Influencing Assignment of Pronoun Antecedents. *Cognition*. 3. 227 - 435.

Halliday，M. A. K. & R. Hasan. 1976. *Cohesion in English*. London：Longman.

Halliday，M. A. K. & R. Hasan. 1985. *Language，Context and Text*. Victoria：Deakin University.

Hobbs，J. R. 1976. Pronoun Resolution. research report 96 - 7. Department of Computer Sciences, City College, City University of New York.

Hobbs，J. R. 1979. Cohesion and Coherence. *Cognitive Science*. 3. 67 - 90.

John-Laird，D. N. 1981. Mental Models of Meaning. In A. K. Joshi，B. L. Webber & I. A. Sag（eds.）.

Kempson，Ruth M. 1988a. Grammar and Conversational Principles. In Frederick J. Newmeyer（ed.）*Linguistics: The Cambridge Survey*. Cambridge：Cambridge University Press.

Kuno, S. 1972. Functional Sentence Perspective. *LI* 3: 3. 269 - 320.

Kuno, S. 1976. Subject, Theme and the Speaker's Empathy. A Re-examination of Relativization Phenomena. In C. Li (ed) *Subject and Topic*. New York: Academic Press.

Maratsos, M. 1973. The Effects of Stress on the Understanding of Pronominal Co-reference in Children. *Journal of Psycholinguistic Research*. 2. 1 - 8.

Minsky, M. 1975. A Framework for Representing Knowledge. In Winston, P. R. (ed.) *The Psychology of Computer Vision*. New York: McGram-Hill.

Morgan, J. L. 1979. Toward a Rational Model of Discourse Comprehension. *American Journal of Computational Linguistics*. Fiche 79.

Norman, O. , D. E. Rumelhart & the LNR Research Group. 1975. *Explorations in Cognition*. San Francisco: Freeman.

Sanford, A. J. & S. C. Garrod. 1981. *Understanding Written Language*. Chichester. John Wiley & Sons.

Seuren, P. A. M. 1986. Anaphora Resolution. In Terry Myevs, Brendan McGonigle & Keith Brown (eds.) *Reasoning and Discourse Process*. Academic Press.

Sperber, D. & D. Wilson. 1986. *Relevance: Communication and Cognition*. Oxford: Blackwell.

van Dijk, Teun. A. 1977. *Text and Context*. London: Longman.

van Dijk, Teun. A. & W. Kintsch. 1988. *Strategies of Discourse Comprehension*. Academic Press.

Webbwe, Bonnie Lynn. 1979. *A Formal Approach to Discourse Anaphora*. New York: Garland Publishing Inc.

Wilks, Y. 1975. A Preferential Pattern-seeking Semantics for Natural Language Inference. *Artificial Intelligence*. 6. 53 - 74.

程雨民,语言系统的运作与应用(手稿)。

桂诗春,1991,《实验心理语言学纲要》,长沙:湖南教育出版社。

(原载《外国语》1997 年第 2 期)

汉语关系小句的认知语用观*

文　旭　刘润清

一、引　言

　　汉语可以把一个句子内嵌在一个名词短语中作中心语的限定语或修饰语,这种过程通常称为"关系化"(relativization),而关系化的产物即被内嵌的句子则称为"关系小句"(relative clause)或"形容词性小句"(adjectival clause)。关系小句通常有两种类型:名词后类型和名词前类型,前者是关系小句位于中心名词或中心语后(如英语),后者是关系小句位于中心语前(如汉语和土耳其语)。除此两种外,还有第三种,即中心语位于关系小句之内(如班巴拉语)。汉语关系小句的典型结构通常有两种形式:一是主谓结构式,如"我昨天买的那本书"这个名词短语里的"我昨天买";二是动宾结构式,如"看书的时候"中的"看书"。这里的"书"和"时候"是中心语,"的"是关系小句的标记语,或称"结构助词"(刘月华等,2005:475)。汉语关系小句研究的内容较多,有的问题还没有定论,其中包括关系小句的限定性与非限定性问题,关系小句与中心语的语义关系,关系小句的句法特征,关系小句的作用和功能等。

　　过去对关系小句的研究主要是在结构主义语言学的框架下进行的,往往只谈结构,但忽略了语义、语用、认知等问题。这显然是不合理的,因为语言能力不是一个自主的认知能力;语法结构是概念化的结果;语言知识源于语言的使用;语言不是一个自主的系统,句法、语义、语用是相互依赖的。正如 Fillmore(1981)所言:"我也相信,一些语法事实需要语义和语用解释,一些语义事实需要语用解释。换言之,解释者在对一个句子的句法结构进行判断时,有时要用语义和语用信息,进行语义判断时,他们

---

*　本研究得到了北京外国语大学中国外语教育研究中心的资助,特此致谢。

有时要用语用事实。"有鉴于此,本文将从认知语用的角度,以汉语为语料,探讨汉语关系小句的上述几个问题。有时,为了说明问题,我们也会对英汉关系小句进行一些对比分析。

二、关系小句的限定性与非限定性

传统语法或语言学通常把关系小句区分为限定性(defining)或限制性(restrictive)关系小句和非限定性(non-defining)或非限制性(non-restrictive)关系小句。因此,在有关汉语关系小句的研究中,一个有争议的问题是:汉语有没有"非限定性关系小句"? 在回答这个问题之前,让我们先看看什么是限定性关系小句。所谓限定性关系小句,就是指从时间、处所、领属等方面对中心语加以限制的小句,其作用是指出中心语所表示事物的范围。用认知语言学的术语讲,就是在一个范畴中确定或指出某个范畴成员。英语的关系小句有限定性与非限定性之分。在书面语中,其形式上的区别就是在其前后用不用逗号分开。例如:

(1) a. The Greeks who were philosophers loved to talk a lot.

b. The Greeks, who were philosophers, loved to talk a lot.

句(1a)中的关系小句与中心语之间没有逗号,因此是一个限定性关系小句。可改写为:

(2) Among the Greeks, it was the philosophers who loved to talk a lot.

(1b)中的关系小句与中心语之间用了逗号,因此是一个非限定性关系小句,它表明所有的希腊人都是哲学家。可改写为:

(3) The Greeks were philosophers, and they loved to talk a lot.

不过,限定性与非限定性关系小句的区别,重要的倒不是形式上的不同,而是意义上的差别。(1a)中的小句在确定所指上是必要的;没有它,听话人就不知道 the Greeks 指哪些希腊人,此乃限定性。而(1b)中的小句则在确定所指上可有可无,即使没有它,听话人也知道 the Greeks 指谁,此乃非限定性。可见,标点符号只是区别限定性与非限定性关系小句的一个标准,而不是唯一标准。

汉语的关系小句是否像英语一样也有此种区分？有的学者认为有。例如，(4)中关系小句，由于它们与"这/那本"的相对位置不同，所表达的意义也不一样（屈承熹，2005：330）：

(4) a. 这/那本昨天我买的书。

　　b. 我昨天买的这/那本书。

这些学者认为，(4a)属限定性，(4b)为非限定性。但屈承熹（2005：332-333）则认为，汉语中的关系小句本身并没有"限定性"与"非限定性"之分；之所以有这样两种解释，是因为中心语之前的"这"或"那"的不同功能所致。"那"可以有两种功能：表示"定指"和作"指示词"（demonstrative，此时相当于英语中重读的 that），而"这"却只能作"指示词"（相当于英语中重读的 this）。(4)中的"这"和"那"解释为指示词时，该书就在眼前，听话人听到指示词的同时也看到书，所以已经知道"这本书"或"那本书"所指为何，因此附加上的小句就不再发挥"确定所指"的功能，故无"限定性"；相反，当"那"解释为"定指"时，就有可能听话人不知道"那本书"是指哪一本。因此，加上一个关系小句，就可以把所指确定，这个关系小句就有了"确定所指"的功能。

屈承熹先生的这一推论有一定道理。但是，我们认为，汉语中无"非限定性关系小句"这一说法是站不住脚的。例如，台湾地区学者汤廷池（Tang，1979）就认为，汉语中有这样的非限定性关系小句，它在多数情况下位于中心语之后，但有时可以在中心语之前。下面是他举的三个例子：

(5) 那一个人，留胡子的，是我外公。

(6) 这一本字典，我昨天在台北买的，非常实用。

(7) 具有五千年悠久历史的中国……

曹逢甫（2005：331）认为，(5)和(6)这样的句子通常可以在翻译作品或风格西化的作品中找到，或者在关系小句作为补述（追述）的情况下使用。(7)中的关系小句显然是非限定性的，因为中心语"中国"是专有名词，在通常情况下也可以确定唯一的所指对象。不过，关系小句的这种用法，很可能源自英语和其他印欧语系语言的影响。

我们认为，汉语关系小句有无限定性与非限定性之分，最关键的问题不是关系小句本身，而是说话人在心理上赋予关系小句及其中心语什么样的地位。如果一个关系小句具有附带说明的交际意图，即说话人认为，对于话题来说,这个附带说明对于听话人来说并不很重要,那么,这个关系小句就是典型的非限定性关系小句。由于这种非限定性关系小句所传递的信息不重要或者是被"背景化"了,因此它可以用来把所指对象与"有定中心语"连接起来,或把所指对象与具有指称功能的"无定中心语"连接起来。例如:

(8) 经常找你的那个人又来了。

(9) 我们需要一位教英语的老师。

句(8)中的"那个人"是有定中心语,(9)中的"老师"则是具有指称功能的无定中心语。如果不考虑任何因素,(8)和(9)中的划线部分都是限定性关系小句。但是,如果说话人和听话人都知道(8)中"那个人"是经常来找听话人的人,那么,"经常找你"则只是一个附带说明,因此就是非限定性。如果说话人和听话人都知道需要的老师是一位英语老师,则(9)中的关系小句"教英语"也只是附带说明,那么,它也是非限定性的。

限定性关系小句与非限定性关系小句之间的区别还可以进一步用"指称唯一"的中心语来说明,例如专有名词或代词,或者是指称唯一的有定名词。修饰这样的中心语的关系小句是非限定性的,而不是限定性的:

(10) a. 我最喜欢的姚明今天表现不错。(中心语"姚明"为专有名词)

b. 你经常嘲笑的他可不是省油灯。(中心语"他"为代词)

c. 我们讨厌的院长又开始批评我们了。(中心语"院长"为指称唯一的有定名词)

如果我们看英语的句子,这种区别更是一目了然:

(11) a. John, who is my friend, is a poet.

b. * John who is my friend is a poet.

c. I, whom you all know, wish to speak now.

d. * I whom you all know wish to speak now.

e. The president, who will retire soon, is taking it easy.

f. ? The president who will retire soon is taking it easy.

限定性关系小句与指称唯一的名词短语用在一起事实上是多余的,因为大多数这样的修饰语就是把指称非唯一的名词转化为指称唯一的表达式。由此可见,修饰指称唯一的中心语的关系小句只能是非限定性的。

三、关系小句与中心语的语义关系

3.1　关系小句与有定中心语

　　关系小句所修饰的中心语可以是具有指称功能的"有定中心语"（definite head）和"无定中心语"（indefinite head），也可以是不具有指称功能的"不定指中心语"。谈到"有定"，我们首先想到一个重要概念"可及性"（accessibility）。它原是一个心理学术语，但在心理语言学中，是指"说话人从记忆中提取一个语言单位的难易程度"（Crystal，1997：4）。当说话人假定某个所指对象对听话人来说是可及的，但在当前的工作记忆或注意中还没有被激活，这个所指对象就是有定的。要理解这个所指对象，听话人的任务就是把它与情景记忆（episodic memory，长时记忆的一个次类）中的某个成分连接（ground）起来，然后在工作记忆中激活它。Chafe（1972,1976）给有定名词短语下了这样的定义：说话人假定听话人能从所指物中判定，选择出一个心中所想的名词短语。他还提出了建立"有定"的几种方法：（i）在极少数类别中，所指物是唯一的，或者是极其明显的词（如"太阳"、"月亮"、"地球"、"天空"，以及专有名词）；（ii）在某一环境中特别明显的（如"教室里的黑板"）；（iii）前面已经提到过的成分；（iv）用修饰语来划出一个特定的类，确指某一事物（如 This morning I ran into the mechanic who fixed our carburetor last week。其中定冠词和定语从句就把"机械师"确定了下来）；（v）一个特定的词蕴涵另一个词（比如，当说了 We looked at a new house yesterday 以后，可把这房子里的厨房、窗户等看作是有定的，就可以说 The windows were large；这里的 house 与 windows 之间的关系是一种"搭桥参照关系"）（参见文旭，2004）。Chafe 的分析方法虽然比较简单，也不够完善，但无疑是正确的。使用限定性关系小句去修饰一个有定名词的情况比较复杂，因为不同所指对象之间存在着竞争，例如"张三"这个名字就可能有一系列潜在的所指对象。为了解决这样的复杂性，听话人就应具备一个明晰的线索——一个命题。这个命题应由关系小句表达，它描写一种状态或一个事件。在这样的状态或事件中，该所指对象的角色可以是主语、直接宾语、间接宾语,等等。此时,关系小句起着下指连接线索(cataphoric grounding clue)的作用,即引导听话人在情景记忆中把所指对象连接起来,从而在关系小句与中心语之间建立起所指联系(Langacker,1991:429-435)。在这个过程中,说话人必须假设由关系小句所描写的状态或事件对听话人来说是熟悉的,即在情景记忆中是可及的。这种熟悉性就是我们所说的语用预设。

限定性关系小句的这个定义因此有两个区别条件。第一个就是Givón(2001:176)所说的语义条件(i):

(i) 关系小句的语义条件:一个关系小句描写一个状态或一个事件,该状态或事件中的一个参与者与该小句所修饰的中心语是共指的。

这个条件涉及中心语与关系小句中所指对象之间的共指关系,其适应范围只在关系小句所控制的辖域内。这个语义条件既适合限定性关系小句,也适合非限定性关系小句,以及各种各样的中心语,不管是有定的还是无定的,具有指称功能的还是没有指称功能的。例如:

(12) a. 我昨天买了一本书。

　　　b. 我昨天买的那本书很有价值。

(12b)中的关系小句"我昨天买"里的参与者"一本书"与中心语"那本书"具有共指关系。

第二个条件就是 Givón(2001:176)所说的语用条件(ii):

(ii) 关系小句的语用条件:说话人并不断言关系小句中的命题,而是预设该命题为听话人所知或所熟悉,因此在听话人就当前语篇中的情景记忆中可及。

这个条件只适合修饰有定名词的限定性关系小句。例如:

(13) 正在讲话的那个人是我的好朋友。

a. 主句(断言)

　　那个人是我的好朋友。

b. 小句(预设)

　　那个人正在讲话。

这里,主句的主语"那个人"是关系小句所修饰的有定中心语,关系小句的整个命题内容由(13b)表示,其中的共指名词就是主句的主语。

3.2 关系小句与无定中心语

当话语中出现具有指称功能的"无定中心语"的时候,这个中心语所描写的是一个新的、充当话题的所指对象。限定性关系小句是连接这种所指对象的一种普遍手段,并为其提供最初的、在认知上得到突显的描写。在这种情况下,语义条件(i)仍然适合修饰具有指称功能的无定中心语的关系小句,但语用条件(ii)严格来说就不能适应了,因为所指对象是第一次出现在话语中,因此在听话人的情景记忆中没有语迹(trace)。这时,说话人和听话人共同面临的交际任务就是要把所指对象与关系小句连接起来。

此外,修饰具有指称功能的无定中心语的限定性关系小句所描写的事件或状态,是不能预设为听话人所知道或熟悉的。这个事件或状态对于听话人来说是新信息。但是,它的语用地位和预设有一个共同特征——它并不是断言,也不是有意要引起争议,而是作为连接信息(grounding information),见例(14)。因此,这样的关系小句的语用条件是:

(iii) 修饰具有指称功能的无定中心语限定性关系小句的语用条件:说话人假定关系小句中的命题对于听话人来说是新信息,但这个命题不是断言,而是作为不可争议的连接信息。

(14) 一个曾经说非常喜欢你的人昨天到我们这里来过。

a. 主句(断言)

一个人昨天到我们这里来过。

b. 小句(不可争议的事实)

那个人曾经说非常喜欢你。

这种关系小句的作用还可以用下面的句子来说明:

(15) a. 一个长了两个头的女人突然走了进来。

　　 b.? 一个长了一个头的女人突然走了进来。

(16) a. 一个穿着一只鞋的人走进了我的办公室。

　　 b.? 一个穿着两只鞋的人走进了我的办公室。

在(15a,16a)句中,关系小句所提供的信息是不可预测的、异常的、高度突显的,在情景记忆中为所指对象创造了一个有效的、最初的心理表征

(Gernsbacher,1990)。相反,在(15b,16b)句中,信息是可预测的、非常普遍、多余、不突显的。

为了进一步区分有定中心语与具有指称功能的无定中心语,我们再看下面的例子:

(17) a. 你去年见到的一个女人昨天给你打了电话。

b. 你去年见到的那个女人昨天给你打了电话。

在这两个句子中,说话人显然是在谈论听话人应该熟悉的事件。在句(17a)中,那个事件是足够遥远的,以至于说话人并不期望听话人能轻松识别所指对象。这样的消极期望,如果把所指对象编码成像(17b)中的有定中心名词,就会在交际中产生消极的效果。因此,(17a)句中的“女人”是作为具有指称功能的无定中心名词引入的,好像它完全是新信息。此外,它还使用了一个与听话人的过去经验相关的限定性关系小句,作为最初的所指对象的识别。那个关系小句可能在听话人的心智中为新的所指对象建立起一个突显的心理表征。但是那种连贯关系的连接是下指的。也就是说,无定所指对象与限定性关系小句的结合并不指导听话人在情景记忆里寻找过去的经验,相反,它却是提醒听话人新的所指对象是个什么样的类型。

3.3　关系小句与不定指中心语

限定性关系小句也可以修饰不定指中心语。不过,在这种情况下,我们就需要重新考虑语义条件(i)。因为句中的两个“所指对象”实际上并不具有定指功能,它们只能在一个假想的世界里才能“共指”,见例(18)。此外,描写假设的状态/事件的关系小句出现在不现实的情态(modal)范围之内,严格地讲,它是不能预设为听话人所知道或熟悉的。因此,语用条件(ii)在这里必须予以修正:

(iv) 修饰不定指中心语的限定性关系小句的语用条件: 说话人假定关系小句中的命题对听话人来讲是新信息;这个命题是在非现实的情态范围之内,并且不是断言,相反,它是作为不可争议的连接信息。

(18) 想娶本小姐的任何人都必须经过这三关。

a. 主句(断言)

? 任何人都必须经过这三关

b. 从属小句(不可争议的事实)

　? 想娶本小姐的那个人。

这里的主句(18a)和关系小句(18b)都在非现实的情态范围之内,它们单独使用则没有意义。实际上,只有(18a)和(18b)一起使用时,整个表达式才连贯,才有意义。

四、关系小句的句法特征

4.1　句子成分的关系化

句子成分的关系化是指一个句子中的什么成分最容易被用来作为中心语。Keenan 和 Comrie(1977)考察了 50 种语言中的关系化过程,从功能的角度提出了一个"可及性等级"(accessibility hierarchy)用来解释这一问题。这个等级的模式为:

主语>直接宾语>间接宾语>旁格>领属者>比较宾语

这里的">"代表"比……更可及"。"旁格"表示主要动词的论元的名词短语,如 Peter put the book in the bag 中的 bag,而不是体现状语功能的名词短语,如 Peter lives in London 中的 London,或者是 Peter left that day 中的 that day。"领属者"指 Peter took the man's hat 中的 man。"比较宾语"指 Peter is taller than John 中的 John。这个等级说明:一个句子的主语最容易用作名词中心语,直接宾语次之,然后是间接宾语,最不易用作中心语的是比较宾语;如果等级右边的某个成分可以用作中心语,那么其前的成分必然也可以用作中心语。Keenan 和 Comrie (1977:88)认为,这个可及性等级直接反映了"理解在心理上的轻松容易"之程度。

Keenan 和 Comrie 还以 Sanders 和 Tai(1972)的语料为基础进一步观察到,汉语的代名词化和关系小句中被删除的名词(该名词与中心语共指),要遵从以下等级,而这一等级与"可及性等级"非常吻合。

Keenan 和 Comrie 提出的"可及性等级"模式如此整齐,似乎无懈可击。但不幸的是,如果我们仔细观察汉语的关系化过程,这一等级模式就有问题,而引发这一问题的因素就是"话题"。汉语的关系化与话题化

(topicalization)密切相关。我们从以下几个方面予以讨论。

主　语	直接宾语	间接宾语	旁　格	领属者	比较宾语
－	＋／－	＋	＋	＋	＋

"－"表示代词被删除，"＋／－"表示有时代词删除，有时保留；"＋"表示代词被强制性地保留。

第一，关系化了的句子成分的删除或代名词化条件，与话题化了的句子成分的删除或代名词化条件几乎相同。例如：

(19) a. 那个姑娘很喜欢你。（主语）

　　 b. 那个姑娘，（她）很喜欢你。（话题化）

　　 c. ＿＿＿＿＿ 很喜欢你的那个姑娘。（关系化）

　　 d. ？她很喜欢你的那个姑娘。

(20) a. 我妹妹很喜欢那位先生。（直接宾语）

　　 b. 那位先生，我妹妹很喜欢（他）。（话题化）

　　 c. 我妹妹很喜欢（他）的那位先生。（关系化）

值得注意的是，当"把"或介词后的句子成分被话题化时，原位置上必须要有一个具有共指关系的代名词，这一限制条件同样适合关系化了的句子成分。例如：

(21) a. 我把那本书还给了图书馆。

　　 b. 那本书，我把它还给图书馆。（话题化）

　　 c. 我把它还给了图书馆的那本书。（关系化）

第二，在领属结构中，只有领属者可以话题化，而被领属者则不可以。这一限制条件同样适合关系化。例如：

(22) a. 那位姑娘眼睛很漂亮。

　　 b. ＊眼睛，那位姑娘很漂亮。

(23) a. 那位眼睛很漂亮的姑娘。

　　 b. ＊那位姑娘很漂亮的眼睛。

当领属者关系化时，原位置上并不需要代词，这与话题化有所不同。例如：

(24) a. 那个女孩头发很长。

　　 b. 那个女孩，（她的）头发很长。（话题化）

　　 c. 头发很长的那个女孩。（关系化）

d. ＊她的头发很长的那个女孩。（关系化）

可见,考虑汉语领属结构的关系化,Keenan 和 Comrie 的可及性等级模式并不适用。根据可及性等级,所有关系化了的领属成分在关系小句中都要保留一个代词,但(24)清楚地表明,情况正好相反。与主语的情况相同,关系小句保留代词将导致不合语法的句子。

第三,分类动词(classificatory verb)后面的名词不可以话题化,也不能关系化。例如:

(25) a. 你很像那个男孩。

　　 b. ＊ 那个男孩你很像。（话题化）

　　 c. ? 那个男孩,你很像他。（话题化）

　　 d. ＊ 你很像的那个男孩。（关系化）

　　 e. ? 你很像他的那个男孩。（关系化）

以上三种情况足以证明 Keenan 和 Comrie 的可及性等级模式是不适合汉语的。我们惟一能证明的是,汉语句子成分的关系化遵循这样的可及性等级:主语＞直接宾语＞间接宾语。例如:

(26) 小张给小王三本书。

　　 a. 给小王三本书的小张。（主语）

　　 b. 小张给小王的三本书。

　　 （直接宾语）

　　 c. 小张给过/了三本书的小王。

　　 （间接宾语）

4.2　中心语的省略

汉语关系小句还有一个重要的句法特征,那就是中心语的省略。省略后的关系小句称为"无头关系小句"或"无中心语关系小句"。例如:

(27) a. 守门的(人)已经走了。

　　 b. 你想吃的(东西)都做好了。

　　 c. 你想办的(事)都办了。

　　 d. 我告诉你的(话)记住没有?

从这些例句中我们可以发现,"的"的后面都可以加上一个一般性的名词,如"人"、"东西"、"事(情)"、"话"等。这类名词不但数量有限,而且其意义都包含在其前的动词语义之中。因此，我们有充分的理由假设，这些名词是由于在语义上是羡余的，故被省略了。Li 和 Thompson（1981）对这类关系小句有详细的讨论，他们的发现可总结为（曹逢甫，2005：324）："为保证合语法，一个无头关系小句一定含有一个动词，该动词的参与者至少有一个是非特指的。缺失的参与者可以是主语或宾语，或二者同时缺失，但永远不会是间接宾语。"

汉语中这样的无中心语关系小句非常多，通常可以分为两种：一种是表示职业，另一种是表示临时从事的活动。表职业的是指一类人（28a），表临时活动的则是不确定的（28b）。

(28) a. 唱歌的、教书的、要饭的、念书的、跳舞的、打球的、做买卖的、种田的

　　 b. 跑步的、写字的、摆手的、挤眼儿的、咧咀的

从本质上来讲，（28a）中的这些表达式，都是由小句转化而来的名词。这类词往往还有与之相对应的真正的名词，如"教书的"与"教师"相对应，"要饭的"与"乞丐"相对应，"念书的"与"学生"相对应，等等。由此我们也可以看出，无中心语关系小句是汉语中的一种指称表达式。这种功能是英语所没有的。英语一般有两种方法来指称某一类事物，如果语言中已有这类事物的名称，就用名称；如果没有，就用一个特别的词组或小句来指称。但由于汉语有像"教书的"这样的无中心语关系小句，因此汉语似乎有三种方式作类别命名，每一种方式的基本指称功能都不相同。例如：

(29) a. 教师

　　 b. 教书的

　　 c. 教我们英语的那个人

根据我们的语感似乎很清楚，作为指称表达式，（29a）比较固定，它比（29b）更正式、庄重；而（29b）又比（29c）更固定（相关问题，可参阅陆俭明，2005：126–30）。

关系小句中的中心语为什么可以省略呢？从功能的角度看，这应该是一种语用语法化过程。从认知的角度来看，由于像"人"、"东西"、"事情"这种概括性词语的出现频率太高，在认知上太突显，因此，即使被省略，人们也能识别出来。例如：

(30) 我们昨天买的那本词典非常好，比上次买的 ф 好得多。

这个例子中"上次买的"后面的 φ,本来应该是"词典",但由于与前面的中心语相同,因而省略了。这种省略虽然与(27)中的省略有所不同,但其原因是一致的。

4.3 中心语的右移位

前面的许多例子表明,关系小句的中心语实际上在整个关系小句结构的两个不同的小句里都担任角色:一方面它在主要小句里担任角色(传统上,中心语这一名称限指在主要小句里出现时的有关名词短语),但同样它也在限定性小句里担任角色,即在按内嵌(或从属)小句解释的关系小句里担任角色。通常,中心语在两个小句之一以改变或缩略后的形式出现,或者干脆省略。从类型变异的观点来看,在内嵌小句里这种角色的表达形式主要有四种类型:非缩略型、代词保留型、关系代词型、空缺型。

在"代词保留型"里,中心语以代名词的形式在内嵌小句里保留。代词保留型是汉语关系小句的一个语法特征,通常是中心语的右移位(right dislocation),即中心语原来的位置上还保留一个共指代词。例如:

(31) 我叫了(他)很久才听见的那个人是不是你的朋友?

(32) 你说你买不到(它)会誓不罢休的那件衣服多少钱?

(33) 你把它卖了的那本书我又买回来了。

(34) 你给他取名的那个小孩来了没有?

(35) 你送她礼物的那位姑娘就住在这里。

上面关系小句中的代词与关系小句的中心语共指,即它们所指的人、事、物,与中心语所指的完全相同。例如(34)中的"他"与后面的"那个小孩"所指的就是同一个人。这种关系小句发生右移位,通常是由于句子太长,移位后原位置上代词多半是可有可无的,如(31)和(32)。但是,有时关系小句中发生移位后,原位置上必须要有一个代词。这主要有两种情况:第一,关系小句中出现了"把"或介词,如(33);第二,关系小句中出现了像"给"这样的"双及物动词",如(34)和(35)。

五、关系小句的功能

汉语关系小句一个常见而重要的功能是和表示时间、处所、条件、方式、工具、伴随情况的名词构成一个时间、处所、条件等从句,放在句子的前面,表示一个前提。由于这些名词所表示的语义都是动词语义搭配成分中的非论元成分,因此,每一个动词都可以与之搭配,很少有什么限制。例如:

(36) 你跑步的时候不能张着嘴巴呼吸。

(37) 大家读书的地方,你不能高声喧哗。

(38) 你真想来的话,我们当然欢迎。

前文的研究已经表明,汉语既有限定性关系小句,又有非限定性关系小句。因此,我们认为,汉语关系小句既有"限定"功能,也有描述功能。只不过使用的限制条件不一样。第一,如果中心语是定指的,则关系小句具有限定的功能。例如:

(39) 我一直想要借的那本书,今天终于借到了。

(40) (那本)我一直想要看的书,(我)今天找到了。

第二,如果中心语是非定指的,即说话人认为他自己以及听话人都不知道所论及的人、事、物"所指为何"时,则关系小句具有描述的功能。例如:

(41) 他们有一棵只开花不结果的桃树。

(42) 我买到了一本对我写论文很有用的书。

由此可见,汉语的关系小句,如果其中心语是"定指",则具有"限定功能",这也是它的主要功能。不过汉语的关系小句也有"描述功能",但要发挥这一功能,其中心语必须是"非定指"的,而且主句与关系小句所代表的两种情况必须能解释为同时存在。如果代表的是两个事件,则必须能解释为同时发生。如果是先后发生的,那么其中后发生的就不能用关系小句,而必须用后加的描述句来表达(屈承熹,2005:337)。比较下面两句:

(43) 我们种了十几株玫瑰,今年没开花。

(44) ? 我们种了十几株今年没开花的玫瑰。

为什么第一句可以接受,但第二句不可接受呢? 这是因为汉语具有高度的象似性(iconicity),即语言结构是经验结构或概念结构的反映。所以这里的语言结构要受到事件发生的先后顺序的限制:只有与主句谓语所表述的事件/情况,同时发生的事件或同时存在的情况,才能用关系小句来描述,否则就必须在主句后用另一个独立的小句来表达,如(43)。

六、结　语

　　本文从认知语用的角度探讨了汉语关系小句的几个重要问题:关系小句的限定性与非限定性,关系小句与中心语之间的语义关系,关系小句的句法特征以及功能。我们的结论是:第一,汉语有限定性关系小句与非限定性关系小句之分,其区别主要取决于说话人在心理上赋予关系小句和中心语什么样的地位。第二,汉语关系小句与中心语之间的语义关系较复杂,涉及关系小句的限定性和非限定性,以及中心语的有定与无定,有指称功能还是没有指称功能等问题。第三,汉语关系小句的句法特征主要包括三个方面:关系小句中成分的中心语化遵循"可及性等级";中心语的省略是一个语用语法化的过程,其认知因素就是由于中心语过分突显;中心语有时还涉及右移位。第四,汉语关系小句主要有两种功能,即限定功能和描述功能。

参考文献:

Chafe,W. L. 1972. Discourse Structure and Human Knowledge. In R. O. Freedle & J. B. Carroll (eds.) *Language Comprehension and the Acquisition of Knowledge*. Washington: Winston.

Chafe, W. L. 1976. Givenness, Contrastiveness, Definiteness, Subjects, Topics, and Points of View. In C. Li (ed.) *Subject and Topic*. New York: Academic Press.

Comrie, B. 1989. *Language Universals and Linguistic Typology: Syntax and Morphology*. Oxford: Blackwell.

Crystal, D. 1997. *Dictionary of Linguistics and Phonetics*. Oxford: Blackwell.

Fillmore, C. J. 1981. Pragmatics and the Description of Discourse. In P. Cole (ed.) *Radical Pragmatics*. New York: Academic Press. 143 - 166.

Gernsbacher, M. A. 1990. *Language Comprehension as Structure Building*. Hillsdale, N.J.: Erlbaum.

Givón, T. 2001. *Syntax: An Introduction* (Vol. Ⅱ). Amsterdam/Philadelphia:

John Benjamins.

Keenan, E. L. & B. Comrie. 1977. Noun Phrase Accessibility and Universal Grammar. *Linguistic Inquiry*. 8. 63–99.

Langacker, R. 1991. *Foundations of Cognitive Grammar* II : *Descriptive Application*. Stanford/California: Stanford University Press.

Li, Charles N. & S. A. Thompson. 1981. *Mandarin Chinese: A Functional Reference Grammar*. Berkeley and Los Angeles: University of California Press.

Sanders, G. & James H‑Y Tai. 1972. Immediate Dominance and Identity Deletion. *Foundations of Language*. 8. 161–198.

Tang, Ting‑Chi. 1979. Relative Clauses in Chinese. In *Studies in Chinese Syntax*. Taipei: Student Book Co.

曹逢甫,2005,《汉语的句子与子句结构》,北京:北京语言大学出版社。

刘月华等,2005,《实用现代汉语语法》,北京:商务印书馆。

陆俭明,2005,《现代汉语语法研究教程(第三版)》,北京:北京大学出版社。

屈承熹,2005,《汉语认知功能语法》,黑龙江:黑龙江人民出版社。

文　旭,2004,搭桥参照:以图景为基础的解释方法,《外语学刊》第4期。

（原载《现代外语》2006 年第 2 期）

语言转述现象的认知语用分析

彭建武

一、引　言

　　有关语言转述问题,中外很多学者做过广泛研究。他们或是从句法学角度探讨直接引语怎样通过语法形式的转换变为间接引语(Quirk,1985),或是从标志转述的动词入手,考察动词涉及的结构(Dixon,1991),而对于结构是否包含独立的转述从句并不做过分强调(转引自Thompson,1996:503)。Halliday(1994:250－273)运用"投射"(projection)对独立转述从句(即投射从句)进行了专门描述。他区分了命题(propositions)(如陈述句及疑问句的转述)和建议(proposals)(如命令及施舍(offers)的转述)这两种转述类型。前者由 that-从句和 wh-从句实现;后者由 to V 小句实现。他还提出了"嵌入式投射"(embedded projection),即投射从句通过位移可发挥名词词组的功能。应该说,Dixon 和 Halliday 已经摆脱了拘泥于转化时句子结构和语法形式(如代词,时态,时间状语)变化的传统做法,转向了从语义角度来解释语言转述问题。而且,由于考虑到了一些非规范转述形式,使得在篇章分析中有其明显优势。随着语用学和话语分析的进一步发展,越来越多的中外学者把注意力投向语言转述的语用和篇章功能方面(Coulmas,1985;Tannen,1989;Baynham,1996;Thompson,1996;申丹,1991;辛斌,1998;贾中恒,2000)。Tannen(1989)探讨了口头交际中引语的会话功能,并把转述引语称为"建构的对话"(constructed dialogue)。Baynham(1996)建议根据具体的语篇和语境研究转述引语。申(1991)关注文学作品中引语的表现形式及其功能。辛(1990)通过分析新闻报道中转述语言的语篇语用功能,对报道者如何运用它们传达自己的观点进行了考察,但他主要从批评语言学的角度分析新闻语言结构背后隐藏的意识形态和社会权利关系。

贾（2000）关注的仅仅是对引语（reported speech）起着引导、介绍作用的转述导引语（reporting speech）及其语用功能，但其中提到了"引语本身……只要具备一定的语境因素，其潜在的某些言语行为就可能被激活"。可见，他注意到了语言转述过程中与认知心理有关的方面，但没有从理论上做更深入的探讨。语言交际过程实质上是一种认知过程。认知语用学在解释语言现象时主要通过认知（即社会心理因素）来分析大脑中知识结构和知识结构中诸成分的连接倾向，并把类似倾向看成是某种有相当或然程度的语法关系（熊学亮，1999：2）。本文重点从认知语用学这一角度，对英汉语中的转述现象加以重新考察，试图寻找出与之有关的认知活动规律及其特点。

二、对语言转述的重新界定和分类

过去对转述语言的研究大都没超出 Leech 和 Short（1981）划分的五种类型。它们是：间接引语或间接思想（Indirect Speech/ Thought）；自由间接引语或自由间接思想（Free Indirect Speech/ Thought）；直接引语或直接思想（Direct Speech/ Thought）；自由直接引语或自由直接思想（Free Direct Speech/ Thought）；语言行为或思想行为的叙事转述（Narrative Report of Speech/ Thought Act）。但由于这种分类模式主要是针对文学语篇而构建，所以在分析其他类型的语篇时，其有效性和实用性难免会打折扣。Thompson（1996：505）就指出，对于自我转述的使用和转述者对其转述内容的评价这些很重要的方面，上述模式没有给予足够的重视。因此，他一改传统根据直接引语和间接引语范畴对转述语言进行定义的方法，从语言功能角度，把许多过去一般认为与转述话语没什么联系的语言用法也纳入其研究范围，并把它们统称为"语言转述"（language report）。其定义是：如果说话人或写作者以某种方式标志出篇章里出现了"另外一个声音"（another voice），那么源于该声音的任何语段（其表现也可能是隐蔽或模糊的）都可称为语言转述（Thompson，1996：506）。由于认知语用学方法也"把关注点放在语言使用中话语的功能，而不是其结构上"，因此本文基本上沿用这个定义。但为了更全面地考察与转述现象有关的认知特征，我们对上述定义进行了必要延伸。

我们认为，语言转述还应包括那些从话语一开始生成就源于另外一个声音的语段，而不仅限于 Thompson 所说的在语篇推进中插入另外声音的情况。例如以下标语：

（1）欢迎外商来开发区投资！

人所具有的认知灵活性（cognitive flexibility）不难使我们理解此标语表达的可能是当地政府部门（另外的声音）的意思。这里，标语设计者只不过是对上级的指示进行了转述。其实，类似实例，我们在广告和宣传标语中经常会遇到。翻译在某种程度上也具有这种转述性质。译者的任务就是要把原语作者的话语转述给译语读者。因为这涉及到了译者的二度创作问题，所以处理起来更为复杂。对此现象这里暂不做详细介绍，下面会结合实例进行分析。基于上述想法，笔者拟把所有涉及"另外一种声音"的语段全部归为语言转述范畴。据此定义，我们可把语言转述过程中可能的声音来源分为五大类（英语例句取自 Thompson，1996：507 - 510）：

（一）自我

（2）I promise I won't keep you a moment longer.（我保证不会让你再等下去。）

Thompson（1996：508）认为，这里说话人像是把自己（self）看成了"别人"，他在对这个确定的"别人"（identified 'other'）的话语进行转述。可以这样来理解：说话人把自己分成了两部分：标志者（labeller）和发话者（utterer）。标志者转述的是发话者的命题（utterer's proposition）。如果我们在其中加上标点符号，转述性质就会表现出来（传统上称其为直接引语）。汉语就有这样的例子：

（3）我连连保证："一定的！……"（梁晓声《表弟》）

（二）具体点明的人

（4）*The two cricketers deserve better*，as **Graham Gooch** admitted.（格拉汉姆·古奇承认这两个板球员更值得奖赏。）

（5）聋哑女青年无声搞促销　　**消费者**摸不着头脑
亚都净化器促销　玩的就是寂寞？（《中国经营报》2001.2.20）

本节所选例句主要说明转述某特定人的话也不一定非得具有传统间接引语所认定的转述动词或语法形式。我们可以把例(5)斜体句视为消费者内心可能产生的反应或他们的"心声"。

(三) 未做具体交代的人

(6) It was claimed that the platypus laid eggs. (据说鸭嘴兽下蛋。)

在消息来源可以确定的情况下,说话人也可根据自己的需要,把信息发布者隐去(unspecified other/ others)。这里值得注意的是,未做具体交代并不是说信息源不能得到落实。例如话语使用的特定语境也许会使我们推测出作出上述断言的人是科学家。该类型还包括信息源虽未言明,但读者或听者能借助大脑认知机制加以识别的转述话语,如例(1)。

(四) 话语群体

(7) The only rescuable items were a heavy rosewood desk, eastern and a Wellington chest whose top and side panels had split badly. *Beggars can't be choosers*. (唯一可救的物品是一张笨重的东方式青龙木桌和一个其顶盖和侧板已严重脱裂的惠灵顿式箱子。要饭的哪能挑肥拣瘦。)

(8) 多媒体公话:犹抱琵琶半遮面(《文汇报》2000.3.22)

上述两个例子中的引语分别来自英国的谚语和中国的古诗《琵琶行》。它们属于某特定话语群体(community)共有的知识,所以不必借助具体明确的信号特别标定其转述性质。

(五) 不可具体说明的人

(9) Meanwhile, for all those Brooke Shields fans, the ordeal is over. *Her masterwork is coming out*.

(同时对所有的布鲁克·什尔兹迷来说,严峻的考验已告结束。她的杰作即将问世。)

这是一种极其特殊的情况,信息源不可加以具体说明(unspecifiable other/ others)。句(9)末句颇有反讽意味,我们不知道说话者究竟在转述谁的话,反正不是他本人。如果读者没理解到这一点,转述者意欲达到的反讽效果就难以奏效。

(10) 新华名邸,首付 9 万 6 起,轻松购, ∅ 够轻松!(《上海楼市周刊》2001.2.22)

句(10)最后的一声"够轻松",是广告人巧妙地假借购房者的身份说出的。至于它是否反映了购房者的真实反应,广告人并不在意。在这里,如果一语道破其信息源,该广告就会失去其应有的效果。在商业活动中,广告设计者经常爱充当这样的代言人。

从以上例句来看,对语言转述现象的界定,不再拘泥于句法结构和语言形式上的变化,而是看其发挥的功能。标志转述的信号(signal)不再仅限于转述引导从句(reporting clause),而是依据以下三条来加以判定:(1)信号和转述语言之间的逻辑关系在结构上是如何实现的;(2)信号本身的性质和位置;(3)与转述有关的认知机制。这样的界定从根本上拓宽了我们的研究范围,并可解释传统研究中一些难以处理的现象。本文对语言转述所做的认知语用分析,就是在这一定义基础之上展开的。

三、转述现象的认知语用剖析

上面的定义使我们对转述语言的性质有了新的认识。我们可否从中发现与认知有关的转述语产生、使用和理解过程中的某些共同规律呢?比如,人对世界的感知、经验、观察事物的方式如何影响人们对转述语言的使用? 特别是在同样符合语言规范的条件下人们该如何选择不同的转述语句来表达非客观的意义? 转述语言的意义在大脑中究竟是怎样构建的? 等等。下面将从认知语用角度,对此做出新的解释。

3.1 从语用规约化看转述现象

语用规约化(conventionalization)包括语用习惯化和语法化(grammaticalization)两个方面(熊学亮,1999:187)。习惯化表示的是语言使用的倾向,但这一倾向在具体的语境和场合下可能会有所改变;而语法化表示的是语言形式与其意义之间关系的相对固定化,因此它不受语境和场合的影响。

3.1.1 语用习惯化

（11）I think *he was a bit shorter than you are*.（我想他比你矮点）

英语像例（2）中的 I promise，特别是 I think 之类的词语，其使用已趋于规约化，我们很少再把它们与转述行为联系到一起（Thompson，1996：508）。其实，由于语用规约化造成的人们对转述现象的熟视无睹，汉语中也存在。例如，汉语中的"咱"和"咱们"原来都是包括听说双方的概念，但有时人们常爱用它们转述听话人的"话"。

（12）老支书：喜旺呀，你就别推辞了！大伙选咱，那就是信任咱。

（邵力《李双双》）

老支书试图劝说喜旺担当重任。而采用"咱"这种称呼会使喜旺感到支书对他特别亲近。这样，他就容易接受建议。现实生活中，由于人们常爱通过使用"咱"字句来表达对别人（也可能包括说话者本人）的建议，所以原先的转述意味就渐渐被人们忘记了。这是非语言意义的习惯化所致。但转述语用现象的习惯化不同于语言形义关系固定的语法化，在某种特定的场合可被打破。

3.1.2 语用语法化

语法化的东西则具有相对稳定的特点，不容易随便打破。如在科研论文中，作者明明是在转述自己一个人的观点，却偏偏把别人也拉扯进来。虽然作者使用了"我们认为，……"之类的字眼，但其实读者都明白这根本没有别人什么事。吕叔湘说，"由于种种心理作用，我们常有在单数意义的场所用复数形式的情形"。最常见的是"我＝我们"，这类用法"实在代表一种谦卑的口吻"（1956：158－159）。所以在阅读文献时，人们不再会把"我们认为"理解为作者在转述除他本人以外的什么人的论点，这里的说话人实际只是作者自己。所以，虽然转述引导语能够表明作者的确是在转述，但"我们"已丧失原来的意义，已变为自我话语转述类型。另外还有一种情况，说话人看似使用了明显的自我转述标志，但人们也不再把它视为语言转述现象了。在我国胶东地区，有些人正式说话前爱用"我说，……"来启动话语。这里它已不再具有其字面的意义，只起到吸引听话人注意力的作用。一提"我说"，听话人就自然会进入到话语聆听状态。

Coulmas(1981)指出,话语使用频率对语言成分的意义具有重要影响。就指代语义学(referential semantics)而言,话语使用频率越高,原先的意义失去的也越多。这时话语的组合意义(compositional meaning)常已退居其次,取而代之的是话语的功能(转引自 Kecskés,2000:606)。可以看出,人在语言信息处理上的习惯和言语行为的实施倾向都可以在语言使用过程中逐渐规约化。而在这个发展过程中,人的认知机制发挥着重要作用。

3.2 转述人编码的经济原则

van Dijk 认为,每种情景都具有一个草案(scrip),即发生在框架(frame)内的一系列事件和行为(1980:234)。由于每个人的大脑中储存了许多这样的草案和框架,所以转述者不必述说详尽,他相信听话人能借助语言进行联想和推理,从而对言语未尽之处加以填补。

(13)∅装好牙 到申茂(《新闻晚报》2000.9.13)

汉语和英语中都存在着大量的"零主语"(∅)现象,该句虽没直接交代信息发布者,但我们却能明显感受到说此话的人不会是转述者本人,而应该是牙医。这里,与"牙"有关的情景所激活的认知草案的成分是:**牙医〔诊断,治疗(补牙,拔牙或装牙),开药,康复建议……〕;牙病患者〔挂号,就诊,付款,拿药……〕**等。由于"建议"是"牙医"内部含有的若干子成分之一,所以听者完全可以把它和牙医联系起来,进而对所缺成分(零主语)进行填补。

(14)千言万语我对你只嘱咐一句话:千万要保重自己! 留得青山在……(姚雪垠《李自成》一卷上册)

(15)核酸风暴席卷全球,引无数商贾竞折腰(《中国经营报》2000.2.20)

以上两句由于来自家喻户晓的中国谚语"留得青山在,不怕没柴烧"和毛泽东的著名诗句"江山如此多娇,引无数英雄竞折腰",所以不仅可省去引语的出处,即转述信号,还能对部分内容进行省略和调整。(14)只保留前半句,而(15)对原话"引无数英雄竞折腰"做了部分调整("英雄"替换为"商贾")。Honeck(1997:153)说,"谚语是共有文化的产物,只有大家所共识的谚语,而没有只为一人所知的谚语";谚语"先前已储存于人们的记忆中"。所以,我们在转述这样的话语时不一定要全部如实复制。

Hawkins(1997:20-35)指出,说话人编码时要确立的是从心理模型中选择出某些概念并把这些概念构建为命题形式。说话人可根据自己掌握的听话人的先有知识储量,利用概念结构的部分激活点去触发听话人有关的概念结构网络。由此看来,对于像谚语、名诗、成语和具有规约含义的"固定表达形式"(formulaic expressions),若能仔细考虑其潜在的认知机制,它们的意义结构可以得到较好的解释(Kecskés,2000:605)。由于固定用语在长期的使用中逐渐失去了原先的字面意义,取而代之的是某种特定的语用功能,所以形成了某特定交际场合中的规约用法。属于该语言团体的人,并不难理解它所具有的真实含义。

在英语中,说话人常使用名词化手段(Hodge & Kress,1993),如下例中的 suggestion,把本来可以做出明确交代的消息源加以省略(转引自Thompson,1996:509)。其实,特定的语境不难使读者了解到底是谁发布了信息。例如,这里的建议很可能来自"房屋互助协会"。

(16) Yet now there is a suggestion that *these purchasers will have to find a 25% down- payment*.(而现在有人建议这些购房者必须接受25%的下调贷款)

另外,固定用语的使用还可使我们"在实现其交际目的和进行语言表达与理解时不致造成加工超载"(Wray,1998:1)。

3.3 转述话语的意识逻辑

(17) I didn't say he's a bad guy, **I was just told** *he's a bit foul-mouthed*.(我不是说他不好,只是听说他讲话有些下流。)

该句(转引自熊学亮,1999:183)中说话人运用"据说"这一表达方式把偏见(he's a bit foul-mouthed)的责任推给他人,形成一种封闭语境,达到自我保护目的。理解此话所用意识逻辑是:$[\Psi\to\omega]\to[\sim p\to p](\Psi=$ideology,$\omega=$opaque context)。封闭语境 ω 涉及"我没说他不好,只是听说……"等委婉的表达方式。在使用这种转述语言时,说话人主要是运用了话语的意识逻辑(discoursal ideological concept)。通过这种方法,他既为自己开脱了责任,又实现了其特定的交际目的。从某种意义上说,ω 并不会影响信息或意图的传递。这样,涉及这类语言使用的推理在历时演变中可能会逐渐消失,推理消失后的语言使用状态,只有借助认知语用学才能得到比较合理的描写(熊学亮,1999:185)。

再如例句(13)的装牙广告。我们知道,祈使句一般表示命令、建议和要求等。但如果广告语言中经常采用祈使语句来转述有关专家的建议,我们便不再会把该建议当成是业主的自我推销。相反,只要我们一见到广告中的祈使语,就会自然把它与有关权威人士的论断联系起来(即祈使句=权威声明),我们就不再会对产品质量问题提出异议。广告设计者正是运用了消费者的认知思维定势(mindset),实现了其商业操纵的目的。Kress(1985)指出,不同语言结构的选择,可导致不同的交际效应,因而结构和效应的对应,可以构成一部"意识语法"(ideological grammar)。这种语法反映了一定的认知规律,它可以使语言分析本身上升到一个较高的理论和实用层次(参见熊学亮,1999:182)。

3.4　语言转述中的隐喻现象

Honeck 在讨论隐喻语言的特性时,提到了语言的间接性特点。他认为间接性涉及人的情感的间接性和人的意图。人们经常"通过象征性的或迂回的方式达到自己的目的"(1997:44)。例如,Mary 有一件她非常喜欢的茶壶。有人触摸它时,她总是提醒别人要多加小心。一天,她用完朋友的自行车后,却匆匆忙忙将其扔到车库的角落。她的朋友发现后,朝她愤怒地吼道:

(18) This bike *is my teapot*, all right!

从本例(转引自 Bartsch,1998)可以看出这句话中插入了 Mary 的"声音": is my teapot。换言之,Mary 的朋友对 Mary 的"话语"进行了部分转述。因为 Mary 的朋友知道茶壶对 Mary 意味着什么,所以他才这么说。当然这句话的隐喻意义对 Mary 来讲也是不言而喻的。

这里,我们可用 Fauconnier(1997)创建的"合成空间理论"(blended space theory)中的投射映射(projection mappings)这一概念对上述话语隐喻意义的建构过程加以简要分析。这里的投射映射表现在我们用源域(Mary's teapot)的部分结构和相应的词语来理解目的域(her friend's bike)。具体如下:我们先在源域(teapot)和目的域(bike)这两个输入空间进行了跨空间的映射,然后抽象出两域空间共有的抽象结构:bike 和teapot 在经常被人接触而备受珍惜这方面具有相似性。紧接着两域空间中的部分元素可投射到合成空间，从而生成层创结构（emergent structure）：茶壶是主人的珍爱物，拿放时一定要小心。在合成空间里推出的结论是：茶壶要轻拿轻放。如果有人不善待它，它会受到主人强烈的谴责。然后再把这一推论从合成空间投射到目标域自行车空间，我们便可推出句(18)的隐喻意义：你没有善待我的自行车，我向你表示强烈的谴责。

Fauconnier(1997：168)指出，隐喻是连结语言和概念化的一种显著而普遍的认知过程。它主要依赖两个输入空间（源域和目的域）之间的跨空间映射。具体到转述中的隐喻现象，我们只有增强对转述语言的敏感度，才有可能在源域和目的域之间形成恰当的映射，并最终通过合成空间的构建来破解隐喻意义。但是，空间的合成毕竟是一种抽象的认知过程，在分析概念形成过程时，还必须调动许多其他有关的知识和技能。只有这样，我们才能把握和分析概念构建的全过程，从而对其意义进行有效地阐释。

四、翻译——一种特殊的转述行为

4.1 转述引导语的激活功能

Pause(1983：387)曾讲述过这样一个有趣的故事。其情节大致如下：作者有两个朋友——Oskar 和 O'Leary。有一天，O'Leary 对 Oskar 说：You are a fool。由于 Oskar 不懂英语，所以就让他翻译。他把上面那句话原封不动地译为德语：Du bist ein Dummkopf！(＝ You are a fool)，结果是挨了 Oskar 的一个耳光。在这个故事中，作者虽然照实翻译了 O'Leary 的话，但由于其中涉及到了转述行为，问题就变得复杂起来。在这里，作者具有双重身份，他既要翻译，又要转述。不错，他的确借助翻译如实转述了 O'Leary 的话，但他却忘了话语接受者的认知能力的局限性。Pause(1983：391)把这种翻译和转述相互交织的现象称为"翻译的悖论"(paradox of translation)。这也就是说，虽然译者在说话，却不是真正的发话人。译者是通过直译转述了另一个人的话。但听者却难以根据生成的句子形式和意义对转述人或译者的身份加以辨别。应该说,翻译是一种特殊的转述行为,译者不仅要转述,还要考虑接受者的认知特点和接受能力。上述交际失误的主要原因是作者没有通过具体语言手段标志出转述的性质。如果他采用间接引语的形式,提供出明显的转述信号(如增添 O'Leary said),就可以避免类似的尴尬。由此可见,对于特定场合下的翻译,转述引导语发挥着不容忽视的作用。由于被转述的语言本身具有潜在的表意行为,言外行为和言后行为,所以只要具备一定的语境因素(如特定引导语的设定),其潜在的某些言语行为就有可能被激活(贾中恒,2000:36)。这不同于以上提到的对谚语、名句等话语的转述,它们在特定的话语群体中已形成了规约意义,即使没有转述标志,属于该语言团体的人也能彼此心照不宣,相互理解。

4.2 转述语言的翻译问题

从前面我们对转述语言性质的分析可以看出,转述不一定要对原来的信息全部如实引述,有时我们可对转述的内容进行部分调整,或转述其大概意思,或对其进行重新解释,还可对原文作出补充说明(如上例中应补加转述引导语)等。从认知心理角度讲,译者在传递信息时应把"译文的信息性调节到一定程度,使之容易为目的语读者所接受"(张美芳,2000)。对转述类话语进行翻译时,我们也要遵循这一原则。为了把转述话语的信息有效地传递出去,译者有时需要对词法、句法等实施必要的转换。

（19）你原来是个老贫农,合森又是咱部队上干部,你来攻击社会主义政策,**这不是**"大水淹了龙王庙"吗!(李准《夜走骆驼岭》)

（20）要说老焦关心集体,出力干活,**的确**是哑巴见面——没说的。(《进军的战鼓》174 页)

上面提到,对人人熟知的流俗语进行转述时一般不必使用转述引导语。上述例句之所以使用引导语,只是出于语气上连贯的需要。即便是不用这些词语,也不影响我们对转述话语的理解。但对于异语读者而言,情况就不同了。由于异语读者不具有汉文化背景,所以不加任何说明直接翻译成英文,很有可能让异语读者倍感突然,不解其意。考虑到这一点,译者翻译时必须用特定的标志信号引出欲要转述的话语,如 According to . . . 、As . . . goes 等等,必要时还要对引述内容做出详细注释或解释。我们对英汉转述语言进行互译时有时还需要句式上的调整。例如,It is said、It is claimed 等译为汉语时,很少用被动句式来表达,而用"听说……"、"有人说……"等。

> (21) 因为他姓孔,别人便从描红纸上的"上大人孔乙己"这半懂不懂的话里,替他取下一个绰号,叫他孔乙己。(鲁迅《孔乙己》)
>
> And as his surname was Kong,he was given the nickname Kong Yiji from *kong*,*yi*,*ji*,the first three characters in the old-fashioned children's copy book.(杨宪益、戴乃迭译,转引自陈宏薇,2000)

原文中直接引语所用的双引号换成了斜体,每字之间用逗号隔开。转述引导语"这半懂不懂的话"和被转述的词语"上大人"均省略掉了。前者的省略主要是因为 in the old-fashioned book 已提供了被转述话语 Kong,yi,ji 的出处,在此若使用转述标志语反而显得多余了;而后者的省略则是因为原文增加"上大人"这三个字只是为了说明描红纸的文字组合是随意的和无意义的。译文用逗号将一个完整的名字隔离开来已经传递出了这层含义(即"孔乙己"这个名字是随意组合且令人费解的),所以没必要再画蛇添足,把引号内的六个字全部转换为汉语拼音。可见,在进行跨语言转述时,我们也要根据原发话人意欲激发的言语效果来调整自己的转述策略。应该说,语篇翻译是一种特殊形式的转换过程。其特殊性表现在原语作者和译者,译者和读者难以进行面对面的沟通,这无疑使译者肩负起了双重身份。他既要翻译,又要激活转述语言潜在的言语行为,最终实现其应有的言事效果。在享有同一语言和文化背景的人们之间进行转述时,转述人一般能较为准确地判定信息接受者的感知方式和思维特征,所以信息的传递相对容易一些。而操不同语言的人们由于其思维方式,文化背景和社会心理等方面都具有一定的差异,所以译者必须考虑译语读者的言语习惯和文化认知方式。在此基础上,译者才能对原文的语义组合加以合理调整和分配,最终把原文信息有效地传递出去。

五、结　　语

语言转述现象不仅体现在语言结构和形式上的变化,还具有独特的语用和认知功能。转述语言的意义及其意义的结构是语言因素和非语言因素(如隐喻、常规知识和心理因素等) 共同作用的结果。言语交际实质上是一个认知过程,因此从认知语用的角度来探讨转述语言从产生、发展、使用到理解的过程,可使我们更加清楚地了解转述现象的本质,同时也为我们在日常交际中正确使用和理解转述语言提供新的依据。

参考文献:

Bartsch, R. 1998. *Dynamic Conceptual Semantics: A Logico-philosophical Investigation into Concept Formation and Understanding*. Stanford: CSLI Publications.

Baynham, M. 1996. Direct Speech: What's It Doing in Non-narrative Discourse? *Journal of Pragmatics*. 25. 61 - 81.

Coulmas, F. 1981. *Conversational Routine: Explorations in Standardized Communicative Situations and Prepatterned Speech*. The Hague: Mouton.

Coulmas, F. 1985. Direct Speech and Indirect Speech: General Problems and Problems of Japanese. *Journal of Pragmatics*. 9. 41 - 63.

Dixon, R. M. W. 1991. *A New Approach to English Grammar, On Semantic Principles*. Oxford: Clarendon Press.

Fauconnier, G. 1997. *Mappings in Thought and Language*. Cambridge: Cambridge University Press. 168 - 171.

Halliday, M. A. K. 1994. *An Introduction to Functional Grammar*. London: Edward Arnold.

Hawkins, B. 1997. The Social Dimension of a Cognitive Grammar. In Liebert, Wolf-Andreas et al. (eds.) *Discourse and Perspective in Cognitive Linguistics*. Amsterdam/ Philadelphia: John Benjamins Publishing Company. 21 - 36.

Honeck, R. A. 1997. *Proverb in Mind: The Cognitive Science of Proverbial Wit and Wisdom*. Mahwah, N.J.: Erlbaum. 152 - 183.

Kecskés, I. 2000. A Cognitive-Pragmatic Approach to Situational-bound Utterances. *Journal of Pragmatics*. 32. 605 - 625.

Leech, G. N. & M. H. Short. 1981. *Style in Fiction*. London: Longman. 53 - 129.

Pause, E. 1983. Context and Translation. In Rainer Bünerle et al. (eds.)

Meaning, Use and Interpretation of Language. Berlin: Walter de Gruyter. 355-399.

Quirk, R. et al. 1985. *A Comprehensive Grammar of the English Language*. London: Longman.

Tannen, D. 1989. *Talking Voices: Repetition, Dialogue, and Imagery in Conversational Discourse*. Cambridge: Cambridge University Press.

Thompson, G. 1996. Voices in the Text: Discourse Perspectives on Language Reports. *Applied Linguistics*. 17 (4). 501-526.

van Dijk, T. A. 1980. *Macrostructures*. Hillsdale: Lawrence Erlbaum. 226-238.

Wray, A. 1998. Formulae in L1, L2, Adult Native Speakers and Aphasics: Are They All the Same Thing? Paper presented at the 6th International Pragmatics Conference in Reim, France. 1-6.

陈宏薇,2000,从小说美学的角度看《孔乙己》英译文的艺术成就,《外国语》第 2 期。

贾中恒,2000,转述语及其语用功能初探,《外国语》第 2 期。

吕叔湘,1956,说"们",载《汉语语法论文集》,北京:科学出版社。

申　丹,1991a,小说中人物话语的不同表达方式,《外语教学与研究》第 1 期。

申　丹,1991b,对自由间接引语功能的重新评介,《外语教学与研究》第 2 期。

辛　斌,1998,新闻语篇转述引语的批评性分析,《外语教学与研究》第 2 期。

熊学亮,1999,《认知语用学概论》,上海:上海外语教育出版社。

张美芳,2000,英汉翻译中的信息转换,《外语教学与研究》第 5 期。

（原载《外语教学与研究》2001 年第 5 期）

元交际条件句的语用认知研究*

项成东

一、什么是元交际条件句?

条件句因其复杂性和特殊性而引发人们越来越多的关注。人们最初只是对条件句进行语法和语义功能分析,代表人物是 Quirk 等(1985);现在人们逐渐开始从语用认知的视角对条件句进行研究,并取得了可喜的进展,代表人物有: Sweetser(1990,1996)、Dancygier(1998)、Athanasiadou 和 Dirven(1996,2000)、沈家煊(2003)、徐李洁(2003,2005)、徐盛桓(2004a,2004b)等。但是随着对条件句研究的深入,我们发现对某些类型的条件句研究还不够深入,还需要进一步研究。本文探讨的元交际条件句就是其中一类。先看下面的例句:

(1) His style is florid, if that's the right word. (Quirk 等,1985:37)

(2) If you don't mind my saying so, your slip is showing. (Quirk 等,1985:38)

上面例句中的 IF 分句和主句并不构成真正意义的条件,也不构成"前提—结论"的推理句,而只是"对主句的部分语言形式或意义进行评述或解释"(徐李洁,2005)。Dancygier(1998)和徐李洁(2005)均将这类条件句称为"元语篇条件句"(meta-textual conditionals);徐盛桓(2004b)将上面的例句称为"思维活动/言语行为条件句",认为是"充分条件的弱化与异化"的结果(徐盛桓,2004a)。侯国金(2005:266)认为这类条件句中的 IF 分句是"执行语言的酬应(phatic)功能和语篇(textual)功能"。Athanasiadou 和 Dirven 则将上面的例句称为"元交际条件句"

* 本文承蒙四川外语学院侯国金教授和廖巧云教授提出宝贵的修改意见,在此特致谢忱。文中任何错误或不妥之处均由作者本人负责。

(meta-communicative conditionals)。这里我们采纳"元交际"这个术语，一是因为这种条件句本质上就是"元交际"的（下面将继续讨论）；二是因为"元交际"的含意更广，除了含有"元语篇"的意义外，还突出交际的语用性，强调交际的动态性，尤其是强调言语行为的"人际功能"①。另外，我们认为从"元交际"的视角来探讨，将有利于对"元交际条件句"进行深入研究。

我们这里将"元交际条件句"定义为：IF 分句是说话者对主句所实施的言语行为进行的评述或解释。这种评述或解释可以是整体的，也可以是局部的或部分的②。如果是前者，则属于元语用用法（meta-pragmatic use）；如果是后者，则又分为元语言用法（meta-linguistic use）和限定性用法（restrictive use）。IF 从句与言语行为的措词有关，属于元语言用法；与言语行为所产生的预设有关，就属于限定性用法。下面我们将详细探讨这三种用法。

二、元交际条件句与话语条件句的区别

在我们讨论元交际条件句的三种用法之前，我们先对元交际条件句和话语条件句进行区别。请看下面例句：

(3) If you are hungry, there is a cake in the kitchen. （徐盛桓，2004b）

(4) If I may say so, that's a crazy idea. （Sweetser, 1990: 118）

Sweetser(1996)、徐盛桓(2004b)、徐李洁(2005)将上面例(3)这类条件句称之为"言语行为条件句"，我们这里仍然采纳 Athanasiadou 和 Dirven(2000)的观点，称之为"话语条件句"（discourse conditionals）。这

---

① "人际功能"(interpersonal function)这个概念是取自 Halliday(1985)的三大纯语言功能的一种。

② 值得一提的是，徐李洁（2005）对这类条件句进行了研究，并总结了五个特点。起初，徐是参照 Dancygier(1998)的定义，"IF 分句是对主句的**一部分**或**全部**作出评述"（黑体着重号为笔者所加），但后来的例子和定义却是"IF 分句对主句的**部分**语言形式或意义进行评述或解释"。另外，她将例(2)看作"言语行为条件句"。这里根据我们的定义将例(2)看作"元交际条件句"（其中理由下文将讨论）。

类条件句可以理解为：If p, then I will say that q。这样，例(3)就可以理解为：

(3') If you are hungry, (then I will say that) there is a cake in the kitchen.

这里，话语条件句是以听话者为取向的，IF 从句的功能主要是指出结果分句的言外之力在什么情况和 IF 分句相关。

至于例(4)，徐李洁(2005)把它们看作是"言语行为条件句"，我们则认为这种条件句与"言语行为条件句"或称"话语条件句"存在明显的区别。首先，元交际条件句从本质上是以说话者为取向的(如例(6、7))，而话语条件句从本质上是以听话者为取向的(如例(3))。其次，元交际条件句的 IF 从句可以看作是主句实施言语行为的"预备条件"(preparatory condition)，其功能是缓和主句所实施的言语行为可能产生的不快成分；而话语条件句的 IF 从句可以看作是主句实施言语行为的"基本条件"(essential condition)，其主要功能是强调主句实施的言外之力所必需的基本条件。除此之外，元交际条件句的 IF 从句还具有其他一些元交际功能，其中最常见的就是对主句实施言语行为过程中所产生的预设(presupposition)进行评述或解释。总之，元交际条件句的功能就是指出交际行为中需要特别注意的方面。IF 从句可以看作是对交际行为的某些方面所作的评价。因此，它从本质上就是元交际性的。必需指出的是，我们这里对话语条件句和元交际条件句的区分主要是从语用功能来考虑的。这种区分并非泾渭分明，有时会存在相互重叠现象，因为从言语行为理论来看，任何陈述都是一种言语行为。从这点看，元交际条件句也是一种言语行为条件句了。

三、元交际条件句的用法

由于交际行为有许多不同的类型，言语行为只是其中一个主要的次范畴，所以我们有必要对条件句所实施的不同元交际功能作进一步区分。下面我们将分别说明元交际条件句的三种用法：元交际用法，元语言用法和限定性用法。由于元语言用法相对较少，所以我们重点探讨其他两类用法。

3.1 元语用用法

元语用用法主要是涉及某一特定社会语境中话语的得体性。所以，处于社会阶层较低的说话者由于社会距离的原因往往就不能直截了当地实施"评价"言语行为，而必须预先使用一些起缓和作用的元语用途径，比如上面例(2、4)。再例：

（5）Good gracious me, sir, if I may make so bold — it's a bit shocking, isn't it? (LDC③: 86)

这里的 IF 从句起着"评价"的作用，其实是一个插入结构，可有可无。从这点看，元交际功能并不是话语的基本属性。当然，这并不意味这种插入结构总是可有可无的，尤其是一些插入结构在句中具有很高的交际价值，即直接影响整个言语行为的实施，这时就不能省略。比如，下例的插入结构 if you'll excuse us 就不能省略，因为省略就会使得整个话语显得非常唐突，原来的礼貌意义荡然无存。这里，IF 从句实施的言语行为可以看作是"请求允许离开"，结果分句是说明这种言语行为的原因。

（6）a. Splendid! Now ladies, if you'll excuse us, we have a lot to do. (LDC: 86)

　　b. * * Splendid! Now ladies, we have a lot to do.

其实，这类元交际条件句可以理解为，IF 分句是为说话者言语行为的"恰当性"提供某种"理由"，或者说是为其言语行为提供"适宜条件"(felicity condition)(沈家煊，2003)，所以具有礼貌交际功能。英语里，许多这类的表达已经成为习惯用法，如：If I may say so; If I may put it bluntly; If I may be personal; If you can keep a secret; If I may interrupt; If I may change the subject; If you allow me to say so 等等。汉语里，这类例子也很多，例如：

（7）如果你不见外的话，请你出去回避一下。

（8）如果你不介意的话，我想和你单独谈谈。

元交际条件句还可以有其他元语用用法，如例(9)是挑明说话者的交

---

③　这里的 LDC 是指 Leuven Drama Corpus 语料库。下面的 BRO,COB,LOB 分别代表三大语料库：Brown Corpus, Cobuild, Lancaster-Oslo-Bergen Corpus.

际意图,例(10)是怀疑听话者是否有能力正确查询信息。

    (9) I've always been interested in people, sir, if that's what you mean. (LDC：107)

    (10) It's all on the back pages of the paper, just before the sport, if you know where to look. (LDC：16)

元交际条件句的元语用用法特征大致可以概括为以下主要三点：

1) 主从句通常为现在时态,且多涉及第一人称 I 和第二人称 you;

2) 从句的位置以句首为多,但也可以灵活地出现在句中(如例(5、6))或句末(如例(9、10));位于句首通常强调"理由"的充分性和合适性,而位于句中或句末则"具有附带说明、追加补充的特征";

3) IF 分句的语用功能是强调礼貌的得体性,是对主句含有的不快成分起缓和作用。

3.2　元语言用法

在上面例子中,元交际类条件句都是与整体言语行为有关,但在下面的例子中,则是与言语行为的具体方面有关,比如,言语行为的形式或措词。尽管条件句的元语言用法从理论上讲有很多,但在我们选择的语料库中这种例子却很少。例如：

    (11) I've come to offer my congratulations, if that's the right word. (LDC：42)

    (12) He was beginning to feel sure that she had recognized him and wanted to talk but could not summon up the courage —— if courage was the word. (LOB：180)

上例表明,元语言用法总是涉及单一的字或词,所以常常使用回指代词(如例(11)中的 that)或使用实词(如例(12)中的 courage)来照应。这种注重形式特征表明,元语用用法和元语言用法存在巨大的差别。前者可能涉及整个句子结构形式,而后者多涉及名词性形式,因为它必须指代结果分句中的某个成分。另外,元语用用法多涉及一些"不快"的结果,而元语言用法则主要涉及主句的措词,而这种措词多数是"褒义"的(如例(1、11、12)),所以元语言用法的主要作用是强调"评价"。

3.3 限定性用法

我们在以言行事时,本身就预设我们使用名词词组所指的存在或描述事件所指的存在。使用元交际条件句其中一个目的就是提请关注这些预设,要么是为了加强所指的信念(通常在 IF 分句使用some 或 one 来肯定),要么相反,对所指存在不表态(通常在 IF 分句使用非肯定形式 any),从而限定这种信念的有效性。这两种功能恰恰相反,下面两例可以说明这一点:

(13) This is a time — if there ever was one — for parents to show their thoughtfulness and generosity towards each other. (COB: 117)

(14) The shooting-season opens Saturday and the birds'll be scattered all over the place after that — if there's any left. (COB: 165)

在例(13)中,说话者对所指的存在持肯定态度,但如果将 IF 从句的 one 用 any 来代替,这种态度将会彻底改变,肯定态度就会变成非肯定态度,说话者对所指的存在不再作任何表态。在例(14)中,any 的使用表示存在唯一的可能,因为这种非肯定态度意味着"可能连一只鸟也不会有"。

另外,这种非肯定用法在省略形式的套语 if any 中,表示"似乎存在唯一可能"。例如:

(15) a. Secondly, we must pool and ration our supplies of food, if any. (LOB: 64)

b. The change, if any, in foreign policy will consist rather of a freshness of approach. (LOB: 98)

这里,if any 的省略用法与两例中的名词短语(supplies of food 和 change)所指的存在相关联,但说话者是持非肯定态度。从结构功能看,if any 的作用并不是充当结果分句的先行条件,而只是附在其修饰的名词后面,起着事后想法的作用,与有定名词短语(definite noun phrases)所产生的预设相关。

当预设涉及方位时,可以使用省略结构 if anywhere。例如:

(16) For here if anywhere in contemporary literature is a major

effort to counterbalance Existentialism.（BRO：108）

这里使用 if anywhere 有歧义：它既可以用来限定某种信念，即"相信当代文学存在某种特定的位置"，这种"位置"是由 here 指代的；又可起到修辞作用，强调一个事实，即"就在这里存在主义将会遭受对抗"。

if anything 现在不再有指代修饰（reference-modifying）功能，只有修辞功能，起强调作用，引导一个递进关系。例如：

(17) a. If anything, he had merely become a little more reserved, and much more polite. (LOB：127)

　　 b. The effect of make-believe was, if anything, heightened by the arrival in the room of the German uniforms. (LOB：126)

这里，if anything 已成为一个习惯表达，意思相对于"the least one can say is that …"（A & D，2000）。这种习惯用法可以解释为什么 if anything 既可以置于句首（如例(17a)），也可以置于句中（如例(17b)）。

这种省略用法也可以和形容词连用。例如：

(18) a. And I suppose now that you've finally grown up, if a little late, you'd go on producing kittens every six months or so.（BRO：20）

　　 b. Hobhouse was Byron's intimate, if a little stuffy and unimaginative friend from Cambridge. (LOB：88)

这里的省略结构其实是双重省略：首先是句法省略，即省略了主语和谓语，只有形容词和一些附加成分；其次是连词 if 本身的省略，它是让步连词 even if 的省略。所以，这种省略结构与预设无关，但含有让步含意，起限定作用。比如，例(18a)中的结果分句 you've finally grown up，本身含有肯定因素，但由于和含有让步意味的先行成分 if a little late 相比，这种肯定性就受到一定程度的限定。当然，上面两例可以考虑把它们归属于其他范畴，因为 IF 分句尽管起着限定作用，但它们更多的是起着"让步"作用。

在汉语中，元交际条件句限定性用法的例子也很多。例如：

(19) 他认为她没有什么过错，如果有的话，她的过错也不过在于她的软弱罢了。（转引自（郭志良，1999：280）

（20）汉语有没有形态变化？要说有，也是既不全面也不地道的玩意儿。（同上）

（21）如果说其中含有痛苦的伤痕，那也是勇敢的、骄傲的伤痕。（同上）

四、元交际条件句的认知基础

从认知的角度看，元交际条件句同逻辑条件句的理解一样，主要是言语行为的转喻机制在起作用。正如隐喻一样，转喻也是一种极为普通的认知原则，是人们一般行为和思考的方式。我们的行为和思维所依赖的概念系统从根本上来说具有转喻的特性（Lakoff，1980：56）。人们常常用个体的某一属性（attribute）来指代个体本身，亦即用部分代替整体，这是一条极为普遍的思维规律。人们在以言行事时往往也利用了这一规律，用言语行为的某一属性来实现整个言语行为。条件句其实就是实施一种间接言语行为。Thornburg 和 Panther（1997）认为，在间接言语行为中，说话人可以用脚本（scenario）中的一个成分段去激活和转喻性地指代另一个成分段或全部行为段，而不必全面地具体地把细节交代清楚（李勇忠，2004）。

言语行为理论认为，任何陈述都可以转化为言语行为。元交际条件句就是将言语行为或思想活动的内容取代了言语行为或思想活动的过程本身。例如上面（4）就可以理解为：

（4'）If I may say so,（my opinion is）that's a crazy idea.

这里，句子表示的条件本是言语行为或思想活动过程的条件，却表达为言语行为或思想活动内容的条件。这也就是徐李洁（2005）所说的条件句"主句的升格表达"。

根据 Sweetser（1990）和沈家煊（2003），任何语句的语用性质都可以分作"行"、"知"、"言"三种类型，也可以说任何语句都处于这三种不同的"认知（概念）域"中。这样，如果把人们说的每一句话的意思都分别从这三个"域"中的某一情况来理解，那么不同"域"中的语句就可能得到不同的理解。比如：

（22）a. 如果明天下雨，（那么）比赛就取消。

  b. 如果比赛取消,(那么)昨天就下了雨。

  c. 如果明天下雨,(那么)太阳就从西边出来了。

  (22a)是表示一般的"客观事理",所以属于"行域"条件句;(22b)表示说话人的一种"主观推理",所以属于"知域"条件句;而(22c)是表示说话人的一种"言语行为",所以属于"言域"条件句。话语作为"行域"的表达是最基本的,也就是通常理解的意思,而作为"知域"和"言域"表达是通过"转喻"投射或引申出来的,因此后者的意思就比较特殊,有时需要做出专门的理解。上面(27c)的实际意义是"(如果明天下雨),那么我就要'说'(太阳就从西边出来了)"。逻辑关系可以定义为"状态 P 是我'声称'Q 的一种条件"。按照这种"三域"理论,元交际条件句是属于"言域"表达,IF 分句提供的是说话者所要实施的言语行为的一种"准备条件"或"适宜条件"。具体表现为:在元语用用法中,IF 分句提供的是这种言语行为的"得体性条件";在元语言用法和限定性用法中,IF 分句提供的是这种言语行为的"限定性条件"或"修饰性条件"。

五、结　语

  本文是从语用认知的视角来探讨元交际条件句的用法。由于文章篇幅和作者水平所限,我们只是对话语条件句和元交际条件句作了粗线条的区分,没有详细探讨话语条件句的用法。另外,我们虽然探讨了元交际条件句的三种用法,但主要是以英语为依据。由于汉语条件句非常复杂,限于篇幅就没有作任何深入的对比分析;文中虽然指出元交际条件句的认知主要是以转喻机制为基础,但是否还存在其他认知机制在起作用?诸如此类问题还有待进一步研究。本文的目的只是"抛砖引玉",希望能引起大家更多的注意和研究。

参考文献:

Athanasiadou, A. & R. Dirven. 1996. Typology of If-clauses. In C. Eugene. (ed.)
 Cognitive Linguistics in the Redwoods. Berlin: Mouton de Gruyter. 609 - 654.
Athanasiadou, A. & R. Dirven. 2000. Pragmatic Conditionals. In A. Foolen & F.

Leek(eds.) *Constructions in Cognitive Linguistics*. Amsterdam & Philadelphia：
J. Benjamins. 1-26.

Dancygier, B. 1998. *Conditionals and Prediction — Time，Knowledge，and Causation in Conditional Constructions*. Cambridge：CUP. 56-89.

Halliday, M. A. K. 1985. *An Introduction to Functional Grammar*. London：Edward Arnold.

Lakoff, G. & M. Johnson. 1980. *Metaphors We Live By*. Chicago：University of Chicago Press. 56-68.

Quirk, R. et al. 1985. *A Comprehensive Grammar of the English Language*. London：Longman. 15. 37-38.

Sweetser, E. 1990. *From Etymology to Pragmatics*. Cambridge：CUP.

Sweetser, E. 1996. Mental Space and the Grammar of Conditional Construction. In G. Fauconnier & E. Sweetser (eds.) *Space，Worlds，and Grammar*. Chicago & London：The University of Chicago Press. 318-333.

Thornburg, L. & K. Panther. 1997. Speech Act Metonymies. In W. Liebert et al. (eds.) *Discourse and Perspective in Cognitive Linguistics*. Amsterdam & Philadelphia：J. Benjamins. 205-219.

冯春灿,1999,试论英语 IF 条件句的类型及其使用,《外国语》第 4 期。

郭志良,1999,《现代汉语转折词研究》,北京：北京语言文化大学出版社。

侯国金,2005,《语用标记价值论的微观探索》,成都：四川大学出版社。

李勇忠,2004,言语行为转喻与话语的深层连贯,《外语教学》第 5 期。

沈家煊,2003,复句三域"行、知、言",《中国语文》第 3 期。

徐李洁,2003,论"IF"真实条件句的"条件",《现代外语》第 4 期。

徐李洁,2005,IF-条件句分类再研究,《四川外语学院学报》第 3 期。

徐盛桓,2004a,充分条件的语用嬗变,《外国语》第 3 期。

徐盛桓,2004b,逻辑与实据：英语 IF 条件句研究的一种理论框架,《现代外语》第 4 期。

(原载《外国语》2006 年第 6 期)

认知相关、交际相关和逻辑相关

熊学亮

一、概　　述

　　认知（cognition）是一个心理学术语，涉及人对信息的选择、接收、处理、理解和储存的能力和过程，相关（relevance）则牵涉到一个省力问题。就语言交际而言，处理最相关的信息是一种自动倾向，语用者总是能够或自然地在所得信息和此间支出的努力两者之间取得最佳平衡，从而获得最佳信息效益。Sperber 和 Wilson 提出的"相关论"（见 *Relevance*：*Communication and Cognition*，Sperber & Wilson，1986/1995。也译成"关联理论"），就是基于这种生物心理性质的"经济原则"。此书 1995 年第二版后序部分，对前十年该理论所引起的误解，作了进一步的阐释，比如把相关总原则定义成认知相关（即人的认知倾向于最大程度地增加相关）和交际相关（即每一个显现性交际行为所传递的是最佳相关的假设）两种。显现性交际即说话，以认知相关为基础，而此前很多人把两者混为一谈。

　　相关即经济也。人无论做什么，总倾向于以最小的代价去换取最大的效果，故相关乃是一种自然倾向，由生物进化而来。语言交际时，人也倾向于用最相关的方法处理最相关的信息，因此交际相关是以认知相关为依据的，或者说认知相关原则能足以保证交际者对他人的交际行为作出期待或预测，以指导或控制交际。

二、认知相关和交际相关

　　任何场合都是无数信息的随机组合或堆积。假如有一条繁华的街道，车水马龙，人声鼎沸，假如该信息场包含下面几种信息：（1）公交车辆；(2) 小孩或小孩的哭声；(3) 穿警服的人；(4) 有一定吸引力的异性；(5) 违章车辆；(6) 车辆前方和周围的人和车；(7) 街景和商店橱窗。在此信息场内的人，都是这些信息的接受者，但是此时什么信息最为相关，却以信息处理者的注意焦点为准。如：

信息处理者	对其可能是最为相关的信息
赶车人	公交车辆
寻找小孩者	小孩或小孩的哭声
在逃罪犯	穿警服的人
失恋者	有一定吸引力的异性
交通警察	违章车辆
驾驶员	车辆前方和周围的人和车
逛街者	街景和商店橱窗
……	

这是因为，信息处理者在一定的时空坐标上有一个定位范围。比如在家里突然闻到煤气味，此时此刻对信息处理者最为相关的信息是"可能漏煤气"，而不可能是"煤气厂工人没有罢工"，尽管后者与"煤气味"信息也有联系，但它已经超出了信息处理者在那个时空范围内的定位，因而是不相关的。

Johnson-Laird(1983)曾经合作做过一个有趣的实验。他们先把若干张卡片的两面分别标上阿拉伯数字和英文字母，再把分别标有 E、K、4、7 字样的 4 张卡片放在受试面前，对受试说："元音字母的反面肯定是偶数"，随后要求受试者检查卡片的反面，以核对该话的正确性。结果所有的受试仅把标有元音字母或偶数的卡片翻过来核对，没有人去翻标有辅音或奇数的卡片。其实翻动标有辅音和奇数的卡片，同样有验证该话是否正确的效果，因为一旦在辅音背后发现偶数，或者在奇数后面发现元音，该话同样站不住脚。因此核对辅音或奇数卡片，对核对本身来说应是同样有效的，但不知何故竟然没有人这样做。

我把上述实验在学生中如法炮制了一遍。与上述两位学者不同的是，我把本项实验分成"定时"和"不定时"两组进行。对定时组(A)的规定是：在 4 张卡片中每人只能翻 2 张，且核实要在 10 秒钟内完成；对不定时组(B)的规定是：在4张卡片中每人只能翻2张，但核实不受时间限制。实验结果是：A组无人翻动标有辅音和奇数的卡片，而B组翻动辅音和奇数的次数占总次数的40%。B组实验的结果与上述两位学者的实验结果有差异，原因可能是：(1)B组受试的平均智商可能较高(复旦大学英语专业四年级的学生)；(2)B组受试有足够的时间进行所谓的"第二次思维"或"反推"，从而导致了"反证"的结局。由于实验人的话里不含有"奇数"和"辅音"这两个词语，而受试受经济原则或惰性的影响，多半会忽视话语里未提及的因素，更倾向于去"证实"，而不会去"证伪"。在这一点上，证实似乎比证伪更为相关。

因此，认知相关以信息处理者在特定时空坐标上的定位为准，而交际相关却以交际行为(communicative act)本身为准，因此两者有本质上的不同。人之所以要说话，是因为在正常的情况下说话本身对听话者来说肯定是相关的，否则说话的目的又何在呢？因此说话(即交际行为本身)就是一种相关显现，等于通知听话人："本交际行为是相关的，请处理！"此时，如果交际行为包容的言语行为(speech act)也相关，信息处理的努力就小；如果言语行为偏离常规(即话语的质不佳或量不足)而交际行为是相关的，信息处理的努力就大些，因为需要激活更多的语境知识进行推理。现在来看下面这个例子：

(1) A：Is George a good sailor?

B：All the English are good sailors.

假如George是英国人，B话语的交际行为和言语行为都相关，因此我们可以很方便或很省力地推出George is a good sailor；假如George是法国人的话，言语行为就显得不相关，但是如果交际行为仍然相关的话，我们仍能推出George is a good sailor，尽管此时要耗费更多精力来处理有关信息。也就是说，A认为B的交际行为(话语)首先传递的是"相关"的信息，当然会很自然地推出相应结论。因此Sperber和Wilson认为交际行为相关比言语行为相关更重要。看来，日常交际涉及的语用推理有时结论似乎比前提更重要，无理意识(即有些貌似荒唐的文化行为)向合理意识的转变就是典型一例，因为人们不会去考虑中间因素(Zegarac，1999)。

所谓交际行为相关，指的是语言显现对受话人有刺激，可产生相关性,足以促使受话人作出信息处理努力。《相关论》1986年版把"交际相关"的定义范围拉得较宽,使人往往有"不着边际"的感觉,而此书1995年版在定义中加入了"喜好"(preference)这一因子,使我们至少能感到主客观因素的互动效果。比如,X要外出,他可以对妻子说下面三句话中的任何一句:

(2)　　　a. 我4点到6点之间不在家

或者: b. 我4点到6点在Y家

或者: c. 我4点到6点在Y家讨论开会的事

如果单从说话人的角度分析,我们很难裁决哪句话最为相关。因此我们还必须考虑听话人的喜好。假如听话人对X的去处和原因不感兴趣,那么(2a)最为相关,因为处理这句话所耗费的努力相对较小,否则就要依照具体情况来处理。此外,有时说话人由于特殊原因,不愿或不能说真话,此时我们既不能说他违背了什么质原则或量原则,也不能说他的话不相关。因此,Sperber和Wilson进一步把交际相关原则改成:

(3) 语言的显现刺激如果与交际者的能力和爱好一致,即可视为是最相关的。

这样交际最佳相关假设就变成了:

(4) A. 语言显现刺激的相关性,足以使受话人所作出的话语信息处理努力产生效果;

B. 语言显现刺激如果与交际者的能力和爱好一致,即可视为是最相关的。

因此,认知相关指的是信息处理者对现有信息的选择和处理,而交际相关指的是承载信息的话语首先传递的就是相关信息,相关的程度只是随着信息处理者的交际能力和爱好有所变化罢了。

三、逻 辑 相 关

交际相关并非与信息的真实性有关。假如现在有这样两种情况:(1)前提正确而逻辑错误,推出的结论错误;(2)前提错误而逻辑正确,推出的结论错误。相关论仅认同第二种情况,在人既可以说真话也可以说假话的前提下,相关论更注重语言交际和理解话语时涉及到的认知过程

或逻辑相关性。先来看下面的例子(Sperber & Wilson,1995):

(5) a. X听到妻子在电话里对别人说:"今晚在老地方等我",X正确地猜测到听话人是男性,但错误地推断妻子已有了情夫;

b. X听到妻子在电话里对别人说:"今晚在老地方等我",X错误地猜测到听话人是男性,但正确地推断妻子已有了情夫。

两例涉及到的逻辑分别是:

A逻辑　P:男性在电话里对女性说"今晚在老地方等我"→

Q:男性不一定是女性的情夫

B逻辑　P:男性在电话里对女性说"今晚在老地方等我"→

Q:男性一定是女性的情夫

(5a)例中的前提正确但逻辑错误(与A逻辑相悖),故结论也错。(5b)例中的前提错误(与事实相悖)但逻辑正确(按B逻辑处理),故结论也错。尽管两种结论都错,但是只有第二种推理是相关的,即过程相关更为重要,否则如何来审视小说内容呢,就绝对真理而言,小说里所写的东西大多数都与事实相悖,但这并未影响其相关性。

因此,输入的信息或假设的其实性不重要,而推理涉及的逻辑才有相关性的差异。Carston(1988:62)用下面一段对话来说明逻辑相关差异:

(6) A: Let's go to a movie this afternoon.

B: I've got a lecture.

B显然没有直接回答A的问题,因此A在理解B话语时就需要推理。此时场合因素可以协助充实对B话语在语言解码后产生的不完全逻辑形式(即I的所指、说话的时间和地点等等),以产生完整逻辑形式(a);A的经验(或知识)含有语境假设(b);A通过前提(a)和(b),可以从B话里推导出以下结论:

a. B has a lecture to attend this afternoon.

b. If someone has a lecture to attend this afternoon he/she cannot go to a movie this afternoon.

c. B cannot go to a movie this afternoon.

类似推理是演绎性质的肯定前件推理(Modus Ponens: [(p & q) & p]→q)。Fodor (1985)认为,由于(b)是A从百科知识中提取的内容,"听讲座"与"看电影"之间也无绝对的冲突,完全有下午既看电影又听讲座的可能,因此这种前提与"人总是要死的"、"水是有弹性的"等绝对真理有本质上的差别。因为如果 A 知道 B 不喜欢听讲座,凡是有讲座 B 就会去做别的事情,那么有关的语境假设就可能是(d):

d. If B has a lecture to attend this afternoon, she'll be happy to go to a movie this afternoon. 从而得出不同的结论。

Fodor 对这一现象感到无能为力,他认为在这种命题或假设之间,可以产生出无数逻辑过程,如:

a. B has a lecture to attend this afternoon.

（运用添加规则 p→(p∨q),得 a 和 e 的选言组合,即 f 的前提（条件）部分）

e. New Zealand isn't in the northern hemisphere.

f. If B has a lecture to attend this afternoon or New Zealand is in the northern hemisphere (参考知识项 b), then B cannot go to a movie this afternoon.

（运用删除规则[(p∨q) & ∼ q]→p、知识项 b、肯定前件规则[(p→q) & p]→q,得 c）

c. B cannot go to a movie this afternoon.

注：∨ 指排除式选言,∼ 指否定,→ 指逻辑蕴含

f 假设通过[p∨q)→r]& p→r 推得,p 和 r 的逻辑关系,理论上可以涉及 q 命题,因为可以从 p 那里,通过逻辑衍生出 p∨q,扩大了原来的知识项 b。

然而受场合和语境制约,相关的语用推理不可能产生类似的"逻辑增生",在若干可能的逻辑前提和结论里,一般仅有一条是最为相关的。就上面的 Carston 例子而言,A 一般不会在记忆里提取(e)或(f)假设,而(b)或(d)假设就比较可及,而(b)较之(d)来说更为可及,故理应成为首选。在(b)语境里处理(a)命题理应产生最大的语境效果,得出的结论也应该是 B 所要表达的(c)意图。因此,最为可及的前提性假设,产生最为相关的逻辑推理。Sperber 和 Wilson 把相关的逻辑称作非琐碎(non-trivial,比如上面所举的"肯定前件"删除逻辑)性质推理,把不相关的推理当成是琐碎(trivial,比如上面所举的添加逻辑)性质的无谓逻辑增生,语用推理仅以非琐碎性质的推理为基础,或者说只有非琐碎逻辑才是语

用推理最为相关的基底。

上面提到的逻辑是演绎性质的,而语用逻辑比我们所想象的更为复杂。把复杂现象进行简化处理,似乎总是在某种程度上掺和着某种意义上的极端主义做法。在哲学领域,认识论往往只注意演绎和归纳两种知识方式,崇尚老庄哲学的 Givón(1989:424)指出,文化人类学往往偏向于极端普遍主义和极端相对主义,进化生物学往往仅分流成极端的拉马克继承主义(Lamarckism)和极端的变化选择论(mutatio-selectionism),人工智能研究似乎过分强调顶向下(演绎和串行)和底朝上(归纳和平行)两种信息处理方式,似乎很少有人刻意去考虑过更能反映事实真谛的折中做法。

纯演绎和纯归纳(即理性和经验两种知识方式)是典型的思维方式,而语用性的直觉推理(abductive inference)主要以假设、猜测、直觉、相关等为依据,通常把类比作为操作的基础。由于这是概率性质的推理(熊学亮,1995),因此在某种程度上不受推理形式的限制。Peirce(1940)在探讨符号三分(即 symbol、index 和 icon)现象时,也提到类似的直觉推理,我们可以这样说,Peirce 的方法论,在某种程度上,既是响应了康德的"第三种知识方式",也借用了亚里士多德曾提到过的那种中间项不确定的推理方法(apagoge)。虽然并无迹象表明 Wittgenstein 曾否定过演绎逻辑,但他提出的逻辑观点,比较接近语用事实。他认为,语用过程不是识别原子命题的真或假,而是知识从一个大脑向另一个大脑转移的过程。在交际过程中,全旧(冗余)或全新(不连贯)的知识,都是无用的,因为全旧知识在交际中不起作用,全新知识与信息接受者的知识没有复叠之处,因此无法结合处理。Sperber 和 Wilson 在论及语境效果时,虽然没有直接引用上述哲学大家的观点,但具体操作方法,正好与这些观点吻合。

比如,相关论把交际最佳相关看成是话语的语境效果和获得该效果所耗能源两者之间的最佳平衡,适度的信息处理可以加强原有假设、消除原有假设,或者与原有假设合并产生新的假设,语境效果就是这三种新、旧语境互动的结果。因此,相关并非最大话语相关,即越相关越好,而是最佳相关,即收支平衡后所获得的足够语境效果,或者说耗费等量信息处理努力去获得较多信息的效果。相关与话语解释共存,信息处理所耗费的努力,则以话语的复杂程度、语境的可及性、语境效果的计算方式等因素有关。这样一来,语言交际并无合作可言,只有相关性在起作用,故交际并不存在什么违背原则的情况,比如对隐喻、反语、诗歌等语言使用方式的误解,不是违反了什么原则,而是解释或理解方法不当。

在日常生活中,一般有两种逻辑现象。一种是我们意识到的显性逻辑推理(如进行数理逻辑运算),这种推理需要我们作出一定的努力,也耗费一定的时间;另一种是直觉式推理,这种推理的速度很快,似乎是一种无需耗费任何努力的无意识过程,故属于隐性推理范畴。在下面两种逻辑中,A是显性推理,B是隐性推理。

(7) A 　前提:All humans are fallible

Pat is a human

　　　结论:Pat is fallible

B 　前提:Pat has eaten three of the cakes

　　　结论:Pat hasn't eaten four of the cakes

B型推理的自动性和快速性还可以通过下面的例子来说明。假如听到有人说:"事故导致十人死亡",我们马上会推得"这些人死于事故",虽然话语里并没有类似暗示。而假如继续听到:"这些人在事故后被逮捕,并作为间谍被处死"的话,我们就不得不重新调整上述推理,以获得不同的结论。因此隐性推理一半依赖话语内容,一半依赖常识。这种推理一般是自动的、无意识的、无须刻意作出努力的思维过程。显性推理涉及到一系列大脑模型的激活和选择,以推翻假定的结论;而隐性推理仅依赖单一的大脑模型,这一模型的激活是受相关性控制的自然过程。显性推理的前提必须为真,结论也为真;而隐性推理所产生的结论,多半是策略性质的,因此从逻辑学的角度考虑有时是似乎是无效的。语用推理既包括显性推理,也包括隐性推理。

一提到逻辑,人们往往会注意显性推理,而倾向于忽视隐性推理。Pascal(1966:211)发现数学家很少凭直觉办事,而凭直觉办事的人则很少能成为数学家,因为数学家总是把直觉的东西用数学方法来处理,他们总是试图用原则来支持定义。由于原则和定义两者之间有质的差别,因此把两者混为一谈,就可能导致荒唐的结局。原则一般涉及到大脑的自然程序,人们似乎很少了解到这一点,直到人们开始设计计算机程序来模拟大脑以理解话语时,才发觉自然程序无所不在。

为了说明 B 型推理的操作基础,Reiter(1980)用[α(x):β(x)]→β(x)来概括语用推理 B,即:如果 α(x)语用蕴含 β(x),就可以推出 β,蕴含指的是认知性质的知识结构,而连接两项的基础是 γ 模型。现在我把 γ 补入,得:

$$[α→(γ...)→β]$$

这里[...]是缺损逻辑大框架,γ(...)是沟通前提和结论的知识项。类似现象表明,人在选择和处理相关信息时,不是受什么逻辑规则的控制,而是受了"大脑模型"(mental model)的影响。大脑模型是其真实世界对应物的心理表征,到底处于什么状态目前仍不十分清楚。比如在上述卡片实验里,虽然受试有寻找反证的可能,然而他们的推导过程多半仅与话语所激活的大脑模型有关,他们对更抽象或更间接的材料的推导的明显失误,是无法用逻辑公式来表述的,因为逻辑推导公式是与内容脱离开来的东西,而更能反映语用推理实际的大脑模型,必须依赖对内容敏感的原则,因此推出的内容,可能和纯逻辑公式推出的内容不一致。对于这一问题,Sperber 和 Wilson 用假设力度(assumption strength)和可及性(accessibility)两种度量方法,来衡量缺损知识项的归纳力度和相关程度。此外,Sperber 和 Wilson 把对假设的选择归属于"相关",意图是想排除非演绎因素。其实,"相关"所涉及的内容,略等于不易把握、属认知性质的知识(如常规关系、心理图式、心理框架等)。

语用推理当然涉及到对词语辨认、获得概念、运用演绎逻辑规则等方面,整个过程包括:(1) 信号感知(听到说话声或看到文字);(2) 语言解码(运用语法规则和词汇规则);(3) 假设识别;(4) 百科记忆中有关假设图式的建立;(5) 演绎推理和语用推理过程。(1)和(2)属输入部分,(3)-(5)属中央处理部分。语言解码通过词汇通道分别与百科通道和逻辑通道联系起来,然后通过演绎和直觉,推导出最为相关的假设而完成话语解释任务。然而就逻辑相关而言,Sperber 和 Wilson 认为,语用逻辑如果从 A 假设通过分析或综合逻辑处理可能推得 B、C、D 等假设,在特定场合最为相关的又是 B 假设的话,B 既可以作为最终结论,也可以作为下一轮(连续)推理的前提而进一步推得 E,故 A→B→E 构成语用推理系列。在此过程中,说话者假设可以去掉一些听话者的原有假设,可以改变听话者原有假设的力度,也可以改变听话者的认知环境,以产生语句的语境假设或含义。单个的假设或单个的语境不会产生类似含义。也就是说,只有P(命题)和C(语境)结合,才可能推得新一轮假设,使之再成为下一轮推理的语境C(n+1),P只有在C中才得以语境化。

语境含义是话语自身信息和(物理或认知)语境信息结合的产物,除去推理耗费,就等于话语的相关程度(Levinson,1989;Haegeman,1989),因此最佳相关是以语境含义与推理耗费之间的最佳比例为基础的。在任何交际过程里,交际者总可以迅速确立最为相关的假设,因为他有生物进化而来的迅速捕捉相关语境假设的能力。比如问:"今晚去看电影吗?"答:"明天我要考试。"由于这句话肯定是相关的(否则说这句话就没有意思),因此最为相关的语境肯定是"明天考试今晚要花时间准备,因此会与看电影冲突"假设,这是已经认知化了的经验或知识。

语用推理一般涉及三种大脑表征:(1)与自然语言符号系列对等的命题表征;(2)与世界结构成类比关系的大脑模型;(3)带特殊观点的大脑模型。感觉和处理第三种模型,会产生某种心理对应物或意象。Piaget 和 Johnson-Laird 的实验证明,(2)和(3)表征有时可以使语用推理不依赖逻辑规则,因而真正的临时语用推理是在无法论证的现象上寻找最佳解释的过程,在很大的程度上受到归纳逻辑、信仰和知识状态所构成的知识系列和策略系列的影响。论证推理虽是语用推理的基础,但无法代替语用推理。

四、语用逻辑相关的认知基本单元内部距离解释

对话语意义或意图的解释要依赖推理,这是不言而喻的。Morgan的短路说(1978)、Gordon 和 Lakoff (1975)的会话公设说、Fraser(1975)对封闭语境内施为句的解释、Searle (1975)的间接言语行为推理模式,都是有关语用推理的理论,但是这些理论似乎都未能解释语用推理的迅速性和自然性,未能充分揭示推理的认知性质。

前面曾经讨论过[α→(γ...)→β 语用推理模式,其中 γ 是隐性推理的中介"模型"(model)。所谓模型,指的是特定理论对现实世界具体或

抽象对应体在一定细节层次上的理想化模拟,最典型的恐怕要数认知基本单元"草案"(script)、"图式"(schema)、"框架"(frame)、"脚本"(scenario)等,这些都是认知心理学和人工智能所研究的对象,是知识的"原子结构"(knowledge atom)。我们可以以这些原子为基本单位,通过归纳逻辑(induction)、演绎逻辑(deduction)和直觉逻辑(abduction)的干预,产生情景模型(situational model)、情节模型(episodic model)和语境模型(contextual model)等规模更大的话语意义基础。而分解 γ 原子结构(如知识"电子"、"中子"、"核子"、"光子"、"胶子"、"夸克"等)并度量其内部构分彼此之间的距离,可以作为衡量语用推理程度的参考基数,我把这种情况比作"量子语用学"。

Panther 和 Thornburg(1998)认为,语用推理应以言语行为"脚本"为基础,是一种认知基本单元内的概念转喻过程(conceptual metonymies)。"脚本"是基本认知单元,其构件之间或构件和整体之间的转喻关系,可以构成语用推理的基础。

脚本性概念转喻可以分成"命题转喻"(指称式和谓语式)和"言语行为转喻"两种:

命题转喻:指称式 the White House→美国政府、白宫发言人、总统等。

谓语式 John was able to help→John helped.

言语行为转喻:I don't know where the bath soap is→

Where is the bath soap?

下面是一个"要求"(REQUEST)的"言语行为脚本":

(8)(i) The BEFORE:He can do A.

S wants H to do A.

(ii) The CORE:S puts H under a(more or less strong)obligation to do A.

The RESULT:H is under an obligation to do A(H must/should/ought to do A).

(iii) The AFTER:H will do A.

Panther & Thornburg 在这一脚本的上下两端,加上距离标示以及先设、动机和兑现三根线,构成了下面的脚本内部转喻力度图:

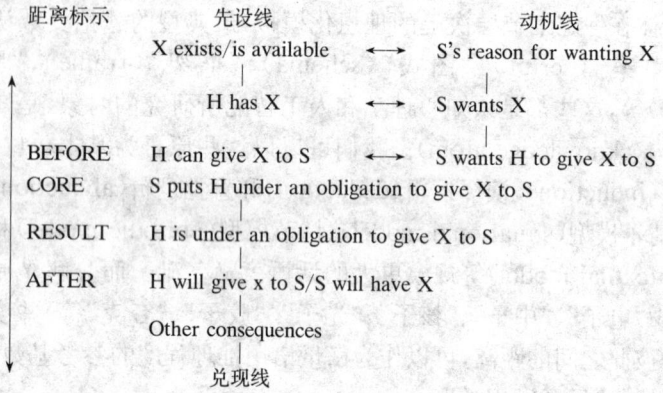

按照这张图,离 CORE 越近,推理就越容易。我们很容易从"Will you close the door?"推得"close the door"意思,是因为该问句的内容存在于脚本内部。而我们很难从"What's that smell?"推得"close the door",是因为前者已游离于 REQUEST 脚本之外,这可以用 Searle 的 PLEASE 来验证:

(9)* What's the smell, please?

也就是说,离 CORE 越近,转喻力越强,逻辑关系也就越是相关,反之亦然。比如 S wants X 比 X exists 更接近 CORE,因而其转喻力更强些。然而,一旦有语境暗示,或脚本内的构件在话语中被激活的数量超过一个以上,接近边缘的构件的转喻力,可能会超过更接近 CORE 的构件的转喻力。比如在下面这轮对话里(取自 The Bergen Corpus of London Teenage Language):

(10)......

1. A. See I wanna see Accidental Hero.

2. B. Please!

3. A. That looks good.

4. B. I know, but I mean, come on!

5. A. Well, what else is on actually?

6. B. There's the Jungle Book.

7. A. Yes!

8. B. We could take Warner.

9. A. No

先设线上的 There's ...（第 6 轮）比动机线上的 I wanna ...（第 1 轮）离 CORE 更远，但在此轮话语中却更为相关或更易推得"须买 Jungle Book"的含义，因为该轮话语的上下文中 There's ... 所涉及的内容提到一次以上，B 对 A 的影响也牵涉到 BEFORE 部分的内涵。因而脚本内各构件之间的关系以及构件和脚本整体之间的关系，构成自然推理的心理图式。

脚本理论，也可以用来解释联想（间接）回指现象（associative anaphora）（Mieville，1999），下例中 church→village 关系，是典型的联想回指现象。

(11) We arrived in a village. The church was closed.

那么如何来解释例（12）和例（13）中的不连贯现象呢？

(12) ＊We arrived in a village. （X）The candelabras of the altar were remarkable only for being absent.

(13) ＊We came into a village. （X）The stonework, of Roman origin, supported an entire structure.

（X）表示表层连贯中断部分，（12）句中的 X 可以是 The church was open.（13）句的 X 可以是 The walls revealed a rich past. Mieville（1999）借用 Lesniewsky 发展创造性质的"部分－整体逻辑"（Lesniewskian mereology）来解释上述现象：

$$(\lor P)(\lor Q)(P \epsilon pt \ast (Q)) \equiv \sim (\exists R)(P \epsilon pt (R) \land R \epsilon pt (Q))$$

注：∨ 指全称量词，ε 指从属关系，pt＊ 指特有部分，≡ 指逻辑等值，∼ 指否定，∃ 指存在量词，∧ 指包容性选言

上述逻辑式可读成：P 是 Q 的特有部分，且仅当 P 是 Q 的一部分而没有 R 这一成分，故 P 不是 R 的一部分 R 也不是 Q 的一部分。从另一个角度考虑，假如"pt＊"表示"特有"的概念，即使 P 是 Q 的特有部分，Q 是 R 的特有部分，P 也不可能是 R 的特有部分。这一现象可用下图的毗连层次概念来表示：

这是一个"西方脚本"，因为只有在西方基督教国家里，"村庄"最显著的部分才是"教堂"，以此类推。因此 S 和 R、R 和 Q 构成毗连层次，而 S

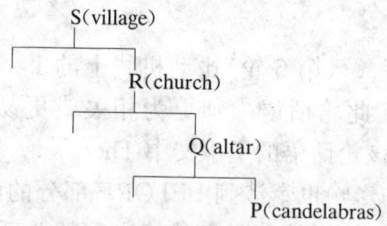

和 Q 不是毗连层次。以毗连层次展开的话语的连贯性，比不以毗连层次展开的话语的连贯性要高。下面(14)句是 S－R 句，连贯性强；而(15)句是 S－(P of)Q 句，连贯性弱。

(14) We arrived in a village. The church was closed.

(15) We arrived in a village. The candelabras of the altar were remarkable only for being absent.

前面讨论的言语行为脚本是序列结构(serial structure)λ，而"特有"关系是层次结构(hierarchical structure)μ。

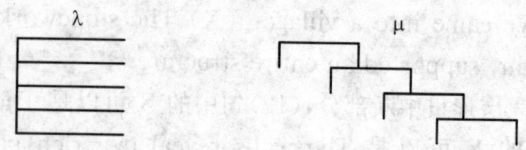

序列结构的中心构件居中，层次结构则以最上层单元为主，话语所激活的脚本构件与中心构件或最上层构件的接近程度(immediacy)与相关性成正比，可以用来解释话语连贯或相关的状态。

参考文献：

Carston, R. 1988. Language and Cognition. *Linguistics: the Cambridge Survey*, Vol. III. Cambridge: Cambridge University Press

Cole, P. 1975. The Synchronic and Diachronic Status of Conversational Implicature. *Syntax and Semantics*, Vol. 3. Academic Press. 257－88.

Fodor, J. A. 1985. *The Modularity of Mind*. Cambridge, Mass.: MIT Press.

Fraser, B. 1975. Hedged Performatives. *Syntax and Semantics*, Vol. 3. Academic Press. 187－210.

Fromkin, V. & R. Rodman. 1988. *An Introduction to Language*. Holt, Rinehart & Winston.

Givón, T. 1989. *Mind, Code and Context*. Hillsdale, N. J. : Lawrence Erlbaum Associates.

Gordon, G. & G. Lakoff. 1975. Conversational Postulates. *Syntax and Semantics*, Vol. 3. Academic Press. 83 - 106.

Grice, H. P. 1975. Logic and Conversation. In Cole P. & J. Morgan (eds.) *Syntax and Semantics*, Vol. 3. Academic Press. 41 - 58.

Haegeman, L. 1989. Be Going to and Will: a Pragmatic Approach. *Journal of Linguistics*, Vol. 25, No. 2.

Harrison, F. 1992. *Logic and Rational Thought*. West Publishing Company.

Horn, L. R. 1984. Toward a New Taxonomy for Pragmatic Inference: Q-based and R-based Implicature. In Deborah Schiffrin (ed.) *Georgetown Round Table on Languages and Linguistics*. Washington, DC: Georgetown University Press. 11 - 42.

Johnson-Laird, P. 1983. *Mental Models*. Cambridge, Mass. : Harvard University Press.

Levinson, S. 1988. Generalized Conversational Implicatures and the Semantics/ Pragmatics Interface. (MS) Cambridge: Cambridge University.

Levinson, S. 1989. A Review of Relevance. *Journal of Linguistics*, Vol. 25, No. 2.

Mey, J. 1993. *Pragmatics*. Blackwell, Oxford UK & Cambridge USA.

Mieville, D. 1999. Associative Anaphora; An Attempt at Formalisation. *Journal of Pragmatics*. 31. 327 - 337.

Morgan, J. L. 1978. Two Types of Convention in Indirect Speech Acts. *Syntax and Semantics*, Vol. 9. Academic Press. 261 - 280.

Panther, K. & L. Thornburg. 1998. A Cognitive Approach to Inferencing in Conversation. *Journal of Pragmatics*. 30. 755 - 769.

Pascal, B. 1966. Pensees. Translated by A. J. Krailsheimer, Harmondsworth. Middx: Penguin.

Peirce, C. S. 1940. *The Philosophy of Peirce*. In J. Buchler (ed.) N. Y. : Harcourt, Brace.

Reiter, R. 1980. A Logic for Default Reasoning. *Artificial Intelligence*. 13. 81 - 132.

Searle，John R. 1975. Indirect Speech Acts. In Cole & Morgan（eds.）*Syntax and Semantics*，3. Academic Press. 59 - 82.

Sperber，D. & D. Wilson. 1986. *Relevance: Communication and Cognition*. Cambridge，Massachusetts：Harvard University Press.

Sperber，D & D. Wilson 1995. *Relevance：Communication and Cognition*.（2nd ed.）Oxford：Blackwell.

Zegarac，V. 1999. *Apparently Rational Beliefs：Ideology and Ostensive-Inferential Communication*，ms.

熊学亮,1995,语言交际的概率逻辑分析,《外国语》第 2 期。

熊学亮,1999a,《英汉前指现象比较》,上海：复旦大学出版社。

熊学亮,1999b,《认知语用学概论》,上海：上海外语教育出版社。

（原载《现代外语》2000 年第 1 期）

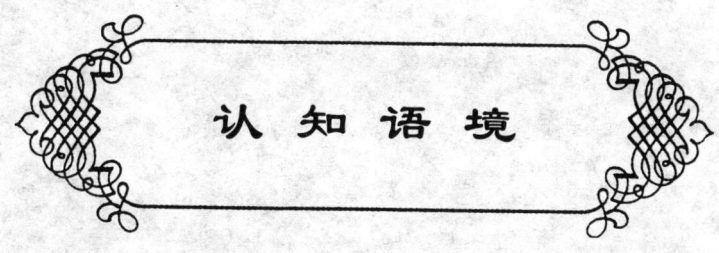

认 知 语 境

话语相关与认知语境

刘家荣

一、引　言

　　人是一个效率极高的信息处理系统。如果人所接收的信息是全新的，但与旧信息又有某种联系，那么它们的相互作用就会形成一种话语推导的前提和基础，从而引出更新的信息。当这种新信息的处理或加工能够带来这样的信息扩展和推进效果时，我们就称之为相关，携带这一信息的话语就是话语相关（Sperber & Wilson，1986）。

二、相关的条件

2.1　语境效果是构成相关的必要条件

　　一个话语片断，只有当它能够产生语境效果时，它才构成相关。同时相关又有程度之分，而相关程度与语境效果（contextual effect）成正比：语境效果越大，相关程度越高。话语理解不仅包括识别明白表达出来的假设，更为关键的是，听话人还必须弄明白这一组假设所产生的效果。这就是说，话语理解涉及在先期理解所形成的语境里，听话人必须明白新的假设所产生的语境效果。

2.2　语境效果的定义

　　什么是语境效果呢？简单地说，语境效果就是语境含义，它是新信息与旧信息相互作用的结果，并因此而形成新的语境。Sperber 和 Wilson 把这一切过程称之为语境化（contextualisation），通过这一过程，旧的语境不断地得到修正、充实和优化，形成更便于信息处理或话语推导的基础。从理论上讲,我们可以区分出三种话语中出现的新假设(即新信息)不产生语境效果的情况,它们是:1) 新信息与语境中的已知信息无任何联系;2) 新信息是语境中某一已知信息的重复;3) 新信息与语境相矛盾,而它的信息强度又不足以推翻已知假设。也就是说,该假设并不会在任何方面改变现存语境。必须指出,在上述三种情况中,所谓缺乏语境效果因而不具备话语相关,是就公开表达出来的假设(即字面意义)而言的。在现实的交际行为中,故意表达一个不相关的假设这一事实本身可能是高度相关的,例如它可以作为一种想改变话题的愿望方式,而这种愿望是相关的。在此情况下,相关可以通过表面上不相关的假设来实现,只要这种行为方式本身是相关的。

2.3　语境效果也是话语相关的充分条件

如前所述,语境效果是话语相关的必要条件,但它是否也是话语相关的充分条件呢? 我们不妨先看看下面的例子:

[1] Flag-seller：Would you like to buy a flag for the Royal National Lifeboat Institution?

Passer-by：No, thanks. I always spend my holidays with my sister in Birmingham.

在这段对话里,卖旗人请过路人买一面旗子,以表示对皇家国民海上救生组织的支持,遭到过路人的婉言拒绝。要理解过路人回答的相关性,听话人必须提供类似于[2]的一套假设,才能推导出类似于[3]的语境含义:

[2] (a) Birmingham is inland.

(b) The Royal National Lifeboat Institution is a charity.

(c) Buyinga flag is one way of subscribing to a charity.

(d) Someone who spends his holidays inland has no need of the services of the Royal National Lifeboat Institution.

(e) Someone who has no need of the services of a charity cannot be expected to subscribe to that charity.

[3] The passer-by cannot be expected to subscribe to the Royal National Lifeboat Institution.

很显然，如果听话人不能提供[2]的一组假设并推导出[3]的语境含义，就不会明白这一回答的相关性。反之，只要我们能够识别一个假设的语境效果，我们就能够判断该假设的相关性。因而，我们可以得出结论：在某一语境中的一个假设如果而且只要在该语境中具有语境效果，即被视为相关。语境效果是话语相关的必要条件，同时也是它的充分条件。

三、相 关 程 度

3.1 影响相关程度的两个因素

前面谈过，一个假设的语境效果越大，相关程度越高；反之亦然。但是语境效果并不是决定相关程度的唯一因素。语境效果是通过听话人对信息的加工处理而获得的，而信息加工需要消耗时间和精力。在其他条件等同的情况下，加工和处理一个假设或一个信息所消耗的时间和精力越多，相关性越小；反之越大。它是一个负面因素。

这样看来，相关是一个弹性概念。在正常交际活动当中，绝对不相关的言语几乎没有（参见 Grice,1957），相关只是程度的问题。对于相关程度的评价，就像对于生产效益的评价一样，是投入与产出、成本与收益的平衡。在这里，就是语境效果与所耗时间与精力的平衡。相关程度与语境效果成正比，与所耗时间与精力成反比。

3.2 最佳相关原则

一般认为，强度高的假设具有较大的语境效果。一个假设的强度取决于下列两个因素：1) 该假设或该信息在过去的语境中经历过的加工和处理次数；2) 从记忆中易提取的程度。同理，对信息的加工时间也是可以预测的。在同一语境中加工和处理较多的信息，或在更大的语境中加工和处理同样多的信息，所需的精力和时间就多。尽管语境效果和加工时间从正负两个方向制约话语的相关性，但使话语引起听者/读者关注和处理加工的并不是最大相关性（即以最少的精力和加工时间得到最大的认知效果）。为了澄清这一可能的误解，相关理论提出了最佳相关原则（即以最少的精力和加工时间得到足够的认知效果（Carston,1988））。如果话语既能产生足够的语境效果,又只需为此付出最小的努力,那它就具有了最佳相关性,在正常交际行为中,任何话语理解都必须符合这条最佳相关原则。

四、语境的选择和延伸

4.1 语境要素

话语理解中语境的重要性是不言而喻的(参见 Sadock,1978;Fillmore,1977;Firth,1957;Lyons,1977)。然而什么是语境,不同的语言学家有不同的理解(参见 Firth,1957;Hymes,1962;Lewis,1982)。但是,就话语理解而言,下面三个方面的内容应成为语境要素,语言学家之间对此似乎没有分歧:

1) 上下文,即在话语推进过程中明白表达出来的一组假设。
2) 会话含义(conversational implicature),即用语用原则推导出来的一组假设。
3) 百科知识,即涉及到上述两类假设中相关概念的知识或经验。

一般认为语境是在理解过程之前就已经给定的。Sperber 和 Wilson 则认为,语境是选定的,而不是给定的。也就是说,语境不是(至少不完全是)说话人通过话语而预先设定的,而是听话人的一个重新构建。对每一则新信息而言,从各种渠道(长期记忆、短期记忆或工作记忆、感知意象)来的许多组不同的假设都可能成为潜在的语境成分,但不一定都能成为最终的语境成分。因为不同的个体会因为贮存在记忆中的百科知识的组织方式和当时当地的心智活动(mental activity)而限制他的选择范围。有时候一则百科知识无需推导或运算,即刻就能直接从记忆中提取,有时则需几步运算和推导才能到达。每一步新的运算都意味着语境的延伸。如果运算太多,延伸过长,则该信息实际上不可能获取。

4.2 语境的延伸

在话语理解过程中,经常需要延伸语境来发现相关。延伸语境有三种方法:1) 回顾过去,利用过去曾经使用过或已经推导出来的结论或假设;2) 将相关概念的百科知识加入语境;3) 将直接从现场情景中获得的信息加入语境。这样看来,话语理解所需要的语境应由下列因素构成:

1) 演绎装置中的记忆内容,即已经经过逻辑推理而获得的结论或假设。

2) 具有综合目的或用途的短期记忆内容。

3) 有关世界的百科知识。

4) 可以从场景中直接获取的信息。

但是,这些因素决定的是一个语境范围而不是特定语境。那么,怎样从这一范围中选出所需的特定语境呢? Sperber 和 Wilson 认为:特定语境的选择是通过寻求相关来实现的。

每一运算或推导过程结束时,听话人就有了一组可获取的语境,它们呈有序排列。每一语境(除初始语境之外)包括一个或多个更小的语境;同时,每一语境(除最大语境之外)又被包含在一个或多个更大的语境之中。这种形式上的包含关系有着心理学上的基础:包含关系与可获取顺序对应。初始语境是直接给定的,只包含初始语境作为次语境的语境只需一步运算,因而是最易获取的语境。含有初始语境和最小延伸语境作为次语境的语境只需两步运算,因而是第二最易获取的语境。与语境中的信息处理一样,获取或构建一个语境也需要花费精力,不易获取或构建的语境,需要花费更多精力;反之亦然。

4.3 相关语境

设想有一个新的假设 A。在某一特定的时刻,在听话人可能获取的语境中,A 可能在所有或部分语境中相关,或在所有语境中都不相关,这取决于这些语境是否已经包含了 A 的一个实例,以及新的实例的相对强度。我们可以区分出六种情况,其中 A 的出现可能相关,也可能不相关:

1) A 以最大强度已被包含在初始语境之中,那么,A 的一个新的实例在这一语境中是不相关的,并在所有其他可获得的语境中都不相关,因为它们都包含着初始语境。

2) A 不包含在所有可获取的语境中,而且在所有可获取的语境中不产生语境效果。因此,A 在所有这些语境中都不相关,因而也无需延伸初始语境以寻求相关。

3) A 包含在初始语境和所有可获取的语境当中,但却是以低于最大强度的面目出现的,那么通过一个新的实例增加 A 的强度就保证了 A 在所有这些语境中的相关性。在这种情况下语境的延伸就具有了正当的理由,即只要在延伸的语境中能产生大于在初始语境中的语境效果。

4) A 不包含在所有可获取的语境中,但在初始语境中有某些语境含义。那么在所有仍然保有这种含义的语境中,A 被视为相关。在这里,语境的延伸是必要的,只要这种延伸能获得更大的语境效果,而又不致导致消耗过多的精力或运算成本。

5) A 并不直接或间接包含在所有这些语境之中,在初始语境中也不产生语境效果,只在初始语境的延伸中有某种语境效果。那么,A 在某些可获取的语境中相关。在这种情况下,语境的延伸是相关的先决条件。延伸应遵循 3)、4)原则进行。

6) A 不包含或只间接包含在初始语境之中,但以最大强度包含在可获取的较大语境之中,那么,A 作为一种提示(reminder)在这些语境中相关。

在正常交际活动中,听话人总是下意识地追求一个假设的最佳相关性,并因此而影响他的认知行为。要取得最佳相关,就要选择一个最佳语境,即能使所付精力和所得效果达到最佳平衡的语境。当达到这样的平衡时,我们就说这个假设得到了优化处理。

五、环境刺激与相关性

任一现象都表示一组假设,但实际上人们并不是对每一个现象都作出积极的反应,都会去构建该现象所明示的或暗示的假设。例如在正常情况下,房间里总是会有某种气味的,但一般不会引起注意,不会作信息处理以推导出一个新的假设;但如果房间里出现了煤气味道,人们一般都会构建类似于[4]和[5]的假设:

[4] There is a smell of gas.

[5] There is gas leak somewhere in the house.

而不大可能去构建类似于[6]的假设:

[6] The gas company is not on strike.

　　人们为什么会作出某些假设而不是另外一些假设呢？这首先是因为生存的需要。例如，在我们的听觉器官可以感知的范围内，有些会自动地引起我们的关注，如突发的巨大响声。这是自然选择的结果，带有本能的性质。另外一些则是经验和学习的结果，如婴儿的啼哭，哪怕非常微弱，也会引起父母的注意。感觉器官这种自动过滤作用，是一种阐释机制，目的在于使认知效率最大化。环境刺激是纯粹的物理或自然现象，它的最大特点是无动机、无目的、无功利、无价值判断，它的相关与否完全取决于它所明示的一个或多个假设与当事人是否相关。相反，在正常交际行为当中，言语刺激的相关性是任一话语行为的先决条件。为了实现交际意图，说话人会在若干手段中进行选择，他会排除成本太大的交际形式；同时他也会排除令人反感的交际形式（例如不使用因特定文化而形成的塔布语）。从听话人的角度讲，他总是希望说话人选择最相关的话语。在这里，说话人和听话人的利益是一致的，相关以及这种相关意图的表达是交际双方共同关心的问题。

六、结 束 语

　　话语相关在 Grice 的理论模型中是以说话人为出发点的，并表现为合作原则的一个次则（Grice，1975）。后来在 Leech、Levinson、Atlas 和 Horn 等人的研究中，相关的概念得到了进一步的充实和发展，它在合作原则中的地位也得到了提高和加强。但在所有这些理论模型当中，话语相关的概念都以说话人为基础，而且大都没有超出语用学和交际学的范畴。在这一点上，Sperber 和 Wilson 的研究具有开创性意义：其一它把出发点从说话人移到了听话人，从话语理解的角度来阐述相关的概念；其二是把关照对象从语用学移到了认识论和心理学的范畴。这为相关理论的研究开辟了一个新的领域和提供了方法论基础，因而前景是光明的。

参考文献：

Leech，G. N. 1983. *Principles of Pragmatics*. London：Longman Group Limited.

Sperber, D. & D. Wilson. 1986. *Relevance: Communication and Cognition*. Cambridge, Mass.：Harvard University Press.

张绍杰,1995,会话隐涵理论的新发展,《外语教学与研究》第 1 期。

张亚非,1992,关联理论评述,《外语教学与研究》第 3 期。

（原载《外国语》1997 年第 3 期）

认知语境的建构性探讨*

黄华新　胡　霞

认知语用学的基础是关联理论,而"关联是一个依赖语境的概念"(苗兴伟,2001:134),因此,关联理论的语境观便成了认知语用学研究的焦点。这种语境观有别于传统的语境概念,是一种认知语境(cognitive context)观。它从认知的角度来研究语境,是"语境研究的新思路"(彭建武,2000)。王建华等(2002:65)提出:"对语境性质的探讨,实际上便是语境理论研究深化的一个表征。"他们把语境的性质归纳为:现实性、整体性、动态性、差异性和规律性。认知语境作为语境研究的特殊视角,理应具有自身的特性。本文拟从认知语境的建构性出发,在前人已有成果的基础上对认知语境作进一步探讨。

一、认知语境是心理建构体

Sperber 和 Wilson 在其著作 *Relevance*: *Communication & Cognition* 中明确提出从认知的角度来研究语境,并且定义了"认知环境"(cognitive environment)的概念。他们认为:"一个人总的认知环境是他所明白的一系列能感知并推断的事实构成的集合:这所有的事实对于他来说是显明的。一个人的总认知环境是由他的认知能力和其所处的物理环境所决定的"(Sperber & Wilson,2001:39)。他们突破了传统的语境概念,提出了一个新的语境观,他们说:"语境是一个心理建构体(psychological construct),是听者关于世界假设的子集。正是这些假设,

---

* 本文为教育部人文社科"十五"规划专项任务"描述语用学"阶段性成果之一,编号01JD740002。衷心感谢匿名评审专家对本文初稿所提出的宝贵意见,错漏之处概由笔者自负。

而非实际的客观世界，制约了话语的解释"(ibid.：15)。虽然他们在著作中并没有十分明确地提出认知语境的概念，但从这里可以看出，他们所说的认知环境和语境，在一定意义上来说，就是我们今天所认同的认知语境。这一语境观受到了国内外众多学者的广泛关注。如 Franscico Yus (1998：307)在"A Decade of Relevance Theory"一文中阐述"语境的重要性"时说："Sperber 和 Wilson 反对把语境描述成在交际过程中预先进入对话双方的独立实体，他们提出了一个更为动态的语境观，在交际过程中，为了选择正确的解释，语境必须作为一个建构体被建构和发展。"何自然等(2001：53)也认为："关联理论的语境观不同于人们对语境的传统认识，语境被视为一个心理结构体。"传统语境被认为是给定的，但从认知的角度来看，"语境不是，至少不完全是说话人通过话语而预先设定的，而是听话人的一个重新构建"(刘家荣，2001：150)。所谓建构体或结构体(construct)，心理学上又称构念，阿瑟·S·雷伯(1996：172)说："每当一个人在几个物体和事件之间建立起关系时，实质上他在推断一个构念。在通常的用法中，它的涵义是一种假设的构念，即该过程不是事实上可观察的或客观上可测量的，而是假定存在着的。"认知语境植根于人类的心理，作为一个心理建构体，它与心理学上所说的建构有诸多相似。完形心理学(格式塔心理学)认为，客观世界的任何事物都需经过人的知觉活动的积极建构而成为经验中的整体。例如，面对长城，我们知觉到的不是一块砖、一抔土，也不是砖土的简单堆砌，而是中国人民用智慧和汗水构筑起来的一个统一整体——象征中华民族的伟大建筑。这个整体的完形不仅仅是指客观的形，它还是经验中的结构对客观之形进行组织建构的一种动态过程和结果。所有建构主义者的理论要点是把知觉经验看作不只是对刺激的直接反应，而是以假设的认知和情感的操作为基础的精炼和"构造"(阿瑟·S·雷伯，1996：172－173)。随着认知心理学的兴起，知觉被看作一种主动的和富有选择性的构造过程(参看王甦、汪安圣，2001：31)，过去的知识经验主要是以假设、期望或图式的形式在知觉中起作用的。……知觉因而是以假设为纽带的现实刺激信息和记忆信息相结合的再造(王甦、汪安圣，2001：35－36)。认知语境作为一个心理建构体与心理学上的建构一样，都强调了主体基于原有的知识和经验对新信息的意义的建构，它是新输入的环境信息与大脑中的已有信息相互作用、相互整合而"凸现"的结果。从外部世界输入的或可感知的当前信息，从记忆中所提出的经验信息，以及两种信息中所推导出来的新信息，它们以语境假设的形式构成了话语理解的潜在认知语境。因此说，认知语境并非凭空自生，也非交际双方大脑中所固有，而是交际者基于生活的经验，在对当前外部信息的感知、整理与记忆的基础上形成的。记忆中的经验信息与当前的外部输入信息（或可感知信息）是认知语境的外在源泉，正是因为这两种信息的存在，保证了主体对客体的主观建构具有了一定的客观性，离开了这二者，认知语境也就成了无源之水，无本之木。

二、认知语境的建构基础

认知语境作为一个心理建构体，其构成因素自然也是众多学者研究的对象，而这些构成因素则是认知语境得以建构的基础。从目前的研究来看，对认知语境构成因素的分析比较典型的有：Sperber 和 Wilson (2001：39)以及何自然(1998：126)均认为认知语境由三种信息组成：逻辑信息、百科信息和词语信息；熊学亮(2001：177)在其单向语境推导模式中所分析的认知语境则涉及到情景知识(具体场合)、语言上下文(工作记忆)和背景知识(知识结构)。根据 Sperber 和 Wilson 当初对认知环境的定义以及有关学者对其构成因素的分析，我们认为，认知语境建构的基础是交际话语的物理环境、交际者的经验知识以及个人的认知能力。其中物理环境和经验知识是认知语境建构的物质基础，它们犹如建造一座大厦所需的砖瓦和钢筋等建筑材料。物理环境包括当前的输入信息"抽象语句"(周礼全，1994：11)和当前可感知的时空因素等，这些来自于外界的刺激组合而成某种刺激结构即模式，诸如"物体、图像、字符、语音等"(王甦、汪安圣，2001：47)。它具有一定的客观性；而经验知识带有一定的主观性，它是以图式的方式存在于大脑中的认知结构和知识单位，它们一旦被当前的物理环境所激活，就形成了理解当前话语的语境假设，能否被激活则取决于个人的认知能力，取决于个人对当前模式的识别，"模式识别是人的一种基本的认知能力或智能"(王甦、汪安圣，2001：47)。当个人能够确认他所识别的模式时，就会从经验知识中寻找与其相匹配的图式，建构一系列语境假设作为推理的前提。从这一点来说，逻辑推理也是个人必须的认知能力。因此,认知能力主要表现为模式识别和逻辑推理,它们是从客观物理环境通向主观经验知识的一座桥梁。我们试引用Levinson(2001:104)的一个例子作分析:

(1) A: Let's get the kids something.

B: Okay, but I veto I-C-E-C-R-E-A-M-S.

在 A、B 的对话中,来自于物理环境的可感知信息为"孩子在场"和对话者所发出的抽象语句即语音模式,因此要建构一个理解 B 所说的"but I veto I-C-E-C-R-E-A-M-S"认知语境,就必须识别当前"孩子在场"这一场景模式和语音模式"but I veto I-C-E-C-R-E-A-M-S",尤其是"I-C-E-C-R-E-A-M-S"的识别在此非常关键。通过对场景模式和语音模式的识别,激活了听者大脑中关于"孩子吃冰淇淋"的图式结构:如孩子拿起小勺,把冰淇淋一半送到嘴里,同时一半滴在地板上,如此反复,直到孩子吃得肚子疼痛,等等,从而推理得出 B 向 A 传达的意思是 B 避免在孩子在场时直接提及 ice-cream 的要求,以免孩子听到后会向父母提出关于 ice-cream 的要求。B 所说的话也正是利用了孩子在此不能识别 I-C-E-C-R-E-A-M-S 这一语音模式,从而不具备建构所需认知语境的认知能力。因此说,物理环境如果不能被识别,不能激活交际者的图式结构,就会永远游离于交际者的认知语境之外,交际者也就无从建构其认知语境。

交际话语的物理环境、交际者的经验知识与个人的认知能力三个方面共同决定着认知语境的最终建构。正如 Sperber 和 Wilson(2001:38)所说:

我们并不能建构同样的心理表征,因为一方面我们狭义上的物理环境不同,另一方面,我们的认知能力不同……人们说不同的语言,掌握了不同的概念、结果,人们能够建构不同的心理表征并做出不同的推理。他们也有不同的记忆,不同的推测,以不同的方式与他们的经验相关。因此,即使他们都共享同样的狭义上的物理环境,但我们所称之的'认知环境'仍然是不同的。

尽管我们对认知语境建构的基础作了分析,但在话语交际中,我们最终所建构的认知语境是以语境整体的形式在交际中发挥作用的,这个语境整体是其各部分的有机组合,而非简单相加。认知语境与世界上的其他每一事物一样,固然有其组成部分,但我们又必须看到,这些组成部分是依赖于认知语境这个整体而存在的。没有游离于整体的部分,也没有失去部分的整体。由于受原子主义方法论的影响,以前的语境研究大多采取分析的方法,语境被分割为若干相互独立的部分,以至于造成了只见树木、不见森林的状况。单独的分析与综合无益于科学的研究,只有通过分析与综合的统一才能达到对事物正确而全面的认识。对认知语境的认识尤为如此。分析与综合的统一一直是辩证思维的重要方法,分析离不开综合,综合也离不开分析。分析是整体的分析,整体是分析的整体;分析必须以综合为指导和归宿,而综合则必须以分析为基础(金顺福,2003:284)。我们应用分析↔综合的方法,在对认知语境的建构基础进行分析的前提下,通过综合把其中各个组成部分的知识联结起来,以获得关于认知语境的全面而深刻的整体性知识,从而最终认识认知语境的内在本质。正如郭贵春(2002:149)所说,我们应当“从整体论的视角出发,在多元性因素的相互关系中展示和把握意义的运动”。

三、认知语境的建构视角

认知语境的建构必须由认知主体来完成,所谓认知主体包括听者和说者。语用学的“主体”是一个具有构造性的概念,或者说是一个被构造出来的东西(盛晓明,2000:12),这里所说的“构造”就是指认知主体对语境的建构,只有这样,才能实现说者和听者之间的交往和理解。人在认知语境的建构过程中居于核心地位,很多学者在研究语境的时候也看到了这一点。例如 Mey(2001:40)提出了以“语言使用者为指向”(user-oriented)的语境观;Verschueren(2000:76)把语言的表达者和解释者置于语境框架的中心。人们开始把目光聚集在符号的使用者身上,语用学最终回到了莫里斯所下的初始定义:“关于指号和它的解释者(即使用者)之间的关系的研究”(周礼全,1994:22)。由于人在认知语境的建构过程中起着核心作用,那么以人为视点,就形成了三个不同的建构视角:主体性、主体间性、主客体间性。

认知语境建构的主体性是指认知主体从自己的信念、态度、知识等出发建构认知语境。例如当 Thatcher 说出“I always treat other people's money as if it were my own”(Wilson,1994:39),可能被解释为隐含非常细心或粗心,这要取决于认知主体 Thatcher 对待自己金钱的方式。认知语境因人而异,作为人们所明白的一系列能感知并推断的事实或假设的集合,话语会随着听话人的假设朝不同的方向扩充。面对郑板桥的"难得糊涂",豁达者作与世无争的注解,精明者为偶有失误解嘲,治国者监大事而略小节,治家者和家庭而息事端,涉世者知人至察则无徒,无世者哺糟啜粕随波逐流,皆为之"难得糊涂"(冯文华、张俊芳,2003:249);正所谓"骋无穷之路,饮不竭之泉"!人具有认知的潜能,不同的认知主体,具有不同的身份、阅历、信念、态度、知识等等,这使得每个人所建构的认知语境极富个性,在现实生活中产生了一句话百样说的多彩局面。相传有几位不同身份的人在开封相国寺分别写下了几首不同的"酒、色、财、气"诗。宋朝佛印和尚曾即兴挥毫:

(2) 酒色财气四堵墙,人人都往墙里藏;

若能跳出墙垛外,不活百岁寿也长。

后来时任宋朝宰相的王安石则从另一个角度尽情发挥:

(3) 世上无酒不成礼,人间无色路人稀;

民为富财才发奋,国有朝气方生机。

佛印和尚身为出家人,根据自己的知识、经验及信仰,从佛家的清规戒律出发,对"酒色财气"的消极面作出描绘,从而对之持否定态度;而王安石作为一位推行新法的宋朝宰相,赋予"酒色财气"以积极色彩,从而对之持肯定态度,显示了一个政治家积极进取的思想境界(彭漪涟,2001:360-361)。不同的认知主体立足于当下的建构基础,对同一客观对象进行了不同的分析,从而建构了不同的认知语境。

认知语境建构的主体间性是指认知主体从主体之间的关系即听者与说者之间的关系出发建构认知语境。主体间性在话语交际中具体表现为说者和听者之间的关系,每一个说者都隐含着一个或多个听者,这样一来,"语用学所谓的'主体性'一开始就意味着一种'主体间性'"(盛晓明,2000:12)。认知主体如果从不同的主体间性出发,则会建构不同的认知语境,例如下面是一位母亲和其六岁女儿的对话(杨吉春,2001):

(4) 母亲:(下班回到家,躺倒在沙发上)吴洋,倒杯水给我。

女儿:(正在看电视)自己倒。

母亲:唉,小宝宝口渴了,也没人倒点水来喝喝。

女儿：（马上站起来拿杯子）噢，小宝宝，你口渴啦！妈妈马上倒
　　　水给你喝啊！

在第一话轮中，当母亲从恒定的、传统的母女关系出发，以母亲的身份命令女儿倒水时，激活了女儿大脑中原有的"母亲倒水"图式，由此女儿所建构的认知语境是：母亲是大人，母亲应该自己倒水；在第二话轮中，母亲一反传统的、恒定的母女关系，建构了一个临时的、新型的母女关系。母亲以"小宝宝"自称，恳求"母亲"（女儿）倒水，这同样激活了女儿大脑中的"母亲倒水"图式，但此时所建构的认知语境则为：母亲是"小宝宝"，小宝宝应该由"母亲"倒水，这时女儿义不容辞地充当了"母亲"的角色。

主体之间的关系制约着主体之间对认知语境的建构，从而影响交际效果。为了建构一个新型的有利于交际的认知语境，说者有必要设计好自己的发话，积极主动地为听者创造一个建构认知语境的条件，以形成一个良好的主体间性。例如著名教育工作者曲啸先生曾应邀为某市的少管所犯人演说，面对我们与犯人这样一种尴尬的关系，他确定了一个别开生面的称呼："触犯了国家法律的年轻朋友们"，这样一来，改变了主体之间的尴尬关系，激活了听者的"朋友图式"，从而使得听者得以建构新型的认知语境。

认知语境建构的主客体间性是指认知主体从主体自身与当前客观的物理环境之间的关系出发建构认知语境。尽管我们说认知语境是一种已经内在化了的语用知识，熊学亮（2001b：114）的"暗室实验"已经说明了此问题，但主体对自身与当前环境之间关系的识别是其客观环境内在化的前提，没有对这一关系的识别，或对这一关系的识别产生了误差，那么主体的内在化语用知识就无从激活或激活错误，从而导致所建构的认知语境产生巨大的差异，甚至相悖，以致酿成悲剧。例如有名的"曹操杀吕伯奢家"便是一例。

（5）二人（操与宫）潜步入草堂后，但闻人语曰："缚而杀之，何如？"操
　　曰："是矣！今若不先下手，必遭擒获。"遂与宫拔剑直入，不问男
　　女，皆杀之，一连杀死八口。搜至厨下，却见缚一猪欲杀。（《三
　　国演义》第四回）[1]

---

[1]　详见 http://www.guoxue.com/mingqingstory/sgyy/SGYY_004.htm

说者所建构的认知语境是基于这样一个事实关系：在当前家中良好的氛围里，来者便是客，在有客人到来的客观环境里，自己则是主人。有朋自远方来，应当盛情款待，杀猪待客便是一种较好的方式，"之"代指猪，因此"缚而杀之"；而听者是逃亡之人，如惊弓之鸟，当听到"缚而杀之"，他从自己在当前的客观环境中是逃犯出发来建构认知语境，从而推理得出"之"代指本人。由于主体对自己与所置身的客观环境之间的关系识别不同，从而导致各自所建构的认知语境不同。客观环境时时刻刻都在变动之中，如时间、场景等等，随时都会改变主体与客观环境之间的关系。例如学生 A 和 B 在自习课上的谈话：

（6）A：昨晚的《笑傲江湖》演到哪儿了，我家后来停电了。

B：这道题怎么做啊？

原来，老师突然来到了他们面前，学生 B 即刻识别了当前客观环境中的新输入刺激，从自己在当前的场景中是一名学生出发，重新调整并建构了新的认知语境，而 B 如果没有重新识别这种关系，则会对 A 的话无从理解，即使他有关于在老师面前不能谈论电视剧的语用知识也无法建构新的认知语境。因此，尽管我们强调已经认知化了的语用知识，但主体还是不能忽略自己当前所处的客观环境，必须考虑到主客体间的关系来建构认知语境。如果完全撇开变化的客观环境，上述对话是无法理解的。

四、认知语境的建构过程

认知语境的建构过程是指认知主体通过自己的认知能力，根据对当前物理环境的模式识别，运用已有图式结构中的知识形成语境假设的过程，它包括模式识别、图式激活、知识选择和假设形成四个阶段。例如2004 年元宵节前夜，A、C 为 B 的学生，其中 C 已毕业在某一高校当教师，回老家一直未归。A 和 B 的对话如下：

（7）A：C 什么时候回来啊？

B：可能过了中秋节回来吧。

A：噢。

A 明白 B（本来）是说，C 可能过了元宵节（并非七八个月之后的中秋节)回来,但 A 没有纠正 B 的话,因为 B 是 A 的老师,而且 A 确信自己的理解是正确的。A 能够识别 B 话语的语音模式、当前的时间模式(元宵节将至,元宵过后不久将开学)和 C 的工作模式,由此激活 A 大脑中的相关图式结构有:C 的角色图式、元宵节图式、回来图式。"我们把图式概括为过去经验的知识集合,这些经验被组织成有关的知识块并且在熟悉的情境中被用来指导我们的行为"(Hiroko,1999:755)。A 所激活的图式结构有如下知识内容:

C 的角色图式:C 是教师;C 有寒暑假;C 开学后要按时上班;……

元宵节图式:元宵节是正月十五;元宵节要吃汤圆;元宵节要舞龙灯;……

回来图式:从另一地到说话地,出发时间,到达时间,路上使用的交通工具,……

一个图式包含很多知识,每次参与建构认知语境的知识并形成语境假设的并非是一个人知识或经验的全部,"一切有可能形成语境的主客观因素,若失去了和言语交际的联系,便丧失了充当语境的条件"(刘焕辉,1992:441)。主体在建构认知语境的过程中,根据相关性来选择与话语有关的知识作为语境假设,无关的知识则被忽略,理解话语实际上就是对该话语的认知过程,Giunchiglia(1993:345,转引自 Paolo,2003)说:"就某种意义上而言,人们广泛地认同许多认知过程是由语境决定的,认知过程取决于一个由环境或语境组成的变量集合,推理通常是基于全部知识库的子集而完成的,我们决不会考虑我们知道的所有知识,而仅仅是一个非常小的子集,这是我们基本的直觉知识。"A 在对图式激活后的知识进行选择后,形成了自己的语境假设:

元宵节将至;

快开学了;

C 必须回来上班;

C 不可能在老家直到中秋节。

由此而建构的认知语境作为推理的前提,便可得出结论:并非 C 可能过了中秋节回来,而是 C 过了元宵节回来。

对于认知语境的建构过程,我们可以用下图来表示:

模式识别激活了 n 个图式之后,有可能不会马上进行知识选择,而是

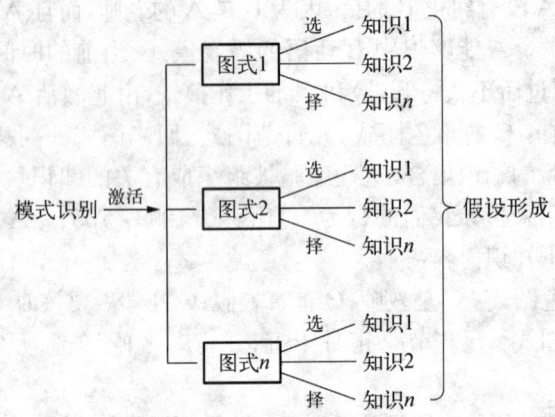

由这 n 个图式又激活 n'个图式再进行知识选择。因此,从认知语境的建构过程来看,日常交际中的每一次简单对话似乎都需要涉及许多认知运作程序,而事实上,交际双方对这些复杂的过程却没有直接的知觉,认知语境实际上是一种"缺省语境"(黄华新、胡霞,2004),这种缺省是人们通常情况下的默认与规约。"当有人叫我们思考一个句子,其语境未受到具体说明时,我们将会自动地在我们经常遇到的这种语境中听这个句子"(Fish,1980:310,引自 Varol,2000)。这是一种自觉的无意识的行为,"拉可夫认为,在对话的瞬间时刻,我们不可能这么快地通过意识知觉来接受并处理这样复杂的程序。因此,这样的处理程序是隐藏在认知意识之下的,我们的思维依赖于这种无意识的模型"(蔡曙山,2003:37-39)。然而这种无意识并非从天而降,它是人们在多次甚至是无数次重复某一意识过程之后形成的心理行为模式,如有经验的驾驶员看见红灯紧急刹车。也就是说,无意识之前有一个有意识的过程,正是存在这样一个有意识的过程,为我们对认知语境的建构和解构提供了可能。

参考文献:

Franscico, Y. R. 1998. A Decade of Relevance Theory. *Journal of Pragmatics*. 30. 305-345.

Hiroko, Nishida. 1999. A Cognitive Approach to Intercultural Communication

Based on Schema Theory. *Int. J. Intercultural Relations*. 23，5. 753 - 777.

Levinson，S. C. 2001. *Pragmatics*. Beijing：Foreign Language Teaching and Research Press.

Mey，J. L. 2001. *Pragmatics：An Introduction*. Beijing：Foreign Language Teaching and Research Press.

Paolo Bouquet，et al. 2003. Theories and Uses of Context in Knowledge Representation and Reasoning. *Journal of Pragmatics*. 35. 455 - 484.

Sperber，D & D. Wilson. 2001. *Relevance：Communication and Cognition*. Beijing：Foreign Language Teaching and Research Press.

Varol，A. 2000. Rethinking Context as a Social Construct. *Journal of Pragmatics*. 32. 743 - 759.

Verschueren，J. 2000. *Understanding Pragmatics*. Beijing：Foreign Language Teaching and Research Press.

Wilson. D. 1994. Relevance and Understanding. In G. Brown，K. Malmakjaer，A. Pollitt & J. Williams（eds.）*Language and Understanding*. Oxford：Oxford University Press.

阿瑟·S·雷伯,1996,《心理学词典》,李伯黍等译,上海：上海译文出版社。

蔡曙山,2003,经验在认知中的作用,《科学中国人》第 12 期,37 - 39。

冯文华、张俊芳,2003,理解生成方法析,《社会科学战线》第 6 期,248 - 250。

郭贵春,2002,《语境与后现代科学析学的发展》,北京：科学出版社。

何自然,1998,《语用学与英语学习》,上海：上海外语教育出版社。

何自然、冉永平,2001,关联理论——认知语用学基础,见《语用与认知》,北京：外语教学与研究出版社。

黄华新、胡　霞,2004,缺省推理：认知语境的功能实现,《信阳师范学院学报（哲社版）》第 2 期。

金顺福,2003,《辩证逻辑》,北京：中国社会出版社。

刘焕辉,1992,语境与语言交际,见《语境研究论文集》,北京：北京语言学院出版社。

刘家荣,2001,话语相关与认知语境,见《语用与认知》,北京：外语教学与研究出版社。

彭建武,2000,语境研究的新思路——认知语境,《山东科技大学学报（社会科学版）》第 1 期。

彭漪涟,2001,古诗词逻辑趣谈,上海：上海人民出版社。

盛晓明,2000,《话语规则与知识基础》,上海：学林出版社。

王建华、周明强、盛爱萍,2002,《现代汉语语境研究》,杭州：浙江大学出版社。

王　甦、汪安圣,2001,《认知心理学》,北京:北京大学出版社。

熊学亮,2001a,单向语境推导初探,见《语用与认知》,北京:外语教学与研究出版社。

熊学亮,2001b,《认知语用学》,上海:上海外语教育出版社。

杨吉春,2001,言语和角色不协调的效果,《语文建设》第 5 期。

周礼全,1994,《逻辑——正确思维与有效交际的理论》,北京:人民出版社。

(原载《现代外语》2004 年第 3 期)

语境的动态研究

何兆熊　蒋艳梅

一、对语境的传统研究

语境,就是使用语言的环境。早在 20 世纪 20 年代,马林诺夫斯基就指出,"语言环境对于理解语言来说是必不可少的",并对"文化语境"及"场景语境"对话语的影响和制约进行了深入的研究。到 60 年代后期,随着社会语言学和语用学的兴起和发展,国外语言学界对语境的研究取得了长足的进展。继 Firth 之后,Goffman、Hymes、Halliday、Lyons 与 Fishermen 等语言学家相继从各种角度对语境进行了阐述。然而,到目前为止,语境到底包括哪些要素,语境应如何定义,不同的学术流派、不同的语言学家的看法各异,但是大体可分为两类:一类是把语境解释为从具体的情景中抽象出来的、对语言活动参与者产生影响的一些因素,这些因素系统地决定了话语的形式、话语的合适性以及话语的意义;另一类是把语境解释为语言活动参与者所共有的背景知识,这种背景知识使听话人得以理解说话人通过某一话语所表达的意义。这两种解释虽然提法不同,但实质是一样的。第一种解释中所说的起决定作用的客观因素,必须是语言活动参与者所共知的,否则语言活动就无法顺利进行下去。虽然语言学家们对语境的定义没有达成统一,但他们的定义有两个明显的特征:

(1) 语境要素是先于交际过程而存在的一组个体。

(2) 语境具有释义和制约两大功能。释义功能指语境可用于解释传统语义学无法解释的语言意义;制约功能指语境对交际双方在语言使用上的制约作用。

这是对语境的静态理解。语境要素被静止、孤立地看作单一个体。随着语境研究的深入,随着语境研究与交际学研究的结合,语言学家们发现在动态的言语交际过程中,这种对语境的静态研究不能有效地起到解释并且指导交际的作用。

二、对语境的静态研究不适用于动态的言语交际过程

言语交际是一个复杂的过程。为了研究语境在动态的言语交际过程中的特征,我们必须对交际过程的复杂性有所了解。

2.1 交际过程是呈螺旋状上升的

一般认为,言语交际是一个循环状的过程,即参与者轮流扮演发话者和受话者的角色。虽然 William Rogers 提出了一种强调交际目的的交际模式,但从实质上讲,这一模式仍属于循环状的范畴。Frank Dance 则认为,交际过程是呈螺旋状上升的。他指出,言语交际是一个不断发展和变化的过程,当受话者把反馈信息传递给发话者时,发话者的状态已与起始状态有所不同,因为发话者已接收了新的信息,即受话者接收到发话者的信息后发出的反馈信息。在此基础上,他们再进行下一回合的交际。值得注意的是,这一交际模式是为了清晰地阐述交际过程而借用的类比,并非意味着交际过程的每一回合都攀升到一个新的高度。在交际过程中,如果受话者未能很好地理解发话者的话语含义,也会造成交际过程的停滞,甚至倒退。由此可以看出,言语交际具有动态的特征,当交际过程进入下一回合时,交际双方都将面临新的情况,交际双方使用的语言及非语言的交际手段成为交际双方继续交际的新的语境要素。

2.2 传统静态语境研究的不足

在动态的言语交际过程中,交际双方往往有不同的交际目的,他们既受到语境要素的制约,同时又能够借助一些语言手段来"操纵"语境要素,以达到自己的交际目的。传统语境研究把交际双方置于被动位置,即语境先于交际过程而存在,交际受控于语境。实际上,在交际过程中,发话者不仅遵循一定的原则,使自己的言语交际符合相应的语境要素,而且还会利用各种语言及非语言手段,为以下的言语交际创造一个适当的言语环境,以便更有效地达到自己的交际目的。话语的理解过程,同样也是一

个语境的选择过程,受话者要在有限的交际时间内选择相关的语境要素组成一个言语环境,以便更快、更有效地理解话语,提高交际效率。

三、语境的动态特征

在论述语境的动态特征之前,我们应该首先给动态的言语交际过程中的语境下一个定义。

3.1　什么是交际过程中的动态语境

我们知道,构成语境的要素有许多,有人将语境要素称为"共有知识集合"(the pool of shared knowledge)。在言语交际过程中,只有那些与当前言语交际密切相关的知识(或语境要素)才有资格构成语境。刘焕辉先生曾经明确指出:"一切有可能形成语境的主客观因素,若失去了和言语交际的联系,便丧失了充当语境的条件"(1992:441)。为了便于研究语境的动态特征,我们把语境定义为在言语交际过程中,对某一言语活动有影响的共有知识的统一体。

我们研究语境的动态特征,就是把语境置于发展变化的言语交际过程中进行研究。交际过程也是语境的构造过程。发话者能够有意识地操纵"共有知识"来构造有利于实现自己交际目的的语境统一体;受话者能够从"共有知识"中激活相关的要素,并且加入交际过程中随时出现的信息,构造能够有效地理解话语的语境统一体。值得注意的是,语境的构造并非漫无边际,而是在全部"共有知识"范围内进行的。

3.2　发话者对语境的操纵

除了直接用言语交际的上文为"下文"构造语境外,还可以借助于其他的手段。Duranti 和 Goodwin 将这些手段大体归纳为四类:话语特征;场景;行为环境;即时场外知识。

（1）话语特征

早在 80 年代初期,Gumperz 就指出,交际者可以利用语言知识,也可以利用语境惯例、交际场合和交际对象的背景知识来预示在以下的交际过程中,将要实施什么样的交际任务,也可以利用这些知识来预示即将发生的交际行为(1982),从而为可能达到的交际目的和可能出现的交际结果提供信息。在近期的论著中,他使用了语境化信号(contextualization cues)这一术语。他认为重读与语调模式,及副语言特征,如节奏、笑声、语码选择、习惯表达等,都能充当语境化信号(1992),人们可以在交际过程中有意识地利用它们来增加或改变话语的意义。

值得注意的是,Gumperz 将有意识的语码转换归入了语境化信号的范围。这里的语码转换是指在同一交际过程中,交际者使用一种以上的语言或语言变体。传统的语码研究认为,发话者在交际过程中根据交际对象、交际对象使用的语码、交际场合和交际目的等语境要素选择适当的语码。因此,人们可以根据一定的语境对交际中使用的语码进行预测。Downes 则指出,这种论述不够全面,他认为使用哪种语码进行交际,最终是由交际者决定的,交际者可以有意识地选择某一语码,从而为自己的言语交际构造一个有利的语言环境,因此"变体的选择成为限定语境的一种途径"(Downes,1984:63)。Heller 也曾指出,近年来对语码转换的研究正朝着动态模式发展,即交际者为了达到某种交际目的,有意识地选择某一语码来构造理想的语境(1988:3)。

笔者在教授英文听说课时,上课只讲英文,课后则用中文与学生进行交谈。使用英文时,笔者便进入了教师的角色;使用中文时,则进入朋友的角色。这属于师生之间的"共有知识"。有一次,某一学生因考试作弊被笔者没收了试卷。考试结束后,他立即用中文向笔者进行解释,笔者知道他的意图,于是有意识地用英文回答。他犹豫片刻,也不得不使用英文。笔者的交际语言由中文转变为英文,交际角色也由朋友恢复为教师,当他问笔者是否能够网开一面时,笔者立即回答"No"。以朋友的身份拒绝这一请求对笔者来说也许有一定的困难;作为老师,就容易一些,因为他违反了最基本的考试纪律——No cheating。开始他试图以朋友的身份(用中文)与笔者交谈,很明显在交际中这种语境对他有利,而对笔者不利。笔者不仅拒绝承认他构造的语境,而且有意识地重新构造有利于自己交际目的的语境——使用英文,恢复教师角色。我们由此可以看出语码转换为交际者担任不同的角色及主动地为自己创造有利的语境提供了可能。

(2) 场景

场景指言语交际的空间与社会框架。在动态言语交际过程中,交际者能够通过有意识的言语行为组织或重新组织一个有利于实现自己交际目的的空间框架与社会框架。

我们将以指示代词为例讨论交际者是如何组织空间框架的。Levinson 认为,指示代词是语言和语境关系在语言体系中最明显的反映(1983:54)。指示代词最基本的功能是辨别话语的指示物或者按照当前话语的语境关系进行称谓,这种对应关系被视为语境要素与指示物(deictic token)的综合。William Hanks 认为言语交际中的指示代词具有动态特征。交际双方变化交际空间,改变话题,交流信息或者协调交际目的时,指示词的索引框架(indexical framework)也将有所变动(1992:53)。由于索引框架的变动,用来指代具体事物的指示代词也将有所改变。人们可以利用指示代词的这一动态特征构造语境,即发话者有意识地调用某一指示代词吸引受话者的注意力。

Duranti 和 Goodwin 指出,社会场景也并非固定不变,而是可以重新限定的。为了达到自己的交际目的,交际者可以有意识地让交际对象担当某种社会角色。如敬语的传统研究认为,敬语是向地位较高的交际对象表示敬重的一种语言形式,因此交际者能够根据交际双方的身份来确定在交际中使用的敬语。Brown 和 Levinson 把这种用法定义为"礼貌"。Duranti 和 Goodwin 认为言语交际是一个复杂的动态过程,而 Brown 和 Levinson 却把交际者置于固定的社会框架中进行研究。在交际过程中,交际者能够借助于某些敬语来重新构造语境,使他们能够"迫使言语行为的接受者或对象采取与人们对这一社会角色传统的期盼相一致的行动"(Duranti & Goodwin,1986:78)。因此,交际者不仅可以利用敬语向交际对象表示敬意以避免可能出现的 FTA,也可以把它作为一种应急语用手段(emergent pragmatic power)。交际者能够利用敬语来限定交际对象的言语行为,使交际朝有利于发话者的方向发展。因此,敬语不仅是一种礼貌手段,同样可以成为交际者限定交际对象言语行为的工具。

有一次笔者的朋友 A 正向笔者咨询有关电脑操作的问题时,一位学理科的朋友 B 走了进来。开始 A 按照笔者的介绍称其为"小 B",在得知 B 精通电脑后,A 开始称其为"B 老师"。最后,A 问 B:"您是否能抽空教教我电脑呢?"当时 B 很忙,而且与 A 只是一面之交,于是笔者猜想 B 很可能会委婉地拒绝 A。然而 B 最终还是同意了,并且与 A 约定了咨询时间。A 离开后,B 无可奈何地说:"你这位朋友可真有心计,一遍遍地叫我老师,真不好意思拒绝他。"在这个交际过程中,"老师"这一敬语被用来构造一个社会框架,A 为学生,B 为老师。为了实现自己的交际目的,A 有意识地使 B 作为教师的社会角色明显化。"师者,所以传道授业解惑也"。在称呼 B 为"老师"的过程中,A 希望 B 能够像老师那样为她"解惑"。在这种情况下,敬语成为交际者迫使交际对象按自己的意图行事的一种交际手段,成为构造或重新构造社会框架的一种方法,而不仅仅是向交际对象表示敬重的一种语言形式。因此,在交际中使用哪种敬语并不单纯由交际双方的地位决定,交际目的对敬语的选择也有一定影响。作为一种语用手段,敬语的运用能够起到迫使交际对象按照发话者意愿行事的目的,发话者有策略地用敬语对受话者的行动进行了限制。

(3) 行为环境

Duranti 和 Goodwin 认为,行为环境是交际者用来框架或组织言语行为的身体语言。交际者能够利用身体语言与交际对象保持一定的联系,还能够设计或者与交际对象协商一个语言环境,从而使言语交际朝着对自己有利的方向发展。

一些明确表达某种意图的身体语言,因为与当前的言语交际有密切联系,所以会引起交际者的注意,而一些似乎无关紧要的身体语言则往往被忽视。但是,有时它们在交际过程中也起着不可缺少的作用。交际者能够利用它们协调交际双方的注意力,以及相互提供交际信息:如交际深度与交际中心等。Goffman 于 1974 年提出了注意力轨迹(attention track)的概念:1) 主线轨迹,即故事的中心轨迹,也是注意力的中心;2) 指向轨迹,主要为主线轨迹提供信息;3) 不被注意轨迹,即一般认为与交际无关的行为。Goffman 指出,属于不被注意轨迹的一些身体语言在交际过程中不仅能够得到交际对象的承认,而且交际对象还会做出相应的反应。这些身体语言在交际双方协商交际意图时具有不可忽视的作用。

Kendon 认为,交际者可以利用这些通常被忽视的身体语言构造语境,同时观察交际对象的反应,即与交际对象协商这一语境的可行性,然后决定如何进行下一个回合的交际。例如,当某交际者稍微后退一步时,他也许是想借此表示要退出交际或结束交际。倘若交际对象也做出同样反应,则说明交际对象认同了前者构造的语境。在由两个以上的交际者参加的交际场合中,如果某一交际者想单独与其中的一位交际者进行交谈,他也许会调整坐姿或站姿,面向想要交谈的对象,并与之增加目光接触。如果对方也做出类似反应,这说明语境协商是成功的,那么他们就能够自然地进入下一个阶段的交际。

(4) 即时场景外知识

交际者还能调用即时场景之外的背景知识构造语境。Lindstrom 认为,交际者能够从众多的语境要素集合中激活对自己有利的要素构造语境,从而使自己在交际中更有发言权,并且以此增强自身话语的真实性。交际者还可以借助于这一语境向对方的发言权进行挑战或借此削弱对方话语的真实性。他进一步指出:"在辩论时或者在话语的真实性受到挑战的对话中,辩论者竭力调动语境知识中对自己有利的要素来限定自己的话语,使之具有可信性"(1992:114)。他认为,辩论的关键问题是确立话语的真实性。在交际中,每个人都具有一定的权利、义务与责任,交际者应该有能力调动这些共有知识来构造或者重新构造语境,从而使自己话语的真实性能够依照传统惯例得到承认,同时挑战交际对象话语的真实性。

Lindstrom 以一个辩论会为例分析了交际者如何利用语境来加强自己的话语含义,削弱对方的话语含义。这场辩论是居住在西南太平洋岛国瓦努阿图的坦拿岛(Tanna)上的一些土著为解决父(A)子(B)的纠纷而举行的,纠纷的起因是 B 的幼子死后,A 拒绝为他提供墓地。A 与 B 各有支持者,而且双方都试图借助于不同的传统习惯(共有知识的一部分)来控制语境或者会话框架(Lindstrom 的术语)。辩论开始时,为了限定辩论人数与辩论话题,A 有意识地调动了一个传统习惯,即年长者具有较多的发言权(Everything rests with bigmen)。A 通过强调自己的年龄增强了自己话语的真实性,并且借助于岛上的传统习惯削弱 B 话语的真实性。在对孩子的死因进行辩论时,A 坚持认为 B 与其妻不合时宜的性行为导致了孩子的死亡。按照当地的传统习惯,女人在哺乳期内不应有性行为,否则会弄脏她的奶水,B 则强调自己的身份,作为孩子的父亲,他对儿子的死因最有发言权,双方的观点截然相反,孰是孰非很难辨别。

从以上的论述及实例我们可以看出,语境不再被静止地看作围绕话语的一组共有知识集合,而被视为一个不断发展变化的过程。这一过程反映了交际者之间、交际者与交际环境之间的动态关系。交际者既受到语境的制约(即交际者的话语要与一定的语境相符才有意义),又能够有目的地操纵语境要素来构造自己言语交际有利的语境。

3.3　听话者对语境要素的选择

在言语交际过程中,交际者具有双重身份。受话者如何在有限的时间内有效地理解发话者的话语含义同样值得探讨。

(1) 语境要素的种类

在言语交际过程中,可供交际者选择的语境要素很多。这些要素大体上分为三类: 1) 话语本身(言语交际的上文);2) 言语交际发生的行为环境及场景;3)"共有常识"。在通常的言语交际中,上文是最明显的语境要素,其次是行为环境与场景,最后是"共有常识"。

(2) 语境的建立

Sperber 和 Wilson 在 *Relevance* 一书中指出,话语的理解过程是语境的建立过程,语境的选择是按照与言语交际是否相关的原则进行的(1986: 141)。在传统的语用学研究中,语用学家们通常先确定语境,然后在此基础上衡量相关性。Sperber 和 Wilson 认为这种释义模式不可行,因为交际者不仅要衡量话语的相关性,而且要尽可能地提高释义效率,即在较短的时间内,获得较多的信息。因此,他们得出了一个相反的模式,即首先确认相关性的存在(否则交际者根本没必要去释义),接着遵循相关原则选择理解话语的语境,并且尽可能明显地使相关性在这一语境中得以体现出来(同上)。

Sperber 和 Wilson 指出,一个回合的交际结束时,这一回合的话语意义组成一个即刻语境(the immediately given context),构成下一回合释义所需语境的一个组成部分。交际者必须从三个方面对这一即刻语境进行扩展,才能最终建立一个完整的语境。交际者首先把上文中相关的话语意义包括进来,接着从共有常识(即 Sperber 和 Wilson 所谓的

encyclopaedic knowledge)中激活相关的语境要素,同时加入行为环境中相关的信息。

请看下面这组夫妻之间的对话:

W1：What would you like to have for dinner? (Holding a cup of coffee and a magazine)

H1：How about you?

W2：I would prefer a big dinner. What do you think? (Thumbing through a magazine)

H2：I don't know. I am too tired.

W3：I am also TIRED, but I'm ravenous. (Stopping thumbing and looking up)

H3：Let's go out, OK? When will you be ready?

W4：Read this article about a TV show we watched yesterday. (Smiling)

要理解 W3,H 需要 W2 提供的信息,即她想大吃一顿。H 也要考虑 W 所借用的非语言手段(即非语言的语境化信号)。W 着重强调了"TIRED",因此 W 传达的信息就不局限在 W 体力匮乏这一点上了。同时 W 还停止翻阅杂志,并且抬起头来,这表示 W 正期待着言语交际朝对自己有利的方向发展。H 还需调用"共用常识"——当某人劳累时,他一定想休息;当某人饥饿时,他一定想饱餐一顿。这样 H 用来理解 W3 的语境就建立起来了。我们注意到,翻阅杂志这一细节未被列入语境中,因为这与言语交际没有太大的关系。语境的建立是按照相关原则进行的,并非一切可能构成语境的要素都有资格成为某一话语的语境组成部分。W4 语境的建立要比 W3 困难,这也意味着 W4 的释义过程要比 W3 复杂。H 首先确定相关性的存在——W 的话语似乎与言语交际无关,而实则有关。虽然 W 让 H 读篇文章,但她的真实意图是要让 H 知道她不准备提供一个确切的时间,或者她根本不知道确切的时间,但大体上他读完那篇文章所需的时间相仿。理解 W4 时,H 首先确定相关性的存在,接着在相关原则的基础上选择(建立)一个语境:1) 交际的上文;2) 行为环境中的信息:微笑意味着 W 同意 H 的建议;3) 调动一般的共有常识,即阅读一篇短文所需时间不会太长。于是,H 可以得到如下结论,W 是说:

"稍候,我马上就来。"

在动态的言语交际过程中,语境的建立也呈动态发展趋势。只有了解语境的这一动态特征,交际者才能有意识地利用这一特征提高自己的话语释义能力。

四、研究语境动态特征的意义

从以上的论述我们可以看出,研究语境的动态特征为语境研究提供了新的思路。

4.1 交际者被视为具有主观能动性的个体

交际者为了实现自己的交际目的,不仅要使自己的话语与一定的语境要素相符合,而且能够构造或重新构造一个对自己的言语交际有利的语境。

4.2 强调如何提高交际者的释义效率

因为言语交际是在复杂多变的语境中进行的,所以有效地理解话语含义的最佳途径是选择并建立合适的语境。

交际者不是在固定不变的语境中进行交际的,而且交际者也并非只是被动地受控于语境,他同时能够操纵语境。这一观点将为交际能力的研究提供新思路。交际能力不应该局限于交际者是否能够使自己的话语与交际环境相符,而应该扩展到交际者是否能够利用语境的动态特征有意识地构造或重新构造一个对自己有利的语境,以及是否能够选择并建立最恰当的语境来提高释义效率。

语境动态特征的研究目前仍然处于起步阶段,还有许多问题尚待探讨,但是我们相信,语境动态特征的研究对语境学的研究和言语交际能力都将起到促进作用。

参考文献:

Brown, G. and G. Yule. 1983. *Discourse Analysis*. Cambridge: Cambridge University Press.

Brown, P. and S. C. Levinson. 1987. *Politeness. Some Universals in Language Usage*. Cambridge: Cambridge University Press.

Downes, W. 1984. *Language and Society*. London: Fontana Paperbace.

Duranti, A. and C. Goodwin. 1992. *Rethinking Context*. London: Cambridge University Press.

Goffman, E. 1974. *Frame Analysis: An Essay on the Organization of Experience*. New York: Harper and Row.

Goffman, E. 1981. *Forms of Talk*. Philadelphia: University of Pennsylvania Press.

Gumperz, J. C. 1982. *Language and Social Identity*. Cambridge: Cambridge University Press.

Gumperz, J.C. 1992. Contextualization and Understanding. In Alessandro Duranti and Charles Goodwin (ed.) *Rethinking Context*. New York: Cambridge University Press.

Hanks, W. F. 1992. The Indexical Ground of Deictic Reference. In Alessandro Duranti and Charles Goodwin (eds.) *Rethinking Context*. New York: Cambridge University Press.

Heller, M. 1988. *Codeswitching — Anthropological and Sociolinguistic Perspective*. Berlin: Monton de Gruyter.

Kendon, A. 1987. Spatial Organization in Social Encounters: The F — Formation System. In Adam Kendon (eds.) *Studies in the Behavior of Social Interation*. Ch. 5. Lisse: Peter de Ridder Press.

Levinson, S. C. 1983. *Pragmatics*. Cambridge: Cambridge University Press.

Lindstrom, I. 1992. Context Contests: Debatable Truth Statements on Tanna (Vanuatu). In Alessandro Duranti and Charles Goodwin (eds.) *Rethinking Context*. New York: Cambridge University Press.

Malinowski, B. 1923. The Problems of Meanings in Primitive Language. In Ed. C. K. Ogden, and A. Richards (eds.) *The Meaning of Meaning*. New York: Harcourt, Brace and World, Inc.

Sperber, D. and D. Wilson. 1986. *Relevence*. Oxford: basil Blackwell Ltd.

何兆熊,1989,《语用学概论》,上海:上海外语教育出版社。

刘焕辉,1992,语境与语言交际,见《语境研究论文集》,北京:北京语言学院出版社。

(原载《外国语》1997 年第 6 期)

认知语境的语用可及程度分析

熊学亮

一、引　　言

英语指代词语(referential expression)是名词性质的,可以根据语言材料量和结构复杂程度分成若干类。比如代词(如 she)是语言材料量少、结构简单的指代(前指)词语,而含有定语从句的名词性词语(如 the woman I spoke to this morning)则是较为复杂的语言表达。在语言使用的过程中,对指代词语的选择,受到交际意图、信息处理需要、认知心理状态等多种因素的控制和影响。一般说来,使用较为复杂的指代词语,在某种程度上,意味着该词语的所指对象(无论是具体(物理)语境内容还是心理(认知)语境内容)在该词语所出现的话语中的心理可及性较低,比如下面例(1)中结构较为复杂、语言材料量较多的指代词语"the woman I spoke to this morning"的心理可及性就比例(2)中的"she"低。

(1) The woman I spoke to this morning is the mayoress of the city.

(2) She is the mayoress of the city.

在正常情况下,说话人在没有任何前提知识或先前话语的背景下说了"the woman I spoke to this morning",那么他一定认为听话人尚不知道所说的对象是谁,或者说话语所指对象在话语或交际双方的心理可及程度较低;而假如说话人在没有任何前提知识或先前话语的背景下,启用"she"来充当主语、主题或话题,那么说话人一定相信听话人已经知道指的是谁,或者说所指对象在话语或交际双方心理中的可及程度较高,否则这样说话就会让人觉得莫名其妙。因此,说话人对"the woman I spoke to this morning"或"she"的选用,是以他或她对交际双方(即说话人自己和听话人)的前提或已有知识的假设或理解为依据的。用了语言材料量较多的词语或表达,就暗示所指对象在交际双方和话语中的心理可及程度较低;用了语言材料量较少的词语或表达,则说明所指对象在交际双方和话语中的心理可及程度较高。

二、可及性原则

对话语中指代词语解释的认知过程,涉及到"隐义"和"显义"两种推理方案,因此研究指代现象时,应该首先交代语境影响指代词语选择的话语过程,然后再考虑语言使用者在处理指代信息时所付出的认知努力。在获得足够指代信息和其中涉及到的认知努力之间,似乎也存在某种意义上的"递减回报"(diminishing returns)经济规律:认知努力加倍投入,并不等于加倍地获取信息。因此语言使用者总是有意无意地在推导"足够"和"相关"的信息和此间所需支出的"努力"之间,寻求最佳的平衡,以获得值得受话人做出一定量努力的足够语境效果(而不一定是最大语境效果)。可以这样说,语句或话语的主题或话题,一般用指代词语来表达,而指代词语所涉及的信息在真实语境或认知语境内越是可及,语用者在处理信息时所支出的认知努力也就越少。可及性原则(Accessibility Principle)的提出,正是基于这样一种认知努力和信息可及程度之间的反比规律。

在语用或话语过程中,语境信息对受话人的可及程度呈嬗变状态,受话人处理这种信息的努力也随语境可及程度的变化而变化。比如刚处理过的先前话语的信息的可及程度较高,而先前话语的距离越远,与当前话语的间隔时间越长,其信息也就越不可及;当注意力集中到物理语境中的某一物体或事件,其可及性就可能相当高,而在其他条件均等的情况下,百科知识的可及性就比物理语境中的直接信息低。不过,说出的话总是相关的,在此前提下,人也可以处理语境可及程度相对较低的信息。在语言使用的长河中,语言体系已经逐渐形成了指向大脑实体特殊方面的话语标志系统,或者说自然语言给说话人或语用者提供了可观的语境信息可及程度的词语标志手段,因此在语言使用时,说话人似乎可以左右受话人,前者不仅能通过词语来标志语境信息的可及程度,还可以把"标志"本身作为信息传递给受话人,传递的方式就是使用指向不同语境可及程度的不同词语。比如说话人用了"the woman I spoke to this morning"这个可及程度低的表达，表示所涉及的内容或语境信息在该话语里的可及程度较低；用了"she"这个可及性高的标志词语，则表示所涉及的信息在该话语内的可及程度较高。除了上面已经讨论过的被修饰的表达（the woman I spoke to this morning）和代词（she）外，指示词语（如 that）、名词（如 the man）等，都是不同可及程度的标志词语。一般说来，语言使用过程中可及的信息就是话语中已经给出的信息或已知信息。普林斯（Prince，1981）把已知信息分成"可预测"、"显突"和"共知"三种，分别表示语言接受者的"预测能力"、"语用意识"和"语用知识"，因而已知信息也是一个依赖语境的有程度区别的概念。在此基础上，阿里尔（Ariel，1990）把语境分成"百科语境"、"物理语境"和"语言语境"（即先前话语）三种。第一种语境存在于长期记忆中，而后面两种语境存在于短期记忆和工作记忆里。由于一种可及性词语可以与一种以上的语境发生关系，阿里尔认为指代词语按语境来分类不妥，她认为指代词语应按语境的可及程度来分类，也就是说，指代词语指向的不应是语境的性质，而应是语境的可及程度。下面的例子表明在语言形式和语言功能之间，一般不宜仅根据语境类型来建立一对一的关系，故给指代词语设立指代定势也靠不住。

（I）特指名词短语（如 the party）

（a）可指向百科语境

The party is scheduled to announce its nuclear policy this afternoon.（这里"the party"可指向 Republicans、Democrats、Labor 或 Greens，到底指向哪一党，以说话人的知识状态为主）

（b）可指向物理语境（如电视新闻正在播送 Greens 党的开会场景）

The party is scheduled to announce its nuclear policy this afternoon.

（这里"the party"指的多半是 Greens 而不是 Republicans、Democrats 或 Labor）

（c）可指向语言语境（即上下文）

The Labor convention meeting today may prove extremely important. The party is scheduled to announce its nuclear policy this afternoon.

（前面一句话是后面一句话的语言语境，故这里"the party"指的多半是 Labor 不是 Republicans、Democrats 或 Greens）

（II）专有名词（如 Gandhi）

（a）可指向百科语境

Gandhi is a real man.

（这里"Gandhi"可以指向 Mahatma Gandhi、Rajiv Gandhi 或 Indira Gandhi，到底指向哪个，以说话人的知识状态为准）

（b）可指向物理语境（比如说话人边指着报纸上的 Rajiv Gandhi 的照片边说下面的话）

Gandhi is a real man.

（这里"Gandhi"多半指的是 Rajiv Gandhi）

（c）可指向语言语境

Whenever they mentioned Indira Gandhi in Western newspapers, they would say "Gandhi is a real man".

（前半段话提供了语言语境，因此这里"Gandhi"指的多半 Indira Gandhi 而不是 Mahatma Gandhi 或 Rajiv Gandhi）

（III）指示词语（如 this）

（a）可指向百科语境

This stupid neighbor is getting on my nerves.（这里"This stupid neighbor"可以指向 John、Mary 等等，具体所指以说话人的知识状态为准）

（b）可指向物理语境（比如 John 从说话人身边走过）

This stupid neighbor is getting on my nerves.

（这里"This stupid neighbor"多半指的是 John 而不是 Mary 或其他人）

（c）可指向语言语境

John has been singing operas all afternoon. This stupid neighbor is getting on my nerves.

（前面一句话提供了语言语境，因此说的只能是 John）

（IV）代词（如 it）

（a）可指向百科语境（谋杀现场，一具尸体倒在一边，激活的是有关"谋杀"的知识）

Sherlock Holmes 对 Watson 说：The butler did it.

（这里"it"指的可以是谋杀、销毁罪证等等，具体所指以说话人知识状态为准）

（b）可指向物理语境（在谋杀现场发现有人向酒杯里倒过酒）

Sherlock Holmes 对 Watson 说：The butler did it.

（这里"it"指的是"倒酒"这件事）

（c）可指向语言语境

What a cruel murder! The butler did it.

（前面一句话提供的是语言语境信息，故这里"it"指的多半是谋杀）

（V）零词语（如 0）

（a）物理语境（说话人把糖浆递给听话人）

Shake 0 before using 0.

（这里"0"指的是糖浆）

（b）语言语境

Here is some syrup for you. Shake 0 before using 0.

（前面一句话提供的是语言语境，故这里"0"指的也是糖浆）

特指词语（如 the party）、专有名词（如 Gandhi）、指示代词（如 this）、代词（如 it）都可以指向上面讨论过的三种语境，但是阿里尔（1990：8）认为，零词语（gap）却只能指向物理和语言语境，即零词语只能传递短期记忆或工作记忆里的信息或者说只能指向这种语境。假如说话人已经把糖浆递给了听话人或说话人已经说了"Here is some syrup for you"这句话，在听话人的大脑里就建立起了零词语的指向，故说话人此时只要说"Shake 0 before using 0"就行了。指代词语所指对象的已知程度，并非和语境种类发生一对一的关系，对指代词语的选择也不是随意的过程，因此阿里尔建议自然语言中的指代词语（如代词、零词等），所传递的信息应该是"对认知语境的可及程度"，而不是语境的性质或种类。对可及性程度高的指代词语，在话语里所需的信息处理努力较低；对可及性程度较低的词语，在话语里的信息处理努力较高。专有名词（如 China）、特指词语（如 the woman I spoke to this morning）是可及性较低的标志词语，指示词语(如 this)的可及性居中,代词(如 he)和空词语(0)的可及性最高。就前指词语(anaphor)而言,与先行词语的距离越近,就越倾向于使用高可及性的前指词语;与先行词语的距离越远,就越倾向于使用低可及性的前指词语。因此,语境信息在话语里的延续性和处理信息的难度有关。

在阿里尔之前,齐翁(Givon,1985)已考虑到各种对话语主题的语言编码手段,即指向主题的语言诸成分之间在连续性、可预测性或可及性程度方面的差异,他认为这些成分可以形成一个可及程度连续体。比如在下面的可及程度序列上,左边的成分表示所涉及的信息在话语里有较高的可及性,右边的成分则表示所涉及的信息在话语里的可及性较低。

零成分>非重读代词>重读代词>名词>被修饰的名词

也就是说,主题的可及性越低,用来表示它的语言成分的语言编码材料就越多,或者说处理主题信息、在话语中识别所指对象的认知努力就越大。因此齐翁认为,语言编码并非是在语言符号和直接经验(即物理语境内的所指对象)之间进行,而是在语言符号和话语的抽象认知过程(即对话语主题的可及程度)之间进行。在齐翁的可及性阶列上,零成分居最高位置,因为一旦用了零成分,所涉及的主题应该在话语中最为可及(Givon,1995:68)。

同样,阿里尔(Ariel,1994)也认为,启用信息量大的、更严格的(more rigid,即较少歧义的)、尚未削弱的(less attenuated,即语言材料量多、发音更响但不起增加信息作用的)指代表达,暗示所使用的语言形式的所指对象对交际者认知语境的低可及性,阿里尔把这三种情况看成是指代词语的编码三原则。阿里尔给出的可及性阶列比齐翁复杂,下面仅给出与齐翁阶列相应的部分,此间零成分也占据最高可及性位置:zero > … unstressed pronouns > stressed pronouns > … NP + modifier > … long definite description > full name > full name + modifier。

在人的成长过程中,基本的典型的具体语境因素随着岁月的流逝逐渐认知化,从而产生了心理可及性程度不等的认知语境系列。较熟悉的内容(比如"乘公共汽车")的可及性程度较高,较陌生的内容(比如"打垒球")的可及性程度较低;在话语中主题性(topicality)较高的内容(即话语涉及的中心思想)的可及程度较高,话语主题性较低的内容(即某些枝节内容)的可及程度则较低。话语和语境相辅相成,影响可及性的主要或关键因素是"主题性"，用来表达主题的指代词语的可及程度也就很高。布罗本特（Broadbent，1973）在讨论下面例句时认为 it 倾向于指向话语主题 feedpipe。

(3) The feedpipe lubricates the chain, and it should be adjusted to leave a gap half an inch between itself and the sprocket.

而假如 it 重读的话，就可以指向非主题 chain，因为重读的 it 的可及性比非重读 it 低一个档次（见齐翁和阿里尔可及阶列）。也就是说，如果 it 非重读，就是一个在可及性阶列上位置比较高或可及性比较强的标志词语，故倾向于指向通常占据主语位置的主题 feedpipe；如果 it 重读，就成为一个可及性程度低一个档次的指代词语，可以指向处于非主语位置的非主题或较不显著的成分，如例（10）中的宾语 chain，此时 it 和其先行词语在句子里所出现的位置、先后顺序和两者之间的距离似乎不很重要。

前指词语的可及性在一定程度上依赖先行成分的可及性，先行成分的可及性主要取决于：（1）先行成分和前指成分之间的线性距离；（2）话语中若干先行成分之间在心理可及程度上的竞争；（3）先行成分在话语中的显突性，即对交际双方来说是否是话语主题；（4）先行成分和前指成分是否共享同样的话语心理框架和世界知识。尽管可及性标志词语体系因语言而异，比如汉语和英语在这方面就有宏观上的区别，但在大部分情况下，标志词语与相应的可及程度有原则上的关联，因此前面提到的阿里尔指代词语可及性三原则（即信息强度、歧义程度和削弱程度），可以预测指代词语所指对象的可及程度。

在讨论指代的认知状态时，冈代尔等人（Gundel *et al.*，1993）比较了五种语言的"已知信息等级"（Givenness Hierarchy），发现这些等级可以与格莱斯（Grice，1975）的量准则互相发生作用，以预测在若干指代词语均可使用的情况下，指代词语的选择、分布和解释等状况。冈代尔等人把适合这五种语言的指代认知状态归纳成"in focus ＞ activated ＞ familiar ＞ uniquely identifiable ＞ referential ＞ type identifiable"六种认知状态的系列。他们还发现，语言和语言之间在指代认知状态方面是存有差异的，所调查的五种语言，并不都具备上述六种指代认知状态。普林斯（Prince，1981）也曾经把上述六种指代认知状态之一的"familiar"

进一步扩展成下面更有细度的子认知状态"evoked > situationally evoked > unused > inferable > containing inferable > brand new anchored > brand new",以表明在话语过程中,只有说话人对受话人知识状态的注意或假设才是相关的。佩特罗威兹(Petrovitz,1996)在研究逆指(backward anaphora)现象时,也把已知信息的定夺,看成是一种话语原则,由重音、句法结构等因素来支持。

因此,在解释指代词语时,我们应该把语言表达与相应的大脑对应体或心理表征放在一起考虑,而不是在真实世界内寻找语言表达的对应体。齐翁(1983,1995)、阿里尔(1994),冈代尔等人(1993)以及普林斯(1981)提出的可及性原则,反映的是已规约化了的语言使用倾向。可及性原则不是形式语言学家所惯用的那种"是"或"非"裁决法,而是一种相对的比较程序(more-or-less business)。规约化了的话语现象是语言使用的规律,可以从认知语法的角度去分析,其操作过程也应该比有些语义语用理论更为具体,语言性也更强。

三、具体语境因素认知化

为了弄清具体语境和认知语境之间的辨证关系,我曾经做过一个请受试者对话轮之间明显不连贯的话语(如:A:饭吃了没有? B:你脸上怎么有个疤?)进行语用推理的实验,结果是:有具体场合因素支持的实验(即先把具体语境因素告诉受试者)和没有场合因素支持的实验(即事先不告诉受试者任何内容)的结局竟然一样(熊学亮,1996)。这一实验至少在某种程度上表明,受试者在无场合因素支持的实验环境内的知识使用量,不见得比有场合因素支持时的知识量少。一般说来,语用推理涉及到的知识可以分为两种:(1)从现场获取的知识Ω1;(2)从大脑里提取的知识Ω2。任何语用过程,都会涉及到这两种知识,总量为Ω。无论在真实语用场合,还是在实验过程中,场合因素量与Ω1量成正比,与Ω2的提取量成反比。没有场合因素支持的语用推理会提取相对较多的Ω2。语用者或受试者在已经成年的情况下,一般不会再从日常语用场合里概括出新的Ωx,而没有场合因素支持的语用者,大脑中的Ω2量应该是足够的。

对⊘1 和⊘2 的开发和利用,在大脑的两个模块中进行。⊘1 在感觉部分(perceiver)产生,⊘2 在中央处理部分(central processor)产生。由于感觉部分的信息要输送到中央处理部分加工,因此对⊘1 进行信息处理所费去的时间和努力,似乎反而要比⊘2 更多,至少在时间上看不出什么明显的差别。因此,阿里尔认为的"百科语境最不可及",与我们的感觉似乎有出入。护士手拿注射器(物理语境),说"要打针了"(语言语境),讲打针的故事(百科语境),这些对于小孩子或成人来说,效果似乎是一样的。

因此,假定我们把百科知识语境和物理语境之间的差别置之不理,那么可及性要么通过先前话语建立,要么通过知识建立。

(A) 通过先前话语建立

(4) A：I've picked some mushrooms this morning. They were so delicious that I ate them all.

　　B：Don't you think you might regret having eaten those mushrooms.

(5) A：I'd like to pick those mushrooms and eat them.

　　B：Don't do it.

(B) 通过知识建立

(6)(说话人看见 Mary 在摘蘑菇和吃蘑菇,激活了有关"蘑菇"的知识)

　　A：She will regret having eaten those mushrooms.

(7)(说话人看见 Mary 在摘蘑菇和吃蘑菇,激活了有关"蘑菇"的知识)

　　A：Don't do it.

虽然物理语境可以激活有关"蘑菇"的知识,但是为什么会引起 A 说类似的话呢?这是因为:虽然该物理语境内采蘑菇和吃蘑菇看起来是具体、直观的东西,其实这种具体场合信息就语言交际和信息提供的充分性而言是多余的。A 作为说话人,肯定早已知道采蘑菇和吃蘑菇是怎么回事了(即⊘2 知识),而假如他不知道的话,他怎么会说出"不要采"或"不要吃"的话呢? 物理语境⊘1 对人的孩提和少年时代,起着一定的长知识作用,但对一个成熟的语言使用者来说,起的仅仅是"激活知识"的作用,故基本上是多余的东西。由于我们所研究的对象，理应是语言机制已经成熟了的成人语言使用者，因此物理语境就显得不很重要。而假如该研究对象生活在一个没有蘑菇的地方、从未吃过蘑菇、也从未听说过有蘑菇这回事，故连蘑菇的概念也没有，那么在语言交际时，他就不可能把"吃蘑菇"和"后悔"这两个概念联系起来。对成年人来说，物理语境信息还可以通过语言语境来提供。

(8) B：Mary is picking and eating mushrooms.（语言语境）

  A：She will regret having eaten those mushrooms.

  A：Don't do it.

再进一步说，语言语境有时也可以成为多余。对一个成熟的语言使用者来说，他完全有能力想象或"虚拟"出上述语言语境所涉及的场合和状况知识（即Ω2），而说出下面的话：

(9) 如果 Mary 在摘蘑菇和吃蘑菇（百科语境）

  A：She will regret having eaten those mushrooms.

  A：Don't do it.

或者：

(10) A：If Mary is picking and eating mushrooms，she will regret having eaten those mushrooms；or if I see her do it，I will stop her by saying："Don't do it".

可以这么说，语言语境作为先前话语，提供的仅仅是短期记忆或工作记忆信息，是暂时储存在语用者头脑中、供语用者当场处理语言信息时使用的辅助知识内容，这种内容（即Ω1）是否会转化成长期记忆内容（即Ω2），要看它在语用者的经验中，是否重要或是否经常重复。在更多的场合里，语言语境所提供的信息起到的多半是提示作用，协助激活语用者长期记忆内容，此时Ω1 和Ω2 之间呈互动作用和相互效应。然而，即使不存在这种语境提示，语用者也可以从长期记忆中"调出"相似的提示内容和连接知识单元的方案，因此，至少从认知语用学的角度来考虑，阿里尔提到的三种语境，似乎都可以归入"认知语境"范畴，或者说Ω1 在某种程度上可以全部被Ω2 代替。可以这样说，人的语言使用能力的积累和完善，是一个Ω1 向Ω2 的演变过程，人成年前Ω1 的作用比较明显，以后则渐渐被Ω2 代替。

其实阿里尔也相信，指代关系应该到心理（认知）语境中去找。此外，兰加克（Langacker，1985，1987）、切夫（Chafe，1987）、沃德等人（Ward *et al.*，1991）、冈代尔等人（Gundel *et al.*，1993）也曾先后直接或间接地提出过类似的可及性原则，这种原则涉及到若干在辨认和解释指代现象时须依赖的一些认知结构和过程。上述学者一般认为，研究指代现象必须描述有关的心理（大脑）表征，而不必去考虑指代词语在真实世界里的具体所指。

参考文献：

Ariel，M. 1990. *Accessing Noun Phrase Antecedents*. London & N. Y．Routledge.

Ariel，M. 1994. Interpreting Anaphoric Expressions：A Cognitive Versus A Pragmatic Approach. *Journal of Linguistics*. 30. 3 – 42.

Broadbent，D. E. 1973. *In Defence of Empirical Psychology*. London：Methuen.

Chafe，W. 1987. Cognitive Constraints on Information Flow. In R. Tomlin（ed.）*Coherence and Grounding in Discourse*. Amsterdam：John Benjamins. 21 – 51.

Givon，T. 1985. Iconicity，Isomorphism and Non-Arbitrary Coding in Syntax. In J. Haiman（ed.）*Iconicity in Syntax*. Amsterdam：John Benjamins. 187 – 219.

Givon，T. 1995. Coherence in Text vs. Coherence in Mind. In Morton Ann，Gerns-Backer & T. Givon（eds.）*Coherence in Spontaneous Text*. Amsterdam：John Benjamins. 59 – 116.

Grice，H. P. 1975. Logic and Conversation. In P. Cole & J. Morgan（eds.）*Syntax and Semantics*，13. 41 – 58.

Gundel，J. K. *et al*. 1993. Cognitive Status and The Form of Referring Expressions in Discourse. *Language*. 69. 274 – 307.

Haiman，J.（ed.）. 1985. *Iconicity in Syntax*. Amsterdam：John Benjamins.

Langacker，R. W. 1987. *Foundations of Cognitive Grammar*，Vol.Ⅰ：*Theoretical Prerequisites*. Stanford University Press.

Petrovitz，W. 1996. The Effect of Discourse Factors on Backward Anaphora. *Word*. 47. 1 – 12.

Prince，E. 1981. Toward a Taxonomy of Given-New Information. In P. Cole（ed.）*Radical Pragmatics*. New York：Academic Press. 223 – 256.

Sperber，D & D. Wilson. 1995. *Relevance：Communication and Cognition*（2*nd* *ed.*). Blackwell.

van Hoek, K. 1995. Conceptual Reference Points: A Cognitive Grammar Account of Pronominal Anaphora Constraints. *Language*. 71. 310–340.

熊学亮,1996,语用学和认知语境,《外语学刊》第 3 期。

（原载《外国语》1999 年第 6 期）

语用过程的认知语境及其语用制约

冉永平

一、引　言

关联理论(Relevance Theory)是一种有关人类交际与话语理解的认知理论。它与很多别的认知理论,如思维模式(mental model)(Johnson-Laird,1983)、模块说(modularity hypothesis)(Fodor,1983)一样都承认以下两个基本事实:(1)信息处理需要付出一定的努力(processing effort);(2)信息处理时所付出的努力程度越大,成功的机会就越少;反之亦然。此外,这些认知理论还一致认为,人类信息处理一方面是以获取最后的成功为目的,另一方面要尽可能有效。

话语理解是一种涉及推理的特殊信息处理形式,其中听话人处理的信息是说话人经过语言编码与明示交际(ostensively communicated)所传递的信息。语言编码是传递信息的基本形式,明示交际就是引起听话人对话语的注意,使对方明白该话语值得引起注意并加以处理。无论是话语生成或话语理解,说话人与听话人都希望话语理解取得成功,而且还希望所构建的话语在听话人理解时付出尽可能少的努力。这就是说话人使用话语联系语(discourse connectives)、话语标记语(discourse markers)等明示语言手段对听话人的话语理解实行语用制约的认知心理理据(cognitive-psychological motivation)。

二、为什么语用过程不是模块化过程

话语理解涉及语法与语用等多种不同的处理过程。语法是一个涉及很多规则、具有特殊目的的模块系统;在语言使用过程中,模块化的语法过程不能帮助人们更好地了解非模块化的语用过程(pragmatic processes)。

语法过程是根据语法规则去识别句子的句法结构、语义表征等；而语用过程是将句子的语义表征与该话语在一定语境条件下的理解结合起来。在语用过程中，听话人的目的就是获取说话人希望传递的信息，而此信息是值得听话人努力去理解的唯一信息。

Fodor(1983)认为，语言系统是一个模块系统。其中语法是一个重要的组成部分，是联系句子的语音表征和语义表征的一种代码。如果语用过程也是一种模块系统的话，那就等于说存在一种语用代码(pragmatic code)。此外，有学者认为，语用过程是模块式的，是语法的延伸。于是，便会形成这样一种结论：交际必须与代码的运用有关。Wilson 和 Sperber(1991)对语用模块说进行了反驳，笔者将其归纳如下：

（一）语用过程是高度依赖语境的信息处理过程

如果话语理解是一个对说话人的交际意图进行解码的过程，那么就必须存在某种解码算法，即解码规则，也就意味着听话人可以运用该算法规则去理解话语，包括推导话语的隐含意义、确定施为用意(illocutionary force)等非字面意义。然而，在实际交际中并不存在可以对说话人的交际意图进行解码的某种算法规则。下面两种情况说明了这一点：

（1）听话人不具备说话人所期待的某种语境假设（即语境知识）时，他就无法利用某种算法规则去理解话语。如：

[1] A：Ozzy Osbourne's coming to dinner.

B：I'll bring a bat.

听话人 B 必须获知有关 Ozzy Osbourne 的语境知识。如果 Ozzy Osbourne 是一位摇滚乐手，那么多义词 bat 在这里就可以理解为一种打击乐器。

（2）听话人有多种语境假设，由此可对某一话语产生若干不同的理解，而只有其中一种理解是说话人所期待的。那么，他利用什么样的算法去决定哪一种理解才是恰当的呢？例如，当某人演讲时出现了一个口误，此时 A 悄悄对旁边的 B 说：

[2] That was interesting.

其中的 that 究竟是指演讲人的口误，以及他所举的例子还是所提出的理论，显然不能根据某种算法进行解码，只能依靠语境信息进行推导，确定恰当的指称信息。

(二) 语用模块说无法解决话语理解中的不确定性问题

根据代码模式,说话人传递的思想或内容可以通过话语进行编码,听话人在话语理解时就需要进行准确的解码。然而,语用模块说却不能对隐含意义、修辞性话语(如隐语、反语等)、文体效果(style effects)等进行准确解码。交际只能实现说话人所传递的信息与听话人所理解的内容之间的某种相似性(similarity)。交际双方的认知语境假设越趋同,说话人所传递的话语信息与听话人的理解结果之间的相似性就越大,交际成功的可能性也就随之增大。

(三) 在有的情况下,不使用语言代码,也能实现交际

[3] A:How are you feeling today?

　　B:[从桌子上拿起一个药瓶递给对方看]

此例中 B 没有直接回答对方的提问,而是拿出一个药瓶给他看,仍然传递了自己感觉不舒服的信息。从中可以看出,有时交际并不是编码和解码的问题,而是向对方提供相关证据以帮助推导说话人交际意图的过程。

Wilson 和 Sperber 从以上三方面对语用模块说进行了反驳,否定了语用过程是模块化过程的观点,并提出了有关交际与认知的理论,即关联理论。

三、认 知 语 境 观

关联、最佳关联是人类认知的关键。为此,人们总会有选择地注意一些现象,而且也会以某种方式对这些现象进行表征,并在一定语境条件下对它们进行处理。那是为什么呢? Sperber 和 Wilson(1986/1995)认为,说话人总是倾向于生成最关联的话语,听话人也会倾向于注意那些最关联的现象,并在产生最佳关联的语境条件下对它们进行处理。需要注意的是,最佳关联才是认知的关键,最大关联有时并非是最佳关联。这是关联理论的重要理据:最大关联属于认知关联原则(即第一条原则),最佳

关联是交际关联原则（即第二条原则），所谓关联原则主要是指第二条原则。

为了揭示语言交际的认知状态，并提出交际的推理模式，Sperber 和 Wilson 提出了不同于传统意义的语境观。长期以来，人们都认为语境分为语言语境与非语言语境，包括语言知识、社会文化背景知识、说话人与听话人、交际的时间和地点等情景因素；而且很多学者坚持语境是已知的或给定的（given），即语境是在交际行为进行之前就已经确定了（参见西槙光正，1992）。传统语境中的各种要素是实现推理的重要语用因素，这一点没有引起人们的过多怀疑。然而，这样的语境观不能完全说明语用推理的实际过程，不能反映交际时说话人、听话人的认知心理状态。

根据关联理论，语境是一个心理结构体（psychological construct）（Sperber & Wilson，1986：15），是一系列存在于人们大脑中的假设，所以语境也称为认知语境，其假设称为认知语境假设。在语言交际中，对话语理解起主要作用的就是构成听话人认知语境的一系列假设，而不是具体的情景因素。因此，从这种意义上讲，语境不仅仅限于客观环境等非语言语境、话语本身等语言语境。

认知语境是一个内容十分广泛的概念，包括认知中的各种信息。它具有动态的特征，也就是说认知语境不是听话人在话语理解之前预先确定的，而是在话语理解过程中不断选择的结果。从本质上讲，话语理解涉及听话人对语境假设的不断选择、调整与顺应。例如：

［4］A：小朋友，这么早就放学了？

　　B：我今天没上学。

　　A：为啥呢？……

说话人 A 是根据自己对 B 的认知语境假设来生成话语的，然而他原来所选择的语境假设（即"B 今天应该上学"）是错误的。也就是说，A 的第一句询问应该是不关联的，他没有得到所期待的回答，即证实自己的认知语境假设。但这并没有影响交际的继续进行，因为 B 的回答使 A 获取了新信息：B 今天没去上学。这一新信息与 A 原来的认知语境假设相互矛盾。这就是一种语境效果（contextual effect），所以 A 的询问也具有关联性。所以，成功的交际过程其实就是说话人、听话人不断根据话语所取得的语境效果去改变、调整以及选择认知语境假设的过程。上例可图示如下：

A：询问—语境假设：B 今天应该上学 ┐
B：回答—新信息：　 B 今天没有上学 ├ 相互矛盾
A：再询问　　　　　　　　　　　　　┘ 改变、调整认知语境
↓
交际的继续

以上例子充分说明了，语境除了语言语境、非语言语境之外，还应该包括认知语境。此外，在交际过程中认知语境信息是动态的，而非静态的。认知语境是在话语理解过程中不断选择的结果，即是听话人的一个重新构建，而不是在理解过程之前就事先确定好的。在认知语境的重新构建中，听话人会利用百科知识、逻辑知识以及语言知识等去生成与当前话语信息相关的语境信息或假设。

人类交际的目的就是要改变对方的认知，为此说话人所提供的信息应该是新的，要能改变听话人的语境假设，即产生语境效果，话语才具有关联性。语境效果是新信息与旧信息、新假设与原有假设之间相互作用的结果，其实是形成的一种新的语境。这一过程被称为"语境化现象"（contextualization）。通过该过程，旧的语境假设或旧信息不断得到修正、补充与优化。所以，认知语境与话语的关联性是密不可分的。

认知语境对话语理解具有重要作用。根据关联理论，话语理解是一个根据话语所提供的信息或假设去寻找话语的最佳关联性的一个推理过程。而推理过程也就是根据说话人所提供的新信息或假设，再从认知语境中选择最佳关联假设，从而推导话语所传递的交际意图。在话语理解过程中，听话人需要通过一系列的语境假设去处理说话人的话语所提供的新信息或新假设，获取该新信息或新假设所产生的语境效果，从而推导出话语的含意，理解说话人的交际意图。所以，对话语理解起主要作用的就是听话人的认知语境假设。

在交际情况不确定的时候，听话人会自觉或不自觉地运用逻辑知识、百科知识以及语言知识等进行推导，而这种系统化的知识性推导主要依靠的就是认知语境假设。在很多时候，话语的不确定性也表明了语言本身的不完备性，这种不完备性往往是由认知语境为基础的推导去补充、调整的。因为认知语境是一种结构化、认知化的语用因素，所以语言交际过程就是认知语境的参与过程。

总之,在关联理论框架中,关联性是始终制约人类交际的基本因素,可看做一个常量。而语境则是一个变量,主要指认知语境,是一个心理结构体。语言的交际过程就是一种认知语境的参与过程,其中涉及到语境假设的选择、延伸、调整与顺应等,所以它可以揭示交际的认知状态。说话人与听话人在认知语境上越是趋同,交际就越容易成功。所以,笔者认为,交际过程实际上是双方认知语境信息或假设的趋同过程,只有这样才能实现说话人所传递的话语信息与听话人理解结果之间的最大相似性。

四、话语理解中的语用制约

程序信息(procedural information)是英国学者 Blakemore(1987,1990)在解释话语联系语(discourse connectives),如英语中的 so、after all、but 等,对信息处理的制约作用时率先提出来的。她认为,它们表示的是话语之间或话语与语境之间的一种关系,这种关系在处理话语的命题意义、语义信息时起语用制约作用,这就是程序信息。因此,so、after all、but 等话语联系语包含的程序信息通过所表示的话语关系,引导听话人的话语理解,为话语信息处理提供一种认知方向,从而实现对话语理解的制约。这样就会减少听话人话语理解时所付出的努力,增加话语理解成功的机会。

包含程序信息的语言结构可能在两方面对话语理解产生影响:(1)对推导话语所表征的语义信息直接进行制约;(2)对话语理解所需要的语境进行制约,即程序信息会影响话语理解时的语境构建。

此外,英语或汉语中的很多词语或结构都可以表示程序信息。如下例中的斜体部分,本文统称为话语标记语,它们所表达的不是其字面意义,或概念信息,对话语理解所起的作用主要是引导听话人如何识别前后话语间的语境关系或语用信息关系。如:

[5] 王小姐:以前我俩的关系很好,他经常晚上,一般两三天吧,给我打电话聊天,一聊就是半个小时……

主持人:*看来*,你们至少有很多话可讲,谈得来。*也就是说*,你们还是很有共同语言。

王小姐:呃,对呀。*不过*,我发现后来他给我的电话越来越少了,……

(录自广东卫星广播热线电话节目,1998 年 10 月 5 日)

此例中斜体部分所表达的是一种"元话语信息"（metadiscoursal information）。"元话语信息"实际上是一种语用结构体（pragmatic construct），表示一系列的语用关系。它可以帮助人们认识说话人是如何影响或制约话语之间的信息关系，或通过该信息表达说话人的某种认知态度等。可见，元话语信息是一种非语义信息。具体地说，"看来"表明其前、后话语之间的一种推导性关系，说明其后的话语是前面所讲内容的一种总结或信息推导；在有的情况下还可以表示一种语境推导。"也就是说"指前后话语所表达的语义信息之间的一种平行关系，或信息转陈关系（reformulation），其主要认知功能就是通过语言上的明示，向听话人暗示该标记语后面所转陈的话语信息更加容易理解；当然，它还可以表示一种推导关系，"P，也就是说，Q"可生成出"P→R，也就是说 R＝Q"这种推导关系可以反映话语理解时的一种解释过程。"不过"的作用就是表明前、后话语之间的一种信息对比关系，起的是一种语用否定作用。所以，以上结构主要是表示一种关系，为话语理解提供一个认知方向。

程序信息是与概念信息相对应的。概念信息是话语所表征的一种语义信息，它关注的是话语传递了什么样的信息，回答的是 what；而程序信息是有关如何处理这些表征意义的信息，回答的是 how，所以程序信息其实是一种语用信息。

根据关联理论，说话人能够对听话人寻找话语的关联性进行控制。使用话语联系语、话语标记语或元话语结构（metadiscourse structures）等是制约话语理解的明示语言手段之一。当说话人认为对方能够直接获取正确理解该话语的语境信息或语境假设时，他就不会使用话语联系语等之类的语言手段去制约听话人的话语理解。然而，英语、汉语等语言中都存在一些结构或表达式，其作用仅仅是引导听话人理解话语，给话语理解提供一个语用认知导向，让听话人沿着它去寻找话语之间或话语与交际情景之间的某种联系以及话语与认知语境之间的关联性，从而保证听话人在付出较少的努力以后，进行正确的语境选择与恰当的话语理解。又如：

[6] A：Susan's not coming today.

　　B：Tom's in town.

　　B1：*After all*，Tom's in town.

　　B2：*You see*，Tom's in town.

B3：*However*，Tom's in town.

B4：*So* Tom's in town.（Blakemore，1990：367）

[7] ……

记者：还会有其他原因吗？

石雪清：*老实说*，这一段时间我一直在负责俱乐部的经营，根本没跟队。现在正是敏感的时候，董事长王建林正在沈阳和徐根宝在一起，估计他们会谈一谈吧。*就我所知*，队伍目前的情况比较复杂（随即突然而止）。

（《羊城晚报》，"万达目前情况较复杂"，1999 年 4 月 12 日第 8 版）

例[6]中，B 可能产生多种理解，即其关联性不明确。但如果说话人在前面加上不同的话语联系语，如 B1—B4，话语间的联系就更加确定，听话人的理解也就越受制约。同样，例[7]中的斜体部分表示话语之间的一种程序信息关系，对话语语篇理解也会产生重要影响，有利于听话人寻找话语间的关联性。以上斜体结构的话语功能很难根据传统的句法特征或语篇衔接机制进行解释，而且话语连贯理论（coherence theory）也不能完全解释它们出现的认知心理理据（何自然、冉永平，1999）。

在言语交际中，话语标记语本身的语义信息（即字面意义）不是它们在话语中所要呈现的主要信息，但通过它们的语义信息将前话语、情景信息或背景信息与后话语联系起来，体现它们之间的一种语用信息关系。这种语用信息关系体现的又是前话语与后话语之间的一种意义连贯关系，对听话人寻找话语与认知语境之间的关联性起制约作用。所以，话语标记语对话语理解所起的作用不是本身所编码的模块式的句法语义限制关系，而是通过其明示关系对话语理解实现一种认知上的语用制约。其目的就是让听话人在明示—推理交际中话语理解时付出尽可能少的努力，增加信息处理成功的机会。这就是实现语用制约的认知心理理据。

五、结　语

在话语生成时说话人必须要对听话人的话语理解进行某些制约。最基本的方式之一就是使用话语标记语。它们影响的不是话语的真值条件，而是为听话人提供话语间的语用信息关系，让听话人在话语理解这种语用过程中更加容易寻找话语的关联性,从而选择、延伸或调整认知语境信息。这就是一种语用认知制约。

言语交际是说话人的明示与听话人的推理二者相结合的一个过程,而不仅仅是传统意义上的编码与解码,其中说话人的明说与暗含都包含在这个明示与推理的交际模式中。根据关联理论,交际的目的就是为了改变对方的认知,具体而言就是改变听话人的认知语境假设,即产生语境效果。这就为说话人对听话人的话语理解进行语用制约提供了一种理据。

总之,言语交际其实就是在一种说话人的引导、制约与听话人的选择、调整以及顺应这种互动(interactive)过程中实现的。这也说明语用处理过程不是模块化过程。

参考文献:

Blakemore, Diane. 1987. *Semantic Constraints on Relevance*. Oxford: Basil Blackwell.

Blakemore, Diane. 1990. Constraints on Interpretations. *Proceedings of Sixteenth Annual Meeting of the Berkeley Linguistics Society*. Berkeley Linguistics Society (ed.) Berkeley, California.

Fodor, Jerry A. 1983. The Modularity of Mind. Cambridge, Ma: MIT Press.

Johnson-Laird and N. Philip. 1983. *Mental Model*. Cambridge University Press.

Nicolle, Steve. 1998. A Relevance Theory Perspective on Grammaticalization. *Cognitive Linguistics*, Vol. 9. 1 - 35.

Sperber, Dan & Deirdre Wilson. 1986/1995. *Relevance: Communication and Cognition*. Oxford: Blackwell.

Wilson, Deirdre & Dan Sperber. 1991. Pragmatics and Modularity. In Steven Davis (ed.) *Pragmatics: A Reader*. Oxford University Press. 583 - 595.

何自然、冉永平,1998,关联理论——认知语用学基础,《现代外语》第 3 期。

何自然、冉永平,1999,话语联系语的语用制约性,《外语教学与研究》第 3 期。

西槙光正,1992,《语境研究论文集》,北京:北京语言学院出版社。

熊学亮,1996,语用学与认知语境,《外语学刊》第 3 期。

(原载《外语与外语教学》2000 年第 8 期)

语用推导机制

基于模型的语用推理

徐盛桓

一、引　言

本文试图发展一种以认知理论为框架的基于心理模型的语用推理研究范式。基本观点如下：

认知过程指大脑在抽象知识系统的制约下对客观世界的感知、抽象、储存、组合、表征的心理过程，语用推理同这些活动都有关。

语用推理依赖心理模型，是创建和操作模型的认知过程，心理建模是推理的基本形式。

心理模型是人们心智中知识结构的组织形式，心智中的知识是人们对事物间的常规关系的认识，体现为以相邻/相似关系的抽象知识为维度组织起来的类知识，并分解为小型知识集。

语用推理是通过心理建模对感知的话语进行下向因果求索，需要从长期记忆和工作记忆中抽取和整合推理的前提，求索的切合点是泛因果关系。

语用推理同日常话语理解没有本质上的区别。

这一研究，一方面继承当代语用学关于语言运用的基本立场，另一方面又有别于过去对含意推导研究以"原则"为取向的范式。本文的研究参照认知科学特别是认知心理学关于人的认知能力包括语言运用的认知能力的研究成果，采取心理实在论的立场。根据我们认为语用推理同日常一般话语理解没有本质上的区别这一"认知连续统"的观点，有望这一基于模型的语用推理假说也能为语言理解问题研究提供一个普遍成立的工作假说，即为语言理解的认知机制提供一种可能的解释。本文只着重说明为什么将心理建模看成是推理的基本形式。"基于心理模型的常规推理理论框架"在徐盛桓（2006）有较完整的表述，可参阅。

二、语用推理：原则与模型

语用推理研究取得了成功的进展。半个世纪以前，Grice 为语用推理研究奠定了语码—推理的研究进路，这一直是语用推理研究的范式；Sperber 和 Wilson 的明示与推理，是把推理建筑在交际双方对交际话语、交际情景和交际意图互明的基础上，最终的理解也离不开推理。对推理能力的说明，从 Grice 开始，各学者的研究都是将其归结为一(些)语用原则。各学者都沿着"原则"的思维模式研究语用推理，有着明显的好处，这就是有利于先后研究的积累和比较。事实上，当代语用学研究现在已经蔚为大观，这同语用推理研究的理论先后继承又相互辉映，有着直接的关系。但合作原则、关联原则等，也受到一些质疑。例如"合作"是否需要、"合作"是怎样来的，以及"关联原则"能否证伪等。这些质疑，很大程度是对"合作"和"关联"的心理实在论的质疑，而目前的科学水平，对此恐怕还无法作出有或无的认定。

对这个问题的考虑，作为另一种进路，不妨参照认知科学的一些经验。认知科学目前有多个研究范式并存：计算主义、连通主义和行为主义。以计算主义而论，它的研究假设，认知主要是基于理性主义的符号运算，认知的本质是计算，大脑作为信息处理系统，是处理符号、进行符号运算的形式系统，而描述认知和智能活动的基本单元是符号。计算主义范式在一些不需要背景知识或只根据少量背景知识就可精确控制的领域取得了成功，但也受到了质疑。这些质疑主要不是要求实证大脑是否实实在在地进行符号计算，这在目前是无法进行实证的；质疑主要是这样提出问题的：既然认识事物的过程的本质是计算，那么就要追问，客观对象是否都可以符号化、形式化以适应计算，以及即使形式化了，其复杂程度是否都能为计算过程所承受。事物的形式化及其是否可计算可以表现为事物自身的一种外在形式，比较容易观察。这样，就把一个目前无法证实或证伪的问题转换为一个至少是在一定程度上可观察的问题。基于这样的考虑，我们进行的语用推理研究，也可回避目前无法证实的某些方面，而把理论框架建立在一些比较可观察的因素上，这就是为什么我们提出"基于心理模型的语用推理"假说（hypothesis of MM-based pragmatic reasoning）。

语用推理模型论研究并不自今天起。早在 1992 年，人工智能科学家 John Bell 就提出以模型图式（model schema）和模型外接（model circumscription）为主要方法的语用逻辑模型理论（Bell，1992），并发展为一项基于模型完成的语用推理（the model-based implementation of pragmatic reasoning）的研究。不同的是，Bell 的模型建基于心理逻辑，而我们拟提出的模型建基于对心理模型的知识结构的分析。

三、关于心理模型

"心理模型"（mental models, MM）这一概念，是美国心理学家 Kenneth Craik 在 1943 年出版的 *The Nature of Explanation* 提出来的。他试图对人类的认识提出一种总体的解释，认为人对世界的认识和解释是通过心理模型这一机制。Craik 去世以后，他的这一假设在 1980 年代重新引起注意，其中 Gentner 和 Stevens 1983 年编的论文集 *Mental Models* 和 Johnson-Laird 1983 年出版的专著 *Mental Models* 的影响较大。根据 Craik 的说法，心理模型是心智对实在的或想象的情况的表征，人们运用这样的表征来理解各种特定现象，以作出预测、推理和解释。Norman 曾给出对心理模型的概括说明：心理模型是"人们在同环境、同其他人、同科技的人造物相互作用过程中所形成的同自己和同涉及的事物有关的内在的心智上的模型，这些模型为理解所面对的相互作用提供预测和解释力"（Norman，1983）。Craik 曾经说明，人们所建构的心理模型，其实是许多的小型的心理模型（small-scale models）。正因为这样，在英语文献中，mental models 常用复数。有的心理模型研究者进一步指出，所谓心理模型，其实就是大脑深处关于世界的内心映像，正是这些映像把我们的思想和行动限定在我们熟悉的范围之内；心理模型是微妙的，因为通常人们并不会意识到它的存在及其影响；心理模型也是强有力的，因为它可以限定人们的思想和行动（Senge，1990）。

近二三十年，对心理模型的描述主要有两种有代表性的观点。一种以 Gentner 和 Stevens 等学者为代表，他们认为心理模型是大脑里以长期记忆为基础的知识结构所形成的内心映像，包含一系列人们所面对的情景，而且提供同这些情景有关的各种系统的活动的信息，是可表征外部世界物理系统因果机制的心智内部的概念系统（Gentner，1983）；另一种以 Johnson-Laird 为代表，他认为心理模型作为一种心理表征，指的是人们以即时的短时记忆为基础建构起来的知识结构所形成的心理映像；人们为表征现实而建构起来的这样的内部模型与外部世界的"关系模型"具有相似性；心理模型的运用是人类进行推理的基本形式（Johnson-Laird，1980，1983）。

心理模型的研究更是当前认知科学研究的一个热点。认知科学家在进行认知心理学和人工智能研究时常常参照心理模型的研究成果。认知科学把心理模型建构看成是大脑对外部世界的内在表征，强调心理模型的建构来源于人类先在的经验知识和有关图式知识及过去解决问题的策略的积累；心理模型并不是一成不变的；心理模型的运用是认知活动的重要组成部分（Markham，1999）。参考众人的论述，从认知的维度来说，心理模型还有如下重要特征：心理模型是认知主体知识结构的表现形式，或称心智中的知识的基本组织形式，这一抽象的知识结构由大大小小的类知识或抽象知识的"知识集"构成，是人们的知识、经验、信念经由大脑的长短期记忆储备起来并经抽象和整合，成为复杂的知识网络系统，体现为由历时、共时的各种规则规律汇集成的集合体，这些规则规律组成默认的层级和结合为各种范畴；心理模型将复杂的现象抽象为一个个简单的表征形式，通常是以"如果 x 则 y"的形式呈现出来；心理模型是一切推理活动的心理基础（Johnson-Laird，1980；DiSessa，1983；Brewer，1999；Khella，2002；Nersessian，2002；Holland，Holyyoak，Nisbett，and Thagard，1986）。这样的观点，是赋予心理模型一种较为广义的阐释，是一种广义的心智上的模型，"在外延上包含了在推理过程中起作用的各种内部知识结构"，使我们"可以利用认知心理学家［所］关心的心理意象、语义特征、语义网、原型、框架、脚本、图式、心理模型、知觉符号系统、素朴理论等形式的内部心理结构的研究成果"（李平、李大超，2005）。有研究者把心理模型里的知识结构类比为"图式"一类的概念（Driscoll，1994）。不同的科学家对这样的知识结构作过不同的表述；除了框架、脚本、计划以外，还有诸如常规关系、心理意象等。

上文曾经提到过，Craik 曾经假设，人们所建构和操作的心理模型，其实包含许多小型的心理模型。在我们看来，这些小型的心理模型，实质上体现为小型的知识结构。这些小型的知识结构是若干不同范畴的小型知识集（minimal set of knowledge），分布为多层级的支系统和分系统，纵横交错连通在一起。所谓建构和操作心理模型，就是依靠认知主体心智中由抽象知识组织起来的类知识所建构的小型知识集进行信息的编码、组织或补偿，以期获得新知识。小型知识结构里图式的内容，我们倾向于用常规关系知识来体现。

四、心理模型与常规关系

过去十多年来，学者对常规关系作过很多研究。从本原来说，常规关系是事物间的一种自然关系：任何事物都存在于一定的时间、空间、条件、环境，事物有自身的外在形式、内部结构、作用功能，事物有其发生、发展变化、终结的过程，这些过程都会有其前因后果，呈现一定的形态，表现出一定的性质特点，而且事物同周围环境还会相互作用，从而同他事物也建立关系，如此等等。这些被人们认识或想象为如此以后，就会以知识形态或社会意识的形态作为认识成果固定下来，于是某一事物同另一事物之间的关系，或某一事物的某一状态同某一（些）时间、空间、性状、形态、功能、变化、因果等之间的关系，就会被认定为较为经常性规约性地建立起来的联系，成为某一"常规关系"的基本内容。这样的认识成果可以用语言表达形式体现出来，成为人类的第二信号系统（徐盛桓，1993a，1993b），例如"谢幕"、"下馆子"、"上茶楼"、"考研"、"坐轻轨"等，就凝聚了一连串的常规关系。从本体论来说，常规关系是事物自身的关系；从认识论来说，常规关系是社会群体以关系方式把握世界的认知方式和传播媒介；从方法论来说，常规关系作为认知世界的一种方式方法，成为认识事物的一种图式（徐盛桓，2002）。在认知科学，有人利用常规关系作为建构缺省推理的理论工具（Lehmann，1998）；在语用学，常规关系可用于研究话语理解和语用推理的机理。从话语理解的含意推导来说，常规关系为语言的表达所利用，在话语中体现为含意或称隐性表述（implicit expression）的具体内容，对语句的显性表述（explicit expression）作出阐释或补足，使话语得以理解为相对完备的表达，这就是以常规推理进行的含意推导（徐盛桓，2003，2004，2005，2006b，2006c）。

近年来，对常规关系的研究又有了深化，从更为抽象的层次对常规关系作了新的概括，认为常规关系在人们大脑里的知识结构中，是作为小型知识集分布的，分布为多层级的支系统和分系统，由相邻和/或相似关系把它们纵横交错地连通在一起。这就是说，［相邻 ±］、［相似 ±］可以作为审视常规关系的两个维度（徐盛桓，2004，2005，2006b，2006c）。做出这样的新概括，出自两方面的考虑：一方面，两事物间肯定可以从［相邻 ±］、［相似 ±］两个维度表现出它们之间的关系，从很相邻/相似到很不相邻/相似，没有什么事物是不能从这两个维度来观察它同另一事物的关系的，而且比较容易观察；另一方面，人们感知外界事物的心理特征，也强烈受相邻、相似关系的影响。格式塔心理学关于人们感知事物的完型趋向理论有几项原则，其中包括相邻律、相似律。按照我们的理解，这几项原则既分工又合作，对人们感知外界事物的完型倾向作出了完整的说明。完型趋向刻画了人们感知事物时表现出的趋向于"完型"的基本倾向：在条件许可下，总是倾向于以过去的经验为依据，将感知对象识解为一个"好"的完型整体。相邻律、相似律说明影响人们作出完型感知的两个维度，即相邻的事物和相似的事物分别都倾向于被识解为一个完型整体。这是心理模型研究从格式塔理论所得到的启示。

一事物/事件可以看成是一个"单位"。人们对一事物/事件的认识可以分解为若干小的单位。例如，"考研（考研究生）"可根据人们的知识和经验大体可抽象为：（i）报名—（ii）初试—（iii）复试—（iv）获取（不/录取）通知这样的常规关系，这是以（i）与（ii）相邻、（ii）又与（iii）相邻……建立起来的常规关系集，这样的常规关系集是一个以连锁的相邻关系整合成的横组合型的常规范型；其中的例如"报名"、"初试"……也分别是由一连串相邻事件整合成的横组合常规范型。"考研"又可能是"受专门教育"这大一点的单位的其中一个的组合环节，并可以同其他一些相关的环节一起又整合为诸如"受教育"、"人生路上"之类的横组合型的更大的常规范型。"考研"、"考雅思"、"考公务员"、"考空姐"等又可以其一定程度的相似性整合为纵聚合型的常规范型。这里相邻/相似的程度很可能是不相同的。例如，各种各样的"考"，报名时都要"付费"，但不同的"考"可能有不完全相似的付费方式：考初中很可能当场缴交，考研究生可能通过汇款，考雅思/托福就肯定要通过银行了。就算都是考研，不同学校、不同时期也会有不一样的交报名费的方式。人们掌握这些常规范型是以长期记忆为基础进行心理建模的过程。相邻维度和相似维度就是这样以抽象知识的形态影响着人们对常规关系的把握。就这样，通过相邻和/或相似关系，把体现了常规关系的小型知识集连通为具有多层级的支系统和分系统的知识结构。或者说，以相邻、相似的抽象知识，将有关的类知识组织起来了。

通常，相邻涉及时间相邻、空间相邻、因果相邻、性状相邻、领属相邻等；相似包括类比相似、模拟相似、象征相似、概括相似等。相邻相似除要求一定的物理性质的基础外，有些还需要心理性的想象和认同。相邻和/或相似认定的过程就是一种以关系的方式来把握世界的认知方式；所谓以关系的方式把握世界，就是把握住认知语言学所说的世界的"关系性"（relationality）：具有常规关系的两事物互为对方的"关系体"（relational entities），一关系体的存在总是内在地（inherently）蕴含着另一关系体的存在，从而有可能将事物连成一个可以理解、可以解释、可以预测的网络（Croft，2004：67）。既然常规关系可以体现为相邻和/或相似关系，因此可以进而说，具有相邻和/或相似关系的两关系体，一关系体的存在总是内在地蕴含着另一关系体的存在；在一定的语境下，提到 x 就可能意味着 y。[①] 例如妈妈发现抽屉里的钱少了一百块，问她准备考高中的孩子，孩子说：今天去报名了；"报名"所涉及的一连串的相邻的关系就有可能帮助听话人把情况弄清楚。

---

① 在话语 A 中出现 x，如果在某一可认定的情境中（语言的和非语言的、实际出现过的和只是认识上的，等等）x 同 y 相邻/相似，则 A：x→A：(x)y（"→"表"内在地蕴含着"或"可推导出"）。在认定了 x 曾同 y 相邻/相似前提下，这可简化为因果式："如果 x 则可能(x)y"，并可引申出若干引理（corollary），如：

　　＜1＞ 交换律：在话语 A 中出现 x，如果在过去一语境中 x 曾同 y 相邻/相似，则可能 A：x→A：x'y；

　　＜2＞ 突变律：在话语 A 中出现 x，如果在过去一语境中 x 曾同 y 相邻/相似，则可能 A：x→A：xy'；

　　＜3＞ 集成律：在话语 A 中出现 x，话语 A 是关于{y}的，则可能 A：x→{y}。

　　并都可简化为：如果 x，则可能 x'y/则可能 xy'/则可能{y}（徐盛桓，2006c）。

五、心理模型与语用推理

为什么说语用推理的基本过程和基本形式在于建立和操作心理模型？

言语交际要进行语用推理，除了如 Grice 所说，人们的表达有非自然意义之外，还有一个要从语言自身的特征去找的更为深层的原因，这就是语言的表达总是不完备的。含意本体论称语言运用的这一特性为话语的含意性（implicativeness），即话语通常都是有含意（implicatives）存在的，含意在语言运用中不仅仅是修辞性的，它在语言表达中具有本体地位。含意可以看成是话语的隐性表述（implicit expression），话语的字面表达是话语显性表述（explicit expression）。显性表述通常都是不完备的，有待它所蕴含的隐性表述即含意加以补足或阐释，成为相对完备的表达，亦即达成对话语相对完备的理解交际者需要推导出隐性表述即含意，用它来补足和/或阐释显性表述，这就是我们对语用推理的理解（徐盛桓，1996a，1996b，1998）。对于含意，学者们有宽窄不同的定义，我们泛指"人类运用语言表达时所利用到的，是言词以外的，但又是为语言单位的形音义所承载的意思"（徐盛桓，1996a）。这里有三点值得注意：这意义是在交际中要运用到的、起作用的，但不是词语的自身的概念意义，却又是同词语的形、音或义有关。

话语字面显性表述的不完备性，首先是人们在运用语言进行交际时可切身体验到的。对于"他明天坐轻轨来"、"坐电梯"等，人们所理解的内容，肯定包括了超出显性表述字面所承载的概念意义，例如，如果真正"坐"在"轻轨"上是无法"来"的，而电梯是不能"坐"的。显性表述的不完备性，可以从语言的"代谢转换律"作出解释。徐盛桓曾说明，语言存在与变化至少有三种规律性的现象，其一可归结为"代谢转换律"，大意为：语言单位例如语句的现存状态是可以在一定条件下转换的，转换前后的语法、语义、语用总的信息量、功能量不变，变换的是三者之间信息量、功能量的调整（徐盛桓，1993b，2001）。从理论上说，显性表述的不完备性可以从哥德尔的不完备定理（Gödel's Incompleteness Theorem）（http://www.miskatonic.org/godel.html）得到证明。根据不完备定理，任何一个看来是足够完备的系统都是不完备的，有待系统外的因素加以补足。

我们常说,话语的理解要有语境,其中核心的原因,就是语言的语义系统是不自足的,而一个句子的句法结构也不能把它所要求的所有语义因素都映射进去,要同外部环境交换信息。这就是从语境中提取所需的信息进行阐释和/或补足。既然话语都是不完备的,话语的理解就都会包括一个要推出其隐性表述以期获得其相对完备表达的过程;这个过程,就是语用推理的过程;这个过程的基本形式是建构和操作心理模型。下面从一个例子说起,这个例子见《北史·卷四十七·列传第三十五·袁聿脩传》:

(西魏大宁初,尚书郎袁聿脩以太常少卿身份到各省巡视。经兖州,曾任尚书的老朋友邢卲任兖州刺史,临别时向袁赠送白绸。袁聿脩婉拒,在给邢卲的信中说:)"今日仰过,有异常行,瓜田李下,古人所慎。愿得此心,不贻厚责。"(邢卲复信对此表示理解。)

这里要理解什么是"瓜田李下,古人所慎",这就是推导出这话的含意。假设袁聿脩是第一个使用"瓜田李下"这说法的人。当他写到"今日仰过,有异常行(今日到此不是平常出行)"之后,下面想说因此要避嫌。如果直白地提到"避嫌",可能使邢卲面子很不好过,于是他想到古乐府《君子行》有几句诗云"君子防未然,不处嫌疑间;瓜田不纳履,李下不整冠"用于此非常贴切。这时他有两种选择:全文照引或简化。他选择了简化,把这几句诗简括为四个字"瓜田李下"的不完备表述;"瓜田李下"意味着什么也没有明说,这样的表述也是不完备的。邢卲也都是熟读诗书之人,当他读到"瓜田李下"时,他会通过其心理模型中建基于长期记忆的知识结构实施 A:x→A:(x)y 的感知过程,于是在他的大脑映像中会将"瓜田"、"李下"同与之相邻的其余诗句构成一个整体(集成律:话语 A 出现在{y},则 A→{y});这样,"瓜田李下"就被感知为:"君子防未然,不处嫌疑间;瓜田不纳履,李下不整冠"。同原文相比,这已经较为完备了,但还要再进一步识解才更为完备;这时可运用相似性感知方式,即在话语 A 中出现 x,如果在某一可认定的情境中 x 同 y 相似,则 A:x→A:(x)y:瓜田纳履、李下整冠,疑似摘瓜摘李;不这样做,就避免怀疑了。

从这个例子可知,所谓话语理解,就是找一个理由,把前后的话语连通为"讲得通"的说法。不作阐释补足,袁聿脩的话可能费解;若补足和阐释为"古人瓜田不纳履,李下不整冠,以求不处嫌疑间",那就"讲得通"了。这个理解过程可体现为一连串的"如果 x 则 y"的推理过程:

如果是"瓜田李下"（显性表述），则可能是"瓜田不纳履，李下不整冠"（隐性表述1）。

如果是"瓜田不纳履，李下不整冠"，则可能是"君子防未然，不处嫌疑间"（隐性表述2）。

如果是"君子防未然，不处嫌疑间"，则可能就是"古人所慎"之处（隐性表述3）。

从这个例子可以看出，语用推理的实质，是根据有关的显性表述，利用心理结构的知识集，通过一连串的"如果x则y"的推导进行显性表述和隐性表述的交替编码、组织和补偿，不断获得新认识，最后得到对有关话语用在这里的恰当的理解。这个过程，是在下向因果关系（downward causation）作用下局域话语之间的相互影响进展为话语的整体性解释的过程。下向因果关系指这样的一种情况：较低层级的所有过程受较高层级的规律制约，并且按这些规律行事（Cambell，1974，1990）。"高层次对低层次组分（组成成分）的选择力和控制力是下向因果力的主要形式"（参见范冬萍，2005）。下向因果关系的作用使得处于局域的较低层级的某种相互作用得以激活或抑制：较低层级的某种相互作用若顺应高一级层级的环境时它就被选择而被接受下来并向更高的层级发展，否则就被排斥。我们将话语运用的显性表述看成是话语表达的较低的层级，而该话语实际想要达到的交际目标看成居于较高的层级，从而具有下向因果力。在话语运用中，对于一个表达单位，它所承受的下向因果力通常具体地通过上下文体和语境表现出来，例如会话中的问话、行文的前句、所在段的话题句、话题段、题目及语境等。所谓谋求话语的理解或解释，就是通过对不同层级的话语相互作用的考察，追溯其中的下向因果力对这些层级的显性表述的影响，接受合理的，拒绝不合理的，直至最高层级；说明其中的推理过程就是揭示其中的下向因果关系的形成。例如，只从抽象的"瓜田"、"李下"来说，在人们的知识结构中其实是有可能激活多种常规关系，从而是可能设想多种解读的，例如有可能认为在瓜田李下方便摘取而吃。这也可能形成一连串的"如果x则y"的理解过程：

如果"瓜田李下"，则可能指同种瓜李之类的水果就近。

如果指同种瓜李之类的水果就近，则可能指易于取吃。

但是，这一局域的可能性只要进到体现交际目标的上下文，同"有异常行，……古人所慎"相互作用，就会发生冲突，未能顺应这一层级环境的下向因果力的要求，从而遭到排斥，更不要说到了最高的层级涉及婉拒邢卲赠送白绸了：

  * 如果"瓜田李下"可识解为"易于取吃"，则"今日仰过，有异常行，瓜田李下，古人所慎，愿得此心，不贻厚责"可理解为"今日仰过，有异常行，就近瓜果，易于取吃，愿得此心，不贻厚责"。

这样的理解就会"说不通"。从这里可以看到，作为下向因果力的主要表现形式的高层级对低层级的选择和控制，就是显性表述触发的常规关系的多样性在下向因果关系的压力下收敛为一个最合理的可能性。

根据以上的认识，我们试图建立**基于心理模型的含意推理因果化模型**，内容如下：以心理模型的知识结构为参数，根据初始条件约束和边界条件约束在知识结构里建立下向因果关系域，话语的显性表述在域内搜索常规关系，并在下向因果力的制约下被因果化，使话语在知识结构里突现因果关系从而获得理解。模型具体表达如下：

前提：言语交际的逻辑先设设定，话语中所涉及的对象和事件之间的关系是常规关系。

因果化过程：

1. 根据初始条件约束和边界条件约束，设 Y 为下向因果关系域。
2. 根据常规关系，话语显性表述 H 在 Y 域内被因果化。
3. 据此认定隐性表述 I。
4. 据 I 获得对 H 在域内的合理性解释。

约束条件：

1. 初始条件约束，即话语 H 提供的约束。
2. 边界条件约束，即从对语境认定提供的约束。

参考文献：

Bell, J. 1992. Pragmatic Reasoning: a Model-based Theory. In M. Masuch and L. Polos. (eds.) *Applied Logic: How, What and Why*? A selection of papers from the Applied Logic Conference. Amsterdam: Kluwer Academic Publishers.

Brewer, W. F. 1999. Scientific Theories and Naive Theories as Forms of Mental

Representation: Psychologism Revived. *Science and Education*. 8 (3). 489 – 505.

Cambell, D. T. 1974. Downward Causation in Hierarchically Organized Biological Systems. In F. J. Ayala & T. Dobzhansky (eds.) *Studies in the Philosophy of Biology*. London: Macmillan Press. 179 – 186.

Cambell, D. T. 1990. Levels of Organization, Downward Causation, and the Selection-theory Approach to Evolutionary Epistemology. In E. Tobach & G. Greenberg (eds.) *Scientific Methodology in the Study of Mind*. NJ: Erlbaum Hillsdale. 1 – 17.

Croft, W. and A. D. Cruse. 2004. *Cognitive Linguistics*. Cambridge: Cambridge University Press. 67.

DiSessa, A. 1983. Phenomenology and the Evolution of Intuition. In D. Gentner and A. L. Stevens (eds.) *Mental Models*. Hillsdale, NJ: Erlbaum.

Driscoll. 1994. 参阅 Unit 2: Cognitive approach I — Basic information processing model, http: //education. indiana. edu~p540/webcourse/cip. html.

Gentner, D. and D. R. Gentner. 1983. Flowing Waters or Teeming Crowds: Mental Models of Electricity. In D. Gentner and A. L. Stevens (eds.) *Mental Models*. Hillsdale, N.J. : Erlbaum.

Hamm, R. M. 1988. Clinical Intuition and Clinical Analysis: Expertise and the Cognitive Continuum. In J. Dowie & A. Elstein (eds.) *Professional Judgement: a Reader in Clinical Design Making*. Cambridge: Cambridge University Press. 87.

Holland, J. , K. J. Holyoak, R. E. Nisbett, and P. Thagard. 1986. *Introduction: Processes of Inference Learning and Discovery*. Cambridge, MA: MIT Press.

Johnson-Laird, P. N. 1980. Mental Models in Cognitive Science. *Cognitive Science*. 4.

Johnson-Laird, P. N. 1983. *Mental Models: Towards a Cognitive Science of Language, Inference, and Consciousness*. Cambridge, MA: Harvard University Press.

Khella, A. 2002. http://www. cs. umd. edu/class/fall2002/cmsc838s/tichi/knowledge. html.

Lehmann, D. 1998. Stereotypical Reasoning: Logical Properties. *Logic Journal of the Interest Group in Pure and Applied Logics*. 6(1). 49 – 58.

Markham, Arthur B. 1999. *Knowledge Representation*. Hillsdale, N.J. : Erlbaum

Associates.

Nersessian，N. J. 2002. The Cognitive Basis of Model-based Reasoning in Science. In P. Carruthers，S. Stich & M. Siegal（eds.）*The Cognitive Basis of Science*. Cambridge：Cambridge University Press.

Norman，D A. 1983. Some Observations on Mental Models. In D. Gentner and A. L. Stevens.（eds.）*Mental Models*. Hillsdale，N.J.；Erlbaum.

Senge，P. N. 1990. *The Fifth Discipline: The Art and Practice of the Learning Organization*. Doubleday Currency.

范冬萍，2005，论突现性质的下向因果关系，《哲学研究》第 7 期。

李　平、李大超，2005，基于模型推理的科学认知论题，《哲学研究》第 10 期。

徐盛桓，1993a，新格赖斯会话含意理论和语用推理，《外国语》第 1 期。

徐盛桓，1993b，论常规关系，《外国语》第 6 期。

徐盛桓，1993c，语言学研究的方法论问题（下），《现代外语》第 1 期。

徐盛桓，1996a，含意本体论研究，《外语教学与研究》第 3 期。

徐盛桓，1996b，话语的含意性，《外语研究》第 3 期。

徐盛桓，1998，隐性表述论略，见张绍杰、杨忠主编《语用·认知·交际》，长春：东北师范大学出版社。

徐盛桓，2001，语言学研究方法论探微，《外国语》第 5 期。

徐盛桓，2002，常规关系与认知化，《外国语》第 1 期。

徐盛桓，2003，常规关系与语句解读研究，《现代外语》第 2 期。

徐盛桓，2004，成语的生成，《暨南大学华文学院学报》第 2 期。

徐盛桓，2005，语用推理的认知研究，《中国外语》第 5 期。

徐盛桓，2006，常规推理与“格赖斯循环”的消解，《外语教学与研究》第 3 期。

徐盛桓，2006b，“成都小吃团”的认知解读，《外国语》第 2 期。

徐盛桓，2006c，相邻和补足——成语形成的认知研究之一，《四川外语学院学报》第 2 期。

（原载《外国语》2007 年第 3 期）

空间映射论与常规含意推导

朱永生　蒋　勇

一、引　言

Fauconnier(1997：728)指出，如果语言学家仅进行语料数据的统计和语篇及会话结构的形式分析，其语言学理论的阐释力将非常有限，因为他们忽视了言语背后的百科知识和各种推理方式在实时意义构建（online meaning construction）中的作用。Fauconnier（1985/1994，1997）提出的空间映射论，就是要说明意义是言语者在语符信号刺激下所进行的概念的跨空间映射（cross space mappings）的结果。本文拟先追踪空间映射论的理论渊源，然后分析空间映射在常规含意推导中的作用。

二、空间映射论的理论渊源

2.1　对函数映射原理的运用

人们通常用映射（mapping）来描述两个集合间元素的对应关系。设x、y是两个集合，如按照某种对应法则 F，对于集合 x 中的任何一个元素，在集合 y 中都有唯一的元素与它对应，这样的对应叫做从集合 x 到集合 y 的映射，x 与 y 的函数关系是 y = F(x)，表示在某变化过程中有 x 和 y 两个变量，x 为自变量，y 为因变量。

在语言学文献中，映射主要指概念间的认同关系（identical relation）和对应关系（corresponding relation），也称匹配关系（matching relation）。空间映射论（Fauconnier, 1985/ 1994, 1997；Fauconnier & Turner, 1994；Fauconnier & Sweetser, 1996）运用数学中的映射原理来分

析联想和认知运算过程,认为这一过程就是使一个心理空间中的概念与另一个或一些心理空间中的概念产生映射联系。例如,当我们在商店里看到一幅画时,可以想象把这幅画挂在我们自己家里的情形。这时,我们的意识就由商店的心理空间转向自己家里的心理空间,分别呈现于两个心理空间中的同一幅画构成认同型映射关系。再如,孙膑与田忌赛马,孙膑的马和田忌的马在认知运算时各为一个心理空间,而潜在的映射方式有九种。孙膑选择了最佳的一种,即用自己最差的马与田忌最好的马比赛,用最好的马与田忌中等的马比赛,用中等的马与田忌最差的马比赛,结果两胜一负。孙膑的马与田忌的马构成匹配型映射关系。

2.2 对 Nunberg 语用功能理论的发展

Nunberg(1978)的语用功能理论主要用以分析间接指代现象。他指出,由于心理、文化、局部语用等方面的原因,人们会在不同性质的客体之间建立一些纽带和关联,借助这些纽带和关联,人们可以用一客体间接地指代另一客体。Fauconnier(1985/1994,1997)把 Nunberg 的语用功能理论发展成为认同原则(Identification Principle),又称可及性原则(Access Principle),用来分析借代、隐喻、预设和虚拟语气等语言现象。他(Fauconnier,1985/ 1994)借用函数的映射公式把可及性原则表述为:"假设有两个客体 a 和 b,通过语用功能连接,即b=F(a),那么我们可以通过指称、描述和指向 a 来找到与 a 对应的 b。"如图 1 所示,a为触发概念(trigger),b 为目标概念(target),F 为关联成分(connector)。

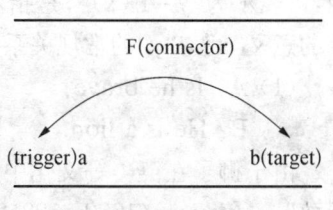

图 1　摘自 Fauconnier (1985/ 1994: 5)

三、常规含意推导中的三种空间映射方法

3.1 常规含意

Grice(1957)认为应对语义加以细分,可按下列方式切分:

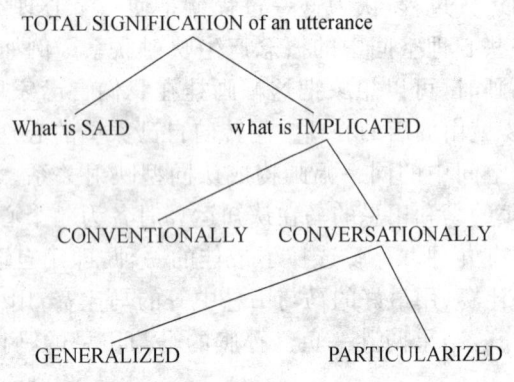

图2 转引自 Levinson(2000: 13)

　　如图 2 所示,Grice 将话语总的意义分为明示意义和含意,含意又分为常规含意和会话含意,其中会话含意又分为一般会话含意和特殊会话含意。根据 Grice 对三种含意的定义,我们认为这三种含意都可借用函数公式来表达。一般会话含意可表示为"y = F1(x)",指不依赖语境、根据会话准则"F1"从明示意义"x"推导出的含意"y"。特殊会话含意可表示为"y = F(x + k)",它是指通过演绎推理方法"F"使明示意义"x"与语境信息"k"进行复合而推导出的含意"y"。常规含意不在会话含意范畴之内,可表示为"y = F(x)",是指不依赖于语境,根据特定语言表达形式明示的意义"x"与"y"的常规关系通过映射方法"F"推导出的含意"y",如:

　　(1) A: Is he brave?

　　　　B: He is a lion.

　　由于狮子在英美等文化中是勇敢的象征,所以 B 的意思是说"他非常勇敢"。Levinson(1983: 128;2000: 15)认为,常规含意有同会话含意相对立的五个特点:不可取消性(指不依赖于可取消含意的语境假设)、可分离性(指依附于特定的语言表达形式)、不可推导性(指不需运用语用原则和语境知识,而只需根据规约进行推导)、相对确定性(指意义或内容相对确定)、非普遍性(指并非都能从所有语言含有相同真值条件的表达形式中得出同样的常规含意)。但是,Grice 和 Levinson 都只给出了常规含意的定义和特性,未进一步分析常规含意的推导过程。本文试图用空间映射论来具体分析常规含意的推导过程。在 Grice 和 Levinson 对常规含意阐释的基础上,我们认为由事物或概念之间的常规关系所构成的概念结构制约着常规含意推导中的空间映射活动。听话人将事物的常规关系内化为概念结构,把它们储存到长时记忆中,在理解言语时启动某些概念元素,并根据概念结构中概念元素之间既有的常规关系,把概念结构从一个心理空间投射到另一个或一些心理空间(投射映射),或使一个心理空间中的概念元素与另一个或一些心理空间中的概念元素产生映射联系(认同映射和对应映射)。Fauconnier(1997:8-10)认为,人们进行思考和交谈时,就是在建构心理空间之间的映射联系。他把空间映射分为主要的三类:投射映射(projection mappings)、语用功能映射(pragmatic function mappings)和图式映射(schema mappings)。我们认为,常规含意可以通过这三种空间映射形式产生。

3.2 投射映射与常规含意

投射映射相当于相似联想,是根据事物、事件或状态的模糊相似性把一个心理空间的概念结构投射到另一个心理空间,即用一个心理空间的概念结构领会另一个心理空间的概念。Fauconnier 认为,隐喻思维和隐喻言谈属于投射映射。如:

(2) Vanity is the quicksand of reason. (Fauconnier,1999:117)

例(2)是一句隐喻性谚语,其目标域是指人的理智与虚荣的关系,其源域则指旅行者和流沙的关系。在隐喻的源域中,旅行者陷入流沙中,到达不了目的地。同样,在隐喻的目标域中,理智受到虚荣心的干扰,人们有时不顾一切地贪图一时的虚荣,失去了理智,终归失败。图 3 重构了人们最初理解这句谚语时的空

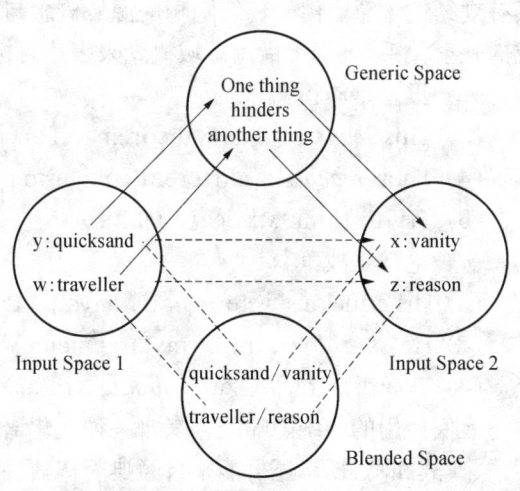

图 3 根据 Fauconnier(1999:117)(有改动)

间投射过程。

图 3 中,左右两个输入心理空间分别代表隐喻的源域和目标域,连接它们的虚线箭头代表它们通过类属空间进行间接映射的关系;上边的心理空间代表类属空间,含有与隐喻的源和目标域相似的概念结构,人们在理解隐喻时首先需从隐喻的源域中抽取反应事物规律性的、高一级的概念结构,具体而言,在理解例(2)时首先需从 Input Space 1 中提取出"One thing hinders another thing"的概念结构,然后把它投射到 Input Space 2 中,用它去把握目标域,将虚荣和理智的关系理解为虚荣妨碍人们的理智行动。下边的心理空间代表复合空间,它表示人们领会了隐喻后把两个输入心理空间中相对应的概念作为同一范畴中的范例组合在一起,并将其匹配关系存入长时记忆中,以便下次运用时直接从长时记忆中调出。然而,传统隐喻和新鲜隐喻的理解过程不同。在理解传统隐喻时,人们不需经历图 3 中所示的投射过程,只需利用储存在长时记忆中隐喻的源域和目标域之间约定俗成的匹配关系,直接把源域的概念投射到目标域中。因此,传统隐喻具有约定俗成的常规含意,而新鲜隐喻的理解需要结合语境知识才能产生特定的含意。Lakoff(1987/1996)认为,传统隐喻反映了相同文化的人们共有的理想化的认知结构(Idealized Cognitive Models,ICMs)。传统隐喻成为镶嵌在民族语言中的认知结构的一部分,具有规约性含意。由于传统隐喻的源域概念与其目标域概念具有约定俗成的映射关系,人们常借用源域概念来表达目标域概念。如:

——推理是旅程:

(3) This *leads* to a new theorem.(Fauconnier,1997:10)

(4) They *reached* a different conclusion.(ibid.)

(5) Try to think *straight*.(ibid.)

——论辩是战争

(6) His criticisms were *right on target*.(Lakoff & Johnson,1980:4)

(7) He *shot down* all of my arguments.(ibid.)

(8) You disagree? Okay,*shoot*!(ibid.)

人们使用的传统隐喻既可来自一种文化语言中的隐喻性谚语、成语、俗语、典故和寓言等,还可能来自经典著作,它们被全民奉为待人处世、辨物正言、权衡利弊的法则。例如,当我们奉劝别人不要过早地显露锋芒以免生祸患时常说："潜龙勿用"；当我们警告别人要克制自己的贪欲时常说："亢龙有悔"。它们来自被奉为儒家经典之一的《周易》中的"乾"卦：

(9) 乾：元亨利贞。初九：潜龙勿用。九二：见龙在田，利见大人。

九三：君子终日乾乾，夕惕若；厉无咎。九四：或跃在渊，无咎。

九五：飞龙在天，利见大人。上九：亢龙有悔。用九：见群龙无

首，吉。（《周易》）

乾卦的爻辞是以一条虚构的龙的行动描述事物如何在运动中发展，并指出每一阶段应注意的事项。由于它有序地陈述了具有普遍意义的事物发生、发展、变化的进程，被古往今来的人们反复引用，获得了常规含意。后人在引用和理解它时只需通过直接的空间投射，把龙的潜伏、飞升和坠落直接投射到人的活动上，使龙的活动与人的活动进行一一映射。

由于传统隐喻的含意具有约定俗成的性质，所以幽默的制造者有时故意使故事中的人物对传统隐喻进行与读者不同的解读：读者依据传统隐喻的常规映射关系读出隐喻的常规含意，而故事中的人物只对隐喻进行字面解读。例如：

(10) 雅克是位屡建战功的游击队长。一位记者问雅克的父亲："雅

克是如何走上抗击法西斯的道路的呢？"雅克把记者带到后院，

指着一堵矮墙说："他就是从这里参加游击队的。"（《读者》，

2000/18：34）

英、汉语等常用旅程来指代做事。对记者问话中隐喻的理解需要进行规约性的隐喻投射，"如何走上抗击法西斯的道路"应是指参加反法西斯斗争队伍的经历和原因。讲故事的人故意让雅克的父亲对记者的问话进行字面理解，违反读者的期待视野，利用读者的回读产生幽默效果。

3.3 语用功能映射与常规含意

语用功能映射接近于联想，认知者由一事物联想到在空间或时间上与之相近的事物。语用功能映射是概念结构内部的相互映射，即借代性映射。是什么使人们能用一个概念去间接指称（借代）另一概念呢？人们不能随意将两个概念联系在一起。Fauconnier（1985/1994，1997）同意Lakoff（1987/1996）的观点，认为被纽带所连接的概念是理想的文化认知模式中的构造元素。不同心理空间之间的概念由于先验、文化和经验等

的作用构成联想关系,只要讲话人提到其中一个概念,听话人就有可能启动另一个或另一些概念。Fauconnier认为言语信号只是讲话人为了引导听话人在心理空间中穿行而设立的路标。由于人们可以用不同的视角去感知同一事物,所以讲话人可从不同视角去呈现同一事物,于是言语信号引导听话人把同一事物置于不同的心理空间,一个心理空间的事物通常在另一相关心理空间中有它的对应物,从而构成认同关系。例如:

(11) 妻子对其丈夫说:"我更爱以前的那个你。"
这句话中的"我"是指现在空间中的"我","你"是指过去空间的"你"。不仅如此,讲话人还可以把同一指称者的有关信息分别置于不同的心理空间中,在言语交际时用一个心理空间的概念去唤醒另一心理空间的概念,所以空间映射论对间接指称现象具有较强的阐释力。如:

(12) I am in this museum. (Song,1998:96)
例(12)是一位画家站在博物馆前对朋友说的话。它引导听话人构建两个心理空间:一个是言语空间,含有画家本人和他的朋友;另一个是博物馆空间,存有画家的作品。由于画家与其作品的语用功能映射关系,讲话人可以用言语空间中的"I"指代博物馆空间中的"my painting",如图4所示:

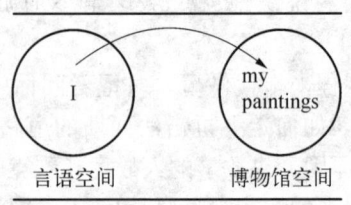

言语空间　　　　　博物馆空间

图4

各民族的语言中都有各种类型的传统借代,它们或由于文化语境的约定俗成(如汉语用"看门"专指"看家"),或由于具体场合的规定(如餐馆里厨师和服务员约定用顾客点的菜专指顾客,医院里医生和护士约定以病名专指病人),工具概念(vehicle concept)能指代规约性的目标概念(tenor concept),传递常规含意,等等。

Panther和Thornburg(2000:230)指出,许多类型的借代为全世界的语言所共有,只是不同的语言加以不同程度的利用而已。Panther和

Thornburg（1999：335）把借代分为命题型借代（propositional metonymies）和言语行为的借代（illocutionary metonymies）。命题型借代又分为指称型借代（referential metonymies）和述谓型借代（predicational metonymies）。指称型借代如例(12)等。述谓型借代如：

(13) a. She was able to finish her dissertation.

    b. She finished her dissertation.（ibid.：334）

虽然例(13)中的a、b两句在语义层面上不是等同的，但在语用层面上却能传递同样的命题内容，所以讲话人可以用a句的内容借代b句的内容，用行为者的能力借代实际情况。它属于英语中以潜在性借代事实（potentiality for actuality）的传统借代。言语行为的借代就是讲话人在传递言语之力时用一种言语行为借代另一种言语行为。Panther和Thornburg(1999：335)认为言语事件和其他事件一样，都可被视为行为场景（action scenario），按时段可分为前段（the before）、核心段（the core）、结果段（the result）和后段（the after）。例如，指令类言语行为（directive speech acts）的场景结构是：

前段：听话人能够做某事；讲话人欲使听话人做某事。

核心段：讲话人把做该事的义务交给听话人。

结果段：听话人必须/应该做该事。

后段：听话人将做该事。

其他言语行为，如承诺类、表达类等言语行为都有大致相似的场景结构。Panther和Thornburg认为，讲话人可以用场景中的一个时间段去激活和借代另一时间段或整个时间段。根据时间是空间的隐喻，我们可以把产生言语行为的不同时间段视为不同的心理空间，讲话人用一个心理空间的言语行为借代另一个心理空间的言语行为。例如：

(14)John，you will take out the garbage.（ibid.：337）

在例(14)中，讲话人用后段借代核心段。

Panther和Thornburg的言语行为借代理论能解释本族语者言语交际能力的重要方面。本族语者在言语交际中对文化中约定俗成的间接言语行为的习得能帮助他们理解和识别讲话人的言语之力，提高言语技巧，做到说话得体。讲话人对间接言语技巧的掌握（如会用"Could you…?"来表示请求），以及对它的常规含意的领会，是言语能力成熟的标志。而对外族语的学习者来讲,这种使用间接言语行为的语用技巧却不那么透明,不易把握,其习得需要靠跨文化交际的语用经验和(通过视、听、说)对外语交际场合的了解以及对人文网络的百科知识的掌握。

3.4　图式映射与常规含意

图式映射是指用抽象的图式、框架或模型来理解话语,是认知图式的自上而下的投射。例如,在理解"Mary buys gold from Jill"这句话时,人们需要启动和投射商品交易的知识框架,将角色的值 Mary、Jill、gold 分别填充到框架中的角色"买主"、"卖主"和"商品"的槽孔中。图式映射在言语中的反映首推句法构式(syntactic constructions)的映射,听话人通过句法构式的映射解读语句的常规含意。例如:

(15) Rachel sneezed the napkin off the table. (Mandelblit,2000:200)

Mandelblit(ibid.：201)认为例句(15)的编码信息虽然只显现 Rachel 打喷嚏和餐巾纸从桌子上掉下这两个事件,没有明示这两事件间的因果关系,而且"sneezed"一词本身只包含"打喷嚏"的概念,不包含"打喷嚏使……"的概念,但听话人拥有英语句法构式中的"致使结构"(caused motion construction)的知识,通过致使结构的映射解读出前后两个事件之间的因果关系。同样,人们在赌酒量时常自夸道:"我可以把你喝到桌子底下去!"其中的使动意义是通过映射汉语的致使结构而得出的。Fillmore 等(1988)的构建语法(construction grammar)认为,句法构式在语言的层次结构中独立存在,它产生于句法形式(syntactic form)和语义结构(semantic structure)的匹配。Goldberg(1995)、Fauconnier 和 Turner(1996)、Fauconnier(1997)、Mandelblit(1997,2000)也持同样观点。我们认为,由于言语交际的经济原则,句法构式的语义结构和其代表的概念结构(conceptual structure),即事件结构之间的关系不是一一对应的关系,而是一对多的关系,语义结构上的概念元素总是少于概念结构上的元素;听话人在推导语句的常规含意时需要启动句法构式,补充语义结构所省略的信息。Goldberg(1995)认为英语致使结构的语法形式是"NP VNP PP",与此对应的概念结构是"a causes b to move to c by doing d"。Fauconnier(1997)把 Goldberg 的研究成果运用到空间映射

论中,认为语句的语义结构是语法空间与概念空间的映射和复合,如图 5 所示:

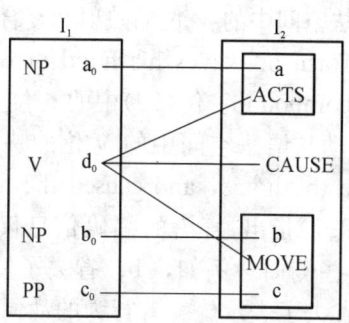

图 5　摘自(Fauconnier,1997:173)

在图 5 中,左边方框 I_1 代表语法空间,其中的 NP + V + NP + PP 代表英语致使结构中的语法结构,右边方框 I_2 代表概念空间,其中的概念结构 [a ACTS] CAUSES [b MOVE to c] 表示施为者采取某一项行动,造成了受动者的位移。$a_0 + d_0 + b_0 + c_0$ 代表语法空间与概念空间进行映射、复合后产生的语义结构,a_0 位代表施为者,b_0 位代表受动者,c_0 位代表移动的方向,而 d_0 位由于语法结构与概念结构之间不同的映射关系而产生不同的复合情况:在英语中 d_0 位既可用代表施为者行动(ACTS)的动词来充当,又可用代表施为者与受动者之间的使动关系(CAUSE)的动词来充当,还可用代表受动者移动(MOVE)的动词来充当,于是,在表示使动意义时,英语至少有三种可供选择的映射、复合方式。例如:

(16) Junior sped the toy car around the Christmas tree. (Fauconnier & Turner,1996:176)

(17) Sarge let the tank into the compound. (ibid.:118)

(18) She trotted the horse into the stable. (Mandelblit,2000:200)

例(15)中 d_0 位置上的"sneezed"是概念空间中施为者的行动与语法空间中 V 位的映射和复合,表示的概念结构是:Gogol sneezed, and caused the napkin to move off the table。例(16)中 d_0 位置上的"sped"是概念空间中受动者的移动与语法空间中 V 位的映射和复合,表示的概念结构可以是：Junior pressed the remote control, which caused the car to speed up around the Christmas tree。例(17)中 d_0 位置上的"let"是概念空间中使动关系与语法空间中的 V 位的映射和复合，表示的概念结构可以是：Sarge signs a form or waves his hand or opens the door. The tank moves into the compound。例(18)中的 d_0 位置上的"trotted"是概念空间中受动者的移动与语法空间中的 V 位的映射和复合，表示的概念结构是：She drove the horse, and caused the horse to trot into the stable。Mandelblit(1997)指出，言语的编码信息仅能呈现概念结构的某些侧面而省略另一些侧面。例如，(14)省去了使动动词和表示受动者移动的动词，(15)省去了表示施为者行为的动词和使动动词，(16)省去了表示施为者行为的动词和受动者移动的动词，(17)省去了表示施为者行为的动词和使动动词。因此，人们在言语推理时必须启动和映射句法构式，补充语句的编码信息中所省略的信息，推导出语句的常规含意。

四、结　语

Fauconnier(1999：96)指出，语言表达形式本身仅具产生意义的潜势，它只有与人们的认知结构相互作用时才能产生意义；言语信号只是讲话人为了引导听话人进入一系列心理空间而设立的路标。概念映射能力是人类的生物进化能力，经验、学习和想象使它得到强化和改善。尽管并没有危险存在，丛林中的动物在感觉到风向变化、听到响动时会马上逃跑，因为这可能意味着会出现一只美洲虎。同样，人们看见一棵大树将要倒下，就知道必须避开。在推导常规含意时，听话人依据概念之间的常规映射关系进行概念的跨空间投射和映射，由显性信息推导出隐含信息。Fauconnier(1999：98)指出，交际双方能够配合默契，各自在言语信号的刺激下建构相似的空间映射联系，把握对方的意图，取得很好的交流效果，这确实令人惊叹！他认为，这主要是因为交际双方的文化知识、语境知识和认知结构很大部分是重叠的，所以在建构意义时能达到一致。空间映射论可以解释大部分日常言语交际中快捷、常规性的言语推理机制。

参考文献:

Fauconnier, G. 1994. *Mental Spaces: Aspects of Meaning Construction in Natural Language*. New York: Cambridge University Press. (Originally published in 1985. Cambridge: MIT Press.)

Fauconnier, G. 1997. *Mappings in Thought and Language*. Cambridge: Cambridge University Press.

Fauconnier, G. 1999. Methods and Generalizations. In T. Janssen & G. Redeker (eds.) *Cognitive Linguistics: Foundations, Scope, and Methodology*. Berlin: Mouton de Gruyter.

Fauconnier, G. & E. Sweetser (eds.). 1996. *Spaces, Worlds, and Grammar*. Chicago & London: The University of Chicago Press.

Fauconnier, G. & M. Turner. 1994. Conceptual Projection and Middle Spaces. UCSD Cognitive Science Technical Report 9401.

Fauconnier, G. & M. Turner. 1996. Blending as a Central Process of Grammar. In A. Goldberg (ed.) *Conceptual Structure, Discourse, and Language*. Stanford: Center for the Study of Language and Information. Stanford: CSLI Publications.

Fillmore, C. J., P. Kay & C. O'Connor. 1988. Regularity and Idiomaticity in Grammatical Constructions: The Case of *Let Alone*. *Language*. 64. 501 – 538.

Gibbs, R. W. Jr. 1999. Speaking and Thinking with Metonymy. In Klaus-Uwe Panther & G. Radden (eds.). 1999.

Goldberg, A. 1995. *Constructions: A Construction Grammar Approach to Argument Structure*. Chicago: The University of Chicago Press.

Grice, H. P. 1957. Meaning. *Philosophical Review*. 67. 377 – 388.

Kövecses, Z. & G. Radden. 1998. Metonymy: Developing a Cognitive Linguistic View. *Cognitive Linguistics*. 9/ 1. 37 – 78.

Lakoff, G. 1987/ 1996. *Women, Fire, and Dangerous Things: What Categories Reveal about the Mind*. Chicago: The University of Chicago Press.

Levinson, S. C. 1983. *Pragmatics*. Cambridge: Cambridge University Press.

Levinson, S. C. 2000. *Presumptive Meanings: The Theory of Generalized Conversational Implicature*. Cambridge, Mass., London: The MIT Press.

Mandelblit, N. 1997. Grammatical Blending: Creative and Schematic Aspects in Sentence Processing and Translation. Ph. D. dissertation, University of California, San Diego. (Available at http: //cogsci. ucsd. edu/ ~ faucon/ NILI/ contents. html)

Mandelblit, N. 2000. The Grammatical Marking of Conceptual Integration: From Syntax to Morphology. *Cognitive Linguistics*. 11. 197 - 251.

Nunberg, G. 1978. *The Pragmatics of Reference*. Bloomington, Ind. : Indiana University Linguistics Club.

Panther, Klaus-Uwe & G. Raden (eds.). 1999. *Metonymy in Language and Thought*. Amsterdam and Philadelphia: John Benjamins Publishing Company.

Panther, Klaus-Uwe & L. Thornburg. 1999. The Potentiality for Actuality Metonymy in English and Hungarian. In Klaus-Uwe Panther & G. Radden (eds.). 1999.

Panther, Klaus-Uwe & L. Thornburg. 2000. The EFFECT FOR CAUSE Metonymy in English Grammar. In A. Barcelona (ed.) *Metaphor and Metonymy at the Crossroads: A Cognitive Perspective*. Berlin and New York: Mouton de Gruyter.

Radden, G. & Z. Kövecses. 1999. Towards a Theory of Metonymy. In Klaus-Uwe Panther & G. Radden (eds.). 1999.

Song, N. S. 1998. Metaphor and Metonymy. In R. Carston & S. Uchida (eds.). *Relevance Theory: Applications and Implications*. Amsterdam and Philadelphia: John Benjamins Publishing Company.

Sperber, D. & D. Wilson. 1986/ 1995. *Relevance: Communication and Cognition*. Oxford: Blackwell.

van Hoek, K. 1997. *Anaphora and Conceptual Structure*. Chicago and London: The University of Chicago Press.

论语用推理的逻辑属性

——形式语用学初探①

蒋　严

一、语用学与逻辑

Grice(1975)的名篇可谓奠定了推理语用学(inferential pragmatics)的基础。从此,言语理解的推理特性得到了广泛的认同。用关联理论语用学(Sperber & Wilson,1995)的术语来说,给定言者的话语,单凭词语和句法所提供的编码信息而得到的真值条件语义解释是未确定的(underdetermined),听者需要借助隐性推理机制,从言者话语推导出显义(explicature),即话语语句自身的完整命题内容,进而推出更多的命题——高阶显义(higher-order explicature)[即命题态度(propositional attitude)]和可能存在的寓意(implicature)。然而,对这种语用推理机制的形式逻辑刻画却长期未得到广泛的重视。已有的成果并未引起语言学界的足够注意,许多语用学家认为语用推理无法用形式系统来刻画,只能用非形式的甚至是隐喻性的语汇来描述。所以,较之形式语义学与形式句法学的发展,语用学的形式化研究无疑是相对滞后的。

形式语用学研究的滞后(或曰对语用机制形式化的抗拒)一方面固然是因其较大的技术难度所致,另一方面或许也可归咎于语用学发展早期一些语言哲学家所作的断言,这些断言至今仍有相当大的影响。P. F. Strawson曾多次主张区分形式逻辑和语言使用之逻辑,认为日常言语使用的许多特征具有相当的普遍性,值得以"语言逻辑"(the logic of language)的课题立项研究。然而,在范围较窄的"形式逻辑"(formal

① 基金项目：RGC Directly Allocated Research Grant, Hong Kong：*Investigating Cognitive Semantic Structures*(编号 A－PC50)

logic)里，这种研究被理所当然地省却了。他还认为，研究语言的逻辑运作过程，不能单单考虑简单的演绎关系。必须让思维超越蕴含和矛盾这些概念，运用形式逻辑之外的许多其他的分析工具。这种研究较形式系统的研究更为复杂凌乱，不会具备形式逻辑结构所具有的优雅和系统性，但也可以既有广度又具深度，足以达到最普遍的境界(Strawson, 1952)。

Strawson 所谓的"形式逻辑"就是一阶谓词逻辑，只适用于研究陈述语句的蕴含关系。他所憧憬的"自然语言逻辑"不但涵盖"蕴含规则"，还包括了"指称规则"。他认为"指称规则"应该对影响意义的语境因素作出解释，比如对人、地、时的指称以及与之相关的存在预设问题。

Strawson 的观点代表了日常语言哲学学派的主张。该学派反对逻辑实证主义的形式论。后者企求借助蕴含关系以及对真值的验证来解决哲学的所有问题，包括对意义和用法的分析。Grice(1975, 1989)对这两种不同的主张作了极好的概述。

除了 Strawson 对指称规则的研究，同属日常语言学派的 Austin 与 Grice 也对语言运用作出了开拓性的贡献。Austin(1962)发现了语言的施为性(performative)特征，并进而区分了言语的语谓(locution)、语力(illocutionary force)和语效(perlocutionary effects)这三个方面。语力无法用真值条件来检验，而需由恰当性条件(felicity conditions)来评价，后者是语言运用所伴随的认知语境信息的一部分，有些属非语言的信息。Grice(1975)则提出了会话寓义(conversational implicature)这个重要概念以及相关的合作原则(the Cooperative Principle)和会话准则(the maxims of conversation)。这些概念都从属于 Grice 提出的会话逻辑理论。Grice 认为，"所寓之义"(what is implicated)无法根据蕴含关系而推导获得，需参照合作原则和会话准则才能推出。凭借蕴含关系只能推出"所陈之义"(What is said)。

因此，在日常语言哲学家的眼里，在一阶逻辑的形式系统之外，还存在着适用于自然语言运用的新型逻辑。这种逻辑超出了蕴含关系和真值这样的研究范围。不过，他们并没有把这种另类逻辑视为归纳逻辑。我们不妨把这种逻辑称为"语用推理的逻辑"，或简称为"语用逻辑"。

显然，日常语言哲学家并没有否定逻辑研究的重要性，否则他们就不会提出"自然语言逻辑"这样的概念并对其加以研究了。他们所反对的是用表达力不够强的逻辑系统来描写自然语言运用中的丰富内容。所以，关键在于当时的形式逻辑还不够完备、不够发达。然而，经过几十年的发展，形式逻辑已经不再与一阶逻辑同义，出现了许多新的逻辑分支，其表达能力大大强于一阶逻辑，而其严密性也可与后者相媲美。形式逻辑说到底仍然是研究人类思维推理规律的学问，而思维推理又与语言运用密不可分。尽管形式逻辑仍然需要进一步发展完善，我们不能就此认为语用逻辑永远不同于形式逻辑。从这个观点看，形式逻辑涵盖语用逻辑，这只是个时间的问题，也是逻辑学内容不断开拓创新的实践过程。

Montague 语义学的诞生意味着 Strawson 所谓的指称规则在形式语义学里得到了恰当的刻画。在 Montague 的高阶模态逻辑系统里（Montague, 1974），人、地、时的直指性用法对语境的依赖性可以通过函项来表达和解释，该函项的输入为世界–时间的索引，其输出为有关表达式的外延。此外，预设得到了从经典模型论语义学到语篇表达理论的多种形式化处理。

然而，Grice 的会话理论，特别是它那从句子的直陈义到会话寓义的推理机制，却仍未得到全面的、具一定影响的形式刻画。无独有偶，对关联理论推理机制的形式刻画也鲜有尝试，[②]更谈不上完美全面。要想揭示语用推理的本质，还需要作大量的研究。本文将讨论语用推理的溯因推理（abductive reasoning）特性，并进而讨论推理语用学（inferential pragmatics）中语用原则的性质。下面我们先对溯因推理作一概述。

二、溯因推理概述

逻辑研究有效的推理形式，推理意指从前提导出结论。不同的推理形式导致了不同的逻辑系统。就西方逻辑而言，大多数研究把推理分成三类：演绎（deduction）、归纳（induction）和溯因（abduction）。演绎推理有多条规则，可以约简为引入（introduction）和消除（elimination）两类格式，其特点是具恒真性（truth-preserving），就是说，给定前提为真且推理

---

② 主要有 Poznanski(1990)和 Gabbay et al.(1994)。

规则运用无误,结论必然为真。然而,演绎并不能推导出新的发现,因为所有的结论都已蕴含在前提之中。

归纳推理从个别事实的某些已知特性出发,推导出更多事实或所有同类事实的性质。其推理格式取以下形式:

(1) a. 所有已知的 A 皆为 B

    —————————————

    b. 因此,A 为 B

第三种推理形式是研究得较少的溯因推理,这种推理从已知的某个结果出发,试图确定与其相关的解释,所以常常被称作是寻求最佳解释的推理(inference to the best explanation)。其推理格式如下:

(2) a. C 为数据之和(事实、观察到的现象、给定的情形)   C

    b. A 为 C 之解释(如择 A,则可解释 C) $A \to C$

    c. 其他假设均不能像 A 那么好地解释 C   —————

    d. 因此,A 或为真。   A

从格式(2)可以看出,溯因推理推导力过强,任何与已知数据有潜在因果关系的论据都可能被作为结论推出。所以,关键不在于知道哪些是可能的解释,而在于限制众多的可溯之因(abducibles)以选出最佳解释作为结论。Josephson & Josephson(1994)认为,对溯因推理结论的可靠性判断应该基于下列考虑:

(3) a. A 在多大程度上优于其他选择

    b. 撇开其他选择不论,A 自己的素质如何

    c. 对数据可靠性的判断

    d. 在多大程度上可以认定所有可能的解释都考虑到了

Josephson & Josephson(1994)还指出,除了对可靠性判断的考虑,对结论的接受程度还依赖于下列两因素:

(4) a. 实用上的考虑,包括出错的代价和正确的益处

    b. 在多大程度上需要得出结论,尤其要考虑到做出决定之前进一步寻求证据的可能

对这些问题的深入讨论是下面各节的议题,在此我们仍然把内容局限在概述的层次。

现在我们引用一个简单的例子:

（5）早晨醒来你看见草坪湿了[译作 C]。你只知道如果天下雨或水龙打开了草坪就会湿[译作 A∨B→C]，因此你推测要么昨晚下了雨，要么水龙打开了[A∨B]。

引自 Aliseda-Llera（1997）

归纳和溯因与演绎的不同之处在于前两者能产生新的、不为前提蕴含的真命题（truth-producing），[3]（当然它们也可能产生假命题），而演绎只限于推导出前提所蕴含的后果。归纳与溯因的区别在于前者试图从个别导出普遍，而后者仅企望对个例提供解释。归纳和溯因都有可能产生谬误，但在许多时候，人确实需要通过推理立时得出结论，尽管这种结论有可能在其后得到的更多证据面前被证实是错误的。言语理解就是一个典型的例子。

三、溯　因　原　则

溯因中的"最佳解释"这个概念必然涉及对伴随要素的检验与评估，但伴随要素在不同性质的领域中是全然不同的集合，因此，检验评估的方法也因适用范围而异。我们先选介逻辑研究和计算科学中的溯因事例，从中领略对溯因推理原则的较为严格的刻画，以期对语用推理有指导意义。

Aliseda-Llera（1997）对可溯之因的限制问题作了一番逻辑考查，她提出，给定理论Θ（即表达式的集合）和表达式 φ（即原子表达式），α 为解释当

（6）a. $\Theta \bigcup \alpha \models \varphi$

    b. α 与Θ一致　　　[一致性原则]

    c. α 为"最简"式　　[最弱解释原则]

    [α 具某种有限句法形式（一般为原子式或其合取式）]

    d. $\Theta \mid \neq \varphi; \alpha \mid \neq \varphi$　　[解释性原则]

    e. $\Theta \mid \neq \varphi$　　　　　[新意（novelty）原则]

---

③　这个说法引自 Josephson & Josephson（1994）。

Aliseda-Llera 用一个实例做了示范,该例就是我们上文引用的(5)。[④] 在(7)中,R = 下雨,W = 草坪湿了,S = 水龙打开了。其他字母不表特别意义。我们在此关心的主要是形式,而不是内容。

(7) a. Θ:R→W,S→W　　[前提]

　　b. φ:W　　　　　　[前提]

　　c. 推理:Θ∪α ⊨ φ　[目标]

　　d. 候选 α:
　　　R,S,R∧S,R∧Z,R∧～W,S∧～W,W,[C,C→W],
　　　Θ→W.

　　e. 减 R∧～W,S∧～W
　　　余 R,S,R∧S,R∧Z,W,[C,C→W],Θ→W.
　　　[一致性原则:Θ、α 应一致]

　　f. 减 W,[C,C→W]
　　　余 R,S,R∧S,R∧Z,Θ→W.
　　　[解释性原则:α ⫫̸ φ]

　　g. 减 R∧S,R∧Z
　　　余 R,S,Θ→W.
　　　[最弱解释原则]

　　h. 减 Θ→W
　　　R,S
　　　[最弱解释原则]

现在我们对(7)作详细解释。[a,b]为前提;[c]为求解(目标)。首先[c]已经假定不能借助演绎法从 Θ 直接推出所需结果 φ,所以才考虑采用溯因法找 α。因此,下面的运算符合新意原则。[d]列出了可为 α 之值的九条可溯之因。据一致性原则,[e]将可溯之因缩减为七条。减去 R∧～W 是因为:要使前提[a]中的 R→W 式为真,当其前件为真时,后件不能为假,即不能出现 R∧～W 的情况。所以,[d]中的 R∧～W 与[a]中的 R→W 产生了矛盾,违反了一致性原则,应剔除 R∧～W。同理,S∧～W

---

④　形式化表达有较大改编,解释由笔者自撰。相关的逻辑知识可参考蒋严、潘海华(1998)。

也应减去,因为它会与[a]中的S→W相矛盾。鉴于解释性原则规定 α 所取之值应参照求解式的背景 Θ 起解释作用,也就是说,在 Θ α ⊨ φ 中,α 不应单独导致 φ,⑤所以[f]减去了 W 和[C,C→W],因为它们本身可以独立导出 φ,而无需与 Θ(即[a]中两前提)结合。根据最弱解释原则,[g]减去了 R∧S 和 R∧Z,因为既然已有 R 和 S 这两条更简单的可溯之因,将它们与[a]中两前提分别结合,应用→消除规则皆可得出 W,不需要再从 R∧S 或 R∧Z 中通过∧消除规则把 R 和 S 逐一分离出来。从这个意义上看,R∧S 和 R∧Z 为冗式,可以弃置。最后,Θ→W 提供了一个过于复杂的解释,它把自己当作了大前提,而 Θ 反而成了小前提,违反了最弱解释原则。这样的解释也过于空洞,因为它根本不考虑 Θ 所列各式内部的原子命题以及利用原子命题推导求解的运算步骤。所以在[h]列剔除。最后,我们选择了两个可溯之因作为 α 的值。⑥

本例根据逻辑上的一些形式原则,将九条可溯之因缩减为两条。如果考察对象为更具体的逻辑系统,那么理论内部的原因可以促使我们制订更有限制力的原则。这在加标演绎系统(Labeled Deductive Systems,简称 LDS)对溯因法的研究中表现得尤为清楚。

Gabbay(1991)从 LDS 和计算逻辑的角度对溯因作了以下重要论述:

(8) a. 溯因取决于证明程序

    b. 溯因原则可以是数据的一部分。换言之,数据的陈述项(declarative item)可以是表达式,也可以是溯因原则。

    c. 归纳原则只是溯因原则的特例,归纳不把 A→B 当作事实,而是通过学习得出该规则的。归纳和溯因在数学上并无区别。⑦

(9) 引自 Gabbay(1991):

        数据(Data)   查询(Query)

    a. D← I ∧ T   ? D

    b. I← L

---

⑤　同理,Θ 也不应单独导致 φ,即 Θ⊯φ,这个对 Θ 的要求与新意原则的规限是重叠的。

⑥　α 与 Θ 的值是不同的,前者不从属于后者,即 α∉Θ。

⑦　Neal(2000)认为归纳和溯因的真正区别在于只有后者涉及对规划和致因(planning and causation)的考虑。

c. T←L∧S
d. T←O∧P
e. L

　　给定例(9)左栏的前提(a-e)，欲查询 D。因为 D 无法通过演绎得到，所以采用溯因法。对此查询，我们可以拟出几条不同性质的溯因原则，它们将决定计算的形式。表达方法采用 Prolog 语言的体裁，搜索指针(pointer)总是从程序最上面的语句开始。一个可能的原则是：(i)根据需要立即引入结论。这意味着不加系统上的限制，任何直接量(literal)都可推出，[8]例如，遇到? D，便推出 D。第二种可能的原则是：(ii)只可推出不为霍恩子句(Horn clause)句首(head)的直接量。尽管引入 I 与 T 并通过∧引入规则可得到 I∧T，后者与[a]结合便能靠→消除规则得出所求结果 D，I 与 T 却不能通过溯因法获得，因为这两个直接量都在句首(即 b、c)。因此，我们只能尝试通过演绎法来得到 I 与 T。鉴于[e]中的 L 为事实句，[9]将其与[b]结合，就可应用→消除规则得 I。现在要推出 D 还需要 T。为得到 T，我们通过溯因法引入 S，S 是个合格的可溯之因，因为它不在霍恩句首，且为从上到下的搜索过程中遇到的第一个符合要求的直接量。[10] 现在，我们应用∧引入规则得 L∧S。再将后者与[c]结合，应用→消除规则得 T，最后得 D。这里，数据库的自身结构决定了可溯之因的选择。作为第三种可能的原则(iii)，我们不用经典逻辑，而采用资源逻辑(resource logic)，就不能引入 S，因为那样就会为推得 D 而重复使用 L，有悖资源逻辑的推理原则。所以我们就只能用溯因法分别引入 O 和 P 以得到 O∧P，后者与[d]结合可得 T，最后得 D。如果引入其他限制原则，推理操作还会有相应变化。

四、语言学中的溯因研究：LDS_{NL}

　　Gabbay 对溯因的研究，尤其是在(8)中引述的观点，为一个新的语言理

---

⑧　直接量指原子式或其否定式。
⑨　事实句是不带右件的霍恩子句。
⑩　鉴于 L 已经作为事实句给出，它就不是可溯之因了。

论的建立提供了理论基础,该理论就是用于自然语言理解的加标演绎系统(Labelled Deductive Systems for Natural Language Understanding,简称LDS$_{NL}$),其最新版本为 Kempson,Meyer-Viol & Gabbay(2001)。[11] 本文无法对 LDS$_{NL}$ 做详细介绍和评价,只能着重讨论该理论直接涉及溯因推理的部分。

极简言之,LDS$_{NL}$ 有以下主要设想与特征:

(10) a. 采纳"(句义)未确定"论(the underdeterminacy thesis)以及自然语言理解的语境依存观。

   b. 采纳计算语言学"析句即演绎"(parsing as deduction)的观点,并将其纳入以 LDS 为基础的证明论(proof-theoretic)理论框架。

   c. 采用程序化(procedural)策略模拟语言理解的过程,包括结构建构和言语理解。

LDS$_{NL}$ 明确地使用了溯因这个概念并将其分为两类:结构溯因(structural abduction)和语句溯因(abduction on databases)。[12] 结构溯因的基本假设是"数据本身即为溯因原则"。[13] 用 Kempson et al.(2001)的话说:"对语链作定义而得到的单一固定结构不应用来刻画自然语言的结构特征;相反,句法现象通过一系列转化得到解释,这些转化从非常弱的初始设定开始(就像语言解释过程中分析器的起始点),[14] 然后依次读入后继各词所含有的规定并随时更新,直到构建一个树形结构为有关命题提供解释。这样,对语链的句法分析就是一个不断充实的树形结构的更新过程。"由此可见,结构溯因既包括了传统的析句组句方面,又涵盖了当前语用学研究的通过语用充实构建显义的方面。为了通过充实而建立命题解释,LDS$_{NL}$ 采用了选择函项(the choice function)这样一个强力机制,以便作出在线(on-line)选择,比如确定代词所指、有定和无定名词组的解释、量化结构的逻辑依存关系等。[15][16]

---

⑪　Kempson(1996)对其理论的较早版本作了介绍。

⑫　后者直译当为数据库溯因。LDS$_{NL}$ 把语句的集合称作数据库。

⑬　见(8a)。

⑭　这里的背景知识是自动语句分析(parsing)的基本方法。

⑮　选择函项源自斯哥林函项(Skolem function),参见蒋严、潘海华(1998)的有关章节。

⑯　结构溯因处理的问题与 Hobbs et al.(1993)对区域语用学(local pragmatics)问题所作的溯因研究在范围上有许多重合之处。

LDS$_{NL}$使用的第二种溯因即语句溯因涉及根据句子自身表达的基本命题对额外命题的推算。有关预设、寓意、命题态度的语用推理都归入这类推理，具体研究成果主要有 Gabbay et al.(1994)。语句溯因采用了两个技术概念：一是关联假定规则(the Rule of Relevant Assumptions,简称 RAA)；二是查询与应答(queries and answers)的计算形式化表达。RAA 是对关联理论中关联原则的简化和形式化表述。查询与应答并无直接的语言学含义，但符合 LDS$_{NL}$程序化推理的基本思路。

　　在语句溯因中，LDS$_{NL}$把关联原则当作一条溯因原则。实际上，就是在结构溯因中，关联已经在起重要作用了，因为选择函项并不能单凭语句结构作出选择，尤其是遇到结构提供了多种选择的时候。既然 LDS$_{NL}$是模拟在线理解的，那么它就必须当即对语义表达作出有关选择，所以不能脱离关联原则。有关情况涉及回指词所指、量词辖域表达、省略结构的理解等。倘若仅仅涉及结构的构建，那么或许还不牵涉关联原则，因为如果分析得到的句法结构不止一个，也不需要当即作出选择，只要把它们都表现出来就可以了。但是，如果结构建构与语义表达和言语理解同步进行（正如 LDS$_{NL}$的做法），那么，明确的在线选择是不可避免的。否则，有关表达式的值就得不到确定，言语理解的程序就会停止。所以，结构溯因必然要涉及关联原则。

　　综合本节的介绍，LDS$_{NL}$呈现给我们的是一个集句法、语义、语用、自动分析和计算为一体的语言理论，其采用的众多技术手段分属结构溯因法和语句溯因法。溯因法在语言研究中也籍此获得了自己的特征，特别是 LDS$_{NL}$明确把关联原则假定为语言理解中的溯因原则之一。另外的原则包括语句的自身结构和类型论驱动的分析程序，在此从略。除了 LDS$_{NL}$,Fox(1992)和 Hobbs et al.(1993)也是重要而独特的研究语言分析的溯因系统。

　　需要指出的是，虽然 LDS$_{NL}$对关联原则作了形式化的表述，它尚未对该原则的运作过程作形式化，也就是说，LDS$_{NL}$仅仅在自己的框架里沿用了关联原则作为一种解释依据，但并未具体描述其运作过程。在讨论可能的延伸工作之前，我们先考察一下溯因推理与语用学理论（仅限 Grice 语用学和关联理论）用非形式化术语表述的语用推理机制之间的关系。

五、语用推理与溯因推理

Grice 的会话寓义是参照合作原则（CP）和会话准则而推导出来的，即听者在假定言者遵守 CP 的前提下，觉察到某条或多条准则被违反，进而推出寓义。但单凭原则和准则本身仍不足以保障寓义的推导。Grice (1975)进一步提出了以下推理过程：

(11) a. 言者 S 说了命题 p［违反了某个或多个准则］。

　　 b. 没有理由认为 S 未遵守 CP。

　　 c. 除非相信命题 q，否则 S 不可能是合作的。

　　 d. S 和听者 H 互相都相信需要 q 才能合作。

　　 e. S 未向 H 传递任何～q 信息。

　　 f. S 因而意使 H 相信 q。

　　 g. 在这个语境里，p 寓谓（implicate）q。

讨论到了这个阶段，不难发现(11)带有许多溯因特征。现在我们就试图用溯因术语对其重新作表述。[17] 这样做当然可能有悖 Grice 的原意，因为我们对 CP 和诸准则的本质作了新的诠释。

(12) a. 目标：给定与言者 S 及听者 H 相关的背景 θ，记作 $\theta s, h$，且有 S 之话语 p，记作 ps，求式 $\Theta \cup \alpha \vdash \varphi$ 中的 α 值，其中 Θ 之值为 $\theta s, h$，φ 之值为 ps。目标只有当 α 为命题时才能完成，即 α 具类型 t（或$<s, t>$）。

　　 b. 原则一：CP 及诸准则。两者皆可被视为溯因原则。觉察到言者对准则的违反并相信 CP 仍得到遵守，这些不但引发了对溯因目标的追求，而且对 α 的取值范围也作出了限制。此外，α 的值也会进一步受制于会话诸准则。换言之，如果 p 违反了一条或多条准则，且听者仍相信言者遵守 CP，则我们可能导出寓意 q，后者仍需符合会话诸准则。

---

⑰ 虽然可以通过信念谓词以及命题变项的量化而对(12)的内容作形式化表达，但那么做需要引进更多的技术概念，无助于本文主题的表述。所以我们仅采用非形式化的语言。

c. 原则二：一致性。S 未向 H 传递任何～q 信息。

d. 原则三：对 q 的互有信念。α 之值需是 S 与 H 的共域（common ground）中的成员。

(12b)多为笔者对 Grice 理论的个人诠释和发挥，需要进一步的澄明。CP 及诸准则不但启动了溯因推理机制，而且还对可溯之因的范围作了限制。所以它们的组合确实可以被视为根据 Grice 会话理论而制订的言语交际中的一组溯因原则。引用 Grice 那为人熟知的例子，在温文尔雅的茶会上，A 当着众人的面口出惊人之语："X 夫人是只老皮囊。"于是举座皆惊。B 在一阵难堪的沉默之后开腔道："今年夏天天气一直挺舒服的，对吗？"。B 的话违反了关系准则，传达了寓意"我们换个话题吧"（或类似的话，如：我不想谈这个/这话让人觉得很难堪/你不该这么说/小心！X 夫人的朋友在那儿听着呢，等等）。[18] 这个寓意是在假定 B 遵守 CP 的前提下推出的。不能用溯因法推出"我精神失常，言不由衷"这样的寓意，因为那样就意味着 B 没有遵守 CP。也不应该用溯因法推出"我们多谈谈这个话题吧"那样的寓意，因为这个命题 q（注意我们不是在谈原来的命题 p）会违反关系准则，也可能违反真实性准则，还可能与(11c)-(11e)相抵触。[19] 第三种可能是用溯因法推出一个寓意 q，q 为原命题 p 的阐释（paraphrasing），例如 q="今年夏天天气直到现在都很不错，你说呢？"但是，除非 p 违反了方式准则，否则从中导出这个 q 是难以接受的，因为后者并不比前者具有更多的信息量，所以同样是缺乏关联性的。现在我们设想一下第四种可能，能否用溯因法从 B 的话语 p 推导出这么一个寓意 q："A 先生与 X 夫人关系很差？"参照 A、B 对话的特定语境，推出这么个寓意似无不可，因为 q 这个命题具足够的信息量（合乎量准则）；几乎肯定为真（符合质准则）；与 A 的话语相呼应，因而在特定的语境里具关联性（不违背关系准则）；也不需要在语义的逻辑式上与 B 话语的直陈命题 p 有任何相似之处，一如 Grice 所提供的那个"正确的"寓意 q 那样[也

---

[18] 谈论天气固然是英国人惯用的启动会话或转移话题的手法。然而 B 的话还可能引出其他的寓义，视语境而定。就是说，可能有不止一个的、互有联系的寓意结伴出现。

[19] 这最后一点当然还要参照更具体的认知语境信息。

就是我们讨论过的第一种可能:"我们换个话题吧"(或类似的话)〕。这里提供的几个理由,前三个的动因是我们在(12b)提出的观点:推导出的寓意仍需符合会话诸准则。最后一个理由的依据是特殊会话寓意(particularized conversational implicature)的特性。尽管如此,我们凭直觉都不会把"A 先生与 X 夫人关系很差"这个命题当作 B 话语 p 所暗含的寓意 q。这表明以 Grice 拟定的推理机制为基础的溯因原则仍然偏弱。也就是说,这些原则的限制力仍不够强。[20] 这个缺陷在关联理论里得到了弥补,因为对关联理论来说,在给定语境中,要从 p 推出命题"A 先生与 X 夫人关系很差",听者会付出过多的释义心力(processing effort),而得不到与之匹配的合理的语境效应(contextual effects)。所以这个命题是不甚关联的。最后,(12b)-(12d)还无法对第五种情况作出合理的解释:为什么听者一般不可能从 B 的话语一次性推出多于一个的互不相干的寓意,借助列表形式或合取式同时接受它们? 实践经验告诉我们,在即时言语交际时,这种情况是较为鲜见的。关联理论为这种情形提供了恰当的解释:听者往往把对话语的第一个具足够关联度的解释当作该话语的唯一解释,而无需再搜索其他可能的解释。这似乎表明第三节(6c)所列的最弱解释原则在这里也起作用。

现在我们可以看到,在 Grice 对语用推理的论述中,真正特殊的只是合作原则和会话诸准则,其余的都是溯因推理的广义的约束性原则。Grice 自己的论述方式似乎也与我们的看法有暗合之处:他最关心的是发展推理型的意义理论,其中的一个重大贡献就是寓意的发现和刻画。至于会话准则的内容和数量,Grice 的提法完全是商榷性的。(11)所列的推理过程,大概是因为它们蕴含广义的推理运算性质,而非言语理解所

---

[20] Wilson 和 Sperber(1981)也对 Grice 推理机制的充分性提出过质疑,尤其是在处理修辞格的时候,如隐喻、讽刺等。用他们的话说,"既然有运用矛盾和比较之类的手法制成的修辞格,为什么没有借助主、宾语角色互换的辞格,以令人从'彼德爱玛丽'的不真推论'玛丽爱彼德'呢? 命题与命题之间还有许多与此类似的逻辑关系在话语理解时却从未被用上。这强烈表明我们对命题间关系的认识不单受制于逻辑要素,还受制于其他心理要素。命题间的某些关系能迅疾闪现到我们的脑海中,另外那些关系虽然从逻辑的角度看同样明显,却从不为人注意。"从我们的视角出发,这里所说的"其他心理要素就是人脑思维和交际过程中无意识地遵循的溯因原则"。

独专,所以 Grice 甚至没有对其冠以任何特殊的名称。我们再回头审视CP 和诸准则。就算它们言之成理,也不能将其视为语用推理的核心内容,并以此确立语用推理相对于逻辑推理的完全独立性。它们充其量不过是溯因推理应用于言语理解这个具体对象时,度身定造的个性化约束原则。众所周知,有的语用理论根本不用这两个概念。[21]

根据关联理论的语用观,语用推理是对最佳关联的追求。关联理论的核心内容是关联原则,引述如下:

(13) 第一关联原则:人的认知倾向于最大限度地增加关联。

第二关联原则:每个明示的交际行为都传递了一个推定,即自身所传递的信息是最佳关联的。

最佳关联推定(presumption of optimal relevance):

a. 言者意图对听者显明(make manifest)的假定之集合 I 是足够关联的,值得听者付出心力对该明示刺激信号加以处理。

b. 就言者的认知能力和可供选用的语言信号而言,言者所明示的语言刺激信号 I 是最为关联的。(Sperber & Wilson,1995:后记)

我们现在尝试从溯因推理的角度对关联理论的推理机制作分解:

(14) 认知关联原则:根据以下标准确立刺激信号的关联性

a. 追求最大认知效应并

b. 尽量减少认知心力

(15) 言语交际的关联原则:根据以下标准确立言语的关联性

a. 追求言者所能合理地传递的最大语境效应

b. 尽可能少付出释语心力

第二关联原则和最佳关联推定还蕴含着:

c. 最弱解释原则,即:听者一旦获得某个具关联度的解释,就认定它是所涉话语的唯一解释,而无需继续搜索其他关联的解释。对语境效应的定义及其产生方式(Sperber & Wilson,1995)还能保证:

---

[21] 事实上,关联理论的倡导者 Dan Sperber 和 Deirdre Wilson 认为,CP 和会话准则这些概念不能正确地反映言语交际的实质。(Sperber & Wilson,1995)。

d. 一致性(同逻辑定义)。

上列各条都显示出,关联原则实际蕴含着一组适用于认知和交际的溯因原则,与其他适用于逻辑、计算和日常推理的溯因原则有许多共同特征。

当然,在具体推理过程中,溯因常常与演绎混合进行,溯因的结论为进一步的演绎提供了必需的前提。所以,关联理论和 LDS$_{NL}$ 都随处使用演绎这个概念来描述其推理过程,但暗含的假定当然是所需前提需通过其他途径获得,这个途径受关联原则制约,也就是溯因推理的过程。

Bach(1997)对关联理论提出过这样的诘难:"……关联理论似乎假定在交际的范围里,每个人都是个应用关联理论家。也就是说,言者应该使自己的话语与听者的内在禀赋相适应,以使后者以最小的处理代价去发现最大的语境效应。"根据我们现在的讨论结果,Bach 的指责并不合理。关联理论并不是任意冥想出来的武断规定,它确实把握了语用推理的溯因实质,可以说是具备了心理现实性。如果该理论含有许多独特的规定,不带有人类思维推理的共同特征,也无法验证,那么 Bach 的批评才会切中要害。

现在我们可以得出以下结论:

(16) a. 语用推理并不那么神秘,也不那么独特,它不过是溯因推理的一种,没有必要去刻意创立"语言使用的逻辑"。

b. 不论是 Grice 会话理论中的合作原则及会话准则还是关联理论中的关联原则,它们从性质上看都属于溯因原则在言语交际中的具体应用形式。

以上结论如果言之成理的话,当然也丝毫不会抹杀上述两个理论所做出的巨大贡献。它们为言语使用制订了具体的溯因原则,功不可没。笔者谨希望通过本讨论来揭示这些语用原则乃至任何语用推理的溯因属性,以使语用学工作者能够意识到:对一般溯因理论和溯因逻辑的研究成果一定会有助于我们更深入地认识语用推理的实质与过程。对前者的形式化研究也一定会对语用学形式化理论的发展有直接的指导作用。

六、溯因与概率

前面说过,溯因原则可以多种形式出现,以适应不同性质的溯因推理。这些原则除了具有溯因的共性之外,其具体内容取决于数据的性质和结构、影响数据筛选的要素，以及人在不同类型的推理行为中的具体目标。每一类行为的溯因原则以及每一条具体的原则都需要得到精确的表述。现有文献中的语用原则当然不是终极真理，需要继续受实践的检验，有修订和发展的余地。除了分析更多的语用现象，看看有无反例可以证伪之外，我们应该探寻语用推理过程的量化手段，以便更精确地把握语境效应和释语心力这些概念，尽管这两个概念呈相对性，具体的定量值往往会让位给其他心理要素，但是这并不说明量化对语用推理的研究没有意义，只表明所涉量化的复杂性，需要考虑各种参数。最后，我们也应该努力用形式化语汇来表述溯因原则，以揭示其中蕴含的逻辑关系，从而有助于发展计算机实现。在这些方面，还有大量的工作可做。

以上讨论还告诉我们，语言研究中的溯因推理不仅涉及对命题意义的推理，还涉及对语句结构的推理。事实上还有人从语音识别、形态识别和字形识别多角度研究溯因推理。[22] 这更说明语言研究中的溯因原则也可以因数据、结构、目的而异，语言研究不存在单一的溯因原则。按 Fox (1992) 的说法，溯因可以按不同层次各自进行，较基本层次的溯因结果被传递到高一级，在那里又有新的溯因目标要实现，直到得出最后结果。

下一个问题便是如何用形式化、计量化的语汇来制订具体的溯因原则。对这个问题已经有了一些初步的答案，如 Hobbs et al. (1993) 以及 Merin (1999)。这两个论著都把概率论作为研究语用推理的可能途径，前者还明确提出了溯因与概率相结合的可能。事实上，概率论被广泛用于形式化的溯因研究，如计算科学 (Lin, 1992)、自然语言的计算机处理 (Jurafsky & Martin, 2000)、哲学上对条件命题和条件逻辑的研究 (Sanford, 1992) 等。概率论可以为语句理解动态地计量信息的聚合，而且高度形式化，有着复杂的运算体系。语言溯因的概率理论应该能计算语言理解的权重和代价 (weight and cost)，从而为计量语境效应和释语心力提供初步的方法。它也应该能为语言理解提供程序上的推理指导。这需要借助相对和复合概率算法。关键在于确定要素和变项，并制订适合语言理解的公理和定理。这样，随着结构的在线组合，某些结果的概率值会不断得到调整。对语句的溯因也能如此进行。最终的目标是针对每

㉒　参见 Fox(1992)、Josephson & Josephson(1994)。

种结构和每个可能的命题解释，我们能制订相关的要素，并算出每个要素在动态言语解释过程中，如何影响各个解释的概率值。现有的研究成果尚未能满足这些要求。Hobbs et al.(1993)只是粗浅地讨论了这种可能，且未能充分汲取推理语用学的灼见；而 Merin(1999)主要的目的在于用决策语义学(decision semantics)对 Carnap 的"关联"概念作形式化表达，未能就其他许多重要问题充分展开其研究纲领。Merin(1999)还提到了一些别人的观点，质疑用概率论刻画语用推理的可行性，并试图反驳这些观点。笔者认为，这种观点不过是对简单化地直接应用概率方法研究语用推理的质疑，只能说明我们需要发展更适合语言推理的以溯因为基础的概率方法。

一个相关的问题是语言学的划界问题。溯因与语用推理密切相关。不管是结构溯因（即区域语用学）还是语句溯因，都涉及在语境中表达和解释意义。例外的是语音、语形和文字识别的溯因，那些与句法结构和意义均无关系。但是，结构溯因所涉及的（区域）语用推理根本不应该引出关于句法自在性(autonomy of syntax)的辩论，因为作为结构溯因的语用推理只是为了在线言语理解的需要，是"析句即演绎"(parsing as deduction)或"解释即溯因"(interpretation as abduction)的具体过程，是采纳"（句法逻辑式语义）未确定"论(the under-determinacy thesis)的结果。我们认为，纯粹的结构研究可以不涉及对句法分析得出的结构作具体选择或赋值，仍然可以清楚地划归为句法本身。当然，这又引发了什么是句法的问题，它取决于对语言结构和语言过程性质的本体论假设，取决于具体的理论背景，更取决于不断的研究和探索。

七、结　语

作为一篇阐述基本立场的文章(a position paper)，本文的原创性在于从溯因推理的角度对 Grice 语用理论和关联理论做出诠释，进而结合概率论提出一些纲领性的设想。其他的讨论基本上是介绍和综合他人的研究成果。有关形式溯因语用学的更详细的内容，特别是工作雏形，只能另行著文探讨，因为那会需要相当多的预备知识。但是，我们已经可以期望发展一个新的形式语用理论，它既能汲取关联理论和 LDS$_{NL}$ 的卓见，又能提供更多、更严密的计算操作细节。

参考文献：

Aliseda-Llera，Atocha. 1997. *Seeking Explanations: Abduction in Logic，Philosophy of Science and Artificial Intelligence*. Ph. D. dissertation，Stanford University. ILLC Dissertation Series. 4.

Austin，John. 1962. *How to Do Things with Words*. Oxford：Oxford University Press.

Bach，Kent. 1997. The Semantics-pragmatics Distinction：What It Is and Why It Matters. *Linguistische Berichte*. 8. Special Issue on Pragmatics. 33 – 50. Also in Ken Turner. 1999. *The Semantics/Pragmatics Interface from Different Points of View*. Oxford：Elsevier Science. 65 – 84.

Fox，Richard Keith. 1992. *Layered Abduction for Speech Recognition from Articulation: ARTREC*. Ph. D. dissertation. The Ohio State University.

Gabbay，Dov. 1991. Abduction in Labelled Deductive Systems-a Conceptual Abstract. In R. Kruse and P. Siegel（eds.）*Symbolic and Quantitative Approaches to Uncertainty*. Springer-Verlag.

Gabbay，Dov. 1994. *Labelled Deductive Systems*，Vol. 1. Oxford University Press.

Gadzdar，Gerald. 1994. *Pragmatics: Implicature，Presupposition，Logical Form*. New York：Academic Press.

Grice，Herbert Paul. 1989. Retrospective Epilogue. In Grice（ed.）*Studies in the Way of Words*. Cambridge，Massachusetts：Harvard University Press. 339 – 385.

Hobbs，Jerry R.，Mark E. Stickel，Douglas E. Appelt and Paul Martin. 1993. Interpretation as Abduction. *Artificial Intelligence*. Vol. 63. 69 – 142.

Josephson，John R. and Susan G. Josephson. 1994. *Abductive Inference: Computation，Philosophy，Technology*. Cambridge：Cambridge University Press.

Jurafsky，Daniel. and James H. Martin. 2000. *Speech and Language Processing: an Introduction to Natural Language Processing，Computational Linguistics，and Speech Recognition*. New Jersey：Prentice Hall.

Kempson，Ruth. 1996. Semantics，Pragmatics，and Natural Language

Interpretation. In Shalom Lappin (ed.) *The Handbook of Contemporary Semantic Theory*. Oxford: Blackwell. 561 - 598.

Kempson, Ruth., Wilfried Meyer-Viol, and Dov Gabbay. 2001. *Dynamic Syntax: The Flow of Language Understanding*. Oxford: Blackwell.

Lin, Dekang. 1992. *Obvious Abduction*. Ph. D. dissertation. University of Alberta.

Merin, Arthur. 1999. Information, Relevance, and Social Decision Making: Some Principles and Results of Decision — Theoretic Semantics. In Moss, L. S., J. Ginzburg, and M. de Rijke (eds.) *Logic, Language, and Computation*. Vol. 2. Stanford, Calif.: CSLI Publications. 179 - 221.

Montague, Richard. 1974. Pragmatics. In Richmond Thomason. (ed.) *Formal Philosophy: Selected Papers of Richard Montague*. New Haven & London: Yale University Press. 95 - 118.

Neal, Philip. 2000. Abduction and Induction: a Real Distinction? In Harry Bunt and William Black (eds.) *Abduction, Belief and Context in Dialogue: Studies in Computational Pragmatics*. Amsterdam: John Benjamins Publishing Company. 381 - 389.

Poznanski, Victor. 1992. *A Relevance-Based Utterance Processing System*. Ph. D. dissertation. University of Cambridge. University of Cambridge Computer Laboratory Technical Report No. 246.

Sanford, David H. 1992. *If P, Then Q: Conditionals and the Foundations of Reasoning*. (2nd edition) London & New York: Routledge.

Sperber, Dan. and Deirdre Wilson. 1995. *Relevance: Communication and Cognition*. (2nd edition) Oxford: Blackwell.

Strawson, P. F. 1952. *Introduction to Logical Theory*. London, Methuen.

Wilson, Deirdre and Dan Sperber. 1981. On Grice's Theory of Conversation. In Paul Werth (ed.) *Conversation and Discourse*. London: Croom Helm. 152 - 177.

蒋　严、潘海华,1998,《形式语义学引论》,北京：中国社会科学出版社。

（原载《外国语》2002 年第 3 期）

论语用推理机制的认知心理理据

周建安

一、引　言

语用学家把致力于构建话语理解的推理机制——语用推理机制——作为建立本学科理论体系的主要任务之一,但由于对语言交际的实质认识不同,人们对语用推理的性质及如何构建语用推理机制也持不同的观点。其中美国哲学家 Grice 和 Searle、英国语用学家 Levinson,以及 Sperber 和 Wilson 等的理论观点具有代表性。

Grice 提出的合作原则被用来作为推导话语意义时所必须遵循的标准,在其后的 20 多年里,语用学界基本上接受了他的观点,并以此作为语用学研究语言交际中话语理解所采用的基本推导模式。

但是,Grice 的交际理论存在着明显的不足之处,无法从根本上完整地解释语言交际中话语的理解问题。支持"合作原则"及其准则的理据是什么? 人们在进行交际时一定要遵守"合作原则"吗? Grice 构建语用推理模式时所提出的理论性原则与该理论的实际操作之间存在着不可克服的矛盾,这种矛盾本身即否定了该理论的合理性和可行性。

后来 Searle 所提出的间接言语行为概念及其含义的推导过程对言语行为理论的基本构建作出了重要贡献,有助于我们加深对语言交际本质的认识,为话语理解提供了一个新的视角。然而言语行为理论不能概括和解释语言交际的全部事实和现象,在此基础上建立起来的推理模式相应地也不能解决话语理解的全部问题,因而不能作为解释语言交际的统领性原则和模式。

针对上述理论的不足之处,一些语用学家提出了被称之为新格赖斯理论的语用推理机制,这一理论的代表人物是英国语言学家 Levinson。他在研究前指照应现象时提出了进行语用推导的三个原则:方式原则、量原则、信息原则。Levinson 提出这三个原则，意在将语用分析引入对语法项目进行合理解释。在构建推理模式时，Levinson 试图把它简单地形式化，进行语用推理不考虑语言系统外部诸如社会文化、认知等方面的各种语用因素，仅仅以语言系统内部因素作为参照系，这便导致了这一推理机制在实际操作时陷入困境，无法解决实际问题，并且这种做法本身就偏离了语用学研究的方向。

上述理论存在的共同问题是没有为自己的观点找到有充分说服力的理据。正因为如此，Sperber 和 Wilson 创建了"关联理论"（Relevance Theory），试图弥补这一缺陷。

"关联理论"认为语言交际是一个认知过程，认知的实现在于它本身所体现出来的关联性，也就是说，语言交际之所以能够进行，是因为人类有一个共同的认知心理，就是通过相关的知识来认识事物，即认知主体与认知对象的相关联，这是关联理论最基本的出发点，即关联原则。交际行为具体表现为推理的认知过程，这由认知行为的本质所决定。交际者进行交际时将交际意图以语言形式表达出来，让交际对象注意到他的这个意图，交际对象则依靠自己的认知能力推断出受交际意图支配、依附于语言表达形式、与自己的认知环境相关联的交际信息，达到对话语的理解。这便是"关联理论"对语言交际行为的认识和阐释。

"关联理论"从认知角度把握住语言交际的本质，为我们构建语用推理模式提供了认知心理上的理据，从而使语用推理机制具有其合理性和可行性。本文的目的就是要对构建语用推理机制的认知心理理据进行探讨。

二、认知心理状态是语用推理机制的理据

认知科学告诉我们，人们认识事物时总是遵循一个基本规律，即以相关的认知环境为出发点来认知新事物，增加新信息，并进而改变已有的认知环境，为下一个认知活动作准备。

语言交际实质上是借助了语言手段来进行的认知活动，交际双方是认知活动的主体，通过言语表达的交际内容是认知活动的对象。在语言交际这种认知活动中起主导作用的是交际人所具有的认知心理状态，也

就是人的认知能力。这种认知能力包括人的智力水平、知识水平、社会心理和社会文化积淀等。在交际过程中这种认知心理状态表现为交际人的认知心理趋向，也就是说他在理解话语时作某种理解是由当时激活的认知心理所决定的。

举例来说，学校前不久举行了一次乒乓球赛，当我们一位选手有赛事时，我们都想去看看这位选手的表现如何。比赛进行了一会儿后，一个晚到了的人问我"如何"，我告诉他"赢了一局"。在这个言语交际过程中，当听到发问者的问话时，我当然知道他要了解的是我们选手的成绩如何，因而我作此回答；同时，发问者听了我的答话后，也知道我告诉他的是我们选手赢了一局。仅仅两句简单的对话，其成功的交际正在于有交际人的认知心理状态为保证，虽然是直显性话语，其理解也要求交际人具有必要的认知心理状态为条件才能实现。这里交际人具有的认知心理状态表现为交际人对所涉及事件的认识，对事件相关知识的认识，诸如对参赛选手、比赛规则等情况的了解。再如 Sperber 和 Wilson 所示(1986：34)：

Peter：Do you want some coffee?

Mary：Coffee would keep me awake.

这个例子中 Peter 对 Mary 答话的理解，要求 Peter 对 Mary 与 coffee 之间的种种相关因素有充分的了解，才可能形成假设 Mary doesn't want to stay awake，从而得出 Mary doesn't want any coffee 的结论。当然，这里具体的交际环境可能是晚上，一般情况下人们不希望因喝多了咖啡而睡不着，影响休息。个人的认知心理通常是社会认知心理的表现，正因为社会认知心理基本趋同，语言交际才可能进行。如果是另外一种情况，Peter 对 Mary 与 coffee 之间的相关因素所了解到的是 Mary 喜欢喝咖啡，而且常常工作至深夜，则假设和结论全然相反，形成的假设应该是 Mary wants to stay awake，得出的结论是 Mary wants some coffee。

同样的情况，汉语中的对话：

A：再喝一杯茶？

B：喝多了茶睡不着。

就我们中国人而言，大家都有这种认识，喝多了茶会使人精神保持兴奋状态。一般情况下，人们不愿意因此睡不着而影响休息，这种认知心理状态使听话人在理解时形成假设："B 不愿意睡不着"，并且得出结论："B 不再喝茶"。

对于认知心理状态在理解话语时所具有的作用,我们还可以从跨文化交际中交际双方存在的认知心理差距来进行分析。

A：Do you like rugby?

B：I'm a New Zealander.（Blakemore：56）

假如我和一个新西兰人在一起看电视,碰巧看的是 rugby,我不知道他对这个节目是否感兴趣,于是问他：Do you like rugby? 而他答以：I'm a New Zealander。我当然明白 New Zealander 与 rugby 之间必定有某种关系,但是,在我对这种关系并不确切了解时,我是无法准确理解答话的。也就是说,我缺乏与说话人趋同的认知心理状态,因此无法理解对方的话语。

同样的情况,假如你和一个外国人一道吃饭,他要的是面包等,你选择的是大米饭,因而他问你："你喜欢吃大米饭?"你答以："我是南方人。"恐怕这位外国人也难以理解你的答话,因为他也许并不知道中国的南方人和北方人在吃的方面还有差别。

在语言交际中,我们还经常遇到这种情况,说话人在表达时出现了口误,我们在理解时能自然地将它纠正过来,对话语达到准确理解,这是因为我们在理解话语时,认知心理状态在调整我们对语词信息的辨别,纠正与认知心理状态不相符合的语词表达。有时我们对话语的理解则可能出现失误,这也是因为我们在理解话语时头脑中已有的认知心理状态起了误导作用,恐怕这就是常人所说的"先入为主"吧。

从以上分析我们不难看出,无论是直显性话语,还是隐含性话语,其理解都依赖于交际人所具有的认知心理状态,并且通过推理得以实现。认知心理状态使听话人对话语作出倾向性理解,对话语的意义形成假设,然后通过推理得出结论。

三、话语理解从事实抽象开始

人们在进行认知活动时都是从事物的整体开始,比如你看到一张桌子时,你头脑里立刻反映出来的是那么一个属于桌子类的物体,接下去如果你有兴趣的话,你可以细看这是一张什么样的桌子,甚至去了解每个结构部分的细微之处。在公路上见到一群人聚集时，你头脑里首先冒出来的念头是出了交通事故或此类事情，然后你才会去想具体情况如何。凡此种种，无不证明人们在认知事物时，总是对事物先形成整体概念，然后才去探求它的具体内容。显然，我们对大千世界万事万物的认知是从宏观到微观的一个过程，是从事实抽象开始的。

话语理解也是如此。话语理解是人类认知活动的一种表现形式，人们在认知世界时，用语言将实实在在的客观事物形成概念，作为共同认知的基础。这里的"概念"是组成话语的宏观结构，不同于一般语义学中所讲的"概念"，它是整个事件的高度浓缩，因此，我们把它称为事实抽象。比如有这么一句话：The child left the straw in the glass（Sperber & Wilson，1986：186），对于 straw 一词的理解，有生活经验的人已经把它与 drinking 这样一个事实抽象作为一个整体储存于记忆中，因而听到此话时，你首先想到的是 drinking 这么一个事实抽象，将 straw 与 drinking 联系在一起，从记忆中提取出来，自然地将 straw 理解为 drinking tube。换一种情况，假如你的生活经验只有与 cereal stalks 相关的事实抽象，那么你的理解也只能是 cereal stalks 而绝不可能是 drinking tube。从以上实例分析可以看到，话语理解是以事实抽象为出发点，从事实抽象到语词的理解，从宏观结构到微观结构。

对于话语交际意图的把握也是对事实抽象的认知。从某种意义上来说，交际意图也是一种事实抽象。"Can you swim?"这样一句话绝不仅仅局限于某个语词或语句表达式所负载的意义，而是取决于对交际意图的认知。根据具体情况，此话之意可能在于实实在在地问能力，可能在于发出邀请，也可能在于催促等等，必须以诸如此类的事实抽象来确定对它的理解。正如有人着急地高声大喊："Fire!"时，你马上反应的是有什么地方着火了，因为这个独词句往往与火警这个事实抽象联系在一起。

语言习得的事实对话语理解从事实抽象出发这一特点也是一个证明。小孩学说话时往往讲出来的仅是只言片语，语言形式很不完整，然而他所表达的是一个完整的事件，一个事件的完整概念，也就是一个事实抽象。比如小孩说"袜袜"，这时他所表达的是他要穿袜子这件事。当小孩说"爸爸腿"时，他所表达的是他要坐到爸爸腿上这样一个事实抽象。小孩在进行语言习得时，他是从事实抽象开始，先把握了话语的宏观结构，再慢慢掌握话语的微观结构，达到语词表达的准确。

比较某些句子的理解，我们也可以看到事实抽象对话语理解所起的作用。对于"The city council refused the women a parade permit because they feared violence"与"The city council refused the women a parade permit because they advocated violence"这两句话的理解，其意义上存在的差别不言自明。因为对第一句话，我们的认知心理状态提供给我们的事实抽象是 the city council 害怕 violence，因而没有发给她们 a parade permit。而对第二句话，我们的认知心理状态给我们提供的事实抽象是 the women 鼓吹 violence，因而 the city council 不发给她们 a parade permit。对于语句中 they 的所指是谁，认知心理状态给我们提供的事实抽象已明白无误地告诉我们，不需要我们对语言形式或语言结构进行分析，况且仅仅是在语言内部进行分析也无法作出准确判断（这正是新格赖斯理论的致命缺点）。同样的情况，"Mary and John saw the mountains while they were flying to California"这句话，they 所指的是谁，认知心理状态所提供给我们的事实抽象也已确切无误地交代清楚。

语言交际实践中，我们常常有这样的经验，一句话不需讲完，便可以知道它所表达的完整意思。比如说下面这句话"这孩子经过一个学期的努力，学习终于……"，话说到此，听话人已经能够补充出还不曾说出来的内容，知道完整的事实概念。这也是因为我们认知事物时，总是从事实抽象出发，将所要认知的事物与我们头脑中已有的某一事实抽象联系起来，实现其心理现实性。

语言交际中我们还会有这样的体验，当我们听别人讲话时，我们注意的是他所讲话语的整体内容，而不是单个的语词或语句。当我们转述听来的话语时，我们往往不能准确地重复说话人所使用的语词或语句，而是把他所讲事情的大意传达出来。这个现象同样表明，构成我们认知心理状态的基本单位是事实抽象，事实抽象对于语言交际这种认知活动起着主导作用。

以上从几个不同的角度对话语理解的初始单位进行了分析。我们认为，事实抽象是话语的宏观结构，是构成认知心理状态的基本单位，话语理解是从宏观结构到微观结构、从事实抽象到语词形式的过程。话语理解从事实抽象出发，首先把握住事件的整体概念，然后再到达语词意义的细致理解。宏观把握，微观补遗。话语理解过程的这个特点是由于人所具有的抽象思维能力所致，这种抽象思维能力主要表现为推理能力。正因为人具有抽象思维的能力，语词表达往往小于认知世界，因此，人们在理解话语时，当接受到语词信息后，其认知心理立即指向对世界知识的记忆，搜寻头脑中相关的事实抽象，补足语词表达的不足，对话语形成准确理解。

四、以认知心理状态为参照系来构建语用推理机制

认知心理状态对语言交际起着决定性作用，语言交际中的双方只有具备相同的认知心理状态，交际才能够得以顺利进行。换句话来说，没有认知心理状态的趋同，话语无法得以正确理解，语言交际就不可能实现。日常生活中大量的事例可以证明这一观点。比如，不同的工作领域、不同的生活经历、不同的知识结构造成认知心理状态的不同，从而影响到人与人之间正常的语言交际。对于同一文学作品的不同理解也是认知心理状态存在的差异所致。跨文化交际中同样存在着因为认知心理状态差异而影响正常语言交际的问题。

正因为认知心理状态对话语理解所起的这种重要作用，构建语用推理机制必然要以认知心理状态为参照系，从认知心理状态的事实抽象出发，确定话语与认知心理状态的相关性，这种相关性其实是认知心理状态对特定话语所具有的心理现实性。以此为基础所建立起来的语用推理机制，可以图示如下：

上面这个图示表明了话语理解的实质性过程。在具体语言交际中，当听话人接受到语词信息时，他立即启动认知心理系统，激活相关的事实抽象，对所接受到的语词信息做出相关的理解，认知心理状态与说话人趋同，则话语理解正确，语言交际归于成功；相反，工作中的认知心理状态与说话人的认知心理状态出现差异，则话语理解出现失误，语言交际归于失

败。我们可以看出,话语与话语理解之间并不存在确定的关系,二者通过交际双方的认知心理状态这一因素得以联系,因而话语理解可能出现不同的结果,语言交际也存在着成功和失败的两种可能性。

当然,影响认知心理状态的因素很多,诸如知识水平、生活经历、社会心理以及信念、道德标准、行为准则等等,本文无意在此对这些具体的心理因素进行详细讨论。笔者的观点是:语用推理是动态性的,具体语言交际中参与语用推理的因素是不确定的,人的认知心理状态千差万别,它们对于语用推理的影响,我们可以进行分析,但是没有可能也没有必要试图将它们置于形式化语用推理模式之中。建立语用推理机制的出发点和最终目的在于把握住话语理解的实质和基本过程,从而为话语理解和研究语言交际提供一个合理的、可行的理论依据和运行机制。

参考文献:

Blakemore,D. 1992. *Understanding Utterances*. Oxford:Blackwell.

Brown,G. and G. Yule. 1983. *Discourse Analysis*. Cambridge:CUP.

Green,G. 1989. *Pragmatics and Natural Language Understanding*. Hillsdale,N.J. Erlbaum.

Leech,G. 1983. *Principles of Pragmatics*. London:Longman.

Levinson,S. 1983. *Pragmatics*. Cambridge:CUP.

Sperber,D and D. Wilson. 1986. *Relevance: Communication and Cognition*. Oxford:Blackwell.

桂诗春,1995a,《心理语言学》,上海:上海外语教育出版社。

何自然,1995b,近年来国外语用学研究概述,《外国语》第3期。

何自然,1995b,Grice 的语用学说与关联理论,《外语教学与研究》第4期。

沈家煊,1983,讯递与认知的相关性,《外语教学与研究》第3期。

孙　玉,1993,关联理论的推理,《外国语》第4期。

熊学亮,1996a,话语的宏观结构,《外语教学与研究》第1期。

熊学亮,1996b,单向语境推导初探,《现代外语》第2期。

(原载《外国语》1997 年第 3 期)